西洋化の限界

THE LIMITS OF WESTERNIZATION

American and East Asian Intellectuals Create Modernity, 1860-1960

アメリカと東アジアの
知識人が近代性を創造する
1860−1960

ジョン・T・ダヴィダン 著
中嶋啓雄 監訳

大阪大学出版会

The Limits of Westernization
American and East Asian Intellectuals Create Modernity, 1860–1960 by Jon Davidann

Authorised translation from the English language edition published by Routledge, a member of the Taylor & Francis Group

Japanese translation rights arranged with Taylor & Francis Group, Abingdon, OX 14 4RN through Tuttle-Mori Agency, Inc., Tokyo

目次

はじめに　i
謝辞　iii

序章　歴史叙述と西洋化の限界……1
問題の所在　1
主旨　3
日本と中国の知識人が近代性を創出する　4
アメリカの近代性の出現と限界　5
危機の時代とアメリカの力の勝利　7
戦前の西洋化　11
戦後の歴史記述——フェアバンクとライシャワー　16
結論　25

第一章　東アジアにおける近代性——初期の先駆者（一八六〇〜一九二〇年代）……27
福沢諭吉、西洋へ行く　27

東アジアの知識人・王陽明の思想と近代性　29
福沢諭吉と近代的独立　32
日本のキリスト教徒と土着化　46
大日本帝国と近代化　50
中国の知識人・梁啓超と近代性　54
孫文と近代化、そして王陽明　63
尹致昊と朝鮮の近代化　65
結論　70
第二章　一八九〇年代から一九一〇年代にかけてのアメリカ的思想における近代性の発展……73
フランツ・ボアズとイヌイット族　73
アメリカ人近代主義者の登場　76
フランツ・ボアズ――人種と相対主義　80
プラグマティズムと近代性――ウィリアム・ジェイムズ、W・E・B・デュボイス、そしてジョン・デューイ　90
革新主義者と改革――ジェーン・アダムズとメアリー・パーカー・フォレット　102

フランシス・ケラーとランドルフ・ボーン——第一次世界大戦と近代主義者の分裂　106
結論　115

第三章　ジョン・デューイの中国への旅、胡適、魯迅、そして中国の近代性
——一九一九年から第二次世界大戦まで……119
ジョン・デューイと五・四運動　119
胡適とプラグマティックな近代の挫折　125
ジョン・デューイの中国での講演　137
魯迅、国家主義、そして中国の近代性　150
結論　155

第四章　一九二〇年代におけるアメリカと日本の国際主義と近代性……157
近代性と市政改革——チャールズ・ビアード、東京へ行く　157
鶴見祐輔と近代日本政治　173
近代性の救済——ジェイムズ・T・ショットウェルの国際主義　180
ジェーン・アダムズと「人類の相互依存」　196
河井道——日本の国際主義とナショナリズム　201

吉野作造と日本の近代性の独自性　205
道案内された近代性――尹致昊《いんちこう》（ユンチホ）、韓国における日本支配を受け入れる　213
結論　214

第五章　危機にある近代性――一九三〇年代～一九四〇年代……217

世界恐慌の衝撃　217
近代性に対するチャールズ・ビアードの信頼の喪失　219
フランツ・ボアズの学生マーガレット・ミードとルース・ベネディクトの戦時　229
W・E・B・デュボイスと東アジアへの旅　239
蠟山政道と日本の地域主義　261
竹内好――第二次世界大戦における近代性の克服　269
蔣介石と新生活運動　284
結論　292

第六章　戦後世界における変容……295

知識人への戦争の影響　295
ジョン・K・フェアバンクとエドウィン・O・ライシャワー――東アジアにおける近代性の歴史　297

丸山眞男と日本的近代性の「持続」 328
毛沢東と社会主義的近代性の台頭 339
結論 352
結び 355
監訳者あとがき 359
註 7
索引 4
著訳者プロフィール 1

はじめに

現代世界は崩壊しつつあるようだ。過激な原理主義的宗教運動の台頭は、世界秩序の安定を脅かしている。合衆国の競争相手としての中国の台頭は、アメリカの優位の衰退を示唆している。世界中での人種差別と民族紛争の復活は、人種的優位性に関する英米の生物学的理論が科学的事実と見なされていた一九世紀の時代にまでさかのぼる。公共善という考えは、私的利益に圧倒されてしまった。一部の評者は、理性が後回しになり、別の事実やフェイク・ニュースを通じて世論が操作されるポスト真実の時代に私たちは突入していると示唆している。気候変動は私たちの生存そのものを脅かしている。

私たちは二〇世紀に知っていたような近代性の死を目の当たりにしているのか？　近代性の崩壊は明白ではない。しかしながら、現在の近代性の危機は西洋の指導力とアイディアの限界を示している。二〇世紀においてアメリカ人を含む西洋人は、世界の他の地域が自分たちの例に完全にならうと想定し、そして西洋の近代性は容赦なく広がっているように見えた。彼らは傲慢にも西洋化が近代性への唯一の道であると信じていた。しかし、本書はその考えに異議を唱えている。

代わりに本書の議論と証拠は、西洋とアメリカの近代性の考え方が、私たちが想定してきたほど本質的な役割を果たしていないことを示している。他方、東アジアの概念は、東アジアの近代性を形作るにあたってより重要な役割を果たした。そこで本書は、想像したよりも影響力のなかったアメリカ人とより影響力を持っていた日本人と中国人の双方を検討することによって、西洋化の限界を示す。

　しかしながら、近代性がより多様で、その能力が限られていると理解しうるのであれば、本書はそれを再確認するための呼びかけでもある。ポストモダン時代について、評論家と共に知識人の間でも議論がある。私たちは近代性の終焉を告げる前に、何を捨て去ろうとしているのか慎重に考える必要がある。人が人を支配するという悪からの解放は、非常に強力な近代的理想である。それがなければ、奴隷制、政治的専制政治、そして覇権的な帝国主義への回帰が可能である[1]。近代性はまた普遍的な進歩の考えを提起したが、それは非現実的な幻想である。しかし、改善可能性のより限定された概念、またはウィリアム・ジェイムズがメリオリズム〔改善説〕と呼んだものは、依然として称賛に値する目標である。公共空間が私的利益に丸飲みされるにつれて、市民活動の現代的な考え方が決定的に必要となる。疑いなく、現代的相対主義は人種差別がその醜い頭を再びもたげた世界よりも好ましい。最後に述べれば、真実を見分けることがますます困難になっている空気の中で、近代的合理性、科学的研究、そして持続可能性を擁護することは不可欠である。東洋と西洋の双方において、二〇世紀における近代性の発展の中で、大小の肯定すべき革命があった。合衆国と東アジアの近代主義者は、問題を解決し、自らの社会と国家を改善し、人間を解放するためのアイディアを創造的に構築した。これらの概念はその強さが誇張され、人種的・民族的優位、文明的エリート主義、帝国主義、そして利己的資本主義の一九世紀的考え方で汚染されていたかもしれない。この重荷があったとしても、それらは今日のための肯定すべき遺産を表象している。

（1）合法ではないが、奴隷制度は未だ世界に存在している。今日、世界中には推定三〇〇〇万から四〇〇〇万の奴隷がいる。

謝辞

『西洋化の限界』は知識人を研究し、一九世紀後半から二〇世紀前半にかけての近代性の発展における彼らの役割を見出そうという、ごく一般的な考えから始まった。それ以上のところでは、西洋人が西洋化と近代化を混同していることが、私にはとても気になった。その根底には、掘り起こすべき何かがあると感じた。それ故、このプロジェクトはいくつかの最低限の想定から始まり、アメリカ人が東アジアについて維持している最も基本的な仮定の一部に挑戦する研究へと展開した。歴史分析とはそういうものだ。『限界』はその命題、主題、方法論、そして結論において、現在の知的潮流に逆らっている。大変なこともあったが、本を書く作業としては、今までで一番楽しかった。

歴史研究の執筆は、非常に満足のいくものではあるが、ほとんどが孤独な作業である。しかし、その成功は熟練した専門家のコミュニティにかかっている。そして、自分のアイディアを試す聴衆がいることは大きなプラスである。というわけで、多くの人々に感謝したい。

本書に結実した素材を私が最初に発表したのは、中国の北京にある首都師範大学であった。そこでは、西洋が自分たちの近代性の全責任を負っているわけではないという私の主張に、大学院生と教授陣が驚きの声を上げた。彼らの反応は、私が何かを掴んでいることを教えてくれた。この五年間、何度も私を首都師範大学に招き、講義をしたり大学院生と会わせたりしてくれた当時の歴史学研究科長・梁占軍博士に感謝する。

プロジェクトの中盤に差しかかった頃、私は編集長のジェイムズ・マトレイ博士から『アメリカ＝東アジア関係史（Journal of American-East Asian Relations）』誌の特集号をゲストとして編集し、論文を掲載する機会が与えられた。この特別号のおかげで、私は自分のアイディアを試し、フィードバックを受けることができた。さらにジムは、オンライン学術ディスカッション・フォーラムであるH-Diploにおいて、特集号の書評が掲載されるように手配してくれた。特集号の書評は、私の中心的な議論を確認する上で非常に有益であり、改善のための提案も含まれていた。ジムには深く感謝している。

さらに最近、草稿が完成した後、本書の主要なアイディアを二つの異なる場で発表するよう招かれた。二〇一七年春、私は科研費の研究協力者として大阪大学の中嶋啓雄博士に招かれ、日本で講義を行った。この講義は、日本の文部科学省の助成金による日米文化国際主義に関する研究プロジェクトの一環であった。中嶋先生をはじめ、このプロジェクトに参加している研究者たちから素晴らしいフィードバックを頂戴し、そのサポートに感謝している。また、二〇一七年秋にはベルギーのヘントにあるヘント大学にフルブライト・プログラムの専門家として招かれた。近代化するアジアとアメリカにおける変化のパラダイム・シンポジウムでの基調講演と、ルーヴェン・カトリック大学でのサツマ講座講師として、二度に亘って本書の一部を発表する機会を得た。フィードバックは非常に有益で、原稿を提出する直前という非常にタイムリーなものだった。そのおかげで、本書は数え切れないほど改善された。ヘント大学のフランチェスコ・カンパニョーラ博士とアンドレアス・ニーハウス博士、そして、ルーヴェン・カトリック大学のヤン・シュミット博士に感謝する。

最後に原稿を提出する前に何人かの学者にレビューを依頼したところ、非常に有益なコメントを返してくれた。アラバマ大学のジョン・ヴァン・サント博士、ロチェスター工科大学のジョー・ヘニング博士、大阪大学の中嶋啓雄博士、ラトガース大学のマイケル・アダス博士に感謝する。彼らのコメントの深さと広さは私の期待を上回り、本書をより良いものにしてくれた。

歴史的な研究をするためには、研究文書館に足を運ばなければならない。そして、あらゆる段階で資金が必要となる。それ故、私はこのプロジェクトを遂行するために得た資金援助に感謝している。私はハワイ・パシフィック大学（ＨＵＰ）の教養学部とＨＵＰが獲得した全米人文学基金から助成を受けた。また、本書の初稿を仕上げるためのサバティカル（研究休暇）も取得できた。学長（provost）であるマシュー・リアオ＝トロス博士は、ＨＵＰを離れる時間を私が持つことをサポートしてくれたことで感謝に値する。シドニー・スターン記念信託は研究の最終段階で資金を提供してくれた。ハワイ大学のピーター・ホッフェンバーグ博士とハワイ・パシフィック大学のマーク・ギルバート博士には、このプロジェクトの支援と友情に感謝する。

アーキビストは調査プロセスにおいて重要な役割を果たす。実のところ、歴史家はアーキビストなしでは仕事ができない。彼らの仕事はほとんど気づかれることがない。コロンビア大学稀覯本・手稿図書館のトム・マッカチョンは、非常に貴重なサービスを提供してくれた。ニューヨーク州スリーピー・ホロウにあるロックフェラー・アーカイブ・センターのトム・ローゼンバウムは、まさに血の猟犬で、私が探している文書を的確に嗅ぎ分けてくれた。時には、私が必要だとさえ知らなかったのに、私の研究にぴったり合う文書を発掘してくれたこともあった。

＊＊＊＊

註

すべての写真は、www.facebook.com/pg/LimitsofWesternization/photos/?tab=album&album_id=1495307350518240 において、本

書の中で説明されている順に見ることができる。各写真をクリックすると、その人物の名前と説明が表示される。日本人と中国人の名前はすべて、現在、一般的に使われている綴りで表記している。例えば、蔣介石はピンインでは Jiang Jieshi と表記されるが、蔣介石の名前を表記する際にはピンインよりもウェイド・ガイル綴りの方が未だ一般的に使用されている。

序章　歴史叙述と西洋化の限界

問題の所在

数年前、中国を旅しているさなか、北京首都国際空港で私の便が遅延した。私は数時間、きらびやかな免税品をぼんやりと眺めながら、通路をぶらついた。空港のとてつもない規模、効率性、そして高級感に驚いた。目の前に広がる北京の空港と街は、その近代性と巨大な富を表していた。それから私の心に浮かんだのは、二〇世紀における東アジアの西洋化に関するあらゆる議論は、今日の東アジアにおける近代性の力と対峙しなければならないという思いだ。東アジアの他の地域においても、同様の光景が見られる。輝くネオンに照らされた巨大な都市、（アメリカよりはるかに効率的な）高効率の交通網、そして大成功を遂げた経済と驚異的な技術――日本人はアメリカ人よりもはるか前に、無線で通信できる携帯電話を所持していた。それらは東アジアの近代性の独自の力とダイナミズムを示している。

これらの事実によって、私は以下の疑問を抱いた。すなわち、他の多くのアジア諸国やアフリカ諸国の多くが未だ西洋支配の余波に苦しむ中、東アジアの人々はどのように西洋帝国主義を克服し、近代化することができたのかということである。また、東アジアの近代化は疑いなく、東アジアの人々自身によって創造されたにも関わらず、西洋人はどうしてそれを自分たちの発明だと主張することができるのであろうか、という疑問もあった。

マーティン・ルイスとカレン・ウィゲンは著書『大陸の神話』の中で、東アジアの近代化の発展の影響について議論する際、同様の問題を指摘した。

東アジアの発展について精通している人々なら誰もが断言するように、二〇世紀におけるこの地域の驚くべき経済的、技術的、科学的成功の原因は、文化的西洋化に帰することはできず、また近代世界の創造における東アジアの役割を軽視することもできない(1)。

この証言に反し、アメリカ人は西洋のモデルが東アジアの近代化を形作ったと主張し続けている。私は本書の調査をする傍ら、ジョン・デューイと彼の一九一九年から一九二一年にかけての中国旅行に関する論文を学会で発表した。発表前、私は論文について、一人のアメリカ人の同僚と議論した。この学者は、デューイが二〇世紀の中国に多大な衝撃を与えた、と自信に満ちた声で断言した。私は怒りをこらえ、控えめに学術的な口調で次のように述べた。「発表を聴きに来て下さい。そうではないことがわかると思います」。ジョン・デューイは一九二一年に帰国して以来、デューイには中国を変える力があったと他のアメリカ人たちは主張してきたが、デューイ自身は決してそのようには主張しなかった。中国を訪れた際、彼は自らが中国にそれほど強い影響を与えていないだろうことを認めた。そして最も関心を寄せたのは、自らが変化をもたらす積極的な変化の担い手となることではなく、中国の変容を観察することにあったと語った。

別の会議で中国在住のヨーロッパ人の同僚は、何気ない会話の中で、今日の中国の政治と姿勢は何世紀もの間、基本的に変わっていないと述べた。中国はその長い歴史の中で、大きく変化したものがほとんど見られないと言うのである。この小さな虚栄に私は驚き、落ち着きを取り戻した後、この同僚に中国についてもっと学ぶよう熱心に勧めた。二〇世紀前半の辛亥革命、一九四九年の国共内戦における毛沢東と中国共産党の勝利、そして一九六〇〜七〇年代における文化大革命は、二〇世紀の中国を劇的に変化させた。アメリカが優勢で、日本と中国はアメリカを模倣したという使い古された議論、そして中国と日本は永遠に変わらないという同様に馴染み深い認識は、今日でも一般的な前提であり、東アジアの発展を同地域の観点から理解するという課題を非常に困難なものにしている。

主旨

『西洋化の限界』は東アジアにおけるアメリカの影響の限界を探求している。それは一九世紀後半から二〇世紀初めにかけてのアメリカ、日本、中国における近代思想の起源と発展を考察するものである。戦後の近代化については多数の文献がある一方、戦前の近代思想の起源と発展についてはは研究が欠落している。本書は二〇世紀にアメリカが東アジアに及ぼした影響について再評価を行い、東アジアの人々が独自の近代化思想を発展させる上で、より大きな発言力を与えるものである。

本書には三つの目的がある。第一に、東アジアとアメリカ双方における近代性の発展について多様性とインスピレーションを強調すること。第二に、アメリカと東アジアの歴史を検討し、東アジアにおけるアメリカの影響は私たちが想定する以上に限定的であったと立証すること。第三に、なぜアメリカの力が過大な役割を果たし続けているのか、説明することである[2]。

これらの目的は史料、近代思想の源泉とそれが東アジアとアメリカの知識人に与えた影響、そして一九世紀末から二〇世紀初めにおける彼らの旅行や交流の検討を通じて達成される。その後、本書は戦後におけるアメリカ人と東アジアの人々の体験と著作に目を向ける。そして最後に一九五〇年代から六〇年代の近代化論への移行で終わる。このトピックは十分に研究されており、一九六〇年以前よりも、概要がより明確になっている(3)。

本書はアメリカ中心主義的視座から脱却し、東アジアとアメリカ双方からの分析を試みる。先行研究はしばしば、合衆国と東アジアの関係を西洋化、すなわち西洋が東アジアに刻印されたとされる過程というレンズを通して考察されることが多かった。民主主義、キリスト教、資本主義、そして西洋的価値観が、西洋文明と定義されたものの主たる信条を構成し、その広がりが「西洋化」と呼ばれていた。しかし、西洋化とアメリカ化（第二次世界大戦後に現れた、アメリカ化された西洋化）は、東アジアの人々にとって唯一の選択肢ではなかった。

日本と中国の知識人が近代性を創出する

アジアの知識人が西洋的な思想にだけ依拠することはほとんどなく、しばしば全面的な西洋化という考えを拒否した。こうした知識人たちを詳しく研究すると、彼らの独創性、混成《ハイブリッド》性、思想の独立性が明らかになる。例えば日本の知識人の福沢諭吉は、長らく欧化主義者と呼ばれていたが、実際は日本における近代性を築くため、東アジアの伝統の一部を受け入れていた（一方で、その他の伝統を拒絶していた）。福沢は西洋を完全に模倣することを拒否した。

西洋化はアジアで蔓延している病気のようなものだという福沢の主張について、多くの学者はそれを完全な西洋化の是認だと誤解している。福沢は明治時代（一八六八～一九一二年）における日本思想の牽引者で、梁啓超は中国帝政末期から共和制初期（一八九八～一九二〇年）における最も重要な知識人であったが、むしろ彼らは折衷的かつ独立性のあるやり方で東アジアの近代性を形成した。福沢も梁も西洋の文献に学び、東アジアの伝統に精通し、国威と国民的結束を目的に掲げ、両方から借用した。第一次世界大戦後、中国のプラグマティストであった胡適と、日本の民主主義論者であった吉野作造は共に西洋寄りのリベラルな知識人で、各々の社会におけるさらなる民主化の推進を試みた。胡適は五・四運動が中国を変容させると信じ、吉野作造は国民の民主主義、あるいは民本主義を日本政府が受け入れるべきだと訴えた。胡適と吉野は福沢や梁の成功には遠く及ばなかった。

また日本、中国、朝鮮のアジア諸国間で議論が展開された。梁のような中国の近代主義者は、朝鮮やベトナムの革命家、そしてアジアにおける多くの知識人と共に日本に亡命し、東京で教育を受けた[4]。これらの思想家は日本が近代化に成功し、また西洋の侵略に抵抗したことを称賛し、日本の業績に倣うことを目指して帰国した。日本政府は中国やその他のアジア地域における革命家を育成するために、東京振武学校という特殊な軍人養成校まで設立した。

学者たちはアメリカで学んだ後に中国へ帰国する中国人学生、いわゆる「留学生」（中国語では〕文字どおり、「帰国生」の意）の影響について論じるために多くの論文を書いている。しかし、彼らが中国に与えた影響は誇張されてきた。胡適やその他の中国知識人が帰国した中国は、革命的な変化を求めていた。だが、胡は中国に望んだような変化を起こすために政治に参加する準備ができていなかった。むしろ、胡は進化的な知的変化を望んでいた。蔣介石のように日本で教育を受けたその他の知識人の方が、中国で権力の座につく準備ができていた。

アメリカの近代性の出現と限界

東アジアの知識人同様、ジョン・デューイ、チャールズ・ビアード、フランツ・ボアズ、W・E・B・デュボイス、ジェーン・アダムズ、マーガレット・ミード、ルース・ベネディクトといったアメリカの著名人は、二〇世紀初めに著名な改革者、および近代主義者となった。彼らは皆、東アジアに強い関心を持ち続け、その多くが東アジアを旅してその体験を綴った。しかしながら、彼らが当時、東アジアの近代性に重大な影響を及ぼしたという主張には修正が必要である。こうした知識人たちが旅行中に記した書簡や日記を調べ、その内容と同僚との交流や東アジアについて書かれた文章とを照らし合わせると、彼らが東アジアにどれくらい影響を与えたのか、東アジアに関する彼らの考えがアメリカの思想にどれほど影響を与えたのか、また東アジアの思想が彼らの考えにどのような影響を与えたのかについて、詳しく知ることができる。これらの知識人は皆、研究において大西洋を越えた議論に参加し、中には教育のためにヨーロッパへ渡った者もいる。フランツ・ボアズはヨーロッパで生まれ、そこで教育を受けたが、アメリカ市民へと帰化した。

もちろん西洋の影響は東アジアにおいて皆無であったわけではない。西洋人は思想、文化、宗教、そして物質的な支援をもたらした。西洋人は土地を購入し、ＹＭＣＡの建物、病院、学校、単科大学及び総合大学を創設した。彼らは何千に及ぶ東アジアの人々をキリスト教に改宗させた。しかしながら、東アジアの人々は宣教師によって伝えられた西洋版のキリスト教をただ単に受け入れたのではなく、むしろ彼らはそれを長い期間をかけ、労力を費やして土着的なものへと変えていった。本書の目的は西洋の影響を否定することではなく、地域の歴史をより正確に反映させることでそれを再構築することである。

近代思想はきわめて多様であったが、二〇世紀に称賛に値する共通の枠組みを維持した。近代主義者たちは東洋でも西洋でも非常に類似した思想を展開した。彼らは解放、進歩、科学的合理性、相対主義、個人主義、市民的責務、そして民主主義という目的に駆り立てられ、歩んできた。例えばアメリカの近代主義者は時代遅れの過去からの解放を探し求め、進歩と合理性を喜んで享受し、相対主義を支持した。東アジアの人々はこれらに加え、西洋の帝国主義に懸念を抱いていた。彼らは独立の拡大を通じて、旧来の政治体制と西洋の覇権（ヘゲモニー）という二つの脅威から解放されることを決意した。さらにすべての近代主義者は政治を強化するべく、高潔な市民を確立しようと努めた。東アジアの人々もアメリカ人も同様に、市民が地域社会と国家のより大きな利益のために自らを犠牲にする意志である市民運動が、近代国家を樹立するのに不可欠であると主張した。これらの概念は、近代主義者に共通する目的意識を与えたという意味で重要である。

しかしこの類似性はまた、アメリカと東アジアの知識人との間の本質的な違いを覆い隠す傾向もある。多くの東アジアの知識人は、近代性を構築するために新儒学の道徳を枠組みとして用いた。例えば梁啓超の「公徳(civic virtue)」という概念、つまり市民が地域社会と国家に対して負う義務という考えは、西洋の源泉ではなく、新儒学者の王陽明に起源を持つ。同様に、福沢諭吉が説いた個人および国家の独立への傾注は、西洋哲学から生まれたものではなかった。それはむしろ、福沢の階級と忠義を重んじる伝統的な日本政治や西洋の帝国主義の脅威に対する反発と共に、彼の極めて独立した気質によって生まれたものである。戦後の研究では近代性の起源を問う際、近代性を一枚岩として扱ってきた。それは使用される言語と目的が類似していることに起因している。しかしこの見方は、東アジアとアメリカ双方における近代性の多様な源泉を覆い隠してきた。

一九二〇年代にアメリカの近代主義者であるチャールズ・ビアード、ジェイムズ・ショットウェル、そしてジェーン・アダムズは、国際的な改革を推進する目的で東アジアを訪れた。しかし、彼らがしばしば認めた、自らの東アジアについての知識の欠如は、その試みを妨げた。また、東アジアの国家主義者はこうした改革の試みに抵抗し、西洋の制度を土着化させ、西洋の近代主義者の意見を軽視した。ジョン・デューイの中国への旅は、学者たちが伝統的に想定していたほど重要ではなかったことが判明した。

危機の時代とアメリカの力の勝利

一九三〇年代の大恐慌と軍事化は、東西の近代主義者に重大な危機をもたらした。アメリカの歴史家であるチャールズ・ビアードは、近代化に大きな疑問符をつけた。ビアードは科学的合理主義や国際主義を批判し、それらに代わって大陸主義を唱えた。アフリカ系アメリカ人を代表する知識人・活動家のW・E・B・デュボイスは、日本帝国を称賛した。デュボイスは一九三六年に東アジアを旅行した際、日本が白人種の覇権を崩壊させ、世界中の有色人種を牽引するだろうという自らの信念を確かなものとした。著名な人類学者であったルース・ベネディクトとマーガレット・ミードは第二次世界大戦中、合衆国政府のもとで働き、自らの文化的なアプローチを戦争の勝利のために敵国を分析する手段として利用した。

日本では東京帝国大学で吉野作造の教え子であった蠟山政道が、ビアードが大陸主義を打ち出したのと同様に、日本は独自の地域的な文明を創造したのだと唱えた。蠟山は日本が一九三一年に満洲を侵略した後、日本がもはや国際的な規範や国際法を順守する必要がなくなったと主張した。その代わりに日本は東アジア地域に特別な文明を創造し、軍事力を含む必要とされるあらゆる手段を用いて、独自の規範や規則を実地に移す権利を得たのだと蠟山は論じた。日本の中国学者である竹内好は、一九三〇年代末、西洋化された近代性をアジアの敵であると見なし始めており、このアプローチは一九四二年に東京で開催された「近代の超克」と称された会議で全盛を極めた。

太平洋におけるアメリカの軍事的勝利とアメリカによる日本の占領は東アジアの状況を変化させた。西洋化、とりわけアメリカ化の物語《ナラティブ》は一九四〇年代から六〇年代にかけて大いに強化された。勝利者たちはとりわけ日本において過去、現在、未来を再定義することができた。一九四五年から四九年に内戦を経験し、中国共産党に統治されることとなった中国はまた別の話である。アメリカ人によって書かれた歴史の数々は、戦争でのアメリカの勝利と戦後の同国の優勢から影響を受けざるをえない。結果としてもたらされたのは、東アジアにおけるアメリカの台頭の議論の全盛期であった。特にエドウィン・O・ライシャワーとジョン・K・フェアバンクは、ハーヴァード大学での高い地位によってこの趨勢を牽引し、アメリカ化の力強い衝撃を論じ、アメリカが導くことなくして東アジアの近代化は不可能であると主張した。

それから一九六〇年代に入り、世界におけるアメリカの覇権に対する反発がアメリカ国内やヨーロッパ、アジアといった海外で現れ、拡大した。学生運動は強い反米感情を伴ってこれらを牽引した。一九五〇年代後半から六〇年代の日本においては、大規模な平和運動も興隆した。抗議者たちは、アメリカが近代化において有益な役割を果たしているという主張を酷評し、特にベトナム戦争におけるアメリカの行動をもう一つの西洋的覇権だと非難した。もはや東アジアにおけるアメリカの影響は、肯定的な近代化と見なされえなくなっていた。それに代わり、アメリカの影響は東アジアやその他の地域におけるアメリカの帝国主義であると見なされるようになった。東アジアにおけるアメリカ帝国主義の歴史は、近代化論にとって代わり、今や活発に論じられる中心的な命題となった。ライシャワーの学生であるジョン・W・ダワーと急進的な中国史家であるモーリス・マイズナーは、フェアバンクとライシャワーの穏健な近代化論を非難した。しかし、アメリカが東アジアの近代化に大きな影響を与えたことに関する主張については、議論されないままであった。

今日、アメリカと東アジアの関係の叙述における三回目の転機が求められている。この新しいアプローチは、二〇世紀における近代性の歴史を独自の条件のもとで明らかにすることから始まる。近代性の発展についての複合的な影響の研究を通じて、アメリカと東アジア双方の立場から研究することで、この方法論は近代性をより幅広い枠組みの中で再解釈する可能性を持っているのである。このアプローチには崇高な近代性の主張に対する合理的な懐疑のみならず、近代性の目的やそれが達成したものに対する評価も含まれる。

＊＊＊＊

本書の方法論はすっきりとしたもので、主要な知識人の諸観点を検証している。思想史を書くことの難しさは、知識人が書いたものをより広範な一般大衆や国家、国際社会と結びつけ、その影響を見極めることにある。そのため私はあえて著名な知識人、つまり、その時代の偉大な影響力を持つ人物を選んだ。福沢諭吉、梁啓超、フランツ・ボアズ、ウィリアム・ジェイムズ、ジョン・デューイ、チャールズ・ビアード、吉野作造、ジェイムズ・ショットウェル、鶴見祐輔、蠟山政道、竹内好、胡適、魯迅、ジェーン・アダムズ、マーガレット・ミード、ルース・ベネディクト、W・E・B・デュボイス、ジョン・K・フェアバンク、エドウィン・O・ライシャワー、丸山眞男はいずれも著名な知識人である。

意見を異にする者は、これらの知識人については既に論じられており、したがって新たに付け加えることはほとんどない、と主張するかもしれない。それに対する私の反駁は単純である。まず、本書には新しいことがかなり含まれている。私は新しい研究、これらの思想家の関心と影響力についての新しい視座、彼らの思想を考察する新しい方法を付け加えた。第二に、これらの知識人はまさに著名であるがゆえに注目に値する。彼らの影響力は、彼らの研究グループや大学、学問分野の枠をはるかに超えて広がっていた。新聞は彼らの公開講演を報じ、彼らの著作は広く読まれた。私たちは、彼らの言葉が彼らの国民、国家、そして国際社会にとって意味を持つものであったと仮定して問題ない。影響力があったからこそ、彼らの著作は西洋化を正当化するために用いられた。したがって西洋化を解明するためには、より多くの人々の想像力を魅了した人々から始めなければならない。

本書は、研究対象となる知識人たちを、彼らの出自、成長、そして彼らの目の前で変貌していく国内および国際社会と結びつけている。彼らの経歴はそれぞれ異なるが、近代性を追求したことでつながってもいる。本書は歴史研究であるが、史学史を柱としたものではない。但し、この序章は以下に合衆国＝東アジアの近代性に関する歴史叙述についての一節を含んでいる。

本書は単なる合衆国と東アジアの分析でもない。中国と日本もまた、互いに結びつけられ、比較される。また、叙述はアメリカと東アジアの関係に終始するわけではない。この研究は、世界の他の地域における西洋化の限界に適用することができるかもしれない。遠く離れたオスマン帝国、中央アジア、東南アジア、そしてアフリカの知識人でさえも、西洋化の危険を察知し、西洋の覇権から身を守るためのインスピレーションを日本に求めたのである。(5)

戦前の西洋化

なぜアメリカ人は東アジアの近代的生活を設計できると考えたのか。数年前、私は『日米関係における文化外交』(二〇〇七年)という著作を出版し、西洋人は東アジアにおいて西洋化と近代化を混同していたと主張した。この著作の余白でのみ追求されたその考えは、私の頭を離れない問いとなった。この考え方によれば、東アジアが近代化し、近代性を創造するためには、東アジアの人々は文化的、政治的、経済的に西洋に改宗しなければならなかった。西洋化によってのみ、この地域は近代世界に加わることができたというのだ。東アジアの人々は、彼ら自身の方策に頼れば、後進国になる運命にあったというのである。

西洋の東洋学者、すなわち東アジアに強い関心を持ち、「東洋」の専門家と見なされた人々による初期の研究は、東アジアの文化的伝統を探求した。ウィリアム・エリオット・グリフィスの著作『ミカドの帝国』(一八七六年)は、当時、最も権威ある研究と見なされた。グリフィスの分析は、日本文化を高く評価しながらも自民族中心主義的な思い込みに満ちており、ほとんどの西洋人が使用することになる叙述の原型を提供した。彼は地質学、地理学、そして古代史から始めて、日本文化の神秘主義のお膳立てを配置した。彼は同書の序文で日本の神秘主義を賛美するようなことはしないと宣言したが、実際には続く数百ページで大いにその神秘主義を称揚した。同書は日本文化のエキゾチシズムに焦点を当てたもので、そのため人気を博し、何度も版を重ねることになった。グリフィスは最終章で封建制の終焉を宣言することにより、西洋近代の希望と共に同書を締めくくった。

他の論者たちは、東アジアの人々について叙述する上で、オリエンタリズム的な言葉を用いた。二〇世紀初めの東アジア専門家ヘンリー・ノックスは、彼の著書『東洋の精神』（一九〇六年）の中で次のように主張した。

アジアの精神は消耗しきった。そこには新しいインスピレーションも新しいビジョンもなかった。それが考える宇宙とは、永遠に回り続ける巨大な生命体であり、精神と肉体を同様に支配する運命がすべてであった。(6)

日本への宣教師としてよく知られたシドニー・ギューリックは、ノックスの意見に反対したが、著書『極東の白禍』（一九〇五年）でも西洋化についての同じ想定を用いた。その中でギューリックは、ノックスの著作に顕著な東アジアの人々に対する優越感と人種差別という西洋的概念を批判し、日本人は既に近代的な西洋化したシステムに転換していると主張した。ギューリックは、東アジアの伝統がこの地域の足かせになっているという点ではノックスに同意したが、日本は西洋化、つまり近代化において、この潮流に逆らってきたと主張した。

東洋的なるものとは、個人の価値や権利を認めないタイプの文明を意味する。それは政府における独裁的絶対主義を表し、優越した者の権利と劣った者の義務を強調し、男性は女性より生得的に優れているとし、そこには民衆の教育にも代議政体にもふさわしい場所がなく、武徳を既知のもののなかで最高のものとして尊ぶ。（他方、西洋）文明は、個人の生得の価値と奪うことのできない権利を認め、それをもとに事を進める……論理的に発展した形態では、アングロ＝サクソン文明は立憲的、代議的政府を重視する。法律への服従、すべての人の生得の平等と自由……我々は彼の国（日本）を東洋的な文明の体系ではなく、むしろ西洋的な文明の体系に属するものと見なしている。

ギューリックは日本の西洋近代化を歓迎しながらも、不可解なほどノスタルジックに過去を垣間見ることを自らに許した。同著の中で、ギューリックは伝統的な日本女性について、明らかに排外主義的でオリエンタリズム的なやり方で空想している。「絵に描いたような衣装を着ている時ほど、外国のガウンを着ている時ほど魅力的に見える日本女性はいないと言っていい(7)」。

中国の専門家たちも同様に、その近代性の欠如を批判した。J・O・P・ブランドは、中国に駐在していたイギリスの税関職員で、西洋の聴衆に中国を説明する最も影響力のある人物の一人となった。彼は、西欧列強が中国を支配していた時代、有名なロバート・ハート卿の個人秘書であった。その後、フリーのジャーナリストとなり、二〇世紀初頭の中国について影響力のある本を数冊執筆した。彼の最も有名な著作は、エドモンド・バックハウス卿との共著で、一九一〇年に出版された『皇太后時代の中国』である。ブランドとバックハウスは、中国の慈禧皇太后を性欲過剰、堕落、残酷、反動的と評した。この本は、偽物であることが明らかになった文書を使っているとして批判を浴びたが、中国の指導者を利己的な快楽の器とする解釈は定着した。皇后に関する張鍾による最近の著書『慈禧皇太后――近代中国を発足させた側室』は、この解釈を変えようとしている。ブランドの解釈の優越は、今日でさえ中国の東洋的性格と近代性の欠如がいかに深く埋め込まれているかを示唆している(8)。

一九三〇年代までに、アメリカ人の中国体験は、何千人ものアメリカ人宣教師によって形作られるようになっていた。アメリカ人宣教師の娘であるパール・バックは中国で育ち、合衆国において最も影響力のある中国通となった。バックは本名をパール・サイデンストリッカーといい、数十年に亘り自らも中国で宣教師として活動した。彼女は、中国に対する一部のアメリカ人の人種差別主義に対して、中国人のための率直な擁護者であった。一九三一年、彼女は『大地』を出版した。この本は、おそらく西洋人が書いた中国に関する本の中で最も影響力のあるものだろう。バックはピューリッツァー賞を受賞し、一九三八年にはノーベル平和賞を受賞した。彼女は、中国の文化や歴史に無知であると感じた宣教師たちを厳しく批判した。しかし、彼女の成功と悪評のすべてを差し引いても、バックが描いたのは次のようなものだった。中国の農村の描写は、東アジアに対するアメリカ人の思い込みが持つ、運命志向的で変化のないパラダイムの中にきちんと収まっている。中国の農村の農民は共感を呼び起こすかもしれないが、彼らが近代的になることはありえない。一九三〇年代の中国に関するもう一冊の本が、合衆国で特大の衝撃を与えた。エドガー・スノーの『中国の赤い星』（一九三七年）である。スノーはオリエンタリズム的な中国描写から離れ、毛沢東の革命の可能性について書いた。日本との全面的な戦争が勃発する直前、彼は延安における中国共産党本部で毛に取材しながら四か月を過ごした(9)。

一九三〇年代の日本に関心を抱くアメリカ人にとって、中国ウォッチャーを悩ませることの多かった、日本が近代化を達成できるかどうかという問題は、日本の近代化が本物か、それとも単なる見せかけ（façade）かという議論に変容した。一九三一年九月の満洲事変以前は、評論家たちは日本の近代化を成功だと判断していた。『東洋の挑戦』（一九三一年）の中で、かつてYMCAに所属していた有名な宣教師の指導者であり、いわゆる東アジアの専門家であり、多作な作家でもあったシャーウッド・エディは、日本の近代化への歩みの息をのむような速さについてこう述べている。

　生活のほとんどすべての分野において、過去六〇年間の日本の進歩は驚異的であった……ヒヨコが殻を破るように、自由主義的な日本は今日、封建的軍国主義の硬いかさぶたのような抑圧を打ち破り、新しい国家が

誕生しつつある。(10)

しかしながら、日本が軍事的侵略行為、とりわけ満洲への侵攻を行うにつれ、論者たちは日本を表現するのに、隠された体制という比喩を使うようになった。

以前は支持されていた日本の近代化論は、今ではアメリカの評論家から非難されるようになった。近代化という見せかけの裏には、封建的な独裁体制があり、激しく軍国主義的で、静的で、宿命論と不可解さに沈んでいる、と。東アジアの専門家であるミネソタ大学政治学教授のハロルド・クイグリーは、一九三二年に『日本の政治と政府』という本を著し、その後、一九三六年二月のクーデター未遂事件の後、『クリスチャン・サイエンス・モニター』紙に「日本に封建主義が再び現れる」と題する記事を寄稿した。陸軍の皇道派の右翼過激派軍人が政府を転覆させ、天皇をその弟に代えようとしたのだ。クーデターは失敗し、首謀者たちは処刑され、皇道派は日本陸軍から粛清された。クイグリーはこのクーデターを、ファシズムや共産主義という新しいイデオロギーに基づく革新ではなく、日本が過去に立ち戻ったものと捉えた。しかし、その根底には、別の話が影響していた。皇道派の幹部たちは、マルクス主義、汎アジア主義、天皇崇拝を融合させた北一輝の思想に傾倒していた。北一輝は、その過激な著作のためにクーデター後に処刑された一人だった。クイグリーはこの関連性を見逃し、クーデターは一〇〇〇年前の封建的精神が日本に未だ根強く残っている結果だと主張した。

一九三〇年代には、日本とその表面的な近代性に関する著作が急増した。ウィンストン・チャーチル（後のイギリス首相）は、アメリカの雑誌『コリアーズ』に寄稿した。

それ故、我々は、近代工業主義のあらゆる装置と機械化された戦争の完全な兵器庫を備えた大国が、その技術的成果を模倣した西洋から、中世がそうであるように、我々の国から精神的にはかけ離れているという光景に直面している。

アプトン・クローズの著書『挑戦――日本の正体の裏側』（一九三四年）は、この正体論を効果的に用いた。日本は表面的には近代的であり、閉鎖的な軍事社会であり、武士の祖先と大差はない。クローズの著書はベストセラーとなり、『リーダーズ・ダイジェスト』に連載されたことでさらに多くの読者を獲得した。もう一冊の『極東の問題』（一九三五年）は、この評価を裏付けるものだった。メッセージは明確だった。日本人は巧妙なトリックを使った。外見上は、西洋の政治ルールと経済、つまり民主主義と産業資本主義を採用した。この日本は西洋化されたように見え、それ故近代性の試験に合格した。しかし、外見とは裏腹に、日本はまったく西洋的ではなく、したがってまったく近代的ではなかったのだ。(11)

戦後の歴史記述――フェアバンクとライシャワー

東アジアにおける第二次世界大戦の終結は、大きな変革を約束した。日本も中国も廃墟と化した。日本軍は中国を蹂躙し、アメリカの爆撃作戦は日本の主要都市のほとんどを焼き尽くした。勝利した征服者である合衆国は、日本全土と朝鮮半島の一部を占領し、フィリピン、ベトナム、その他のアジアの大部分に兵士を駐留させた。この時点で、戦勝国は東アジアの近代化の物語を書き進めた。

したがって、戦前における西洋化のプロセスは、戦後においてはアメリカ化、あるいはアメリカ主導の近代化として再定義されるようになった。戦前の発展に言及する際には、「西洋化」という言葉が使われることもあったが、戦後の知識人たちは、二つの重要な概念を提起した近代化論に基づく東アジア分析へと向かっていった。

第一に西洋、とりわけ合衆国は、その発展を通じて近代性達成の基礎を確立した。近代化は、西洋化と同様に、西洋、とりわけアメリカの理論家たちが最も近代的な国家であると考える合衆国を模倣することによってのみ起こりうるものであった。第二に、近代国家は多くの特徴を共有していた。政治においては民主的であり、経済においては自由市場資本主義を実践し、官僚的リーダーシップによって高度な組織を発展させ、社会における個人の業績を称賛していた。

ハーヴァード大学の学者であるジョン・K・フェアバンクとエドウィン・O・ライシャワーは、近代化論の一部を否定しながらも活用した。彼らは、戦後すぐに東アジア研究として知られるようになったものを生み出した。彼らはそれぞれ中国と日本の傑出した歴史家となった。二人とも膨大な量の研究書を出版し、その多くは学界の枠をはるかに超えたアメリカの一般読者向けのものであった。彼らの影響力は今日でも疑う余地のないものであり、多くの学者が彼らの著作の継続的な有用性を認めている。

フェアバンクとライシャワーの『東アジア——伝統と変容』（一九七三年）は、一九八〇年代の大学時代に私が最初に読んだ東アジアに関する本の一つであり、学者たちは今でもこの本を愛用している。私は高校時代、まずライシャワーの『日本——一つの国の物語』（初版、一九七〇年）とフェアバンクの『合衆国と中国』（第四版、一九七六年）で、日本と中国の歴史を学んだ。彼らの名前は、著者、編集者、題材として、多くの学術書に登場する。ライシャワーは二〇冊の著書を含む七〇近くの研究を出版している。ライシャワーに関する著作を含めると、その数は一〇〇〇を超える。彼の著書はおそらく最もインパクトのあるものであり、そのほとんどは日本人や日米関係に関心を持つ幅広い読者に向けて書かれたものであった。ジョン・K・フェアバンクはさらに多作な出版人であった。彼は自らのキャリアを通じて二四冊の本を出版し、彼に関する著作を加えるとその数は一五〇〇冊にもなる。ライシャワーと同様、彼は多くの本を中国に関心を持つ幅広い読者に向けて書いた。フェアバンクは第二次世界大戦中以外は学者としてのキャリアを積んだが、ライシャワーは政界で活躍するようになり、選挙には出馬しなかったものの、ケネディ政権下で駐日大使に就任した。

フェアバンクとライシャワーの著作は、共に歴史学の力作である。戦後の東アジアに関するアメリカ人の見解に最も大きな影響を与えたのは彼らである。そして、より長期に亘って学界に影響を及ぼしたのとは異なり、戦後初期の彼らの著作は、東アジアに関して想定される近代性についての疑問に答えるために、より広い読者に向けて意図的に書かれたものであった。太平洋戦争の影響で、その疑問はより切迫したものとなっていた。

ライシャワーもフェアバンクも戦時中は政府の要職に就いていた。フェアバンクは戦略情報局（ＯＳＳ）に、ライシャワーは陸軍諜報部に所属し、諜報資料を読むための日本語を専門家に教えていた。フェアバンクの気分はほろ苦く、アメリカの新しい力を認めながらも、中国が直面する問題や蔣介石政権の無能と腐敗を嘆いていた。一方、ライシャワーは自信に満ちていた。アメリカ軍は日本を占領し始め、この占領が革命となり、古いものを一掃することで、アメリカの影響を受けた新しい政府と国民が日本に誕生することを望んでいた。

両者とも戦後すぐに東アジアに関する本を執筆し、著作の中でアメリカの影響が極めて永続的であることに関する解釈を提示した。ライシャワーは終戦直後に『日本』を出版した。ノプフ社から刊行された同書は商業的に成功し、一九四七年から一九五〇年にかけて三回増刷された。同書は、日本の近代性は見せかけだという戦前の主張を利用することで、日本の古えの過去と近代国家への発展に焦点を当てた。ライシャワーは、一九三〇年代の日本の軍国主義と太平洋戦争の視座から日本の自由主義を眺めていた。「厳しい封建的支配に慣れ、従順な国民は指導されることを期待していた。寡頭層は民衆を支配することに何の困難も感じず、それぞれの新しい状況の支配者であり続けた[12]」。日本文化の根源にある権威主義が元凶であった。

一九五〇年に出版された二冊目の本『合衆国と日本』が、そのすぐ後に続いた。この著作は、アメリカの日本占領がもたらした変化に焦点を当てたもので、日本の近代化の展望について、より肯定的なものであった。同書もまた、一九五〇年から一九六五年の間に三刷三版を重ねた。見せかけ理論の名残は消えていた。その代わりに、日本がアメリカの強力な指導によって真の近代民主主義国家になり始めたという新しい解釈が登場した。ライシャワーは同書の冒頭で次のように述べている。

旧文明世界の最東端の国であった日本が、今やアジア諸国の中で最も西洋化され、旧文明世界の最西端の西の延長線上にあるアメリカが、日本に西洋的なるものをもたらす先頭に立ったのは、おそらく単なる偶然ではない。(13)

アメリカは日本を西洋化する主要な道案内であり、アメリカの占領が日本の近代化を導くことになっていた。ライシャワーがアメリカの日本占領と自身の戦争への関与を背景に、このような主張をすることを運命づけられていたことはまったくもって理解できる。それにもかかわらず、ライシャワーの議論は日本の歴史を自分の図式に合うように歪めていた。

ライシャワーは、戦前の日本の近代化の進展についてアメリカの宣教師たちの功績を高く評価しているが、彼は宣教師たちのことを十分に研究していなかった。また、彼は東京の宣教師の家庭で育ったため、宣教師の影響を過大評価していた。そのため、ライシャワーは日本のキリスト教徒が宣教師の支配に対して非常に強く反発していたことを見逃していた。確かに宣教師が日本で影響力を行使したことは否定できない。彼らは日本人を改宗させ、地所を購入し、教会を建てた。しかし、改宗者の数は少なく、人口の一％にも満たなかった。第一世代の日本人キリスト教徒は武士階級出身であり、日本におけるキリスト教の隆盛につながった。しかし、彼らはまた非常にナショナリスティックになり、一八九〇年代のごく早い時期から、キリスト教を土着化し、日本の文化的価値観と一致させ、キリスト教運動の運営上のリーダーシップをとることによって、キリスト教を日本人の生活の中心に据えようとした。ＹＭＣＡ、ＹＷＣＡ、そして宣教師によって設立されたキリスト教系大学の筆頭である同志社大学では、日本のキリスト教徒が理事会の主導権を握り、アメリカ人宣教師を指導的地位から排除した。ライシャワーは、日本の近代性の発展における宣教師やその他のアメリカ人の力を過大評価していた。

同じ頃、ジョン・K・フェアバンクは最初の著書『合衆国と中国』（一九四八年）を出版した。この本はタイトルを付け間違えているが——売れ行きを伸ばすためにおそらく意図的に——、中国の歴史と文化に主に焦点を当てていた。同書はライシャワーの『日本——過去と現在』ほどは売れなかったが、それでも一九五八年に新版が出版され、三刷された。ライシャワーと同様、フェアバンクも解決すべき問題があるとして同書を構成した。この場合の問題とは、一九四八年に中国の国民党政府が崩壊し、破綻寸前まで動揺していた合衆国と中国の関係全般である。一年後、国民党政府は完全に崩壊し、国民党は台湾に逃れた。中国共産党が中国本土を掌握し、米中関係は消滅した。

フェアバンクの著書は伝統的な中国、つまり、二〇世紀の近代性と一切同期しない中央集権的で独裁的な帝国という物語を作り上げた。過去の重荷を背負いながら、なぜ中国は近代化したのだろうか。ライシャワーと同様に、フェアバンクもアメリカやヨーロッパの宣教師が近代化の大きな力であったと指摘する。「しかし、宣教師運動がこの時代において精神的・教義的にどのような結果をもたらしたにせよ、中国の近代化に大きな刺激を与えたという事実に変わりはない」。ライシャワー同様、フェアバンクも宣教師の影響力を誇張していた。日本と同じようなキリスト教ナショナリストの運動が中国で起こり、宣教師組織を土着化させるキャンペーンを生み出した(14)。

フェアバンクは一九六五年版で、当時の中国国内では宣教師の影響を否定的に捉える傾向があったことを認めている。「今日の北京の流行は、共産主義者の前任者であり、中国をつくったライバルでもある宣教師たちの善行を、『文化帝国主義』として軽んずることである」。これに対してフェアバンクは皮肉交じりに付言した。「将来の歴史家は、この影響は中国社会にとって非常に破壊的であったと結論づけるに違いない」。フェアバンクは、一九六〇年代に中国研究で起こっていた変化が始まりつつあることを見抜いていた。中国研究は西洋化、それも高い理想を掲げた宣教師による西洋化さえ帝国主義として扱い始めていたのである。(15)

フェアバンクはライシャワーよりも理論的なアプローチを採っていた。彼はタルコット・パーソンズの近代化論に強い関心を抱いていた。特にパーソンズはハーヴァード大学の地域研究グループ委員会のリーダーであり、フェアバンクが中国地域研究グループの責任者に任命されるよう取り計らった人物であった。パーソンズは中国は中央集権的権威主義の典型的な事例だと主張した。考え方の筋道ははっきりしていた。中国の権威主義的社会としての発展は、西洋の外で同国が近代化することを不可能にした。フェアバンクはこの枠組みを『合衆国と中国』に持ち込み、前半のいくつかの章のタイトルにした。「儒教的パターン」、「異民族支配と王朝のサイクル」、「権威主義的伝統」などである。

フェアバンクはもう一人の対話者を頼りにしていた。カール・ウィットフォーゲルである。ウィットフォーゲルはマルクス主義的唯物論のバリエーションを用いて、中国の運河システムのような大規模な公共事業の発展に注目し、中国においては伝統的な権威主義のみが機能していたと主張した。どちらの学者も、中国が独自の条件で近代的な未来を模索する可能性を否定した。西洋化という視座は、国民党の挫折、つまり、西洋化された自由な中国という西洋の希望と共産党の政権奪取という衝撃をいっそう唐突なものにした。フェアバンクは、マッカーシズムと赤狩りの標的になるという恐ろしい経験をし、自信を喪失させられた。彼は連邦議会の委員会であるマッカラン委員会によって、共産党員のスパイとの関係を調査されたのである。フェアバンクは見事に汚名を返上したが、この経験で彼は幻滅した。

フェアバンクとライシャワーは、こうした歴史学の伝統を最も早く体系化した人物である。しかし、それから二〇年後の一九六〇年代までには、東アジアに関する思想は相当大きく変化していた。一九六〇年代の学生運動、日本における大規模な平和運動、ベトナム戦争、中国における文化大革命といったすべてが、東アジアにおけるアメリカの影響力に対する認識を変容させた。

ライシャワーがこうした変化を間近に感じたのは、彼が学界を離れ、ケネディ政権で駐日大使の職に就いた際である。彼の政治的立場はますます右傾化していた。一九六一年に駐日大使に就任する頃までには、彼は断固とした反共主義者になっていた。そして、彼は戦後初期には日本の近代化に対して懐疑的であったが、はるかに肯定的な見方をするようになった。ライシャワーによれば、日本の軍国主義は明治時代に始まった戦時中に頂点に達する潮流ではなく、一九三〇年代から一九四〇年代にかけての「暗い谷間」、すなわち非常に成功した日本の近代性への道のちょっとしたくぼみなのであった。

日本におけるアメリカの支配を象徴する会議として有名な箱根会議は、アメリカの学者ジョン・ホールが主催し、ホールと他の数人のアメリカ人学者が日本の近代性の問題に焦点を当てたもので、ライシャワーが大使に就任する直前の一九六〇年に開催された。ライシャワーはこの会議に出席し、日本の学者や聴衆に日本の近代性を受け入れるよう勧めた。この会議とライシャワーの日本国民に対する極めて公然たるアプローチは、議論の嵐を巻き起こした。この議論は日本では「近代化論争」として知られるようになり、ライシャワーの保守的な反応は「ライシャワー攻勢」として知られるようになった。日本人を共産主義から脱却させ、アメリカの近代化モデルへと導こうとする試みであった。ライシャワーはこれを否定したが、日本の左翼はライシャワーが近代化論やアメリカの発展モデルを支持していると非難した。ライシャワーは大使としてプロパガンダにも携わり、資本主義的近代化の利点に対して共産主義的近代化の危険を示す公刊された合衆国のパンフレットを作成した。ライシャワーは近代化論を明確に支持していたわけではなかったが、その指図に明確に従った。

日本の参加者は、近代化への道にそれほど自信を持っておらず、「日本の発展」を厳しく批判した。日本の著名な歴史家である丸山眞男は、近代化論と日本の発展の物質的側面に焦点を当てた結果、日本の知的・思想的発展に大きな疑問符が付されたと主張した。丸山は一八九〇年代を振り返り、福沢諭吉の自由主義的近代性の計画がどこで道を踏み外し、東アジアにおける日本の覇権的役割と第二次世界大戦の惨禍を招いたのかを探った。もし東アジアの知識人が西洋人のように西洋化と近代化を混同していたとしたら、彼ら自身の近代性の源泉を見出すための空間を彼らの歴史の中に切り開く余地はほとんど残されていなかった(16)。

一九六〇年代から一九七〇年代にかけての論争では、東アジアにおけるアメリカの新植民地主義を主張する若い世代の学者が最終的に優勢となった。この新解釈は、強い反米の視座と共に現れた。若い世代で最も有名な学者はジョン・W・ダワーである。ダワーはハーヴァード大学でライシャワーとフェアバンクの薫陶を受け、一九七二年に博士号を取得したが、すぐさま彼らと距離を置いた。彼は『容赦なき戦争』(一九八六年)で日本に対するアメリカの人種主義について、一九八〇年代には、『吉田茂と日本の経験』(一九八八年)でアメリカの対日覇権主義を探求し、そして『敗北を抱きしめて』(一九九九年)では、アメリカの覇権主義というテーマに立ち返った。彼の著作は、ある同僚が私に述べたとおり、若い世代の研究者たちに「ダワー化」するよう促した。ダワーの著書は、私自身の仕事にも大きな影響を与えた。私の最初の著書は、文化帝国主義の代理人としての日本におけるYMCA宣教師に焦点を当てたものだった。しかし、新植民地主義論が注目されるようになって間もなく、このテーゼには問題が生じ始めた。アメリカの支配は、少なくとも日本においては直接的な帝国主義ではなかったし(中国においては確かにより正面切ってのものだったが、そこでも直接的な支配ではなかった)、洗練されていない学者たちが書いたアメリカの人種差別や覇権主義を主張する議論は見苦しくなった。

中国史の分野では、ジョセフ・レヴェンソンやメアリー・ライトなどジョン・フェアバンクの弟子の多くが、中国史に関する重要な著書を執筆した。彼らのアプローチは、伝統的な中国は近代性と相容れないというフェアバンクの見解を体系化したものであった。レヴェンソンの著書は、キリスト教という西洋の宗教が中国で影響力のある革命勢力になったと論じた。四九歳という早すぎる死によって学問の道を断たれたレヴェンソンにとって、五・四運動において伝統的な中国が批判の的となり、西洋へ視線が向けられるようになったことは、二〇世紀前半の中国を理解する鍵だった。その後、一九六〇年代には中国国内と合衆国国内の急進主義が中国を変容させるなかで、中国研究は変革の渦に巻き込まれた。学生たちが主導した中国の文化大革命は、中国の知的・政治的指導部を「資本主義的怠け者」として攻撃し、一九六〇年代後半から一九七〇年代前半にかけて、中国を混乱と無軌道に陥れた。モーリス・マイズナー率いる若い世代のアメリカ人学者は、このような背景から毛沢東と中国共産党の再建を目指した。マイズナーの『毛の中国――人民共和国の歴史』は、幅広い読者に向けて書かれたもので、中国をレヴェンソンやライトのように近代性の試験に落第したと見るのではなく、むしろ中国の急進主義を賞賛している。中国共産党の延安時代についてのもう一人の急進的な歴史家であるマーク・セルデンは、毛沢東の延安は「息苦しい抑圧（と恣意的な国家権力）から解放された社会をつくろうとする世界中の男女」に「インスピレーションを与える」と主張した。セルデンはやがて、延安に対する疑いなき肯定的な見解を撤回した。セルデンとマイズナーは、他の急進的なアジア主義者たちと共に、ベトナム戦争中に、アメリカのアジアにおける覇権主義が生み出した問題を強調する手段として、アドボカシー団体「憂慮するアジア学者の委員会」を設立した。

しかし、若い世代のすべての学者が上の世代に反旗を翻したわけではない。アルバート・M・クレイグは、ハーヴァード大学でエドウィン・ライシャワーのもとで学んだ。ライシャワーの信奉者であった彼は、多くの研究者の中からライシャワーの仕事を引き継ぐ者として選ばれた。ライシャワーが初期の著作を日本についての教科書にまとめたとき、彼はアルバート・クレイグを『日本――伝統と変容』の共著者として名を連ねるよう招いた。クレイグは、ライシャワーとフェアバンクの東アジアについての概説である似たタイトルの『東アジア――伝統と変容』の共著者となることが認められた際、彼らの輪に入った。この本は、フェアバンクとライシャワーが一九三九年から教えていた東アジア概論の授業と、初期のフェアバンクとライシャワーの概論の教科書から生まれた。ライシャワーが一九六〇年代に駐日大使に就任すると、クレイグが授業を担当するようになり、概論の教科書の共著者として加わった。アルバート・クレイグは現在も現役の研究者である。彼の最新の研究書は、福沢の知的伝記であり、ライシャワーの日本西洋化論とのつながりを確固たるものにしている。同書は西洋かぶれとしての福沢に焦点を当てて、彼の西洋哲学への関心を分析しており、福沢の日本の自立への関心と彼への他の影響を完全に無視している。

ライシャワーとフェアバンク（およびクレイグ）の近代化テーゼと、より急進的なダワーとマイズナーの新植民地主義のテーゼの双方において、最も明白なことは、アメリカの力に焦点が当てられていたことである。しかし、東アジアにおける西洋化と近代化との混同は、学者たちによってほとんど論証されることなく放置されていた。この弱点が、良きにつけ悪しきにつけ、東アジアにおけるアメリカの影響力を過度に強調することを許していたのである。日本史の入江昭と中国史のジョナサン・スペンスという二人の著名な歴史家は、東アジアを研究する際の視点の問題をより積極的に認めている。興味深いことに、二人の歴史家はアメリカ国外で育っている。入江昭は日本の東京で、ジョナサン・スペンスはイギリスのサリーで育った。二人ともアメリカ中心的アプローチから離脱し、入江昭はさらに進んでグローバル・ヒストリーという新しい分野に身を寄せている。彼らの著書、特にスペンスの『中国の偉大な大陸――西洋思想の中の中国』と入江の『グローバル、トランスナショナル・ヒストリー』と『グローバル・コミュニティ』は、対象とする読者層およびアメリカ人以外の視点からの認識をより敏感に捉えている。(17)

結論

合衆国と東アジアの両地域において、知識人は活力と創造性をもって近代の礎を築き、両地域の戦後の成功に直接的に貢献した。今日、近代性は衰退しているように見える。しかし、二〇世紀の歴史において、近代性はその欠点にもかかわらず、戦争や経済的荒廃を乗り越え、非常に永続性があることを証明した。アメリカの支配ではなく、アメリカ化と西欧化の限界、そしてアメリカと東アジアの知識人の才気とひらめき、この遺産こそが、語られることのない合衆国＝東アジア関係の物語なのである。

　太平洋戦争におけるアメリカの勝利は、アメリカ支配の新時代、東アジアへの新たな関心を生み出し、アメリカの学者たちに東アジアの歴史におけるアメリカの役割を過大評価させることを招いた。しかし、東アジアの近代性は、大部分が東アジアの知識人や指導者が創造したものであった。それはアメリカの発明や、西洋やアメリカの革新によって生み出されたものではない。それどころか、戦前、東アジアの人々は自国の歴史に分け入り、近代性の土着的源泉、とりわけ王陽明思想を見出したのである。

第一章　東アジアにおける近代性――初期の先駆者（一八六〇～一九二〇年代）

福沢諭吉、西洋へ行く

一八六〇年、まだ英語を学んでいた若き日本の学生であった福沢諭吉は、英語の通訳者として日本史上初の遣米使節団に同行した。このときの初渡米が、一八六二年の日本使節団に同行し二度目の洋行となった渡欧と、一八六七年の三度目の渡米と併せて、福沢の日本とその将来についての思想に多大な影響を与えた。福沢は西洋人の行儀は悪いと思っていたが、西洋人の考え方の独立性と会話の開放性を称賛していた。道中、福沢は本を読むことで吸収できると考えていた西洋哲学や科学には焦点を当てず、欧米のより実務的な側面に焦点を当てた。病院の費用は誰が出したのか、お金がどのように銀行に預けられ、貸し出されたのかといった関心事は、福沢が西洋の思想をどのように扱ったかを示す初期の証左である。福沢は西洋の事物や考えに対してそれらが日本で機能するかしないかといった、実務的な側面に好奇心を抱き、取捨選択できた。しかし福沢の主な関心事は、自身が日本で大きな欠陥があると感じていた政治体制（徳川幕府）から移行する術を見つけることであった。一八六〇年に初めて渡米した福沢は、サンフランシスコでアメリカ人の写真家の娘、テオドーラ・アリス・ショウと一緒に写真を撮った。その写真では、細身の若者が丁髷を結って着物をまとい、腕を組んで防御的な姿勢でこちらを見つめ、気難しくも屈託のない顔つきをしている。後の写真でも、福沢は伝統的な着物をまとい腰に武士の刀を差している。カメラを見つめる福沢は無表情で、まだ頑固な顔つきだが、以前より自信をつけてくつろいでいる[1]。

福沢の西洋への興味は頑固な性格に由来している。福沢の独立心が一八六七年の二度目の渡米で自身をトラブルに巻き込んだ。渡米中、福沢は徳川幕府に関して、役人が肩書きを使って重要な特権を奪ったと公に非難し、反外国人政策と鎖国についても酷評した。福沢が日本に帰国した後、外務省はその軽率さへの罰として福沢を本部から数週間追放した。すると福沢は注意深く熱心に西洋を観察するようになり、英語力が向上するにつれて、西洋のあらゆるものを日本語に翻訳するようになったのである。ただし、福沢が西洋で正式に教育を受けていないことには注意が必要である。福沢は道中に情報を吸収し、西洋哲学を独学で読んだ[2]。

福沢は西洋の事物を注意深く研究したが、西洋思想の単なる翻訳者ではなかった。福沢の渡航は日本と東アジアに影響を与えた。福沢は帰国後すぐに、西洋の生活と制度に関する考察を読みやすくまとめた十巻の『西洋事情』に記し、ベストセラーになった。さらにそれは止まらず、後述のように福沢の思想は広範囲に亘っていることがわかった。福沢はさらに学問と文明に関する画期的な著書を二冊記し、新聞『時事新報』と大学の慶應義塾を創立し、世界地理に関する児童書まで書き上げたのである。福沢は明治時代で最も生産的で影響力のある知識人となった。福沢の本が日本の知識人の間だけでなく村の読書会でも読まれたことは、福沢の影響力の広がりを示す驚くべき証拠と言える。福沢は西洋の模倣を支持するどころか、日本人が独立して思考することを推奨した。生まれ持った好奇心などの性格特性が海外渡航に刺激され、福沢はより近代的な未来について考えることができた。福沢の文筆力と知力が相まって、近代性の考察手法を確立し、それが後の世代の日本の知識人の思想を形づくることになった。

福沢のおかげで、私たちは一九世紀と二〇世紀のあまりにも不正確であったアメリカ人の色眼鏡を通してではなく、その地域本来の姿の東アジアに対峙することができた。福沢（一八三五〜一九〇一年）と中国思想家の梁啓超（一八七三～一九二九年）は初期の近代思想を構築し、東アジアの人々が、儒教を含む伝統に頼りながら西洋から選択的に借用することで、ハイブリッドな近代性を構築する鋳型を確立する一助となった。儒教は問題の一部であるという共通認識が改革者たちの間にあったことを考えれば、福沢らが特定の儒教思想を活用しているのは驚くべきことである。

東アジアの知識人・王陽明の思想と近代性

東アジアにおける儒教の優位は、そのような包括的な知的枠組みが存在しなかったアメリカの思想から本質的に逸脱していることを示している。東アジアの近代主義者は皆、儒教の制約から自分たちの思考を解放しようとした。しかし、それは後述するように、儒教を完全に放棄することを意味するのではなく、近代化の目的に合わせて改造することを意味していた。儒教思想の考えをいくらか用いることで、結果として得られる考えが強化された。というのも儒教思想はよく理解されており、当時の歴史的文脈によく適合し、即時的訴求力があったからだ。

王陽明の思想は、一九世紀後半の儒教の刷新を理解する上で特に重要である(3)。王陽明（一四七二～一五二九年）は明王朝の文官・武将であり、儒教の公式の国家的教義が自身の時代に無意味な外部性に委ねられてしまっていると信じ、思考と行動の統一を明確に主張することによって、その倫理的側面を復活させようとした。形而上学的な提案として、王陽明の理論には問題がある。思考と行動という別個だが関連する二つの実体の混同に陥っているのである。利己主義と腐敗という問題の解決策として、思考と行動を融合させることが必要な是正策だった。王陽明は自らが負った不正と残酷なリーダーシップの配分に苦しんでいた。気まぐれな宦官である劉瑾《リュウキン》は王陽明を嫌っており、この若き文官を朝廷から追放した。王陽明は何年間も苦労を重ねた後朝廷に戻り、さらに強靭になって、中国には倫理的なリーダーシップが必要であると確信した。求心力が欠如し、背信が蔓延する中、王陽明は思考と行動において倫理的になり、国家のより高次の善に奉仕するよう中国人に説いた。

中国軍（明王朝）の武将として二度の反乱を鎮圧した王陽明の成功を考察すれば、王陽明の哲学的アプローチが見えてくる。一五一九年、中国南部で寧王の乱が勃発したとき、王陽明は直接的な軍事行動（寧王の軍隊を攻撃するため、西洋から新たに輸入したカルバリン砲を使った）によって、反乱を効果的に鎮圧した。王は寧王に陽動作戦を仕掛け、南京を強化し、軍隊を編成する時間を稼ぎながら、寧王をタイミングよく欺いたのである。しかし、王陽明が反乱の指導者であった寧王朱宸濠《シュシンゴウ》を捕らえた後、正徳帝の腹心から寧王を釈放するよう命令を受けた。正徳帝が自身の軍隊を率いて寧王を再逮捕し、反乱を鎮圧したとの栄誉を皇帝が得られるようにしようとしたためである。王陽明は宦官からの報復により生命を脅かされていたにもかかわらず、倫理的な高みに立って、彼らの要求を繰り返し拒否した。結局、皇帝は態度を軟化させ、反乱を鎮圧し、中国の人々を欺こうとする朝廷の腐敗に抵抗したことが称えられて、王陽明は朝廷に戻った。王陽明の晩年の一五二七年、広西で二度目の反乱が起こった。明王朝の皇帝は王陽明に反乱阻止のために隠居から出てくるよう頼んだが、王陽明が拒否したため、皇帝は同意するまで再度、王陽明に頼み込まなければならなかった。別の文官である姚镆《ヨウマク》は、強大な軍事力を行使して反乱の鎮圧を試みたが失敗に終わり、皇帝は姚を指揮から解任することとなった。王陽明はまず数週間かけて状況を調査し、強力な知識基盤を構築した。その後、王陽明は物理的に軍事力を行使するのではなく、主な反乱者であったいくつかの少数民族集団と交渉をまとめることにした。王陽明はすぐに合意を手にし、反乱を終わらせた(4)。

どちらの反乱も、王陽明の哲学的アプローチの有益な例となる。まず、王陽明は自身の倫理的知識に基づいて行動し、状況の善悪を判断することで、良知（道徳的正義）を維持し理にかなった行動をとった。死の危険を冒してでも、公の場で嘘をつく皇帝の腹心の要求に抵抗した。二度目の反乱では、王は正しい知見を得ようと状況を考察したため、正確な情報に基づいて行動することができ、誤った仮定や理解の欠如がなかった。最終的に、二度目の反乱では、反乱を終わらせるべく努力をする忠実で勇敢な民兵の組織に注力し、民兵は強い公共心を示した。

王陽明は、倫理的および道徳的行動を国家的責務の水準まで巧みに引き上げたため、一九世紀後半の東アジアの改革者にとって非常に魅力的であった。危機の時代に、彼は国民に勇気と行動を教え込んだのだ。そして一九世紀の日中両国で、政治不安と西洋帝国主義の脅威によって、強い道徳的勇気を持ち、内外の脅威から国家を守るために働く意欲のある国民が大いに必要とされた。

このように、一九世紀後半、東アジアの近代主義者は王陽明から知見を得た。東アジアを近代化し、西洋を駆逐する方法を模索する中で、近代主義者たちは王陽明に公徳を構築するための主張を認めた。公徳とは皇権への忠誠心、独立した思考、利他的な市民の活動である。日本の知識人から特に大きな共感を得た言説の中で、王陽明は個人が国家を救うために、家族と絶縁して地位を失う危険を冒しうると示唆した。王陽明はそれ以前にも日本に強大な影響を及ぼしていた。徳川時代（一六〇三～一八六八年）の最も重要な学派の一つは、陽明学派または陽明学（王陽明学）となった。西洋の脅威にさらされ、王陽明の思想は国家の改革と強化を手助けする魅力的な選択肢となった(5)。

西洋帝国主義者は、一九世紀に東アジアの多くの地域で支配を拡大した。彼らは中国で勢力圏を獲得し、日中両国に不平等条約への署名を強要した。この条約の規定により、これらの国々で自国民に交易上の優位と治外法権の地位を与えることができた。西洋諸国は、外国人居住者が独自の警備下で生活できる条約港を設立し、イギリスの軍艦がイギリス支配下である香港の近くに配備された。

福沢諭吉と近代的独立

福沢は一八三五年に大阪の下級武士の家に生まれ、政治的混乱の時代に育った。一八三〇年代は大阪を含む日本の大部分が、飢饉と貧困の時代にあった。その結果、大阪は急進的な思想の温床となり、王陽明思想はそこで人気を博し、見習が王陽明思想を教える陽明学校（王陽明学校）がいくつか存在した。王陽明の哲学は、人は自分の良心が与えたとおりに行動すべきで、やみくもに自己の主に従うべきではないとした。したがって、それが反抗的な態度を許すことになった。

一八三七年、飢饉の時代に不作が相次いだ後、陽明学の最も重要な思想家であり、大阪の著名な教師でもあった大塩中斎〔平八郎〕は、大阪の徳川家に対する貧農の反乱を主導した。反乱は失敗に終わり、大塩は捕らえられる直前に自らの命を絶った。そして大阪の大部分が焼失した。福沢は自伝でその事件については言及していないが、このエピソードは福沢の教室や友人グループに伝えられたと思われる。福沢は急進主義を決して受け入れなかったが、不正には公然と反対するべきであるという考えは、個人が独立した思考を持って判断をすべきであるという福沢の観念の一部になった(6)。

父の地元の藩での経験も、福沢に大きな影響を与えた。父は計理士であったが、学者になることを夢見ていた。しかし父の藩主は父が知的研究に着手するのを許さなかった。にもかかわらず、福沢の父は自身の子どもたちに同じ夢を吹き込んだ。福沢は徳川の封建制度によって自身の父親がいかに否定されたかを決して忘れることがなかった。福沢は後に「門閥制度は親の敵で御座る」と説明した(7)。父親は厳格な儒家として知られ、仕事と家庭生活において道徳を守った。父親は福沢が幼い頃に亡くなったが、福沢は父親から学問を極め、自己研鑽する献身性を受け継いだ。福沢はその父の遺志を継ぎ、優秀な学生になった。大阪では儒学と漢学の学者である白石照山が福沢の師となった。照山は優れた詩と文学を通じて完璧な聖人の姿を教えた朱子学派の儒教に反対し、同じ学派の王陽明を儒教の当初の思想を貶めたと非難した。照山は教室で詩を書くことの無用さをあざ笑った。福沢と学友たちはそれに倣い、中国の学問、特に漢方薬を馬鹿にした。福沢は後に自伝でこの風潮について振り返っている。

> 何でもかでもシナ流は一切打払いと云うことは、どことなく定《き》まって居たようだ。……空々寂々《くうくうじゃくじゃく》チンプンカンの講釈を聞いて、その中で古く手垢の付いてる奴が塾長だ。こんな奴らが二千年来垢染みた傷寒論を土産にして、国に帰って人を殺すとは恐ろしいじゃないか(8)。

福沢は儒教理論の繊細さを退け、代わりに道徳心、屈強な体躯、健全な精神を受け入れた。

福沢はその名が広く知られるようになった後、一八七二年から一八七六年にかけて出版された教育に関する一六冊の有名な著書『学問のすゝめ』を記した。その中で、福沢は儒教の古い学習方法を非実用的だと強く批判した。「学問とは、ただむずかしき字を知り、解し難き古文を読み、和歌を楽しみ、詩を作るなど、世上に実のなき文学を言うにあらず」。これらの学問形態は、福沢の言葉を借りれば「実のなき」ものだった。代わりに、「人間普通日用に近き実学」を学ぶべきであるとした(9)。伝統的な中国の学問に対する福沢の批判は、儒教の正統性に対する王陽明の拒絶と一致している。福沢が王陽明の儒教を支持していた明確な証拠はないが、おそらく福沢はそれに精通していたと思われる。福沢はじきに「今日の用」という概念を明かした。

徳川体制の枠内でも福沢は出世の機会を得て、前途有望であり教養もあった。一八五八年、福沢は家庭教師として江戸に行き、翌年、英語が上達したため、徳川幕府外国方の通訳を志願した。福沢の西洋への渡航は、その後すぐのことである(10)。

福沢の最後の渡米直前、明治維新が起きる二年前の一八六六年までに、福沢は日本の封建制度を鋭く批判し、自身の解決策を提示した。日本では西洋人の侵入にどう対応するかをめぐって議論が激化した。アメリカは一八五三年にペリー提督を日本に派遣し、強制的に貿易取引を開始するために開国させた。その後間もなく日本は最初の不平等条約に調印し、その後すぐに、あらゆる主要な西洋勢力は、兵士、商人、宣教師を日本の主要な条約港である横浜港に配置した。保守派は条約への署名は誤りであり、むしろ日本は夷狄を撃退すべきで西洋諸国との鎖国を再開すべきであると主張した。対照的に、福沢は日本の開国に賛成した。

> 封建世禄の臣は国君一身のみに忠を尽すを知て報国の意薄し、日本国人をして真に報国の意あらしめば、喋々と開鎖の利害を論ぜずして自から富強の開国となるべし。……今日本の士人も此趣意を体して、外国に引けを取らざる様国威を張り、外国に砲艦の利器あれば我国にも之を造り、外国に貿易富国の法あれば我国も之を倣い、一歩も他に後れを取らざること真の報国ならずや[11]。

このように、福沢は早くから徳川体制の欠陥を見抜いていた。福沢は日本の徳川の政治組織について、「藩士銘々の分限がチャント定《き》まって、上士は上士、下士は下士と、箱に入れたようにして、その間に少しも融通があられない。」と述べていた。封建主義により、日本人は社会での地位にあまりにも依存しすぎていた。そして福沢も国を強くする必要性を認めた。福沢の定義では、強さとは進歩を遂げ、国富と軍事力を構築し、外国――西洋を意味した――と公然と競争できることを指した[12]。

西洋モデルの特定の側面が、国家を強化するための価値体系として日本人に採用されるべきだという福沢の主張に、外国人嫌いの日本人は驚いた。彼らは西洋帝国主義の脅威を食い止めるために夷狄を追放する方を好んだ。一八六〇年代の極端なナショナリズムの風潮の中、親西洋的な態度と徳川政治体制に対する批判は危険なものになった。浪人（主のいない侍）の反西洋主義擁護者が、福沢の親友を何人か攻撃した。知り合いの手塚律蔵は若い家臣に処刑されかけたが、堀に飛び込み一命を取り留めた。別の友人の英語翻訳者、東条礼蔵（英庵）は浪人が自宅に侵入したため裏口から逃げなければならなかった。それ故、福沢は身を潜めていた。西洋の考えを支持しているように見えるのは危険だとわかっていたからである。(13)

福沢の経験は、近代性を形成するための非西洋人の選択肢が西洋よりも制限されていたことを思い起こさせる。一九世紀のアジアにおける西洋帝国主義とそれに付随する極端な民族主義的反応が、こうした制限を生み出した。また、東アジアの人々の近代性に対する算段は、我々が時に認めるものよりも単純なものだった。福沢は西洋の思想や制度を日本のシステムに適合させることで、日本の発展の可能性を生み出し、日本が遅れを取ることはなくなるだろうと考えた。当時、イギリスの侵略の脅威により、日本の指導者の多くは立ちすくんでいた。特に一八六二年にはイギリスの役人が武士に刀で切られ、イギリスは鹿児島の薩摩港を砲撃することで報復した。福沢は日本のナショナリストにアピールし、なおも日本に根本的な改革を提案するような議論を展開する機会を得たのだ。(14)

一八六八年の明治維新の後、日本の指導者たちは、西洋の思想に寛容になり、西洋の服装さえ取り入れるようになった。この時代を文明開化（文明と啓蒙）と呼び、一八七〇年代から一八八〇年代にかけて続いた。このより開かれた風潮の中、福沢は自分の考えが正当であると感じ、それをさらに推し進めた。日本では、さらなる代議政治の実現を試みた独自の「自由民権運動」があった。王陽明思想から派生した概念によって推進され、一八八〇年代に政府に取り入れられる前、日本政治の中心を占めていた。王陽明の持つ、個々人の心にこそ自律性と仁義があるという思想と、公共善と勇士と行動への関心が、民衆運動におけるフランスの自然権に関する見解と組み合わされた。同じ考えに触発された急進派の西郷隆盛は、一八七八年に明治政府に対する反乱を主導し、失敗して切腹（儀式的に自殺）した。(15)

徳川制度に対する福沢の憎しみは、物語の一部に過ぎない。洋行中に感じた西洋の言説の独立性への福沢の関心からは、別の面も伺える。福沢は、西側諸国を盲目的に模倣する価値あるものとしてではなく、ライバルと見なしていた。しかし、福沢は西洋の思想のいくつかが日本に役立つ可能性があると信じてもいたので、それを完全に否定したわけでもなかった。特に、福沢は西洋の政治的言説の開放性と西洋の人々の自国に対する忠誠心を賞賛した。

福沢の最大の関心は、個人の独立した判断力を構築することで、強くて独立性の高い国家を形成することにあった。国家的な独立が日本を西洋の侵略から守るであろうという考えは、道徳的思考と行動（より大きな善のための独立した判断と犠牲）を求める王陽明の糾弾と、西洋式の開かれた政治的および社会的言説とが組み合わさったハイブリッド版であった。それは当時、中国で支配的だったイギリスの帝国主義から日本を救う福沢独自の処方箋となった。『学問のすゝめ』の中で福沢はこのナショナリストのアプローチを概説した。

> 外国に対して我国を守らんには自由独立の気風を全国に充満せしめ……英人は英国を以て我本国と思い、日本人は日本国を以て我本国と思い、其本国の土地は他人の土地に非ず、我国人の土地なれば、本国のためを思うこと我家を思うが如くし、国のためには財を失うのみならず、一命をも抛て惜むに足らず。是即ち報国の大義なり[16]。

福沢は、個々の日本人に独立の気概を植えつけることによってのみ、日本人は独立と犠牲の国民精神を生み出すことができると主張した。福沢は洋行中に人民主権という西洋思想に触れ、自身の思想に影響を受けた。しかし、こうしたことは日本が厳格な階級制度を破壊し、個人が独立して考え、行動することができるようになって初めて可能となった。

福沢は、歴史的な例を挙げて自由と独立とは何かを明確にした。福沢はナポレオン軍を一六世紀の戦国時代の日本軍と比較した。大名・今川義元の軍勢は信長の兵に首をとられて散り散りになったのに対し、ナポレオンの兵士はナポレオンが捕捉された後も逃げずに戦い続けたというのである。福沢がこの話から得た教訓は、領土への忠誠は国家への忠誠心ほど有用でも強力でもないということだった(17)。

福沢は伝統的な自己修養という儒教思想から、独立自尊という自身の概念を発展させた。一八七〇年、友人に宛てた書簡で、福沢は従来の儒教用語で人間の自然本性を完全に肯定的なものとして論じた。福沢はまた、人は「天道に従て徳を脩め、人の人たる知識聞見を博くし、物に接し人に交わり、我一身の独立を謀り、我一家の活計を立て」るときにのみ、善を促進する力になると付け加えた。こうした考えで、福沢は個人の徳などの伝統的な儒教の概念を自身の新しい独立自尊の精神に融合させた(18)。

福沢と同時代の儒学者で知識人の中村正直は、一八七一年にスコットランド人のサミュエル・スマイルズの著書『自助論』を翻訳したことで有名になった。『自助論』は個人の倹約、規律、自尊心の構築に焦点を当てた作品である。中村は東京大学の尊敬される儒教の教授であり、「自己修養」という伝統的な儒教の概念を通して、サミュエル・スマイルズの業績を理解したキリスト教徒の有神論者だった(19)。

福沢は、伝統的な儒家が自己修養への献身についてそうしたのとは違い、個人に止まることはなかった。福沢の個々人の自己修養の概念は、愛国心とナショナリズムの精神の中で見る必要がある。『学問のすゝめ』の中で、福沢は「愚」民の悲劇と、良き市民が自国について考える術を概説した。知識がほとんどなく、教育を受けていない市民は、苛統治に値した。しかし、教育水準の高い市民は本来、良き政府や国の富「強」、および他国が自国をどのように扱うかについて関心を持つべきであるとした。

もしまた人民みな学問に志して物事の理を知り文明の風に赴くことあらば、政府の法もなおまた寛仁大度の場合に及ぶべし。法の苛きと寛やかなるとは、ただ人民の徳不徳に由っておのずから加減あるのみ。人誰か苛政を好みて良政を悪む者あらん、誰か本国の富強を祈らざる者あらん、誰か外国の侮りを甘んずる者あらん、これ即ち人たる者の常の情なり。今の世に生まれ報国の心あらん者は、必ずしも身を苦しめ思いを焦がすほどの心配あるにあらず。ただその大切なる目当ては、この人情に基づきてまず一身の行いを正し、厚く学に志し博く事を知り、銘々の身分に相応すべきほどの智徳を備えて……[20]

福沢によれば、理想的な日本国民は、道徳的に行動し、知識と思考の独立性を獲得し、これらを有することで、時間の経過と共に公徳を獲得する[21]。根底に猛烈なナショナリズムを伴った二〇世紀の戦争という厳しい経験をした今日の世界では、ナショナリズムを尊重することの利点については意見が分かれるかもしれないが、福沢の国民的独立の思想は、自身の近代的進歩の受容と相まって、日本を若返らせ、西洋の帝国主義者の支配から救ったのである[22]。

一八七〇年代は、福沢にとって華々しい、実りのある時代だった。『学問のすゝめ』の執筆に加えて、自由主義的な新聞社の設立を準備し、日本初の私立大学となる慶應義塾を創設していた。福沢が日本人の生活に幅広い影響を与えたことの証しである慶應義塾大学は、今日、日本における主要な大学の一つとなっている。

これらのあらゆる活動のさなかに、福沢にはまだ二冊目の著書『文明論之概略』（一八七五年）を書く余裕があった。この著書は福沢の最初の著作と同様に、日本史上、最も重要なものの一つと考えられている。その中で、福沢は文明に関する西洋思想、特にフランスの理論家フランソワ・ギゾーとイギリス人のトマス・バックルを研究した。福沢は文明についての両者の思想を、日本の文明と国力に関する論文に変えた。これは『学問のすゝめ』で知識の概念に焦点を当てたのと同じである。この著書は、最終的に独立した日本国民という目標に向けた物語として読み取れる。ある学者は、それは「文明論の概略」ではなく「国力論の概略」と呼んでも良かったと述べている[23]。

同著の序盤で、福沢は西洋文明とその強さについて論じた。しかし、ここでも福沢は、日本人が西洋思想をやみくもに模倣してはならないと述べていた。

西側各国境を接するの地と雖ども、その趣必ずしも比隣一様ならず、況や東西隔遠なる亜細亜諸邦に於て悉皆西洋の風に傚うべけんや。仮令いこれに傚うも之を文明と云うべからず[24]。

言い換えれば、日本人は西洋の影響を慎重に媒介する必要があった。安易な模倣は日本文明の精神と合わず、確かに良い考えではなかった。

福沢は、直線的な文明の進歩という西洋の思想を受容した。しかし、「文明」は相対的な用語であると述べ、西洋文明に究極的な優位性があるという考えに反対した。「事物の軽重是非は相対したる語なりと云へり。されば文明開化の字も亦相対したるものなり。」この概念は、文明の固有性や社会進化論者の分類と矛盾している。むしろ、福沢の区分は歴史と地理に基づいていた。後述のとおり、梁啓超は中国の他民族について歴史と地理に基づいて同じ判断を下した。西洋では、文明の美徳の相対性に関する同様の考えが、人種に関するフランツ・ボアズの研究に影響を与えた。民族と人種の違いは相対的なものであるというボアズの結論は、人種と文明に関する現代の思想を特徴づけた（ボアズと人種に関する詳細は、第二章を参照）。したがって、一八七〇年代の歴史の極めて初期においては、福沢の相対的な文明の考え方は、非常に近代的であった。福沢の相対主義には、防衛的な部分がもう一つある。人種と文明は不変であるという西洋の考え方に福沢が同意した場合、福沢と日本国民は常に英米文明の下位に留まることになる。福沢は屈強なあまり、西洋文明の思想の目立った側面である日本人の劣等性という西洋の前提を受け入れることができなかった(25)。

福沢は進歩や文明についての厳格な人種的概念に同意しなかった。これは、福沢の思想と一九世紀のアメリカの思想との違いを表している。しかし、福沢は文明に関して他を劣等と定義することには関与した。福沢は国際法に関する明治政府のアメリカ人顧問であるエラスムス・ペシャイン・スミスへの返信の書簡の中で、アイヌ民族（蝦夷人）を野蛮人として記し、より先進的な日本人が古代にアイヌ民族を征服したことを指摘した。しかしながら、西洋思想家の人種的ヒエラルヒーや不変の人種的特徴といった固定観念は持っておらず、福沢は他民族を近代化に邁進、到達しているとして、より公平に見ていた。中国人や韓国人に近代化の十分な可能性を見出していたのである(26)。

『文明理論之概説』は、公共心を育むための基礎として、知的な国民を擁護していた。知識人はこの点で重要な役割を果たし、日本の指導者と国民を変化に対応するよう説得した。それは間違いなくエリート主義的な構想だった。福沢は次のように述べた。

その国論と唱え衆論と称するものは、皆中人以上智者の論説にて、他の愚民は唯その説に雷同しその範囲中に籠絡せられて敢て一己の愚を逞うすること能わざるのみ。

それは公的な知識人の重要性を擁護する議論だった(27)。

同著は、最後の二つの章「日本文明の由来」と「自国の独立を論ず」で最高潮に達する。福沢は最終章を次のように締めくくっている。

我輩もこの一章の議論に於ては、結局自国の独立を目的に立てたるものなり。本書開巻の初に、事物の利害得失はそのためにする所を定めざれば談ずべからずと云いしも、蓋し是等の議論に施して参考すべし。人或は云わん、人類の約束は唯自国の独立のみを以て目的と為すべからず、尚別に永遠高尚の極りに眼を着すべしと。……今の世界の有様に於て、国と国との交際には未だこの高遠の事を談ずべからず、若し之を談ずる者あれば之を迂闊空遠と言わざるを得ず。殊に目下日本の景況を察すれば、益事の急なるを覚え又他を顧るに遑あらず。先ず日本の国と日本の人民とを存してこそ、然る後に爰に文明の事をも語るべけれ。国なく人なければ之を我日本の文明と云うべからず(28)。

福沢が西洋列強の脅威によって日本が危機に陥っていると見ていたのは明らかだ。そして、福沢のプラグマティズムはその著作に表れている。緊急事態において、日本は高遠な目標を達成する余裕はなく、ただとにかく独立国家として存続する必要があった。福沢は、西洋人を追い出して鎖国に戻りたいという過激派（攘夷）を拒絶した。代わりに福沢は日本が西洋と貿易し、交流する必要があると主張した。まったく別の成り行きとなった可能性もあった。武士が古い秩序を打倒するのではなく、それを復活させるべきだと確信し、日本が衰退を続けていたら、イギリスは軍艦を派遣し、日本はもう一つの帝国の獲物になっていたかもしれなかったのである。

福沢はまた、自身のプラグマティズム的アプローチが近視眼的であり、文明が主な関心事であるべきだと主張する人々（主に伝統的な儒家）に対しても抗論した。ここで福沢は、文明の相対的な性質に関する以前の主張を利用して、儒教の文明思想の制約から自分自身（および日本）を解放した。したがって、儒教の真理を適用して「高尚な」文明を構築することについて心配すべきではないが、それは文明自体が相対的なものだからであった。そうではなく、目的は国家の存続であるべきなのであった。福沢の見解では、日本人とその国の独立のみが、この目標を達成するのであった。

福沢の文明研究は、日本史家アルバート・M・クレイグによる福沢の思想に関する近年の著書『文明開化——

初期福澤諭吉の思想』（二〇〇九年）の主題であり、スコットランド啓蒙の福沢に対する影響を分析している。クレイグはハーヴァード大学でエドウィン・O・ライシャワーの指導を受け、西洋化に関するライシャワーの最も顕著な見解を借用した。したがって、クレイグの本が西洋化主義者としての福沢に焦点を当て、ナショナリストとしての福沢や福沢にインスピレーションを与えた他の源泉を実質的に無視していることは驚くべきことではない。クレイグは福沢の著作の重要性を認めているが、クレイグの著作は伝統的な文化伝播主義的アプローチをとり、福沢に対する西洋の影響に焦点を当てて、福沢の思想の非西洋的源泉にはほとんど注意を払っていない。クレイグは、一八六〇年代から一八七〇年代にかけて福沢の思想を形作った、大きな地政学的文脈における日本の弱さと西洋の外圧を事実上無視している。同著の最後にある短い一節だけが、外交政策に関する福沢の見解に充てられているに過ぎない。また西洋の思想に対する福沢の反応を単純化しすぎてもいる。福沢が西洋思想を研究したことに誰も異論はない。しかし、西洋の思想がどれほど重要であったのか、そして福沢に影響を与えた他の思想は何かという問題は、西洋化かぶれとしての福沢に対するクレイグの見解と拙著の異なるところである。ステファン・タナカがクレイグの著書の批評で指摘しているように、福沢の思想の複雑さが失われているのである。「複雑さは、普遍性や平等の言葉と、国家（および個人）の利己的行動、ヒエラルヒーとの間の矛盾するメッセージを調整しようとする彼の［福沢の］努力の中にある。」(29)

アラン・マクファーレンはまた、自身の著書『近代社会の成立』で、福沢は儒教の伝統的な観念を現代の西洋思想に融合させたと主張している。福沢が儒教に没頭したことが福沢の思想において重要であったというマクファーレンの見解は、ある程度正しい。「福沢の考えは、自身が認識していたよりもはるかに大きく伝統的生育環境に影響されている。」マクファーレンの研究の問題はその文脈にある。マクファーレンは、福沢を一九世紀後半の東アジアと西洋帝国主義の間の地政学的枠組みの中に位置づけていない。マクファーレンの分析は、この決定的な基盤に組み込まれておらず、その上に浮遊しているのである。したがって、マクファーレンは、儒教に影響を受けた徳川制度の階級志向に対して、福沢が明確かつ強力な拒絶反応を示したことを説明せずに、福沢の思考に儒教が常に存在していたと考えている。儒教が福沢に大きな影響を与えたというマクファーレンの見解は正しいが、福沢の思想の機微と背景が欠けているのである。(30)

戦後日本の偉大な知識人、丸山眞男も福沢について論じた。丸山は福沢の知的焦点を非常によく理解しており、それを前記の個人および国家の独立の枠組みの中に位置づけていた。しかし丸山は、一八八〇年代から一八九〇年代にかけて、福沢が初期の大日本帝国を支持したことをめぐり、福沢と袂を分かった。第二次世界大戦後の日本で活動した丸山は、他の日本の知識人と共に、一九三〇年代から一九四〇年代にかけての大日本帝国の侵略について考える上で苦渋を味わった。丸山は福沢のナショナリズムに抵抗して認めることはなかった。

丸山は、福沢が国家の再生と個人の権利の保護との間でバランスを失くしたと主張した。しかし、それはバランスの問題ではなかった。福沢の思想に強く根付いているのは個人の解放であり、それは国家の解放につながるのであった。福沢の考えが自身を自由主義的かつ徹底した日本のナショナリストにしたのである。そして福沢は、日本の近代化政策は輸出されるべきだと信じており、韓国と中国が苦闘していると見なしていた。当然のことながら、福沢は最終的に、北東アジアへの日本進出について、これらの国々を西洋の帝国主義者の手から解放し、日本の路線に沿って近代化するための動きとして支持した。福沢の社説「脱亜論」（アジアからの離脱）は、福沢がより拡張論者的な姿勢に移行することを予感させた。これは丸山を驚愕させたに違いないが、福沢のナショナリズムは誰の目にも明らかであった。(31)

日本は、一九世紀後半から二〇世紀初頭にかけて、アジアの他の地域と同様の気風の中で動いていた。アジアにおける西洋帝国主義は、一方では東南アジアの大部分で行われていたような本格的な植民地化と、他方では日本に対する非公式だが依然として覇権（ヘゲモニー）的な影響との間で連続的に機能していた。最初にオスマン帝国、そして中国に押し付けられたヨーロッパ人の不平等条約制度は、日本にも押し付けられた。しかし、中国とは異なり、日本はこれまで西側勢力による占領を回避してきた。したがって、日本における国家権力を構築する方法についての構想は、西洋の帝国主義者にどう対処するかに焦点を当てているものが多かった。

西洋列強が日本を征服したことはなかったが、日本はイギリスからの侵略の深刻な脅威を経験した。不平等な関税と治外法権の法体制を規定した不平等条約は、日本の主権に対する西洋の侵害を十分に思い起こさせるものであり、それを修正することが、世紀最後の数十年間の日本の外交政策の焦点となった。一八六八年の明治維新後の新しい統治者たちは、西洋の帝国主義の脅威を乗り越えることを決意していた。

そこで日本人は、明治時代に「富国強兵」の政策を採用して自らを強化した。一八七三年に明治政府が朝鮮に対して宣戦布告するかどうかを議論した際、軍事指導者の西郷隆盛は、朝鮮との戦争は日本を東アジアの強国として確立し、武士の誇りを回復させると主張した。一方別の参議である大久保利通は、明治政府が徳川体制との戦いを遂行するためにイギリスから五〇〇万ポンドを借りたと述べた。国内の深刻な資本不足により、日本の指導部は危機に直面した。朝鮮との新たな戦争でさらに負債が発生した場合、イギリスは、中国で行ったように、日本で勢力圏を切り開いて負債を回収しようとするかもしれない。大久保は、イギリスがまさにそのような目的のために香港港に軍艦を停泊させたのだと指摘した。日本にとって幸いなことに、大久保はこの議論に勝ち、西郷は薩摩の故郷に戻った。政府は戦争を行わず、代わりに繊維産業を近代化させることを決定した。繊維産業は、イギリスからの繊維輸入に対する正貨損失の最大の元凶であった。わずか一五年で、日本人は二三の工場を持つ本格的な近代繊維産業を手にし、日本はヨーロッパへの繊維の純輸出国になった。貧しい日本は強力な軍隊を持つ裕福な国になったのである。一八七〇年代初頭に日本は国軍を設立し、インフラを近代化し、その軍事力を強化する過程で、鉄道、造船所、兵器工場を建設した。このような近代化は、日本の思想を近代化しようとする福沢の取り組みに類似していた。[32]

他の知識人も福沢の足跡をたどった。一八七三年、福沢は森有礼と共に有名な明六社（明治六年設立の知識人サロン）の設立を手助けした。明六社は、一八六八年の明治維新の六年後に設立されたため、その名が付けられた。森は明治新政府の初代駐米大使、後に日本の文部大臣になった。加藤弘之、阪谷朗盧、津田仙、さらにはアメリカ人のウィリアム・エリオット・グリフィスなど、三〇人以上の知識人がこの団体に所属していた。森は福沢と同様、日本の使節団と共に渡米して西洋の技術革新を目撃し、日本はそれらを選択的に採用すべきだと信じていた。この団体は、福沢の文明開化の目標に専念し、儒教の伝統が日本の啓蒙において果たすべき役割について率直に議論し、評価の高い『明六雑誌』を発行した。当然のことながら、福沢の考えを反映して『明六雑誌』の記事は、日本に国力をもたらす可能性のある革新を強調しようとした。しかし一八七五年以降、日本の新たな検閲法により、明六社は閉鎖を余儀なくされた(33)。

一八八五年、福沢は『時事新報』紙に「脱亜論」（アジアからの離脱）という社説を掲載し、西洋化を麻疹にかかることに喩えた。福沢の要点は、西洋化は麻疹のように非常に伝染力が強く、事実上止められないということだった。社説では、福沢は一八八四年に朝鮮で失敗した共和派のクーデターに言及した。福沢は朝鮮のクーデター計画者を支援し、資金援助や、計画者らが福沢の大学の門戸を叩くことに深く関与しており、社説には福沢の失望が表れていた。クーデターの失敗で、福沢は東アジアの伝統的秩序があまりにも硬直化している現実を目の当たりにし、外圧なしには本当の変化は不可能だと感じた。変化は西洋のウイルスから来るかもしれないが、そうでなければ日本から来るかもしれないと考えた。それ故、一八九〇年代に日本人が北東アジアに帝国を築こうとした際、福沢はそれを支持した(34)。

一八八〇年代後半から一八九〇年代にかけて明治の多くの知識人が行った方向転換の中で、森と福沢はさらに保守的なアプローチに移行し、国家主義的になった。一八九〇年の天皇の教育勅語の発布により、あらゆる日本人は自分たちの忠誠心を吟味するようになり、国民はナショナリズムの構築に集中するようになった。教育勅語は、一部は儒教の道徳的理想に、また一部は古代日本の起源の神話に基づいており、そしてほとんどが歴史家のエリック・ホブズボームが創られた伝統と表現した、きわめて近代的なナショナリストによる国家への忠誠の徹底に基づいていた。教育勅語は、一層愛国的な国民を作り、天皇をこの新たな愛国主義の中心に据えようとする政府内の新たな圧力から生じた[35]。儒教を通じて、教育勅語の焦点は親孝行と皇帝崇拝に当てた。中国の皇帝は「天命」または神の導きを保持していると考えられていたが、教育勅語は日本の起源の神話を用いて、日本の天皇を神として描いた。日本の儒学者で侍講の元田永孚が、教育勅語の多くを執筆した。以前は、特に農村部では天皇についてほとんど知識のない日本人が多かった。しかしエリートたちは帝国不滅の神話を創造し、それを利用して国益のために日本の平民を動員した。一九三〇年代までに日本の政治が軍部によって支配されるようになると、教育勅語に組み込まれた国家建設へのより保守的なアプローチは危険な方向に転じた[36]。

日本のキリスト教徒と土着化

教育勅語は、保守的な国家主義者の資質を持った新世代の知識人を形成するのに役立った。しかし、教育勅語は、一八九〇年代に文化の領域でかなりの影響力を発揮した別の集団の中でも論争を引き起こした。日本のキリスト教徒は人口のわずかな割合だけしか占めていなかったが、第一世代のキリスト教徒の八五％が武士階級の出身であったため、彼らは生まれつき指導力があり、また十分な教育を受けており、哲学とキリスト教に関する洋書だけでなく、他の知識人と同様に儒教の古典も読んでいた。一八九〇年代、日本のナショナリズムがさらに強力になった際、日本のキリスト教徒である内村鑑三と小崎弘道は、天皇に不忠であったとして、不敬罪に問われた。日本のキリスト教徒への攻撃には、一六世紀後半から一七世紀初頭にかけて、当局が日本のキリスト教徒の不忠を疑い、政府転覆の準備をしていると考えられていた宣教師を処刑または追放したという強烈な歴史的先例があった。特に、内村が一八九〇年に教育勅語――天皇の神性を明らかにし、したがって日本人臣民の天皇への崇拝義務を明示した文書――の前で頭を下げることを拒否したことは醜聞を引き起こした。学校当局は内村の東京第一高等学校（後の東京帝国大学の一部）の教師という地位を剥奪した。内村は四年後に『代表的日本人（Japan and the Japanese）』という著書を英語と日本語で出版し、その中で王陽明思想が東アジアの最良の哲学的伝統を表していると主張した。内村は個人の思考と行動の改革と完成という王の思想と、キリスト教の道徳的性格の観念との関連性を突き止めた(37)。

井上哲次郎は、著作の中でキリスト教徒への攻撃を主導した。東京帝国大学の教授であり、第二次世界大戦前の近代日本のナショナリズムの第一人者の一人である井上は、王陽明思想に高い関心を持ち、それを自身の思想に広く活用した。日本のキリスト教徒と同様に、井上は古来の道徳形態の衰退を目の当たりにし、日本はその道徳的基盤を再構築する必要があると信じていた。しかし、井上はキリスト教徒を天皇に対し不忠で国への脅威だとして非難した。そして「国民道徳」を推し進め始めた。井上は一九〇〇年に、日本の徳川体制の伝統である陽明学について、『日本陽明学派之哲学』と題する著書を出版した。これは、土着の伝統によって日本の国民的道徳を再構築することに焦点を当てて計画された一連の著作の第一作目となった。王陽明の倫理的な行動主義という考え方が、井上の解決策であった。井上は、王陽明の思想は、西洋の国家観と東洋の倫理的、公民的行動の根拠を融合させることができると主張した。井上はまた、武士道（絶対的な忠誠心、義務、犠牲を重んじる武士の倫理）に注目し始め、その長い研究生活の大半を武士道の倫理への回帰を提唱することに費やすことになったのである。この時代の他の多くの知識人と同様に、井上もずっと保守的な天皇中心のアプローチによってではあったが、公徳を主張した(38)。

日本のキリスト教徒は、彼らが不敬だという非難を否定し、革新的な論理的回答を提示した。『開拓者』や『六合雑誌』などで、非常に腐敗しているとされる仏教や神道よりも、日本人の精神に合致するようになったキリスト教が、明治の新しい国民の強力な倫理的、道徳的基盤になると主張したのである。このようなキリスト教徒は、家系の地縁に基づくバンドと呼ばれる集団に分かれて、キリスト教の神と天皇を崇拝しながら、国家への献身を堅く守ったのである。[39]

日本のキリスト教徒の主張は、一八八〇年の『六合雑誌』創刊号の論説に表れている。編集者の小崎弘道、井深梶之助、植村正久は、明治維新後の日本の発展を喜び、「電信ハ全國到ル處蜘網ノ如ク縦横ニ架成シ……鉄路ハ短シト雖モ已ニ東京、横濱、京、阪、神ノ間ニ横ハリ今春更ニ大津ニ連ナリ近日又敦賀地方ニ達セントシ……政事ハ漸々立憲政體ニ其歩ヲ進メ……此他醫術ナリ學藝ナリ全ク舊套ヲ脱シテ復タ昔日ノ比ニハアラザルガ如ク……」と表現した。しかし、国の道徳は物質的な進歩に見合わず、むしろ停滞していた。僧侶は公然と酒に酔い、放蕩し、東京の吉原遊郭は大繁盛であった。このような道徳的危機感の中で、編集者たちは、国民を腐敗した風習から目覚めさせようとした。日本の諸個人は日本のキリスト教が提供できる道徳的な人格の訓練を必要としていたのである。また『青年会月報』（ＹＭＣＡの月報）の筆者の中には、キリスト教は青少年に誠意と道徳的行為を教え込むことによって、ナショナリズムを弱めるのではなく、強化することができると主張した者もいた。[40]

これらの道徳や誠意への言及は、日本の伝統的価値観から明らかに導かれており、儒教に由来するものであることにも疑いの余地はない。しかし、王陽明の思想は、従来の儒教の欠点を補い、忠誠心を再構築した。王陽明は、国家のために良心の呵責なく行動するのであれば、孝行（家族への忠誠）も破棄することができるとしたため、日本の近代ナショナリズムにずっと適合していたのである。日本のキリスト教徒の多くが王に傾倒した。なぜなら、海老名弾正や横井時雄のような武士のキリスト教徒の多くは、家族に逆らってキリスト教に改宗し、疎まれ、勘当され、実家を追い出された者が多かったからである。そのため、日本のキリスト教徒はキリスト教の普遍性ではなく、国家を強化する働きについて強調した。[41]

新渡戸稲造は、他のキリスト教徒と同様に、日本国民のモラルの低下を懸念していた。新渡戸は武士として育ったが、アメリカ人のメアリー・エルキントンと結婚して後にクエーカーに改宗している。東京帝国大学教授の新渡戸は、国際的に有名な知識人、コスモポリタンな日本の自由主義者、そして戦後、国際連盟事務次長にもなった。しかし、新渡戸は日本のナショナリストでもあった。新渡戸は、日本の武士の道徳観念を説いた人気作『武士道』を欧米人向けに英語で執筆した。この著作は、犠牲と奉仕を重んじる点で王陽明思想と共鳴する。新渡戸は、王陽明の思想を新約聖書の記述と比較した。[42] また、新渡戸は武士道をキリスト教になぞらえ、両者の価値観が似通っていることを見出した。両者とも主君への忠誠を求め、義務と自己犠牲がその伝統に深く根付いていた。武士道の保守派である井上哲次郎は、この新渡戸のキリスト教との比較にさぞかし真っ青になったことであろう。しかし、この著作は日本語に翻訳され、日本でベストセラーになった。新渡戸は、武士道によって日本人の道徳観を再生しようとし、福沢らと同様、西洋のキリスト教と日本の思想の融合によってそれを実現したのである。[43]

日本のキリスト教徒は、キリスト教を日本国民の倫理観に統合することに加えて、日本におけるキリスト教の土着化に着手した。熊本藩士のキリスト教徒であった横井時雄は、そのことについてはっきりと言及している。

> 欧米の教会の統治形態や習慣については、我々は（日本のキリスト教徒は）批判的に受け入れるか、あるいは躊躇なく拒否することになろう。そのかわり、我々は我々自身の歴史、習慣、思想に依拠して、日本におけるキリスト教の成長と進歩を促進する。[44]

日本のキリスト教徒は、一九一〇年代から二〇年代にかけて、横井の誓言を実行に移した。宣教師によって設立されたＹＭＣＡ、ＹＷＣＡ、同志社大学の三機関では、日本のキリスト教徒が理事会を乗っ取るために工作を行い、宣教師の権力を奪ったのだった。一九二〇年代までには、宣教師は日本におけるキリスト教の施設の統治から退けられ、以後は周辺的な役割のみを果たすようになった[45]。

大日本帝国と近代化

日本のキリスト教徒が固有の土着的なキリスト教を構築すると、日本は東アジア大陸に目を向けるようになった。一八九五年、日清戦争で日本が中国に勝利をおさめると、知識人たちは日本の帝国建設へ向けた運動を熱烈に擁護した[46]。

ジャーナリストの徳富蘇峰（一八六三〜一九五七年）は、福沢のような知識人となった。徳富は平民主義を唱え、日本政府を厳しく批判した。徳富は一八八六年に『将来之日本』という著作を著し、その中で西洋と東洋の多くの素材を組み合わせた。ハーバート・スペンサーの『政法哲学』、孫子の『孫子』、孔子、孟子、聖書、田口卯吉の日本人の啓蒙に関する著作などを駆使して、日本は有機体の一部であり、その将来は平和的、民主的、工業的な国家になると主張した。徳富が聖書を取り上げたのは、自身が一八七〇年代に一時期キリスト教に改宗していたからである。この著書は徳富の最も重要な著作の一つであり、その意義は福沢の『文明論之概略』と比較されるが、これは過大評価であろう。ここにも、日本の知識人が東洋と西洋の思想を混ぜ合わせて近代性を創造した例がある[47]。

徳富は王陽明思想の支持者でもあり、徳川時代の最も重要な王陽明思想の信奉者の一人の伝記『吉田松陰』（一八九三年）を出版し、道徳に基づいた公民の活動の理念を賞賛している。日清戦争で中国をたやすく打ち負かした日本は、その褒美として中国の領土である遼東半島と山東半島を手に入れた。やがて、フランス、ロシア、ドイツの三国が日本を脅し、日本政府に獲得を諦めさせ、その後、欧米諸国の政府が両半島を掌握した。徳富は戦後、日本の戦利品を見るために華北へ旅立ったが、旅の途中でヨーロッパ人が日本から戦利品を盗んでいったことを知った。三国干渉と呼ばれるこの事件は、徳富をはじめ日本人を激怒させた。徳富は、出発前に土を手に取り、日本人が失った土地を思い起こした。「他の勢力に渡した土地に一刻も留まることを嫌い、私は最初に見つけた船で帰国した」(48)。その結果、徳富は政治的に右傾化し、日本は自国を守るため、またアジア人を西洋帝国主義から解放するために、北東アジアに勢力圏を確立すべきだと考えるようになった。徳富は自紙の『国民新聞』を通じて、拡張主義的な政策を支持した。

亞細亞モンロー主義は、東洋自治主義也。東洋の事は、東洋人か之を處理するの主義也。今日に於ては、歐洲の問題は、歐洲人之を處理し、南北米洲の問題は、南北米洲人之を處理し、濠洲の問題は、濠洲人之を處理す。單り東洋の問題に至りては、東洋人概ね手を束ね、唯た歐米人の處理に一任す(49)。

岡倉覚三（天心）（一八六二〜一九一三年）もまた、北東アジアにおける日本勢力拡大に奔走した。岡倉は汎アジア主義的な観点を主張する最初の日本人の一人となった。「アジア文明のかわりにヨーロッパ文明と提携しようとするわれわれの熱心のあまり、大陸の隣人たちは、われわれを裏切者、いや、時には白禍そのものとさえ見るにいたった」(50)。岡倉は「白禍」を西洋の帝国主義と産業文明の猛威とした。岡倉は、東京美術学校の創設者で校長を務め、美術研究誌『國華』も共同創刊している。芸術は時代を超えて人間を啓蒙するものであるという信念を持つようになった。また、アメリカの美術評論家アーネスト・フェノロサと協力して、日本の文化財の保存にも注力した。岡倉は日本の急速な近代化に疑問を呈した数少ない識者の一人である。岡倉は反近代的な思想家であり、彼の著作は、芸術を含む日本の伝統に関心を持つアメリカのオリエンタリストやロマン主義者に訴えかけるものであった。[51]

しかし、岡倉の反近代主義、反西洋主義というのは、強調され過ぎる傾向がある。岡倉は西洋の古典を読み、教養があった。また、アメリカ、ヨーロッパ、中国、インドなど各国を旅行し、世界各地に多くの友人を持つ国際人であった。岡倉は西洋の読者にアピールするため、すべての著書を英語で執筆した。一八八六年に渡米し、一九〇四年にはボストンに移り住んだ。その後、日本とアメリカを行き来しながら、ボストン美術館の学芸員となり、著作『日本の覚醒』（一九〇四年）をアメリカで完成させた。その間アメリカのメディアとしばしば交流し、強烈な印象を残した。一九〇四年から一九〇五年にかけて行われた日本の対露戦争の弁解者として、アメリカの新聞や雑誌に日本の偉大さ、武勇、そしてその崇高な意図を描き出した。しかし、岡倉はまた、一般原則として戦争には疑念を表明していた。[52]

岡倉は『東洋の理想』（一九〇三年）という著書で「アジアは一つ」というスローガンを作り、西洋帝国主義者への隷属に直面したアジアの後進性というものが、アジアを一つに結び付けていると主張した。日露戦争後、日本政府と軍部が北東アジアの発展よりも領土や資源に関心を持っていることが明らかになると、岡倉は朝鮮での政策を激しく批判するようになる。[53]

日本の新たな帝国に関心を持つ他の日本人も、岡倉に続いてアジア大陸に目を向けていた。日本のキリスト教徒のリーダーである海老名弾正は、一九一一年に朝鮮に渡り、一九一四年にも朝鮮人キリスト教徒と直接会い、朝鮮の状況を観察している。海老名は、日本が朝鮮を植民地化した当時から朝鮮がすぐに発展したことに言及した。

> 日本民族が朝鮮に発展して来た有様は誠に驚くべき進歩である。私が三年前に行った時とはまったく異なった天地を見るような心地がした。三年前までは朝鮮は真に哀れむべき状態になっていた。……然るにその状

態は日本人が移殖した為にまったく違って来たのである。

嘗て日本の進歩は長足の進歩だと言うたが、朝鮮の進歩と来たらそれ所じゃない、種子油から直ちに電気灯に変った、駕籠からすぐ様自動車になった、実に驚嘆の外はない。日本人は向うに行ってあらゆる事をなし、事々に急激な進歩をした。あの半島は種々のものを容れるようになった。今では釜山などは実に良い港になって、汽船のプラットフォームから汽車のプラットフォームに直ちに続くと言う有り様である。(54)

海老名は、最近の進歩が朝鮮半島全体に広がり、朝鮮人が日本の指導を受け入れるようになることを期待していた。

大日本帝国初期の段階においてさえ、日本人が他の東アジアの人々のために提案した解放は、日本本土につながっているものであった。国家主義、帝国主義、近代化のつながりは、やがて、日本という国家と帝国につきまとうことになる緊張感を生み出すことになる。日本の知識人たちはナショナリズムの枠にとらわれない日本の近代的な未来を描くことができず、独自の近代性を形成していった。コインの裏表のように、日本の近代は一方では解放と進歩という普遍的な思想、他方では日本のナショナリズムという特殊性から構成されていた。日本人は近代の普遍性に背中を押されてそれをアジアに広める一方、天皇制や文化を含む特殊な国家プロジェクトを植民地臣民に押し付けた。しかし、アジア人は日本の近代化によって解放されたのではなく、西洋の帝国主義よりも徹底的に服従させられたのだった。日本の帝国体制は、アジア人を神社に参拝させ、日本の建国記念日の式典に毎年参加させて、東に向かって日本の天皇に頭を下げることを強要した。

日本の帝国主義は、西洋の帝国主義を模倣することを主な動機としていたわけではなく、それではまったく説明が不十分である。日本帝国の拡大において重要な役割を果たした天然資源の獲得という目標だけで、東アジアにおける日本の立場を説明することもできない。福沢らは、日本の近代化の知的基盤を日本のナショナリズムの枠に入れ込んだ。福沢らの懸念を考慮すれば、西洋帝国主義の外部で東アジアに近代的進歩をもたらすという日本の計画が、他のアジア人にとって忌まわしい、日本の帝国主義と覇権を相当含んでいたことは驚くには値しない。その結果、「西洋帝国主義に対峙する」二〇世紀前半の日本の帝国主義と戦争という解釈が、日本の近代化事業のまさに中心にあった。

福沢をはじめとする日本の近代主義者たちは、単なる西洋かぶれではなかった。むしろ福沢らは、自国と西洋の思想双方を利用して近代日本を築き上げた。内村、井上、徳富は王陽明の正義の行動の呼びかけに、近代思想の構築の可能性を見出した。それは、国家や帝国のために自己を犠牲にする国民という日本の必要性と、うまく合致するものであった。

中国の知識人・梁啓超と近代性

中国が近代思想を取り入れるのは、日本より遅れて一八九〇年代である。この段階で、日本人は中国が近代化に向けて乗り出す背景を作ることに貢献した。一八九五年の日清戦争で、日本は中国を完膚なきまでに打ち負かした。

一九世紀前半、中国は一八三九年から一八四二年にかけてのアヘン戦争で、イギリスとの不平等条約締結を余儀なくされたのを皮切りに、その主権を次々と奪われた。世紀半ばになると、西洋列強は中国の領土をますます侵食していった。太平天国の乱は清政府の領土を脅かし、最終的には鎮圧されたが、清政府は中国南東部の重要な海岸線と米倉地帯に対する支配力を弱めることになった。

中国の指導部はその弱点に気づき、近代化に着手しようとした。中国指導部の近代化論者は伝統主義者との政治闘争に勝利し、改革を実施した。外国に対応するための新しい機関、総理衙門が設立され、一国一国に対応する部局から構成された。しかし、他の近代化計画はうまくいかなかった。

河川を守るために小型砲艦の海軍を作ろうという軍機処の試みは、惨憺たる結果に終わった。また、中国初の西洋式兵器製造工場では、兵器が爆発してしまった。このような失敗を重ねた結果、清の朝廷は保守的になり、上海に建設された中国初の商業鉄道（ジャーディン・マセソン社製）を西洋の技術革新を軽んじて解体してしまった。

中国だけでなく、東アジアでは常に資本不足が問題になっていた。一九世紀以前の中国は銀の蓄えがあったが、アヘン貿易や不平等条約によって、銀が国外に流出してしまった。東アジアの日本やヨーロッパのドイツ、イタリアなど他の新しい国々が統一し、ナショナリズムを推進している間に、中国は政治的に崩壊してしまったのである。そして、こうした政治的失敗と共に、儒教の正統性が失われた。儒教は中国の多くの近代的改革者や革命家により、変化と進歩を阻み、中国を脆弱にしていると非難されたのである。(55)

日本軍の手によって敗北させられたことは中国人に衝撃を与え、改革者たちに自分たちの考えを表明する機会を与えることになった。康有為とその弟子である梁啓超は、戦後間もなく改革を提案し始めた。康は梁の師であり、年上であったが、二人は儒教の古典を学び、一八九〇年には一緒に科挙を受験している。康は、よく知られた急進的な思想を適切な伝統的解答でごまかし、難なく合格した。梁が康の急進主義を試験で取り入れたところ、試験官は梁の試験を康のものと勘違いして落第させた。

康は世界政府と社会的平等を夢見ていた。梁は中国の病弊を治癒する道として儒教と社会主義を融合させる、型破りな思想家であった。康は二冊目の著書『孔子改制考』（一八九七年）で、孔子はこれまで評価されてきた以上に改革志向が強く、進歩の必然性を受け入れていたと主張した。康は他の古典的教育を受けた中国の学者官僚と同様に、王陽明の思想に触れていた。王陽明の実践主義的な儒教思想に促されて康は国家のために行動したとする学者もいるが、康は哲学的なアプローチに関しては折衷的であった。康は、王や他の儒家、仏教、西洋の社会主義、自由主義など、多くの出典を借用した。福沢のように、康は中国を旧式から解放し、西洋の帝国主義から抜け出して前に進もうとしたのである。

康は一八九八年の百日維新〔戊戌の変法〕で、光緒帝に改革を提言した。康は、他の多くの改革者たちと共に、七〇〇以上の上奏文を皇帝に献上した（康は六三を自分で執筆した）。康の改革がもし成功していれば、中国を近代化への道に導くためのきわめて重要な第一歩であっただろう。中国の学者の中には、日本の明治維新が、康と梁の中国での改革に刺激を与えたと指摘する者もいる[56]。

康の思想は、当初は肯定的な反応を得た。光緒帝は、儒教の古典ではなく西洋の科学技術に重点を置いた試験制度改革、仏教僧院を土台とした公立学校の設立、官僚の閑職の廃止、新しい政府機関の設立、軍の近代化など、次々と勅令を発布した。しかし、中国には保守主義と官僚的な惰性の力が根強く残っていた。伝統的な学者官僚は、皇帝の新しい政策が自分たちの地位を脅かし、外国の思想が危険な影響を及ぼしていると考えていた。一八九八年初め、改革の要請の増大について、上級官僚たちが面会を求めてきた際、康はそのような態度に直面した。保守派の学者官僚である栄禄は、康に「先祖の法を変えることはできない」と立ち向かった。康は「先祖の法は、先祖の土地を管理するために作られたものだ。先祖の土地を守ることさえできないで、どうして先祖の法を語ることができるのか[57]」と返した。康の鋭い叱責は、中国の苦境に対する明敏な理解を示している[58]。

保守派が逆襲に転じ、半ば隠居していた西太后がいち早くクーデターを起こして皇帝を軟禁し、改革派のトップたちを処刑した。康と梁は日本に亡命し、改革運動は終焉を迎えた。康らはやがて「保皇会」を結成し、今度は清朝打倒のために海外の華僑を回って資金集めを行った[59]。

梁啓超は中国南部の広東省に生まれ、九歳で千字文を書くほどの早熟な学童であったが、科挙の再受験を決意し、一八九五年に康と北京に渡った。しかし、さまざまなことが重なり、再び試験を受けることはなかった。

梁は一八九八年から一九一二年までの亡命期間を主に日本で過ごしたが、カナダ、アメリカ、オーストラリアなどにも広く足を運び、中国の窮状を訴えて資金集めを行った。梁が西洋に渡る直前の一九〇一年に撮影された写真では、西洋風の服装と髪型で少し落ち着かない様子だが、黒く好奇心に満ちた目をした青年が写っている(60)。

世紀の変わり目には、中国人の間で日本の影響力が増大した。一八九〇年から一九二〇年にかけて、二万人以上の中国人留学生が日本に留学している。梁のほか、孫文や蒋介石といった政治家も日本に滞在し、近代中国を築くために日本に目を向けた。一方、一九〇九年から一九二九年までの二〇年間で、「庚子賠款制度」〔義和団事件の賠償金〕でアメリカに留学した中国人は一三〇〇人に過ぎなかった。それ以外の中国人もこの制度外からアメリカの大学に通っていたので、その数はさらに増えるはずだが。

アメリカに留学していたいわゆる帰国生たちは、中国をアメリカ型の自由民主主義国家にすることを期待して帰国した。しかし、そうはならなかった。帰国生たちは教授として大学に迎え入れられ、中国の大学制度に影響を与えたが、全体としては中国の政治体制や近代化への進歩にほとんど影響を与えなかった。一方、日本から帰国した留学生の影響力は絶大であった。

一九三〇年代、中国人留学生のための東京の軍人養成学校に通っていた蒋介石率いる国民党は、今や中国を支配し、政権に反対する教授や知識人を攻撃するようになった。第二次世界大戦では、アメリカからの帰国生の影響力はさらに低下し、秘密警察が大学教授を暗殺の対象にした。まず、重慶の大学理事であった李公樸が、中国の民主化のために戦ったことが国民党の脅威と見なされ、暗殺された。そして、李の葬儀の席上で、李の友人である聞一多が、李の死に責任があると一般に考えられていた国民党とその秘密警察を糾弾した。その数時間後、聞は自身の過激な批判の報いとして暗殺された。聞の友人で、第二次世界大戦中に中国に数年間滞在したジョン・K・フェアバンクは、アメリカから帰国した学生に対する国民党の抑圧的な態度を目の当たりにしていた。

そして多くの大学教授が、国民党指導部によって、自らを支持するよう仕向けるために文字どおり餓死させられていることに危機感を抱くようになった。このような状況下では、中国に帰国した留学生の影響力は微々たるものであった[61]。

梁啓超は日本国内で実際に日本の近代化を目の当たりにして、大いに賞賛するようになった。梁は日本語の読解能力を身につけ、日本の改革を称賛し、西洋の帝国主義が中国の侵略をさらに進めた一八七〇年代から一八九〇年代にかけて、日本が西洋帝国主義に抵抗するために行った改新を目の当たりにしたのである。一八七〇年代に日本政府の主導で行われた改革と革新、一八九〇年代の天皇制ナショナリズムの出現は、梁の目には印象的な成果として映った。梁は日本の成功に敬意を表し、中国が政治、経済、軍事の面で安定した国家を築き、強力な国民的アイデンティティを構築するために、同様の二本立てのアプローチを追求するようになった[62]。

梁啓超は、中国で康有為のもと教育を受けたため王陽明思想を知っていた。康は梁に西洋の思想と王陽明思想の双方に触れさせたのだった。しかし、梁は日本滞在中に王陽明の著作を熱心に学び、王陽明の勉強の一環として、井上哲次郎の陽明学に関する著書を読んで、王陽明の改革を中心とする思想に強く惹かれるようになった。

中国の知識人の課題は、中国をいかにして全体としてまとめるかであった。歴史家のパンカジ・ミシュラは『アジア再興——帝国主義に挑んだ志士たち』の中でこう述べている。「彼ら（中国人）は、儒教的な自己修養という主張を脱して、市民的な連帯の観念を感じることができるだろうか[63]」。梁は民権に関する代表的な著作である『新民説』の中で、王の自己犠牲の思想について述べている。

大我のために小我を犠牲にする決意は、私利私欲の害を取り除くものであり、大同の理想に至る道である。つまり、これが民益であり、民徳であり、まさに王陽明が社会を変えようとした方法なのである[64]。

梁は『新民叢報』で王陽明思想について書いた記事「論公徳」にも同様の意見を付し、王学に賛辞を送った。また、梁は「儒者の功罪」という論文で王陽明の公民的責務についての考えを採用した。このように梁は王陽明の思想に大きく依存するようになったのである。

王は、梁が中国人に国家の発展は自己修養と共に達成される〔修身斉家治国平天下〕ことを納得させるために必要な中国固有の根拠となった。一族に対するのと同じように、国家に対して忠誠を誓い、義務を果たす必要があるということだ。皮肉なことに、東洋人の集団志向が彼らの足かせになっているという西洋の前提は、東洋の知識人である福沢や梁が問題だと考えていたこととは正反対である。福沢らにとっての問題は、惰性、固定観念、旧体制へのやみくもな忠誠心、西洋の帝国主義に加えて、東洋人に比べて集団で国家の利益ために良く働く西洋人に対抗する、伝統的儒家の自己修養の傾向に関するものだった。西洋の集団主義が、東洋の個人主義に取って代わられたのである。なんと愉快なステレオタイプの逆転だろう。梁はまた、個人と国家の間の協力と和解を力説するために、儒教の「仁〔調和〕」の概念を用いた[65]。

梁は王陽明に加えて、日本滞在中に福沢の著作を読み、福沢の思想に触発された。福沢は、個人と国家の独立の発展によって、西洋の支配から抜け出す道を提示していた。梁は福沢が独立を重視したことに敬意を表して、「独立論」という題目の論考を書いた。その中で梁は、「私には自分の身体と感覚器官があり、自分の心がある。それを使わず、ただ古人に頼るのであれば、私は機械的で魂のない木偶に過ぎない[66]」と主張し、さらに『論自尊』という論考で、一人ひとりが「自立、自尊、独立の精神」を養うべきだと述べている[67]。また、康有為よりも福沢のプラグマティズムに近いものがあった梁は、福沢と同様、科学と合理性を重視した。梁は、師である康が「博学であろう、人と違うことをしようとするあまり、しばしば証拠を抑圧したり歪曲したりして、科学者としては重大な罪を犯している[68]」と批判している。

梁は一九〇一年にオーストラリアに渡り、中国からの移民の清朝に対する抵抗を喚起しようとした。梁は多くの公開講演を行い、政治家や新首相エドモンド・バートンにまで重要人物として迎えられた。梁はオーストラリア人が六つの植民地を一つの国に統合するために示した協力と市民としての義務に感銘を受けた。

梁は一九〇一年末に東京に戻り、中国の独立と近代化のための知的枠組みを構築する目的で、政治思想と国家運営に関する一連の論考『新民説』をすぐに執筆した。歴史学者の狭間直樹は、この研究を「清末政治思想史の最高峰」と位置づけている。公徳に関する項目が序論のすぐ後にあり、狭間は梁がこの概念を重要視していたことを指摘している(69)。

『新民説』は、公徳の土着的な根源を見出そうとする試みであった。梁は近代化を実現するため、中国人を動員して国家を守り、建設する方法を見出さなければならなかった。梁はこの著書の中で、私徳と公徳を結びつけるべきであると主張した。儒教の主流は、私徳と公徳の間に明確な線引きを行い、儒教の自修思想の延長線上にあるものだった。梁はこの公私の区別を有害だと考え、私徳は公徳につながるべきだと主張した。「公徳あるを知って新道徳出で、新民出づ」。梁は中国が長い歴史の中で、私徳については公民を育成してきたが、公共精神や公徳については深い隔たりがあることを指摘した。そこで梁は、中国の公民にとって第一の優先事項は、公徳を身につけることだと考えたのである(70)。

公的な知識人としての役割を担って、梁は自身の考えを中国の聴衆に広めた。梁は中国で広く読まれる隔週刊誌『新民叢報』を創刊し、日本滞在中には『清議報』という新聞を編集した。梁はまた、中江兆民のような日本のナショナリストが国家に奉仕するために取り入れた、仏教の自己犠牲的な特質に注目し、それを中国の刷新のひな型に加えた。

梁は日本の大隈重信政権に助けられて中国を脱出し、柏原文太郎や犬養毅（大隈内閣の文部大臣）など大隈政権の知識人から初めて汎アジア主義を学んだ。梁が日本の近代国家主義の基盤に広く関心を寄せていたことは、それ自体注目に値するが、同時に日本の近代思想が中国に強い影響を与えたことを示すものでもある。梁は日本滞在中、抗仏ベトナム知識人の代表格であるファン・ボイ・チャウ（潘佩珠）の支援者、仲間となり、ファンも梁と同様に東京で亡命生活を選択した。[71]

梁は執筆活動を続けると共に、さらなる旅行に出た。梁は一九〇三年から一九〇四年にかけては、今度は渡米し、ボストン、ニューヨーク、ワシントン、ニューオーリンズ、ピッツバーグ、シカゴ、シアトル、ロサンゼルス、サンフランシスコを訪問した。梁は福沢と同じように、アメリカの政治体制の言論の自由と堅固な公共圏を体験した。そして再び中国の現状について多くの講演を行い、アメリカ西部の中国人社会からの支持を得ようと努力し、亡命者であったにもかかわらず、中国の要人としてローズヴェルト大統領に面会した。梁は中国人が国家の中での生き方を学ばず、常に一族の中だけで生きてきたと考えていた。その後、彼はローズヴェルト大統領の演説を聞いた。その演説でアメリカ国民に村社会的な考えを捨て、国家意識を持つようにと呼びかけていた。梁は中国にも同じことを望んでいた。ローズヴェルトの演説を聞いた後、梁は中国のクロムウェルのような存在が、厳しい規律によって中国人にナショナリズムを植え付けることを望むと記している。[72]

梁は、ニューヨークでJ・P・モルガンと面会したが、それは世界で最も有力な金融家に会うために他ならなかった。モルガンは梁に準備がすべてだと言い、梁は深く感銘を受けた。梁はまた、この都市の巨万の富と同時に赤貧についても意見した。後に『新大陸遊記』で、「アメリカの全資産の七〇%は、二〇万人の金持ちの手に握られている。……なんと奇妙なことだろう」と述べている。そしてさらに、古代中国の賢人の言葉「朱門酒肉臭し、路に凍死の骨有り。榮枯咫尺異なり、惆悵再び述べ難し。（金持ちの家には酒や肉が腐るほど有り余っているのに、道には凍え死んでいる人がいる。金持ちと貧乏人は一足違いで、悲しみはとても分かち合えない）」を引用している。梁はアフリカ系アメリカ人をリンチする習慣に衝撃と恐怖を覚えたとも述べている。[73]

この旅で梁は、中国人は西洋の近代性を全面的に輸入すべきではないと確信した。梁は、アメリカが過剰な工業生産の制御に失敗してきたと主張し、過剰生産と新市場の必要性が米西戦争（一八九八年）における帝国主義の動機になっていたことを示唆して、アメリカの資本家トラストを批判した。金ぴか時代の極端な貧富とそれに伴う混沌を経験したことは梁への戒めとなった。しかしその一方で、中国における資本主義の発展が不可避であることは認めていた。帰国後、梁は自身の雑誌『新民説』に、近代化は「祖先から受け継いできた独特の伝統的道徳」に依拠して、中国内部からもたらされなければならないと記している。[74] この旅は、西洋化に対する梁の懐疑心を高めた。

梁は中国皇帝打倒のための資金調達に協力し、一九一一年から一九一二年にかけて皇帝が退位して共和制が施行されると、新しい共和国を建設しようとした。梁は、近代中国の建設に積極的な市民となるようにとの自らの忠告を心に刻んでいた。このとき、梁は中国政治に深く関わり、現政府の打倒と新政府樹立を支持するようになった。梁は孫文の支持者であったが、孫文が政権を失って共和国総統の座を自ら袁世凱に譲ると、彼に忠誠を誓った。梁は当初、陸軍の指導者であり、新政府の政治的指導者である袁世凱を支持した。梁は法務大臣となり、政権の財政顧問となった。しかし、袁世凱が皇帝になろうとすると、梁は袁世凱に対して攻勢に転じ、著作で攻撃し、彼を打倒するための党を組織しようとした。その際、梁は袁世凱と対立する地方の軍閥と結びついた。幸いなことに、一九一六年に袁世凱は死去した。しかし、梁は軍閥との関係で評判を落とし、政界から退くことを余儀なくされた。その後、梁は政治活動から離れ、自由と民主主義の基盤作りに力を注ぐようになる。一九二〇年代には、中国の若い知識人が西洋の思想に魅了され、中国文化を捨ててしまわないように注意を促した。彼は、その代わりに西洋と東洋の文化の調和を図るよう提言した。[75]

梁啓超は日本に滞在中、日本語の翻訳を通じて西洋の重要な知識人の思想に触れることができた。ドイツの哲学者ブルンチュリの『国家論』は、民権についての自身の考えを形成する上で重要な影響を与えた。しかし、日本の思想が梁に強い影響を与えたことは明らかで、梁の日本の思想家に負うところは顕著である。康と梁の試みが失敗に終わったことは、そうした改革が中国にとって十分な薬にならない可能性を示唆し、一部の知識人は中

国を近代世界に押し上げるために本格的な革命が必要であると確信するようになった。(76)

孫文と近代化、そして王陽明

孫文は革命家の中で最も著名な人物となった。孫文は広東省の農民の中流家庭に生まれたが、兄の孫眉が家を出てハワイで商人として成功したことで、広い世界とつながる機会を得ることができた。孫眉はハワイのイオラニ、プナホー両校の孫文の学費を負担し、梁啓超が中国人住民の支持を得るために旅していた一八九九年に、ハワイとカナダで梁に出会った。しかし、すぐに孫眉は、孫文がキリスト教に改宗することを懸念し、孫文を帰国させた。孫文は香港を経て、イギリスのロンドン、そして日本へと渡り、日本の近代化に深い感銘を受けた。こうした初期の旅が孫文に大きな影響を与えた。西洋文化のダイナミズム、日本の近代化を目の当たりにし、中国において同様の近代化を切望するようになったのである。香港では医学を学ぶと共に、数人の中国人留学生の若者と親しくなった。孫文らは四大寇と呼ばれるグループを結成し、清朝政府の腐敗、変革への意欲の欠如、西洋帝国主義から中国を守り抜けなかったという理由から、清朝政府の打倒を目指すことになった。(77)

孫は清朝政府に対する一連の蜂起を即座に開始したが、失敗に終わった。孫文はこうした計画に資金をつぎ込むために、華僑社会を旅して回った。また、西洋の政治理論を読み始め、清朝を転覆させるためのモデルにも親しんだ。孫は儒教の古典を学んだことがないため、中国のエリートの間では不利であったが、その分、自身の思想を儒教と調和させなければならないという重荷からは解放されることになった。結局、孫の活動は辛うじて一九一一年の辛亥革命に影響を与えたに過ぎない。孫の蜂起は清国の弱体化を印象づけるものであったが、革命が成功したのは、清国の正統性と権威が失墜していたためであった。清朝は地方政府と袁世凱麾下の軍隊、中国の財布の紐を握っていた裕福なエリート層からの支持を失った。革命後、孫は臨時大総統に選ばれたが、事前の合意により袁世凱が就任するまでの数か月間しか、政権を維持することはなかった。孫の退陣は、孫の権力基盤の小ささと、孫だけでは革命に対していかに重要性を持ちえないか、が彼に明らかになった瞬間であった。

一九一一年から一九一二年にかけての孫の役割は、なぜ孫が今日、中国共産党や台湾の国民党から近代中国の創始者として尊敬されているのか、という疑問を投げかけるものである。一九一二年に結成された孫の政党・国民党は、常備軍を持ち、政治力と軍事力が強く結びついた中国の政党のモデルとなったが、孫は中国ではなく、台湾で今日も存続しているのである。孫の遺産は、孫の有名な三民主義、すなわち民族主義、民権主義、民生主義に集約される。彼は単なる西洋かぶれではなく、ハイブリッドな思想家であった。孫は西洋と中国の両方の源泉から、それによって革命が進むべき一連の原則を打ち立てた。孫は清朝の君主制を西洋式の共和制に変え、近代的な民族主義を確立し、農民が繁栄できるような土地改革制度を導入することを目指した。しかし孫の社会主義経済への関心は、明確な計画にはならなかった。そのため土地改革の諸原則は、計画というより、はっきりしないスローガンであった。しかし、孫が強調した国民統合は、孫の三民主義の中で見落とされている重要な要素である。このことは、中国が近代化するためには、中国国民の構築が必要であることを孫が認識していたことを示している。(78)

孫と王陽明思想との関係はあまり知られていないが、いくつかの研究によると、孫は権力の座を降りた後、王陽明思想に大きな関心を寄せていた。孫は成人して間もなく王の研究に取りかかったが、一九一二年に臨時大総統を退いた後は、さらに王陽明思想に傾倒していった。孫は伝統的な儒教の抽象性を拒絶した。そして、思想と行動を融合させた王の行動主義に惹かれたのである。孫は王を前近代的な東アジアのプラグマティストとして解釈した。王は「世界を知ることは、その中で行動することの結果である（知行合一）」（後述するが、この言葉は、第二章で取り上げるアメリカのプラグマティズムの基本的前提に酷似している）と述べたことがある。孫はまた近代科学に関心を持ち、それなしには社会は発展しないと考えた。しかし、孫の言う進歩は、王陽明の言う思想と行動の融合を活用する人々の共同体を必要とした。孫の三民主義を実現するための共同体が必要だったのである。孫は、一人の人間がすべての行動を担うのではなく、知識人が思想の部分を担い、政治指導者や兵士が行動の部分を担う一つの国の中で、行動に融合した思想を必要としたのである。孫はこのような共同体的なアプローチを用いて、国民党とその指導組織を構築した。孫は知識人を使って党員を教育し、党員が明晰で道徳的な思考を持ち、正しい行動を取れるようにしたのである。孫の王への関心は興味深いが、孫の思想と王陽明思想の関連については、さらに研究が必要である(79)。

日本の知識人は日本の国家建設と近代化を共に実現したが、中国の知識人は進歩や改革のビジョンを結びつける国家を持たなかった。歴史学者のピーター・ザローは、「二〇世紀初頭、中国の国民国家は創造されなければならなかった。国民は、自らを『自分たちの』国家と同一視し、そのために自らを犠牲にすることに納得しなければならなかった」と述べている。つまり、中国と日本の違いの一つは、近代化の構築の出発点である。改革に取り組もうとする中国の知識人は、日本の知識人のようにナショナリズムと結びつくことができなかった。というのも、中国には国家が存在しなかったからである(80)。

尹致昊《ユン・チホ》と朝鮮の近代化

日本の近代主義者は大きな成功を収めたが、中国の近代主義者は中国の旧秩序の崩壊という混沌に苦戦を強いられた。朝鮮の近代主義者は、さらに厳しい環境に置かれていた。古びた政権と戦わなければならなかっただけでなく、朝鮮の政治には外部の力が大きく作用していた。西洋帝国主義が存在していたため、東アジアのどの国も完全に独立して活動することはできなかったが、特に朝鮮は、最初は中国に、後には日本帝国に併合されたため日本に外交政策を左右されることになり、そうした状況が顕著であった。

朝鮮の改革者、尹致昊は今日でも謎の多い人物である。二〇世紀初頭の朝鮮の近代化推進者である尹は、愛国者、独立運動の闘士であったが、朝鮮における日本帝国の支持者で、第二次世界大戦中は日本への主要な協力者の一人となった。尹致昊の生涯をどう解釈すべきかについては、今日に至るまで朝鮮人の間でも見解が定まっていない。尹は愛国者だったのか、それとも裏切り者だったのか。一九九三年には、尹を含む九九人の著名な韓国人について三巻本が出版され、その中で彼らは日本軍に協力したとして批判されている[81]。

（朝鮮の支配階級である）両班のエリートとして生まれた尹の周囲は、名声と指導権を握っていた。父は朝鮮軍の将官で、祖先は何百年も朝鮮王朝の要職に就いていた。尹は私生児でありながら、両班の一員として教育を受けることを許され、儒教の古典にどっぷりとつかっていた。

福沢や梁と同じように、尹も若いころは広く旅をした。一八八一年、一六歳のうら若き尹は日本の近代化をじかに目にするために渡日した。この旅は尹に強い衝撃を与えた。その後、尹は日本を西洋帝国主義によらない朝鮮の近代化のモデルとして見なした。そして、一八八五年に上海に渡り、中西書院（Anglo-Chinese College）で教育を受けた。尹は留学中にキリスト教に改宗し、日本のキリスト教徒と同じように、キリスト教を近代的で進歩的な宗教として捉え、朝鮮の古くなった伝統を活性化させることができると考えた。尹はアメリカ南部のヴァンダービルト大学、エモリー大学への進学を決意した。アメリカのキリスト教的基盤は、尹にとって魅力的だった。しかし、梁と同じように、尹もまたアメリカの負の側面を経験することになる。尹は人種差別を経験し、近代化のモデルとしてのアメリカに疑問を抱いた。尹はアメリカで英語力を高め、帰国後は英語通訳の仕事をし、日記も英語で書くようにさえなった。

尹の近代化に対する考え方は、ちょうど一九世紀後半に朝鮮が外国勢力（意外にも欧米勢力ではない）が関与する一連の危機に見舞われた際に生まれた。一八八〇年代前半、日本と中国が共に朝鮮半島で権力を掌握しようとした。一八八二年、中国はクーデター〔壬午軍乱〕が起こると、四五〇〇人の軍隊を送り込んで、その地位を強化しようと動いた。日本人はこのクーデターを糾弾し、日本人居留民と財産を守るために軍隊を朝鮮半島に進駐させた。日本政府と福沢諭吉らは、朝鮮を改革し近代化しようとするグループを支援した。福沢は改革計画と近代化によって、朝鮮も日本が成功したのと同じように中国から独立し、主権を獲得し、近代化することができると考えた。改革派は朴泳孝と金玉均に率いられていた。彼らは一八八〇年代初めに改革を支援するため、朝鮮で開化党を結党していた。二人とも日本での滞在経験があり、福沢諭吉の力強い支持を受けていた(82)。福沢は朴と金に対して物質的な援助を行い、彼らの学生を自校・慶応義塾に授業料無償で迎え入れ、同僚の井上角五郎を朝鮮に送り、彼らが朝鮮初の新聞を発行するのを手伝わせた。

一八八四年、朝鮮政治の内紛に嫌気が差した朴と金は、二度目のクーデター〔甲申政変〕を起こした。漸進主義で朝鮮を変えようとしたが成功しなかったため、政権交代というショック療法がより良い方法かもしれないと考えたのである。クーデターは三日で鎮圧され、リーダーの朴と金は日本に逃亡した。このクーデター未遂事件で、日本と中国はソウル〔漢城〕から軍を撤退させた。そして日中両国は、今後、朝鮮半島に軍隊を派遣する際には、お互いに通知し合うことで合意し、朝鮮は十年間、比較的平穏な状態に置かれることになった。

しかし、この事件はほとんど戦争になりかけ、十年後、同様のクーデター未遂事件の結果、日清戦争が勃発した。日本人は朝鮮半島を支配し、中国を追い出すことを決意していた。親日的近代主義者の金玉均は上海で暗殺された。金の遺体は朝鮮に持ち帰られ、高宗に謀反を企てた者への見せしめとして、四つ裂きにされて公開された。一八九四年夏、朝鮮で二度目の反乱〔甲午農民戦争（東学の乱）〕が起こり、国王は中国に援助を要請した。中国は日本に知らせずに二八〇〇人の軍隊を送った。これに対し、日本は八〇〇〇人の軍隊を送り、日清戦争が始まった。

日本は中国に完勝し、北東アジアに領地を手に入れたが、三国干渉ですぐにロシアなどにより返還させられた。朝鮮はこうした係争の中心にあった。しかし、朝鮮の軍事力は微々たるものであり、中国が外国との関係を処理してきた長い伝統があったため、その地での影響力をめぐる争いの結果をほとんどコントロールすることができなかった。

日本は、欧米列強の妨害に屈しなかった。その後も日本は朝鮮半島に勢力を伸ばそうと、ロシアを艦隊で攻撃して一九〇四年から一九〇五年の日露戦争が始まり、多大な犠牲と費用を払って勝利した。尹は、西洋と日本の侵略、そして外国軍を前にして自国の進路を決められない朝鮮の姿を目の当たりにし、福沢と同じように活動家となった。尹は近代化しなければ、朝鮮は完全に隷属し、独立の最後の足がかりを失うと認識したのである。(83)

朝鮮の苦境を受け、尹は仲間と共に独立協会という改革団体を設立し、朝鮮を真の意味で独立させることを自ら目標に掲げて近代化を推し進めることになる。尹とその仲間は、いくつかの取り組みのうち、朝鮮の歴史に関する教育を奨励し、漢字の代わりに固有の土着文字ハングルを使うよう働きかけた。また、高宗には王室を近代国民国家の地位によりふさわしいと考えられた光武帝に改名させた。ソウルの入り口にある古い門を取り壊し、凱旋門を模した近代的なアーチ形に作り変えた。独立協会がさらなる発言権を要求し始めると、保守派と王の取巻きはこれを自分たちの権力に対する脅威と見なし、政府はこれを封じ込めた。

このような権力闘争の中で、尹は「旧朝鮮」に対して激しい攻撃を加える。

民衆は今、執政官、王室の監察官、政府各部門の監察官、警察、兵士に圧迫されている。しかし、私たちは誰に訴えればいいのか。国王にか？　否！　国民に？　否！　国王が善良なことも高貴なこともまったくできない悪人であるなら、人民は無知で愚かで、きちんとした秩序ある反乱を起こし、維持することはできないのだ。

このような過激な言説は、公にされれば尹致昊は大きな問題に直面することになったであろうが、これは尹の私的な日記から引用したものである[84]。

尹は朝鮮の伝統的な秩序を攻撃したので、近代主義者であり、西洋かぶれと一緒にしたくなるが、西洋と関わる他の東アジアの知識人と同様、尹は単なる西洋かぶれではない。尹は朝鮮の無能な政治と儒教的伝統の固執を攻撃したが、儒教を捨てたわけではなかった。尹は「倫理的な統治」を求めたが、これは梁啓超の公徳と通じるところがある。学者たちは、尹が私的な日記で旧秩序への反乱を呼びかける扇情的な言葉を発しているにもかかわらず、儒教の持つ安寧と秩序の感覚に依存していたと論じている[85]。

一九一〇年の日本による韓国併合後、尹は日本の統治に強く反対するようになる（ただし、日本の近代化モデルには賛成）。一九一一年、日本の朝鮮当局は尹をはじめとする一〇〇人以上の朝鮮人民族主義者を、新総督・寺内正毅の暗殺を企てたとして告発した。日本側は、尹とその他のキリスト教徒がソウルのYMCAを本部として、この計画を進めていると考えたのである。謀略で告発されたもう一人の朝鮮人キリスト教徒の青年・李承晩は、アメリカYMCA会長のジョン・モットによってひそかにアメリカに亡命させられた。日本が尹を裁判にかけると、おそらくそれが世界で最初の近代的な見せしめ裁判となり、韓国でセンセーションを巻き起こした。尹はこの裁判で、韓国の旧体制を再び激しく攻撃した。尹は「古き朝鮮が終焉する」のを見るのは残念であったが、「昔の国威を回復しようとはまったく考えていなかった。まったく不可能なことだったとわかっているからだ」と述べた。尹は長い刑期を科されたが、服役したのはわずか六年だった。しかし、尹が日本の朝鮮に対する本気度を知るには十分すぎるほどの時間だった。尹は入獄後、日本の近代化への憧れと共に、日本に対する抵抗は無駄であり、おそらく良い考えでもないだろうと確信するようになった。なぜなら日本は十分な時間があれば、朝鮮を近代化の道へと導くことができたからである[86]。

一九一九年三月一日の独立運動は、朝鮮で最も激しい日本への抵抗運動であったが、尹はこれを傍観し、非現実的な運動であると批判している。尹は三月一日の抗議の直前に日記にこう書いている。

その日の午後、大阪毎日新聞の記者が私を訪ねてきた……私の立場をはっきりさせるために、私は近頃の朝鮮の若者全員に話している内容を記者に繰り返さなければならなかった。一、朝鮮半島の独立の問題が、（パリの）平和会議に登場する機会はないだろう。二、アメリカにもヨーロッパにも、朝鮮半島の進路を支持して日本人を怒らせるような愚かな勢力はない……[87]

西洋列強は日本との戦いで朝鮮を支援することはないだろう。独立運動は、一九一九年のパリ講和会議の冒頭でウィルソンが語った、主権国家の国際システムという構想からインスピレーションを得ていた。しかし、アメリカ政府はウィルソンの美辞麗句を支持するつもりはなく、朝鮮からの介入要請を拒否した。日本軍はこの抗議行動を徹底的に弾圧し、朝鮮人キリスト教徒を多数含む二三〇〇人の朝鮮人を殺害し、弾圧から逃れた朝鮮人で埋め尽くされた教会を炎上させたこともある。

尹致昊は一九三〇年代から四〇年代にかけて、朝鮮において日本政府に公然と協力するようになった。尹は、朝鮮人自身が失敗したところに日本人が近代化をもたらしてくれることを期待していたのである。

結論

福沢の努力は大成功を収めた。福沢の功績は、日本国内での福沢の地位の高さに表れている。福沢の容姿端麗な肖像は、現在、一万円札に描かれている。これは、ベンジャミン・フランクリンの一〇〇ドル札に相当する。

個人の独立を国家の独立につなげるという福沢の解決策は、日本でうまく機能した。日本は第二次世界大戦前、強力な産業国家と帝国を築いただけでなく、文武両道の国民を生み出した。明治政府の日本の知識人たちは、王陽明思想を日本の国家建設に利用した。中国では、梁が王陽明思想に関心を持ち、近代中国国家に適合する民権の一部として公徳の概念を発展させるのに役立った。梁の観念は日本の福沢のそれと同様に人気があったが、中国の政治体制が混沌としていたため、それほど成功しなかった。孫文もまた王陽明を国民党の結党に利用した。朝鮮の知識人・尹致昊はアメリカ南部に留学したが、朝鮮の近代化の道筋をつけるのはアメリカではなく、日本であると最終的に考えた。

これらの知識人のアメリカや日本への旅は、西洋化のために伝統的に考えられるものとは異なるものの、彼らの思想を形成する上で重要であった。ヨーロッパの哲学と文化を学ぶために海外に渡ったアメリカの近代主義者たちにも同じことが言える。フランツ・ボアズの旅は、おそらく最も特徴的なものである。ボアズはヨーロッパでも東アジアでもなく、ブリティッシュ・コロンビアの凍てつくようなツンドラを旅して、イヌイット文化を吸収したのである。

第二章　一八九〇年代から一九一〇年代にかけてのアメリカ的思想における近代性の発展

フランツ・ボアズとイヌイット族

東アジアの知識人たちが一九世紀後半に近代性の難題に対処していた一方で、アメリカの知識人たちは二〇世紀への転換期になってようやく近代性に取り組み始めたばかりであった。東アジアの人々がアメリカ人よりも先に近代性を探求し始めたことを示す証拠があることは重要だろうか。必ずしもそうとは言えないが、アメリカ人が東アジアの近代性の原動力だったと主張することはきわめて難しくなる。もちろん、東アジアとアメリカは大いに異なる問題に追われていた。東アジアでは、控えめに見ても無力で、最も厳しく言えば腐敗し老朽化した政府が衰退したことで、新しい考えに対する機会と需要が生まれた。日本における西洋帝国主義の脅威と中国における現実も、知識人が計画の実行を早める動機となった。一方、アメリカには外国からの侵略の脅威はなかったが、別の危険は存在していた。金ぴか時代の資本家たちは貧しい人々の労働によって巨万の富を築き、何百万人もの移民がアメリカに流入した。そして、異質な文化がアメリカという国のアイデンティティを脅かすように見え、人々で溢れる不潔な都市には重大な危険が存在していた。リンカーンは南北戦争でアフリカ系アメリカ人の奴隷を解放したが、その激しい戦争の後、彼らの社会的地位は大いに疑義をさしはさまれることになった。一九世紀後半には、人種主義的なイデオロギーが爆発的な人気を博した。

そんな中、一八八四年、若きフランツ・ボアズは寒く暗い北極の奥地で一人、思索に耽っていた。彼はドイツの博士号を取得するために、バフィン島を訪れてイヌイットの人々を研究していた。イヌイット（エスキモー）と過ごした時間は魅力的だったが、ボアズは彼らを理解できなかった。この凍てつくような土地に、どうやって人々が暮らせるのか。なぜイヌイットは、ボアズの仲間のオーストリア人のように暖炉のある木造の家ではなく、イグルーに住んでいるのか。イヌイットは人種が違うからだろうか。極北で過ごしたボアズは、人種が人間同士の違いのほとんどを説明していた当時の常識から離れるようになった。人種以外の概念で、イヌイットとヨーロッパ人やアメリカ人を隔てる大きな溝をどのように説明できるだろうか。

ボアズはイヌイットの決定的な違いに魅了された。イヌイットと一緒に暮らし、狩りや食事や睡眠を共にしたが、ボアズは彼らとまったく違っていた。旅の初めの一時期、ボアズは憂うつな気分に苛まれていた。慣れない世界での生活によるカルチャー・ショックを経験したボアズは、「文明」に戻る時が待ち遠しいと日記に記した。イヌイットの生活様式に興味をそそられた一方、ボアズはエスキモーの人々の匂いや音に嫌悪感を覚えた。果てしなく続くアザラシ狩りの日々にすっかり退屈したボアズは、狩りの成功を祝ってアザラシの生肝を食べるなど、無分別に繰り返される伝統を蔑視していたが、自分の慣行とイヌイットの慣行のどちらが優れているのかについて考えるようになった(1)。

以前と同じく気温は急に低下したが、今回は摂氏マイナス四五度まで下がっただけだった。ボアズと彼の使用人、そしてイヌイットの友人は、氷と雪の中を旅して遭難し、凍死しかけた。ボブスレーに乗って二四時間連続で移動した後、彼らはイグルーで休息と暖を取った。この経験から、ボアズは自身の旅を再評価し、考えをまとめる必要に迫られた。その夜、彼は妻となるマリー・クラコワイザーに次のように書いた。

この「野蛮人」たちが共通してあらゆる欠乏に苦しむのは美しい習慣ではないが、誰かが狩りから獲物を持ち帰ったような幸せな時には、全員が一緒になって飲食をする。私はしばしば、私たちの「善良な社会」には野蛮人の社会と比べてどのような利点があるのかと自問する。彼らの慣習を見れば見るほど、彼らを見下す権利が我々にはないことを私は実感する。我々のどこにそのような真のもてなしを見出すことができようか。ここでは、人々はまったく文句も言わずに、要求されるすべての仕事を喜んでこなす。私たちにはばかげているように見えるかもしれない彼らの慣行や迷信ゆえに、彼らを責める権利は一切ない。我々「高等教育を受けた人々」は、相対的に言えば、もっとひどいのである。……一人の考える人間として、私にとってこの旅の最も重要な成果は、「教養ある」個人という考え方は単に相対的なものであり、人の価値はその人の高貴な心（*Herzenbildung*）によって判断されるべきであるという私の見解を強化したことにある。(2)

ボアズは研究の中で *Herzenbildung* という言葉を頻繁に使用した。それは「高貴な心」と訳すことができ、個人の中にある洗練された善意や優しさだけでなく、その人の根本的な誠実さをも指している。

ボアズの文化相対主義への動きは、「文化的な個人は相対的なものにすぎない」という彼の論評の中にはっきりと見てとることができる。彼の教え子の一人であるルース・ベネディクトは、ボアズが北極圏を旅したことで、個人の知覚力を解放する手がかりを与えたと考えていた。ボアズは視覚的な目が「単なる物理的な器官ではなく、その所有者が育ってきた伝統によって条件づけられる知覚の手段」であることに気づいた、とベネディクトは記している。(3) また、その経験によってボアズは、地理が人間の行動を一義的に決定するという当初の見解から離れ、文化と歴史が人間の行動を形成すると新たに考えるようになったと指摘する者もいた。ボアズがマリーへの手紙の中で見せた、自身の経験に対する内省的な反応は、一貫して彼の研究に現れている。並外れた知識人である彼は、人間を単に研究対象として見ていただけではなく、感受性や自己反省も持ち合わせていた。この時期に撮影された若きフランツ・ボアズの写真を見ると、頭頂部にはふさふさの乱れた髪があるものの、生え際が既に後退している。しかし、彼の燃えるような目は見る者を惹きつける。カメラを真っ直ぐに見つめるボアズは、使命に燃える人間の突き抜けるような激しさを持っており、その激烈さは否定できない。彼の激しさと情熱は学生たちを惹きつけた。ボアズと彼の学生たちは共に人類学という新しい分野で、また文化相対主義という近代的概念を形成する上で、最も重要な知識人となった。(4)

アメリカ人近代主義者の登場

二〇世紀への転換期のアメリカの近代性の考えには、何人かの重要な知識人の見解が関わっていた。人類学者のフランツ・ボアズ、歴史家、社会学者であり、公民権活動家のW・E・B・デュボイス、プラグマティスト哲学者であるウィリアム・ジェイムズとジョン・デューイ、そして革新的改革者のジェーン・アダムズとメアリー・パーカー・フォレットである。別の革新的改革者であるフランシス・ケラーは、第一次世界大戦の時期に保守的な道を歩み、若き左翼急進派のランドルフ・ボーンは、アメリカの第一次世界大戦への参戦を批判して、主流派の知識人と決別した。これらの思想家全員が、アメリカ的生活に大きな影響を与えた思想であるプラグマティズムの発展に関係している。プラグマティストが経験、合理性、科学、進歩を受け入れたことは、一九世紀後半から二〇世紀初頭にかけてのアメリカにおける近代思想の始まりを示している。(5)

アメリカの近代化主義者はアジアと強いつながりを築いたが、この結びつきはもっと注目されるべきである。ジョン・デューイは中国に二年間滞在した。フランツ・ボアズは東アジア、特に中国に興味を持ち、この地域に関する科学的知識を増やしたいと考えた。ウィリアム・ジェイムズは、『宗教的経験の諸相』として一九〇二年に出版された研究の一環として、東洋の宗教に強い関心を持ち、神秘主義に関して文通していた二人のインド人導師と接触した。W・E・B・デュボイスは生涯を通じて、非西洋民族の窮状と反植民地運動に強い関心を抱いていた。デュボイスの考えでは、日露戦争において日本が優勢とされていたヨーロッパの白人帝国ロシアを破ったことは、世界中のすべての有色人種にとっての勝利だった。しかし、日本はカラー・ライン〔有色人種を白人よりも下位に位置づけるための社会的・法的障壁〕を破ったものの、西洋列強の排他的なクラブに入り込むことは決してなかったことに注意する必要がある。それでもデュボイスは日本の功績を称賛し、日本とその帝国の発展にますます興味を持ち、最終的に一九三六年から一九三七年にかけて満洲と日本を訪問した。ジェーン・アダムズもアジアに人脈を持ち、婦人国際平和自由連盟の会長に就任した際にアジアを旅した。

デュボイスの事例が示すように、思想はアメリカから東アジアに、また反対に東アジアからアメリカに、両方向に流れた。インドの導師たちは、神秘主義に関するウィリアム・ジェイムズの考えに強烈な影響を与えた。ジョン・デューイの中国への旅は、彼に忘れられない印象を残した。彼は後に儒教を利用し、理想的な共同体を構築しようとした。チャールズ・ビアードは、日本での滞在によって自分は変わったと主張した。日本を訪問した後に、ビアードは日本の地政学に関する多くの論考を書き、日本は東アジアを安定させる勢力であると論じた。しかし、その逆もまた真だった。メアリー・パーカー・フォレットの理論は、戦後の日本で崇拝されるようになった。

地球の反対側では、プラグマティストはヨーロッパの影響の重荷も背負っていた。ジョン・デューイは、一九世紀のヨーロッパ哲学であるヘーゲル主義から距離を置こうとしたものの、その哲学思想を彼の研究における「永久の残滓」と呼んだ(6)。フランツ・ボアズはドイツで生まれ育ち、キール大学で博士号を取得した。アメリカに移住した後も、ボアズはヨーロッパの研究仲間と強いつながりを持ち、意見を交換した。ウィリアム・ジェイムズとジェーン・アダムズはどちらも若かりし頃ヨーロッパを旅行し、その経験は彼らに大きな影響を与えた。

ロンドンのセツルメント・ハウス〔社会の下層の人々に対する救済や援助を行う施設〕であるトインビー・ホールを訪れた際に、アダムズの継続的な憂うつは解消した。彼女は、自身のセツルメント・ハウスを立ち上げ、彼女を非常に深く悩ませていた貧困とネグレクトというアメリカの問題を解決する一端を担うことができると悟った。ジェイムズもまた、ヨーロッパにいる間に憂うつな気分が晴れたことに気づいた。

W・E・B・デュボイスは、ヨーロッパ思想の訓練を受け、プラグマティズムに傾倒したが、大文字の「真理」を可能にするヨーロッパ的な理想主義を保持し続けていた。(7) ランドルフ・ボーンは、戦争勃発直前の一九一三年から一九一四年にかけての一年間のヨーロッパ留学から強烈な影響を受け、第一次世界大戦で爆発する戦雲を目の当たりにした。ヨーロッパでの経験から、ボーンは好戦的なナショナリズムの台頭を批判することができた。その後、彼は戦争とナショナリズムについて精力的に執筆した。メアリー・パーカー・フォレットは、ヨーロッパの理想主義思想をアメリカのプラグマティズムと並置することに強い関心を持ち、その二つの間に自身の思想を位置づけるための場所を見つけようとした。彼女の影響は、多くのアメリカの思想とは異なり、ヨーロッパの方向に戻っていった。経営理論に関するフォレットの考えは、アメリカよりもヨーロッパ、特にイギリスでより重要な地位を占め、彼女はロンドン・スクール・オブ・エコノミクスで何度か招待講演を行った。(8)

近代性はまた、東アジアの知識人たちが国家建設に関心を抱いていたのと同様に、アメリカの思想家たちが国家改革に焦点を当てる政治活動に傾倒したことにも現れている。アメリカの思想家たちは、人種的正義、貧困の緩和、移民の公正な扱い、反帝国主義、女性の権利、その他諸々に関連する国家改革運動に献身的に取り組んだ活動家であった。そのため、解放は単なる理論的な関心事ではなく、アメリカ的生活の具体的な改善にも関係していた。例えば、ジョン・デューイは、市民であることの権利と義務についてしばしば講義をした。フランシス・ケラーは、移民が愛国的な市民になることを望み、そのための運動を組織し、書籍を執筆した。ジェーン・アダムズは、アメリカの民主主義をより公平なものに改革することに注力した。

近代化主義者たちは、協力して行動すれば何でも達成できるという驚くべき徹底した感覚を持って、これらの難題に対処した。この際限のない楽観主義は間違いなくアメリカと東アジアの近代性の創成期の魅力的な遺産である。アメリカの知識人たちは、福沢諭吉、梁啓超、尹致昊《ユン・チホ》、その他の東アジアの近代化主義者たちと、科学的精神と実際的な経験志向の視座を共有していた。フランツ・ボアズを除けば、誰も実験科学者ではなかったが、彼らは皆、科学が世界の問題に有意義な答えを提供でき、合理的な科学的思考には世界を伝統的な思考様式から引き離して近代化に向かわせる力があると信じていた。

しかし、一部のアメリカ人は、近代性を探求することは間違いであると信じていた。彼らの見解では、アメリカは伝統に回帰する必要があった。一九一〇年代から一九二〇年代にかけて、宗教原理主義者などの反近代化主義者が現れ、相対主義、科学的プラグマティズム、そして最も重要だった進化論といった新しい考え方に異議を唱えた。一九二五年にテネシー州で行われたスコープス裁判では、進化論という科学的理論と聖書の真理が争われた。民主党の長年の大統領候補であり、自身も原理主義者だったウィリアム・ジェニングス・ブライアンは、検察側の立場で発言し、全米最高の法廷弁護士であるクラレンス・ダロウに笑い者にされた。進化論は正式な判決では敗れただけだったが、世論の法廷では原理主義者は恥ずべき敗北を喫した。著名なジャーナリストであるH・L・メンケンは、『ボルチモア・イブニング・サン』紙でこの裁判を取り上げ、「ネアンデルタール人」や「宗教的乱交としての裁判」などの皮肉な表題の社説で、原理主義者たちを揶揄した。彼は原理主義者たちを「おしゃべりなサル」と呼んだ。近代化主義者であることを公言していたメンケンは、スコープス裁判の問題点は「大多数の人間」が「人類の進歩のあらゆる足跡」に抵抗したことだと主張した。(9)

フランツ・ボアズ――人種と相対主義

フランツ・ボアズは、アメリカの思想に大きな影響を与えた。まず、彼は近代人類学の父になった。しかし、新しい学問分野を形成したこと以上に重要なのは、ボアズと彼の信奉者たちが、二〇世紀のアメリカ人が他民族を見るレンズを根本的に変えたことである。一九世紀の科学者たちは、ある人種が他人種よりも優れていることを科学的事実として提唱した。ボアズと彼の門弟たちは、二〇世紀前半にこの観念を批判し、彼らの文化研究によって、人間がお互いを見る方法を根本的に作り替えた。この新しい見方は、同時代の近代性の勃興に関連する複合的な考え方の一部になった。

ボアズの学術的経歴は北極圏への旅の後に軌道に乗った。彼はいくつかの論考を発表し、『中央エスキモー』という体験記を刊行した。ボアズは、一八八八年に渡米してクラーク大学での教職に就く前に、難しいことで有名な博士号取得後の学位「ハビリタツィオン」〔大学教授資格〕をドイツで取得した。非常に短期間で彼はクラーク大学の新しい人類学部長に昇進した。しかしボアズは、彼の自立心と自身の考えに対する熱烈な傾倒を示す行動として、クラーク大学の学長であるG・スタンレー・ホールが自らの研究に干渉しようとして学問の自由を侵害していると見なし、一八九二年にクラーク大学を辞職した。彼はシカゴ万国博覧会の展示に携わり、その後、ニューヨーク市のアメリカ自然史博物館の学芸員になった。そしてボアズはジョン・ウェズリー・パウエルのもとでも働いた。

一九世紀後半のアメリカの有名な探検家であり人類学者だったジョン・ウェズリー・パウエルは、ボアズを雇って民族学局の博物館展示を準備した。グランド・キャニオンの探検と、アメリカ西部の自然の美しさと先住民の文化を保存する取り組みでおそらく最もよく知られているパウエルは、アメリカ地質学調査所を指揮し、さらに一八七九年から一九〇二年に死没するまで民族学局の創設期の局長でもあった。当時のアメリカで最も影響力のある人類学者の一人であったパウエルは、ハーバート・スペンサーがチャールズ・ダーウィンの進化論を人間に適用した、いわゆる「適者生存」説を信じていた。またパウエルは西洋文明と白人文化が原始的な民族を測る基準であるという考えを支持していた。さらに、原始的な民族には人種的な統一性があり、それによって彼らは高度に文明化された人々のように洗練された方法で考えることができないと、パウエルは信じていた。パウエルの同僚で、民族学局の副局長であり、パウエルの晩年には事実上の局長だったW・J・マギーも、白人至上主義の人種理論を提唱した(10)。

一八八七年にフランツ・ボアズは、博物館の展示をめぐって、公然とパウエルやマギーと意見を異にした。ボアズは、アメリカ先住民部族の遺物を博物館で展示する際の配置について、手紙を通じて彼らに相談していた。パウエルやマギーは、遺物がどの部族のものかを顧慮せずに遺物を整理する方式を好んだ。ボアズはこのやり方を拒否し、代わりに部族による分類を望んだ。ボアズは急速に進化論的視点から離れて歴史的・文化的視点へと傾倒し、「民族学では、すべてが個性である」と述べた。彼は、部族特有の歴史的および文化的経験が、彼らの生活様式や彼らが残した遺物を顕著に形作ったと信じていた。パウエルは、より良い政府を目指す進歩のヒエラルヒーに自身の考えを取り入れた。パウエルは、進化が諸民族に政府の形態をもたらし、現在のアメリカの共和制に至ったと信じていた。人々は未開から野蛮、君主制、そして民主主義へと段階的に進んできたのである(11)。

一八九六年、フランツ・ボアズはコロンビア大学の人類学の講師に任命された。彼はすぐに世界屈指の人類学者として知られるようになり、一九一一年に彼は最も有名な著書『未開人の心性』(残念なタイトルだが)を執筆した。

ボアズの専門はアメリカ先住民研究であり、東アジアではなかったが、彼は中国に興味を持つようになった。布教活動、ジャーナリズム、外交、商取引を通じて両地域の交流が盛んになるにつれて、ボアズの所属するコロンビア大学も東アジアに深く関わるようになる学生を多く輩出し、東アジアについて学ぶことに対するアメリカ人の関心も同様に高まった。一九〇一年、コロンビア大学の同僚だったロー〔セス・ロー〕は、ボアズが言うところの「極東」の文化と言語、特に中国語の研究についての情報をボアズに求め、東アジアについての言語教育やその他の研究をコロンビア大学に設置することを検討した。興味深いことに、ボアズは返信をローではなく、コロンビア大学のニコラス・マレー・バトラー学長に送った。このことは、フランツ・ボアズが自身の提言にどれほどの威信をかけ、力を注いでいたのかを示している。

ボアズの報告書はヨーロッパの東洋学を例に挙げ、その領域には多くの専門家がいたが、実際の専門知識はほとんどなく、イギリスではこの分野は衰退していると彼は信じていた。そこでボアズはアメリカで東アジアの知識を構築する好機を見出した。彼はまた、商取引と外交関係の発展が実際に影響を与えることも認めていた。ボアズは、今日の世界では違和感はないが、当時としては先進的で実用的な感性ゆえに注目された言葉で、次のように述べた。「これらの人々と知的につきあうためには、我々は、彼らの文化の呰、あるいは彼らの功績、そして彼らの国が生み出すものを明確に理解する必要がある」と。報告書の中でボアズは、コロンビア大学における東アジア研究の能力をどのようにして高めるのかについて広範な提言を行った。中国研究の講座が新しく創設されたことは、既に前途有望な始まりだった。ボアズは中国、日本、インド、マレーシアを扱う東洋研究学科の設立を推奨した。それらの学科は人類学部と協力して、これらの国々の文化と歴史を研究することになっていた。ボアズの構想が実行されることはなかったが、コロンビア大学は第二次世界大戦後に東アジア研究に関するかなりの専門知識を発達させ、今日ではこの分野の指導的機関の一つになっている(12)。

フランツ・ボアズはまた、アメリカ自然史博物館の学芸員として在職中に、中国への考古学的探検を何度か手配した。一八九七年、彼は中国語と中国文化の若い専門家であるベルトルト・ラウファーを雇い、アムール川とサハリン島への探検に参加させ、土着の文化を研究し、遺物を収集した。ジェサップ北太平洋探検と呼ばれたこの遠征は、アメリカ先住民を北東アジアの先住民族集団に結びつける試みとされ、それによって「アメリカ先住民の起源はアジアにあり、かつて陸橋だったベーリング海峡を渡って北アメリカに到達した」という評判の良い仮説の証拠を確立するものだった。ラウファーは、ボアズが一九〇一年から一九〇四年にかけて彼を中国への二回目の遠征であるジェイコブ・M・シフ探検に派遣するのに十分な実力を証明した。この遠征隊の名前の由来は、ニューヨークの大手銀行であるクーン・ローブ商会（Kuhn Loeb and Company）の頭取だった。

一九〇〇年に起きた中国の義和団の反乱は、清国政府の支援を受けた宗教集団が主導したもので、中国にいた西洋人を襲撃し、アメリカ国民の目を釘付けにした。その余波で、シフはアメリカ人が中国についての知識を深める必要があると考えた。義和団反乱の失敗は、中国が西洋的近代化の準備ができており、西洋の影響に好意的に反応するであろうことを示していると、シフは主張した。彼はまた、アメリカ中国開発会社（American China Development Company）の投資家として、中国でいくつかの事業を手掛けていた。その二回目の探検は大成功を収めた。ラウファーは中国に惚れ込み、七五〇〇点以上の遺物を持ち帰った。世紀転換期は西洋で中国の考古学的発見に大きな関心が寄せられた時期だった。ほぼ同時期に、イギリスの考古学者であるオーレル・スタインは、シルクロードの起源を探るために、中国の極西部にあるタクラマカン砂漠への有名な探検を行った。[13]

ボアズは、遠征で得た遺物を使って、自然史博物館の展示を計画することを望んでいた。これは、中国を底辺に追いやる文明ヒエラルヒーの古い観念から認識を解放し、代わりに中国文明の発展を示すという彼のより大きな理想像と一致していた。ボアズは中国の専門家ではなかったが、中国の伝統文化とその政治制度が途方もなく洗練されていたことは、彼の思想の重要な模範となりうることを十分に理解していた。中国は確かに野蛮という古典的な段階を経ていなかった。中国の古代文明は世界で最も高度に発展しており、官吏によって率いられた政府（能力主義に基づく最初の文民官僚制）と、文民の統治下にある軍隊を備えていた。古代中国の功績は驚くべきもので、筆記、印刷、紙幣、時計、磁器、鉄鋼製錬、さらには航海術を進歩させる羅針盤、舵、帆柱を発明した。しかし、アメリカ自然史博物館のアジア関連の収蔵品はきわめて不十分だった。文化は独自の歴史的起源から発展したという彼の主張を実証するために、ボアズには遺物が必要だった。そのため、探検とそこから生まれた展示は、ボアズの基本的な文化の概念を支えていた。それらの遺物によって、ボアズは中国文化の独自性とその特異な軌跡を実証できることを望んでいた。[14]

しかし、博物館の展覧会で新しい中国像を紹介しようとしたとき、ボアズの未来像は問題にぶつかった。ほとんどのアメリカ人はいまだに中国を、腐敗した、運命志向的で、過去に囚われた典型的な東洋文明と見なしていた。その展示会において彼らは、日常生活の道具ではなく、異国情緒あふれる遺物を見ることを期待した。そのため、ボアズのアプローチは無視された。

展示はうまくいかず、学芸員のハーモン・バンパスと博物館の責任者であるモリス・ジェサップとの激しい会議の後、ボアズはアメリカ自然史博物館を辞め、展示は早期に終了した。アメリカ人は、アジア人は野蛮であるという彼らの思い込みにそぐわない中国の華々しい物語を受け入れる準備ができていなかった。アジア部門全体の学芸員だったバンパスは、ボアズの解釈を理解しなかったため、彼の知的な展示を軽蔑した。残念なことに、アメリカ自然史博物館とコロンビア大学を中国学の中心として確立するというボアズの計画は失敗に終わった。アジア人に対する支配的な見解と戦おうとする彼の試みは、人種主義に対する彼の猛攻撃ほどは成功しなかった。[15]

人類の起源に関する人種主義的理論は、一九世紀には一般的だった。頭蓋学の支持者だったサミュエル・ジョージ・モートンのような著名な知識人は、頭蓋の大きさが人間の知性を決定すると主張した。ハーヴァード大学の動物学教授だったルイ・アガシーは、モートンの見解を支持し、アフリカ系アメリカ人やその他の非白人人種が白人と同じ種に由来することはありえないと論じた。アガシーは、白人と他の人種が同じ起源を持っているという考えを身体的に嫌悪したと言われている。[16]

二〇世紀初頭までに、このような疑似科学理論の最も急進的なものは信用を失っていたが、さまざまな民族の違いに関する説明のほとんどは依然として人種主義の気を帯びていた。アメリカ南部で生まれ育った自然人類学者ロバート・ビーンによる一九〇四年の研究は、アフリカ系アメリカ人と白人の気質と知性を以下のように特徴づけた。

白人は主体的であり、黒人は客体的である。白人は……支配的で威厳があり、主に決断力、意志の強さ、自制心、自治を有している。……黒人は、これらの力が確実に欠如しているという理由で正反対である。(17)

もう一人、素人学者で綿花農園主のアルフレッド・ホルト・ストーンは、ミシシッピ・デルタにある広大な所有地で、何百人ものアフリカ系アメリカ人の小作人の運命を支配していた。広く読まれている『アメリカの人種問題に関する研究』（一九〇八年）の中で、ストーンは、黒人は他の下位人種と同様にいずれ絶滅すると主張した。彼は、黒人と白人の遺伝子プールが混ざり合うことによって黒人の知性が現実のものとなると信じていた。この結論によれば、混血の黒人はアフリカ系アメリカ人の唯一の旗手であるべきだった。そうでなければ、アフリカ人の野蛮さが暴走するだろう。その一年前、ストーンは、ウィスコンシン州マディソンで開催されたアメリカ社会学会で論文を発表し、そこで自身の前提を厳しい言葉で述べた。「(白人) 人種の優位性は、血統の誇りと下位人種に対する妥協のない態度なしには維持できない」と。ジェイムズ・ブライス子爵、モーリス・エヴァンス、ロバート・W・シューフェルト、ハリー・ジョンストン、そして『アメリカ黒人の人種特性と人種傾向』の著者であり、医師でもあったフレデリック・ホフマンを含むさらに多くの著述家は、大した訓練や知識もなしに専門性を主張した。(18)

フランツ・ボアズは彼らの考えを容赦なく攻撃した。ボアズは一八九四年のアメリカ科学振興協会での演説の中で次のように述べた。

つまり、諸人種を文明に導く上で、歴史上の出来事は彼らの能力よりもはるかに強力だったように見え、諸人種の功績によってある人種が他の人種よりも優れた才能を持っていると仮定することは必ずしもできない、ということになる[19]。

ボアズはここで文化相対主義を確立したが、ある人種が他の人種よりも文明的であるという考えを放棄したわけではなかったことに注意することが大切である。むしろ、彼らがどのようにしてそのような立場に立つようになったのかという問題が、意見の相違の原因になった。この初期の段階においてさえ、ボアズの研究は注目を集め、批判を呼んだ。著名な進化論者であるダニエル・ブリントンは、ボアズが一八九四年に行った主張を非難し、一八九五年にアメリカ科学振興協会の会長講演で自身の議論を擁護した。ブリントンはボアズの歴史主義を非難した後、攻勢に転じた。「肌の色が黒色、褐色、赤色の人種は解剖学的に白人と大きく異なるので、……脳の容積が同等であっても、同等の努力で白人に匹敵する結果を得ることは決してできない。」これらは非常にありふれた思い込みであり、一八九三年のシカゴ万国博覧会やルイジアナ購入博覧会など、さまざまな公的場面で見られた[20]。

一九〇四年にミズーリ州セントルイスで開催されたルイジアナ博覧会では、文字どおり、そして象徴的にもアメリカの人種主義の概念が展示された。文明のさまざまな段階を示すために、一〇の異なる民族集団から成る一〇〇〇人を超えるフィリピン人（アメリカはフィリピンを征服したばかりだった）が生きた展示物として博覧会に持ち込まれた。ルイジアナ購入の一〇〇周年を記念して開催された、この博覧会を祝うために作成された『ルイジアナと博覧会――世界、その諸民族、および彼らの功績の博覧会』と題された小冊子の扉絵は、この物語を伝えている。上から下に並べられ、「人間の種類と発展」と題された扉絵には、世界のさまざまな人種を代表する人物の絵が描かれ、中央では自由の女神が啓蒙の炎を掲げている。一番右上には、身なりの良い欧米人が、ひげを生やしたロシア人と着物を着た日本人女性の隣でポーズをとっており、世界で最も先進的な人種を表していた。オリエンタリズム的な固定観念によって、一部の西洋人は、日本人男性は女々しい、つまり典型的な日本人女性、であると信じていた。そして着物は伝統の象徴だった。博覧会でその近代化を際立たせて展示された日本人は、他のアジア人より進歩しているとしても、まだ近代人ではなかった。他の人種は、扉絵の左側に発展の程度が下がっていく形で描かれた。ヒンズー教徒、トルコ人、中国人、アラブ人、アメリカ先住民（ネイティブ・アメリカン）、黒人、アイヌ、ブッシュマン、そして最後に右下のネアンデルタール人である。韓国人はその序列に入りさえしなかった。この展示は人種的ヒエラルヒーを最も露骨な形で表現していたが、視覚的に目を引くものだったため、博覧会に押し寄せた何百万人ものアメリカ人を魅了した。その後、この小冊子は全米の教室でも使用された。博覧会全体で最も人気のある生きた展示物だったイゴロット族〔フィリピンの一人種〕の人々は、アイヌのように文明的発展の最下層にいると見なされていた。

ボアズは、セントルイスの博覧会の展示の企画には関わらなかったが、一八九三年にシカゴで開催された万国博覧会ではアメリカ先住民の展示の一部を準備した。その博覧会の一環として、ボアズはアメリカ先住民の身長、顔の幅、頭蓋指数（頭蓋骨の長さに対する幅の比率）などの身体的特徴に関する人体測定を行った[21]。しかし、人種に基づく違いを示したそれまでの研究とは異なり、ボアズの研究は人種による実質的な違いをまったく示さなかった[22]。

ボアズは、一九〇八年から一九一〇年にかけて、ニューヨーク市の移民集団の標本の頭蓋指数に関して別の研究を行った。彼は少し前に、連邦議会によって設立されたアメリカ移民委員会に雇用され、新しい移民の急増を調査した。異質な価値観と慣習を持つこれらの新移民が、アメリカ的な生活を損なうかもしれないという懸念があったのである。移民委員会の焦点は反移民だったので、ボアズがこの委員会に関わることになったのは奇妙に思えるかもしれない。しかし、ボアズによる調査の結果は、彼の関与が委員会の持つ反移民の偏見を確認するためだけのものではなかったことを示していた。彼の方法はまたしても人体測定であり、そのデータは膨大で、彼のチームはニューヨーク市域の一八〇〇〇人の移民を測定した。それまでの研究は、基本的な民族の分類は身長と頭形において安定し、一貫していることを示していた。しかし、ボアズの研究で、一つの民族集団内であっても、頭部の測定値には大きなばらつきがあることが判明した。ボアズの研究はまたしても、人種や民族に関する時代遅れの観念を否定した。今日では頭形の研究は時代遅れであり、不快でさえあると感じられるが、ボアズの全体的な概念化は、人種と民族が固有の変更不可能な区分であるという過去の思い込みを打ち破った。(23)

ボアズには戦う上での味方がいた。ドイツ生まれの若きユダヤ人哲学者ホレス・M・カレンは、ハーヴァード大学でジョージ・サンタヤーナに師事し、最終的にニューヨークでニュー・スクール・オブ・ソーシャル・リサーチを設立するのに貢献した。カレンは、アフリカ系アメリカ人初のローズ奨学生であり、人種や移民に関して革新的な仲間だったアラン・ロックと親交を深めた。カレンは、一九一五年二月に『ネイション』誌に掲載された二つの記事の中で、そしてその後、一九二四年に刊行された著書『アメリカにおける文化と民主主義――アメリカ国民の集団心理に関する研究』の中で、文化多元主義の考えを紹介した。彼の著作は新移民を称賛するものだった。新移民たちは、アメリカ的特性を損なうと言うよりも、むしろそれを豊かにするものだったのである。アメリカの純粋なアングロ＝サクソン的性格を否定するカレンの考え方は「文化多元主義」として知られるようになった。カレンの考えは、一九一五年に初めて発表されてすぐに、著名な哲学者ジョン・デューイと彼の教え子であるランドルフ・ボーンによって支持された。(24)

ボアズは、他の革新主義者ほど積極的ではなかったものの、公的な知識人としての役割を果たすことに躊躇はなかった。一九〇六年、ボアズはW・E・B・デュボイスの招きでアトランタを訪問し、アトランタ大学の卒業式で講演を行った。歴史学の教授だったデュボイスは、アトランタ大学を人種研究のトップ校に急成長させた。デュボイスは、ボストンの二〇世紀クラブでの講演で、彼の「南部の小さく貧しい大学」が「アメリカ黒人の体系的かつ良心的な研究」を行う唯一のアメリカの大学であると述べている。[25] アトランタ大学の他の注目すべき講演者の中には、最近講演を行った、移民の専門家のフランシス・ケラーもいた。ボアズの講演は、アフリカ系アメリカ人の劣等性に関するさまざまな議論を論破し、一部地域のアフリカ人はヨーロッパ人よりも先に高度な文明を獲得していたと仮定した。講演の中でボアズは、もし「教育を受けた若き黒人たちが『(彼ら)自身の人種の能力』を理解できれば」、彼らは「まさに根底において(彼らの)人種に対する侮蔑の感情」を攻撃でき、それによって「自らの人種自体の救済を成就」できるであろうと述べている。[26] 後述のように、W・E・B・デュボイスもボアズと同様に、人種は文化や歴史から構築されるという立場をとっていた。デュボイスの立場はボアズよりも急進的だったが、それは彼が文明を達成の基準としなかったからである。

フランツ・ボアズは、ニューヨーク市のコミュニティでも熱心に活動した。彼は多くの公開講演を行い、ニューヨーク市議会に芸術と科学の教育のあり方について助言し、『ニューヨーク・タイムズ』紙の編集者にさまざまな問題を提起する手紙を数多く送った。また、ボアズは一九〇二年にW・J・マクギーや他の数名と共にアメリカ人類学会の設立に貢献した。[27]

ボアズの研究は広く普及した。現在も絶版になっていない『未開人の心性』はボアズの最も売れた書籍となり、その著作によって彼はこのテーマにおける国際的権威となった。またその本は、YMCA宣教部が現地にいる宣教師のために作成した複数の読書リストにも掲載された。日本に滞在していたYMCA宣教師のアーサー・ジョルゲンセンは、明らかにボアズの著作に魅了され、在日ヨーロッパ系アメリカ人宣教師の人種主義に関する研究を始め、その結果を一九二八年に『ジャパン・クリスチャン・クォータリー』誌に発表した。その研究によって、過半数の宣教師が白人の人種的優位性を否定し、異人種間の婚姻を支持していることがわかった。宣教師の中には日本人女性と結婚した者もいたため、これは重要なデータである。しかし、調査対象者の二〇％は依然として人種的優越性を支持し、異人種間の婚姻を容認しなかった。ボアズの文化相対主義は広まったが、古い考え方は根強く残っていた(28)。

プラグマティズムと近代性――ウィリアム・ジェイムズ、W・E・B・デュボイス、そしてジョン・デューイ

ボアズの文化相対主義が登場したのとほぼ同時期に、ウィリアム・ジェイムズは近代思想の最も重要な流れであるプラグマティズムを明確にした。ハーヴァード大学の哲学と心理学の教授であったジェイムズは、医師としての訓練を受けたものの、家庭において型破りの優れた思想家たちに囲まれて育った。父はスウェーデンの神秘主義者エマニュエル・スウェーデンボルグを信奉する高名な神学者、弟のヘンリー・ジェイムズは有名な作家かつ評論家、妹のアリス・ジェイムズは著名な日記作家で、彼女の死後、その著作は有名になった。ジェイムズ家は一九世紀のアメリカにおける最も偉大な知識人たちとつながっていた。ウィリアム・ジェイムズの名付け親であるラルフ・ウォルドー・エマソンは、たびたびジェイムズ家を訪れていた。ジェイムズはマーク・トウェインのような他の著名人とも交流があった。二〇世紀の有名なアメリカ人ジャーナリストで、『ニュー・リパブリック』誌の共同創刊者であるウォルター・リップマンは、ジェイムズの最も優秀で熱心な学生の一人だった。アメリカの最も独創的な思想家の一人であるW・E・B・デュボイスもジェイムズのもとで学んだ。

フランツ・ボアズと同様、旅行での経験がジェイムズの思想形成に大きく寄与した。ジェイムズは長い間、海外で過ごし、若い頃はヨーロッパで色々な家庭教師のもとで勉強した。一八六六年、彼の家族はケンブリッジに

移り住んだが、ジェイムズはさまざまな病気に悩まされ、一八六七年から一八六八年にかけて治療を求めてフランスとドイツに行った。家族でヨーロッパを旅したことはあったが、ジェイムズにとって単独での異文化体験はこれが初めてだった。ボアズがイヌイットとの生活でカルチャー・ショックを経験したように、ジェイムズがヨーロッパで経験した病気や憂うつの一部が典型的なカルチャー・ショックに関連していたことは間違いないだろう。一八六九年にジェイムズはハーヴァード大学医学部で医学の学位を取得し、ハーヴァード大学で教職に就いたが、一八七三年に再びヨーロッパに渡った。このとき、ジェイムズはうつ病を経験していたが、病に打ち勝つ決意を固め、うつ病を克服した。うつ病のさなか、ジェイムズは、医学の勉強は自分には向いていないと判断した。その代わり、哲学と新しい分野である心理学を学び、うつ病はすぐに回復し、再発することはなかった。一八七五年、ジェイムズはハーヴァード大学で科学的心理学を教えるオファーを受け、そこで卓越した経歴を築いた。若き日のジェイムズの写真には、高い額、繊細な目、口ひげを持つ非常に顔立ちの整った青年が写っているが、初期の感情的なトラウマを反映した不安げな表情をしていた(29)。

ジェイムズは、プラグマティズムとして知られるようになった思想を生み出したことで、他のどの哲学者よりも知られている。そしてプラグマティズムと近代性のつながりは、経験主義、体験、絶対主義の否定を強調することでよく知られている。ジェイムズはどのようにしてプラグマティズムにたどり着いたのだろうか。ウィリアム・ジェイムズも、同じくプラグマティズムの哲学者であるジョン・デューイも、ドイツ哲学の研究に時間を費やし、後にヨーロッパの思想を、あまりにも絶対主義的で、不変の自然法則とされるものに縛られているとして否定した。ジェイムズとデューイは、こうした古い考え方からの解放を模索する中で、人間の経験が真理探究の一形態であるという考え方が顕著になった。ジェイムズとデューイは、プラグマティズムの一環として、科学に対する新しい経験的アプローチを受け入れた。ジェイムズは、厳密な経験主義を人間的な要素で緩和し、観察者、思考者、真理の探求者を探求と実験の過程に関与させた。ジェイムズは数十年かけてゆっくりとプラグマティズムの考えに至り、その過程で旅が大きな役割を果たした。彼はヨーロッパを旅する中でさまざまな文化に触れ、あまりにもコスモポリタンになったため、一八九三年に家族と共にアメリカに戻り、自分のルーツを見失いかけていると考え、コスモポリタンであることから距離を置くことを誓った(30)。

ジェイムズは、初期の情緒障害やヨーロッパでの異文化体験から、人間は体験を通して真理を見出すという、フランツ・ボアズの人間体験の相対性の考えに近い思想を持つようになった(31)。

ジェイムズの認識論的な相対主義には多くの批判者がいた。ジェイムズが絶対的な真理を破壊し、伝統的な哲学の三位一体である真理、美、善を混同したことに対して、彼らは絶え間なく怒号を浴びせた。実際、ジェイムズのアプローチは、この三つを単独では意味をなさなくなる方法で結びつけた。彼の考えでは、真理は観察者の知覚によって構成され、満足感や倫理的感性とも密接に関係していた。確かにジェイムズの考え方は伝統的な真理の概念を崩すことになったが、彼は三位一体は存在しないと答えた。真理は個人の理性的な経験の中にあった。教室や聴衆の前でこの問題や他の問題に対して異議を唱えられると、ジェイムズは熊やリスの話をし、最後に自分の主張を証明する哲学的観察で締めくくった(32)。

ジェイムズは多くの時間をかけて宗教について考え、後に有名になる『宗教的経験の諸相』という本を書いた。彼は、宗教の教義や神学よりも、個人の宗教的経験が最も重要であると結論づけた。ジェイムズの真理の概念は、彼の心をあらゆる種類の宗教的経験に開かせ、それらの経験すべてが有効であることを見出した。彼は神秘主義を熱心に研究し、死の床で弟のヘンリー・ジェイムズに対して、少なくとも六か月間はケンブリッジに滞在するように言い、あの世から連絡をとろうとした。ジェイムズを変人扱いしないためにも、彼が当時最も影響力のある哲学者の一人であったことを忘れてはならない。彼はアメリカやヨーロッパで広く講演を行い、特に一九〇一年から一九〇二年にかけてエジンバラで行った宗教的経験の多様性についての講義や、一九〇八年にオックスフォードで行った多元主義についての講義は書籍化され、それらの講演はこれらのテーマで最も影響力のある講義の一部と今でも見なされている。彼の講義はヨーロッパでも好評を博した。一八九八年にはカリフォルニア大学バークレー校で機能主義について、一九〇六年にはサンフランシスコ地震を経験したスタンフォード大学で、一九〇七年にはマサチューセッツ大学ローウェル校とニューヨークのコロンビア大学で、プラグマティズムの全体的概念に焦点を当てた講演を行うなど、ジェイムズはしばしばアメリカでも講演を行った。ジェイムズの近代哲学への重要な貢献の多くはまず公開講座の中に集約されたため、客員講演はジェイムズにとって独創的な思考への刺激になったようである。

ジェイムズはアジアを旅したことはなかったが、アジアを題材とすることに強い関心を抱いており、特に『宗教的経験の諸相』では神秘主義に関する章を設けた。彼は、スワミ・ヴィヴェーカナンダとアナガリカ・ダルマパーラという二人のインド人導師から強い影響を受け、彼らの思想がジェイムズの神秘主義の概念に影響を与えた。ジェイムズは一八九六年にハーヴァード大学で客員講義を行うヴィヴェーカナンダに会った。ダルマパーラは、一九〇三年にハーヴァード大学で行われたジェイムズの講義に出席し、ジェイムズは自分よりも講義をするのに適していると言って、彼に講座の担当を依頼したと言われている。(33)

ジェイムズが一九一〇年に亡くなる直前に行った多元主義に関する講義は、異なる民族や社会についてどのように考えるべきかを理解する上で特に興味深い。歴史家のルイ・メナンドによれば、ジェイムズの現実に対する見方は「分配的なものであり、物事はゆるやかに、暫定的に、あらゆる方法でつながっており、ヘーゲルのような一元論的な哲学のように、論理的に、不可避的に、一つの究極で絶対的な方法でつながっているという意味ではない」のだという。ジェイムズは、世界が単一のまとまりに還元できないかたちで深く相互に接続していると考え、世界は一つの思想やユニットを中心とするハブ体制ではなく、支配的な核を持たない結びつきのネットワークのようなものだと見ていた。また、この見方は、異なる民族や文化が異なる方法で機能し、その違いは絶対的なものでも階層的なものでもなく、相対的なものであることを示唆するだけでもない。ジェイムズの結論によれば、異なる民族や物事のやり方の間には多くの相互関係があり、これらの相互関係は人間には互いを結びつける共通のものがあることを意味し、他人についての判断は実際には自分自身についての判断かもしれないということも示していた。「物事はさまざまな形で互いに結びついているが、すべてを含むもの、すべてを支配するものはない。……多元的な世界は、……帝国や王国というよりも、連邦共和国のようなものである。」(34)

ジェイムズが共和国と帝国や君主制を比較したことは、単一性に反対する彼の主張と同様に、政治的な重みがあるように思われる。もし現実が単一化されていないのであれば、政治権力はおそらく中央集権化されるべきではないだろう。ここには政治的な含意があるが、それは人が想定するようなものではないかもしれない。ジェイムズはアメリカ帝国主義や人種主義への反対をキャリアの早い段階から表明しており、多元主義という哲学は彼の反帝国主義的な政治姿勢とうまく合致するように思われる。しかし、これは基本的に政治的なものではなく、むしろ哲学的な主張であった。それでも、彼が用いた共和国と王国の二分法は、例外主義的な性格を持つアメリカのナショナリズムを内包するものである。ジェイムズの分析では、アメリカの政治制度は「旧世界」のヨーロッパの君主制や帝国に比べて非常にうまく機能していた。ひょっとしたら意図せずに、ジェイムズはアメリカのナショナリズムの真髄の一つを呼び覚ましたのである。

ジェイムズの多元主義思想は、同時代のフランツ・ボアズの文化相対主義研究と非常に相性が良く、他国や他民族を文明化しようとするのではなく、他国や他民族に対する判断を保留することを重視することにつながった。ジェイムズの思想は急速にグローバル化する今日の世界を理解する上で役に立ちうる。国や民族のつながりが飛躍的に強まり、冷戦後の世界ではこうしたつながりの中心的な核が少なくなっている中で、ジェイムズの多元主義は非常に大きな意味を持つ。ジェイムズによれば、つながりを理解することが最も重要になる。というのも、それらのつながりが世界を一つにまとめているからであり、私たちが想定しているような世界全体の結合ではない。

一八八〇年代後半から一八九〇年代にかけて、ハーヴァード大学でウィリアム・ジェイムズの教えを受けたW・E・B・デュボイスは、当時の最も著名なアフリカ系アメリカ人の学者・活動家となった。また彼は、一八九五年にハーヴァード大学で博士号を取得した最初のアフリカ系アメリカ人であり、二〇世紀を代表する最も独創的な思想家の一人になった。ジェイムズはデュボイスの開放的な哲学的展望と初期のプラグマティスト的傾向を形成するのに貢献した。デュボイスは、アフリカ系アメリカ人の公民権を熱心に唱え、黒人に対する抑圧はアジアやアフリカにおける西洋帝国主義のような他の種類の抑圧と関連していると考えた。若き日のW・E・B・デュボイスの写真を見ると、几帳面に身なりを整え、高い額と鋭い黒い瞳を持つ非常に顔立ちのいい人物である。彼は生涯、ヤギのようなあごひげを生やしていた。彼の実直さを感じると共に、その容貌からはとてつもない激烈さが伝わってくる。大いなる鍛錬によって、デュボイスは一生のうちにいくつもの並外れた成功を手にすることができた[35]。

デュボイスは、アフリカ系アメリカ人の文化と宗教を讃えた『黒人のたましい』(一九〇三年)など、影響力のある著書を数多く残した。彼は一九〇九年のアメリカ歴史学会の大会で論文を発表し、南北戦争後の再建がアフリカ系アメリカ人の地位を向上させようとしたことを評価した。この論文は、最終的に『アメリカン・ヒストリカル・レビュー』誌に掲載されたが、再建は南部に共和党の独裁を定着させた悲劇的な過ちだったという一般的な見方を否定するもので、多方面から非難された。それでもデュボイスは思いとどまることなく、同年、全米黒人地位向上協会(National Association for the Advancement of Colored People：NAACP)の設立に尽力し、その後間もなく、同協会の月刊誌『クライシス』の編集者となり、全米黒人地位向上協会が大規模に公民権を主張できるよう、同誌の存在感を高めた。

デュボイスは小説も何冊か書いており、彼のアプローチは近代化主義者の中でもかなり異彩を放っていた。小説や短編物語を書いたのは、中華民国の魯迅ぐらいである。デュボイスの独創性ゆえに彼を分類することは困難であり、アメリカにおける彼の遺産は、彼のマルクス主義への傾倒と、一九六一年にアメリカからガーナに移住したことによって汚されている。最終的に社会主義を受容したことに加え、デュボイスはコスモポリタン的普遍主義者、哲学的理想主義者、そして汎アフリカ主義者でもあった。そのためデュボイスは、その思想と活動において、我々が注目するに値する人物である。(36)

デュボイスの考えでは、アメリカでは（そして世界でも）「カラー・ライン」が白人と非白人を分け、「有色人種（colored races）」を服従させておくものであった。彼は、二〇世紀にカラー・ラインが破壊されると考え、世界の他の地域の動きを含めて広い視野で見ていた。アメリカの知識人の多くが東を向き、ヨーロッパにインスピレーションや克己を求めたのに対し、デュボイスは南のアフリカや西のアジアに目を向けた。日露戦争（一九〇四～一九〇五年）で日本がロシアを破った後、W・E・B・デュボイスはこう宣言した。

文明のカラー・ラインは、偉大な過去においてそうであったように、現代においても（日本の勝利によって）越えられてしまった。黄色人種の覚醒は確実である。褐色人種と黒色人種の覚醒がやがてそれに続くであろうことは、偏見のない歴史の研究家であれば、誰も疑うまい。

デュボイスは、二〇世紀初頭の数十年間にアメリカ、特に西海岸で高まった反アジア的感情「黄禍論」とも闘った。彼は、アジア人は劣等であり、白人アメリカ人にとって危険であると主張するロスロップ・スタッダードのような人種主義者を激しく攻撃した。(37)

デュボイスは一九二〇年代に入ると、アジア、特に日本にますます関心を持つようになった。彼にとって日本はカラー・ラインの大きな裂け目であり、それ故に日本の成功や日本帝国の発展を追いかけた。ほとんどのアメリカ人と異なり、デュボイスは日本の近代化が背後の封建的な軍国主義の見せかけではなく、本物で力強いものであると信じていた[38]。残念なことに、彼が日本帝国主義に対して強い批判を展開することはなかった。第二次世界大戦期に中国やアジアのその他の地域で日本が行った蛮行に対するデュボイスの寛容さは、非白人の反植民地主義者が植民地主義を破壊するためには強大な力や覇権（ヘゲモニー）を持たなければならないという感性から生まれていた。この見方ゆえに、デュボイスは日本の残虐行為に盲目的だった[39]。

デュボイスは中国を大きな謎として捉えていた。一九三七年に初めて中国を訪れた後に、彼は古典的なオリエンタリズム的見方で、中国を「宇宙の謎」と呼んだ。デュボイスの見解はマルクス主義への関心が高まるにつれて変化し、一九四九年に中国が共産化すると、彼はすっかり共産中国に魅了された。第一次世界大戦後の東アジアに対する彼のラブコールについては、第五章でより詳しく紹介する[40]。

デュボイスは世界中の人々の窮状に敏感であり、そのことは彼のプラグマティズム的アプローチを示唆するものであった。彼はジェイムズの多元主義という考え方を受け入れ、それを世界のさまざまな人種や人間の自然な平等性にきわめて具体的に適用した。ジェイムズの研究は覇権主義的な形態に対する強い批判の典型であり、デュボイスはこれを受け継いだ。

ポール・C・テイラーはデュボイスの視点を見事に分析し、彼を、改善説こそがプラグマティストの信仰であるべきとするジェイムズと同じ改善論者として描いた。ジェイムズは、奔放な楽観主義は非現実的であり、悲観主義は不幸と失敗をもたらすと主張したが、改善説は時間の経過と共に立証または否定される潜在的、相応な経験を支持するものだった。デュボイスは、アメリカの人種関係は時間と共に改善されると早くから信じていたが、一九六一年にアメリカを永久に去るまでに、喜ぶべきことはほとんど見出せなかった。アメリカでの黒人解放を求めるデュボイスの活動は、ガーナへの出発の際、仲間の活動家にこう宣言して終わりを迎えた。「元気を出して戦いなさい……それでも、アメリカの黒人が勝利することはないことを自覚しなさい。[41]」同様に、彼は世界中の他の人種の状況も改善されると信じていたが、それは彼らの活動や尽力によってのみであった。テイラーによれば、それ故デュボイスは、「役に立つ経験や真理を重視するジェイムズ的なコミットメントと並んで、あるいはその下に、『弱々しい理想主義』を維持していた」のだと言う。デュボイスが社会主義に傾倒したのは、当時のアメリカを悩ませていた解決不可能に見えた人種問題の解決策を見出すための実用的な試みであったとさえ考えられるかもしれない。彼は経験によって、従来のアプローチがうまくいかないことを知ったのである(42)。

また、デュボイスは完全論〔人間は完全性に到達できるという考え方〕を信奉していた。完全論は、プラグマティストが多かれ少なかれ信奉していた、一九世紀のアメリカのプロテスタントのアプローチであり、進歩という考えだけではなく、強い倫理的理想も受け入れていた。プラグマティストは完全論を、自己啓発と自己の能力を見出すための探求へと転換させた。ジェイムズは、最高の倫理的生活とは意味のない規則を破ることだと定義したが、デュボイスの人生の軌跡と彼の著作は、この定義に非常に良く合致している。デュボイスは、芸術の目的は人間が自己実現するのを手助けすることだと主張した。彼のキャリアを通じての活動や焦点は、彼自身の自己実現を例証するものだった。フィスク大学の卒業式での講演で、彼はそのことをうまく述べている。「人生とは、人間の存在の可能性を最大限に、完全に楽しむことである……そして、理解され解釈された真理の輪が拡大していく中で、愛、友情、競争、大志が生まれ、思考の領域が絶えず広がっていくのである。」この主張は実存的なものと解釈できるが、経験というプラグマティズムのレンズを通してそうされるべきである(43)。

最後に、おそらく最も重要なことであるが、デュボイスは人種と人種関係についても多くの著作を執筆した。彼は理想主義者として解釈されているが、この分野でもデュボイスはプラグマティズムを利用して人種の定義を理解していたことがわかる。人種が構築されたものであるという彼の主張はきわめて重要である。デュボイスは、同時代の人種理論家のように、人種の違いには何の意味もないと主張したわけではない。彼は人種が最も基本的な違いであるという一九世紀の考えを否定した。その代わりにデュボイスができるかぎり賢明な方法で示唆したことは、異なる人種が存在する一方で、最も重要なのは特定の時点における人種関係の歴史的・文化的文脈であり、したがって人種主義は日々直面する現実であり、その状況は絶えず変化するということだった。「人種とは文化的なものであり、時には歴史的な事実である」とデュボイスは自伝の中で述べている。彼は人種の先天性を否定し、自著『夜明けの薄闇』の中で、黒人とは何かという問いに彼の語り手の声で答えている。「私は黒人とは何かという問題を容易に認識し、それは完全に法的にも承認されている。黒人とは、ジョージア州でジム・クロウ〔南北戦争後のアメリカ南部における黒人差別制度〕を経験しなければならない人である。[44]」人種について重要なことは特定の人種の歴史的、文化的な立場であり、デュボイスの例では、アメリカ南部のジム・クロウ法が人種に関連する特権と差別を成文化したことだった。デュボイスの考えがボアズとプラグマティストを結びつけ、プラグマティズムの展望を人種主義へと拡大させたと見ることができる。ここで論じた他のプラグマティストたちは、協力的ではあったものの、人種問題に深くは踏み込まなかった。ボアズは、その革新性にもかかわらず、依然として文明の理想に固執していた。デュボイスは、人種を文脈化し、世界の非西洋人種に関心を持ち、ほとんどの白人が思い描くことが困難だった時代に人種的平等に傾倒したことで、そのような文明の理想を粉砕した。[45]

ジェイムズとボアズは当時かなり影響力があり、その後、学者たちが彼らを批判し、第二次世界大戦後に彼らの影響力はやや衰えたものの、一九八〇年代に再び高まった。一方、アフリカ系アメリカ人の知識人としての立場と、後に急進的な政治に転向したことから、デュボイスの影響力は常に疑問視されていた。

一方、ジョン・デューイの思想は今でも影響力を持ち続けている。デューイの哲学的な光は、特に教育界で、彼が生きた当時とほぼ同じように今日も輝いている。デューイは、ボアズやジェイムズのようにヨーロッパに留学することはなかったが、ヨーロッパの思想を研究し、ジェイムズのように、彼の思想はドイツ哲学の絶対主義に対する拡張された反応と見ることもできる。

デューイは進歩的な思想家の家庭で育った。父親は超越主義を信奉し、リンカーン的性格を持った忠実な共和党員だったため、デューイの後の活動家としての資質は最初から育まれていた。ヴァーモント大学とジョンズ・ホプキンス大学で学んだデューイは、カントとヘーゲル主義に染まった。しかし、デューイはジョンズ・ホプキンス大学でチャールズ・パースに出会い、パースが経験主義を重視することから、デューイは最終的にシステム中心の考えを捨て、プラグマティズムの開放性、経験主義、科学中心のアプローチに移行していった。デューイの大学院時代の写真には、眼鏡をかけた柔らかい顔立ちの青年が写っている。その写真には、その内面に潜む深い知性が暗示されている。デューイは数年間小学校の教師をしていたが、初等教育の教員は自分には向かないと判断し、人間、特に子どもがどのように学ぶのかということに関心を持ち、『民主主義と教育』などの著作を通じて、生涯に亘って教育哲学という分野を定義することになった。(46)

デューイの教育理論と彼の科学的方法論に関する広範な著作は、プラグマティストの中でも際立っている。人間はやってみることで学ぶという彼の信条は、今日でも教育理論の中で使われている。また、シカゴ大学の子どもたちの実験学校（Laboratory School for Children）とその教育学部で、子どもたちがどのように行動して学ぶのかを研究したことは、アメリカの教育を永遠に変えるひな形を提供した。学生はまる暗記だけでなく、体験的な遊びや実験を通して学習するようになったのである。(47)

デューイはこのような体験的学習を民主主義に内在する原理と結びつけ、民主主義が成功するためには、人々の受動的な同意ではなく、市民的な関与が必要であるとした。デューイは、その生涯を通じて、市民的徳というテーマで幅広く執筆した（ただし、彼がそう呼ぶことはなかったが）。デューイは、民主主義を構築し維持する上で、市民的関与が果たす役割を強く信じていた。彼は行動主義（activism）と経験を結びつけ、それ故、人の教育や経験は政治的行動主義と密接に関係していた。このことはデューイの思想に多くの問題をもたらした。

ウォルター・リップマンは、民主主義国家では市民の行動主義が国政を形成する力を持っているという考えについて、デューイに何度も異議を唱えた。ハーヴァード大学でウィリアム・ジェイムズの教えを受けたリップマンは、デューイが素朴にも市民的関与の力を誇張していると考えていた。リップマンの『幻の公衆』（一九二五年）によれば、官僚やエリート層が権力を握っており、大衆の力は無関係、または必要な知識や経験を持たない人々が影響力を持つことができるため、危険でさえあった。デューイは、一九二〇年代後半から一九三〇年代前半にかけて、このテーマに関する自身の著作の中で、リップマンのこの見解に応えた。『公衆とその諸問題』（一九二七年）、『新旧個人主義』（一九三〇年）、『自由主義と社会的行動』（一九三五年）はいずれも、社会と政治における個人の役割について述べたものである。

デューイは公衆が弱く気まぐれであることを認める一方で、いくつもの公衆が存在すると主張した。そのため彼は、『公衆とその諸問題』の一つの章に、「偉大なる共同体の探求」というタイトルをつけた。この章でデューイは、地域社会が市民的行動主義の基盤となり、変革の力となりうると論じた。また、その章は中国の地域共同体を模範として取り上げた。公衆の問題を認めつつも、デューイは国家を改革するための市民的行動主義を支持し続けたのである[48]。

また、デューイはこれらの思想家の中で最も政治的に活発な人物でもあった。彼は一九〇〇年から第一次世界大戦にかけて革新主義運動の一翼を担い、生涯を通じて多くの改革運動に携わった。デューイは、アメリカ自由人権協会（American Civil Liberties Union）、全米黒人地位向上協会、言論の自由や政治的行動主義を目的とした、その他のあまり知られていない組織の設立に貢献した。一九三〇年代の世界大恐慌時に、デューイは独立政治行動連盟（League for Independent Political Action）という改革団体の名義上の代表になり、社会主義ではなく、労働者が所有する産業部門と鉄道、銀行、その他の重要産業に対する政府の統制を目標とするアメリカ型の集団主義を掲げた。デューイはアメリカの自由主義者の模範とされる。総じて彼は、その思想と行動主義の両面から、近代アメリカの生活の方向性に大きな影響を与えた。

ボアズやジェイムズのように、デューイも旅から多くの気づきを得た。しかし、デューイは少なくとも正式に研究するために旅をしたわけではない。彼が教育を受けたのはアメリカ国内だった。それでも彼は教師として多くの国際的な人脈を築いた。一九〇四年にコロンビア大学に着任したデューイは、人気のある教師、指導者になった。彼の教え子の一人である胡適は、中国に帰国後、デューイを中国に招いた。

一九一九年、デューイは胡適の申し出に応じ、まず日本を数週間訪れ、その後、六か月の予定で中国に渡り、人生を変える二年間を過ごした。デューイは中国でほぼ途絶えることなく活動を続け、二〇〇以上の講演を行い、四〇本近くの論文を発表した。彼の著作から、彼の中国での経験や同国に対する見解が読み取れる。第一次世界大戦末期の激動のさなか、デューイは中国にやってきた。中国の人々は清朝を打倒する革命を経験したばかりで、日本はドイツから引き継いだ中国東北部における権益を強固にしようとしており、より若い世代の知識人たちは、中国をいかに改革するか、あるいは革命を起こすかというアイデアにあふれていた。そのため中国はデューイの民主主義的想像力を刺激したのである。デューイは、中国の若者こそが変革の最も重要な力であると考え、多くの演説の中で彼らに政治的な活動を続けるよう激励した。(49) デューイは一九二一年にアメリカに帰国し、その後、中国に戻ることはなかったが、生涯、中国と儒教を高く評価した。

革新主義者と改革──ジェーン・アダムズとメアリー・パーカー・フォレット

ジョン・デューイとジェーン・アダムズは革新主義運動の指導者だった。デューイとアダムズはさまざまな形で協力し合っていた。デューイはシカゴ大学在籍中に何度かハル・ハウスを訪れて講義を行い、シカゴ大学の実験学校で得られた彼の学習理論についてアダムズと文通をしていた。第一次世界大戦へのアメリカの参戦をめぐって、二人は最終的に袂を分かつことになった。デューイはアメリカの参戦を支持し、アダムズは大戦後の平和運動の指導者だったが、二人は生涯に渡って友好関係を保った。

　ここで取り上げた他の知識人たちと同様、ヨーロッパの思想や生活はジェーン・アダムズに大きな影響を与えた。一八八七年、アダムズは二七歳のときにヨーロッパを旅した。彼女はアメリカの金ぴか時代の貧困と汚さに憂うつを感じていた。セツルメント・ハウスを立ち上げたいという夢から、アダムズはロンドンのトインビー・ホールという最初のセツルメント・ハウスを訪れ、彼女はその場所を「完璧な理想郷」と表現した。アメリカに戻って間もなく、彼女はシカゴでハル・ハウスを立ち上げた。ハル・ハウスは、母子家庭の母親と子どものための施設で、そこでは寮が併設され、教育や語学指導も行われた。アダムズはそこでセミナーも開催した。ハル・ハウスは、無料の食堂、避難所、養成所、そして知的サロンが一体となった施設だった。アダムズは、ハル・ハウスを拠点に、革新主義運動を率いていった(50)。

　アダムズに関する研究は、共同体主義の伝統主義者、急進的なフェミニスト、あるいは机上の儒教主義者など、さまざまな仕方で彼女を表現してきたが、最近、根強いテーマはアダムズをプラグマティストと定義することである(51)。ある説明では、彼女の情緒主義はジェイムズの道徳的感情やジョン・デューイの社会正義の行動主義と結びつけられた(52)。また、別のアプローチは彼女の道徳的世界は貧しい人々や労働者階級の日常的な社会正義についての関心に根ざしていたと論じることで、彼女をプラグマティズムと結びつけてきた(53)。彼女の有名な評論「セツルメント運動の主観的必要性」（一八九二年）の中で、アダムズはジョン・デューイがプラグマティズムの特徴として提唱した民主主義の考え方を高く評価した。アダムズの主張によれば、一九世紀にアメリカは政治的民主主義国家となったが、市民が社会的・経済的に必要とするものを軽視したため、二〇世紀には社会的平等、または彼女が「社会民主主義」と呼んだものを取り入れる必要があった。彼女はまた、革新主義運動のより急進的な活動家である女性たちのコミュニティともつながりを持つようになった。若い頃のアダムズの写真を見ると、強く、深い思いやりのある顔立ちで、好奇心旺盛な一面もあり、その目は憂いを帯びている。彼女は他人の痛みを強く感じながらも、鉄の意志を持って進み、正義を追求した(54)。

ハル・ハウスの同居人だったエレン・ゲイツ・スター、ジュリア・ラスロップ、フローレンス・ケリーは全員、アダムズの革新主義的な社会改革の展望と具体的な施策に焦点を当てた姿勢を共有していたが、改革の手段やどのくらい改革を達成できるのかについては意見を大きく異にした。革新主義時代のもう一人の有力な社会改革者であるメアリー・パーカー・フォレットは、組織論の研究者となり、プラグマティストの唯物論的アプローチを支持した。

メアリー・パーカー・フォレットは高い学問的素養を発揮した。彼女はハーヴァード大学に附属する女子大のラドクリフ大学で学び、アダムズ、ジェイムズ、ボアズと同様にヨーロッパで過ごし、一八九〇年にはケンブリッジ大学に一年間留学をした。一八九六年にハーヴァードのラドクリフ大学を卒業後、フォレットは卒業論文を出版した。しかし、ハーヴァード大学では当時の標準的な慣習として、博士号取得をめざす女性の入学を認めていなかったため、彼女は大学院への入学を拒否された(55)。

それにもかかわらず、彼女はその後もいくつかの重要な著作を発表し、それらは特に組織管理理論の領域において今日でも参照され続けている。組織論者に利用されてきた『創造的経験』は人間の相互作用に焦点を当て、『新しい国家』は民主主義の構築に焦点を当てたものである。フォレットは、非常に近代的なプラグマティストとして、「真実は差異から、……我々の日常生活のあらゆる無数の差異から生まれる」と主張した。哲学的な研究において、フォレットは、ジョン・デューイと同様に、主体と客体の区別に異を唱えた。「ある状況に直面したとき、それはその状況の過去にあなたを加えたものである。あなたはその状況にあなた自身を加えたもの、つまりその状況とあなた自身の間の関係に反応しているのである。」この脱中心的な実験的アプローチは、フォレットが研究の中でしばしば引用したウィリアム・ジェイムズの考え方の一部でもあった(56)。

メアリー・パーカー・フォレットは不確実性を受け入れ、ジェイムズの脱中心的な連邦主義・多元主義に馴染んだが、他のプラグマティストとは異なり、ヨーロッパのヘーゲル主義にも関与した。「私たちの選択肢は、ロイスの絶対性（ヘーゲル主義）とジェイムズの〔人生経験を通じた〕関係性（strung-alongness）の間ではない」と。関係性に強く注目するフォレットは、人間の相互作用を、「絶え間のない織り合わせ」と「漸進的な相互作用」と表現した。他の学者たちが彼女の研究について議論する研究会で、フォレットは自身の考えを発展させた。「（統合・統一といった）この過程の責任は私たちにあり、ヘーゲルとロイスの言う先験的なものは存在しないと考えると、私たちはプラグマティストになる。[57]」ジェーン・アダムズはフォレットの『創造的経験』を「注目すべき本」と呼んで高く評価した。フォレットの影響力はアダムズよりも限定的だったが、アダムズの思考に対する影響を考慮すると、フォレットは二〇世紀初頭における重要な対話者である。アダムズはフォレットの研究を利用して、移民集団がアメリカに吹き込んだ大きな多様性について考えた。「フォレット女史が断言するように、すべての多様性は、賢明に扱えば、どちらかの側が持つ何か新しいものにつながるかもしれないが、一方が服従したり妥協したりすれば、最終的に我々が進歩することはない」。つまり、フォレットとアダムズは移民問題では開放性と交流を好み、統合は覇権主義、強制的な同化、分離、移民制限よりもはるかに望ましかった。フォレットの説明では、移民はアメリカにとって進歩の源泉だった。アダムズ同様にフォレットの思想は、特に経営関係の分野で今なお力を持っている。フォレットは、ハル・ハウスの改革者の誰よりも保守的だったが、初期の重要な近代化主義者の一人である[58]。

しかし、プラグマティストたちの革新的な思想と行動主義によって、簡単に、あるいはすぐに解放が起こったわけではない。アメリカの社会的、文化的状況は厳しかった。人種主義という古い考えが依然としてアメリカ人の想像力を支配していた。アメリカ南部ではジム・クロウ法、北部では雇用差別や住宅の赤線引き（シカゴなど北部都市の一部地域で黒人の居住を実質的に禁止する白人不動産業者の慣習）など、人種差別はまだ一般的だった。二〇世紀最初の一〇年間にアメリカに流入した移民の大きな波は九〇〇万人とも言われ、彼らは自民族中心主義や差別に直面し、旧来の白人アメリカ人から自らの文化を変容させ、同化するよう求められた。アメリカ西部では、いわゆる「黄禍」と呼ばれるアジアからの侵略を恐れ、日系アメリカ人に対する人種差別が正当化された。土地所有に対する制限、投票権の制限、そして最終的には一九二四年に日本人移民の排除が実施された。近代が約束した解放は、この時代にはまだ夢物語にすぎなかった。

フランシス・ケラーとランドルフ・ボーン——第一次世界大戦と近代主義者の分裂

第二次世界大戦以前には「大戦争」と呼ばれた第一次世界大戦は、近代主義者を戦争賛成派と反対派に二分し、深い亀裂を生み出し、その一部は修復されることがなかった。また、新しい指導者が現れ、より保守的な方法で改革を行うようになった。移民問題の専門家だったフランシス・ケラーは革新主義的な指導者だったが、戦時中に革新主義的な仲間と袂を分かち、移民に対する警鐘を鳴らした。

ケラーはオハイオ州の貧しい環境で母親によって育てられ、コーネル大学に進学し、そこで法学の学位を取得した。また彼女はシカゴ大学とニューヨーク・スクール・オブ・フィランソロピーでも学んだ。一八九〇年代にシカゴに滞在していたケラーは、ジェーン・アダムズのハル・ハウスに住み、そこで働いた。一九〇三年に、ケラーはニューヨークに引っ越し、同地で別のセツルメントであるヘンリー・ストリート・セツルメントに住んだ。この頃の写真には、自信に満ち溢れ、落ち着いた、不自然に無頓着な様子のケラーが写っている(59)。

フランシス・ケラーはシカゴで刑務所の研究を始めた。彼女の最初の著書『記述的および分析的な実験的社会学——非行少年』（一九〇一年）は、刑務所の状況や非行少年の扱いに関する先進的な暴露本だった。同書は、生物学や遺伝が犯罪行動の傾向を決定するという考えを否定し、代わりに社会的・経済的状況が非行の原因であり、囚人は罰せられるのではなく更生させられるべきであるという古典的な革新主義的主張を展開した。ニューヨークに移って以降、ケラーは移民に関心を向けるようになった。一九〇四年に書いた『失業者』は、移民を対象とした職業案内所の実態を暴いたもので、ニューヨークの職業案内所ではかなりの不正が行われていることを描いていた(60)。

一九〇四年から一九〇九年にかけて、ケラーはニューヨーク、ボストン、フィラデルフィア、シカゴで移民に関する大規模な実地調査を行い、移民研究の分野で出版を続けた。また、アフリカ系アメリカ人の女性が職を求めて北部へ移住したものの、到着した際に約束の仕事がなかったという事態を防ぐため、全米有色婦人保護連盟（National League for the Protection of Colored Women）の設立に貢献するなど、ケラーは他の革新主義的な活動においても指導的な役割を果たした。

この時点でフランシス・ケラーは革新主義運動における自身のルーツから離れ、政治権力と移民に関するより保守的な課題に向かってゆっくり歩み始めた。一九〇八年、移民に関するケラーの活動は、セオドア・ローズヴェルト大統領の目に留まった。同年、ケラーはニューヨーク州移民委員会の責任者に任命された。彼女はローズヴェルト大統領に全国的な移民委員会の設置を働きかけ、一九一〇年に念願かなって新設された移民局の局長に就任した。また一九一二年のローズヴェルトの選挙運動で、ケラーは移民専門家として活躍した。一九〇四年以降にケラーは、当時、アメリカ化と呼ばれた、移民に対する同化主義的アプローチにますます力を入れるようになった。これは英語の語学研修や愛国教育から構成されていた(61)。

第一次世界大戦が勃発すると、アメリカの移民問題の第一人者と見なされていたフランシス・ケラーは、移民に対してより厳しい態度を取るようになった。彼女は一九一六年に『まっとうなアメリカ』という本を出版し、移民に忠誠の誓いを求め、厳しい愛国教育を行うよう主張した。移民に対するこのような新しい強硬な態度は、ヨーロッパでの紛争の渦中で、移民はアメリカ社会において信頼に値しない異質な存在であるという、彼女や他の多くの人々の懸念から生じていた。

同年、ケラーは産業に焦点を当てた論文を発表し、その中でアメリカが新しい精神を獲得していると主張した。「それはナショナリズムであり、国家的奉仕を基調とするものである。私たちは、他の国々の上にではなく我々自身の上に、アメリカ第一主義という一種の所有権を獲得しつつある。」この論文の中でケラーは、移民を帰化させ、彼らに英語と愛国心を身につけさせるべきであると唱え、さらに実業家は労働者にまともな住居と医療を提供すべきであるという革新主義的な主張を展開した。彼女はこの論法で、実業家と労働者の間の分断を克服するよう呼びかけた。「我々の中にはこうした新しい精神にこそ国家の希望があると信じている者もいる。」(62) ケラーはナショナリズムがアメリカを統合する力になると信じていた。

しかし実際には、極端なナショナリズムと戦争熱のために、第一次世界大戦中のアメリカは深く分裂した。特に一九一七年にアメリカが参戦して以降、移民集団が最大の関心事となった。戦時中の超愛国主義的な雰囲気の中で、移民に対する暴力が増加した。もし兵役の要請があった場合、新移民はアメリカに忠誠を誓うと信頼できるだろうか。それとも、新たな敵国であるドイツのような外国勢力を支持して、アメリカに反旗を翻すだろうか。

一八八〇年から一九一四年までの間に二〇〇万人を超えるドイツ系移民がアメリカに入国したこともあり、ドイツ系アメリカ人はアメリカで最も大きな移民集団の一つだった。一九一七年にアメリカが参戦すると、時には暴力的な反ドイツ運動が繰り広げられた。例えば、ミネソタ州では、ドイツ系アメリカ人の農夫ジョン・マインツが戦時国債の購入を拒否したため、タール羽の刑〔熱したタールを体に塗り、その上に羽毛をかけるという私刑〕を受けた。テディ・ローズヴェルト〔セオドア・ローズヴェルトの愛称〕は、忠誠を誓わないドイツ人を射殺するか絞首刑にすることを勧めた。中西部とカリフォルニア州では、「自由の騎士団」と呼ばれる集団が、ドイツ人だと疑われた人々にタール羽の刑を頻繁に行った。一九一八年にイリノイ州では、鉱山労働者の暴徒が一人のドイツ系移民をリンチする事件も起こった。

他の移民も標的にされた。アイオワ州では、州知事が公共の場や電話でいかなる外国語を使うことも禁止した。クリーヴランドではポーランド人が路面電車で戦時国債の看板を引き剥がし、時宜よく逮捕されたことで暴徒から救われた。後に判明したことだが、彼は文盲で、その看板にドイツ皇帝の顔が描かれていたため、反独行為として看板を壊したのであって、戦時国債の宣伝に反対していたわけではなかった。ヘンリー・フォードの自動車工場で働く労働者は、「私は善良なアメリカ人です」と書かれた記章の着用を義務づけられた。ニューヨーク市の学校の教師は、移民の子どもたちの家庭に忠誠の誓いを送り、両親に署名させた(63)。

アメリカ政府は、戦争遂行に対する批判を犯罪とする防諜法と扇動防止法を、それぞれ一九一七年と一九一八年に新たに制定し、革新主義者や反戦活動家、急進派、知識人を標的にした。コロンビア大学でジョン・デューイに師事したマックス・イーストマンは、第一次世界大戦前にマルクス主義左派の著名な指導者になった。彼は、戦争遂行を蔑視する風刺的なマルクス主義出版物『大衆』の編集者として、何度か扇動防止法のもとで逮捕された。イーストマンは二度起訴されたが、有罪になることはなかった。あるときは、十字架上のイエス・キリストのような大義のために自らを犠牲にしたと主張し、彼は陪審員を味方につけたこともあった。

フランシス・ケラーは、アメリカ化運動が移民を暴力で標的にしていたことをあとから認識し、第一次世界大戦後にはその運動から距離を置くようになった(64)。ケラーが経験したアメリカのナショナリズムは、暴力的ナショナリズムと結びついた近代化の深い矛盾を露見させた。恐怖と強制は、解放、開放性、多元主義を圧迫したのである(65)。

ジェーン・アダムズは、第一次世界大戦とアメリカがその戦争に関与することに猛烈に反対した。彼女はアメリカにおける国際平和運動の最も著名な指導者となった。アダムズは、女性の養育本能が女性を反戦に向かわせ、世界中の働く男たちは戦争を拒否するだろうと主張した。第一次世界大戦の勃発は、これら二つの格言を否定するものであった。アダムズは戦争の残忍な暴力に反発し、「一日に何千人もの男性が大量に殺戮される」ことに比べれば、児童労働は「些細なこと」に思えると述べた(66)。

フランツ・ボアズも第一次世界大戦に反対したが、彼はドイツ人でありながらユダヤ人でもあったため、アメリカで起こった反ドイツの反動の標的になった。当然のことながら、ボアズは個人の権利、合理性、科学の熱烈な支持者であり、脅かされることに屈しなかった。彼はドイツ語やドイツ文化の禁止に反対した。カイザーが嫌いだからという理由だけでバッハの演奏を禁止するのは筋が通らないと、ボアズは主張した。また彼は、コロンビア大学で、学生をスパイとして教室に潜入させ、忠誠心に欠ける教員を炙り出そうという運動が行われていることをかぎつけた。これに対してボアズは自分の意見を書いた公式の声明文を学生たちに配布した。さらに彼は、『ネイション』誌の編集長宛の書簡の中で、自分の研究をスパイ活動の隠れ蓑にする科学者を非難した。このことがさらに論争を呼ぶことになり、ボアズは職を失いかけた。しかし、彼は自らに忠実で、同僚から非難されても決して引き下がらず、自分の行動を悔いることも一切なかった(67)。

W・E・B・デュボイスは異なるアプローチをとった。彼は第一次世界大戦を公民権のための踏み台として喜んで受け入れたのである。デュボイスにとって、公民権のための戦いは、戦争という国際的な不公正に反対する戦いよりも優先されるべきものだった。アフリカ系アメリカ人が祖国に貢献する機会があれば、アメリカ社会における彼らの地位と権力が向上する可能性があったからである。デュボイスはアイオワ州デモインに黒人専用の訓練施設を設立することさえも支持した。隔離をさらに進めるという考えは恐ろしいものだったが、そうすることによってのみ、通常は白人将校の指揮下にあるアフリカ系アメリカ人が他のアフリカ系アメリカ人の権力下に入ることができると、デュボイスは考えた。愛国的な兵役で国家への献身を示すことで、完全な市民権への道を得ることができるのであると。他のアメリカ人はこれに反対した。陸軍医のロバート・シュフェルト少佐は、

「軍隊の指揮は（アフリカ系アメリカ）人種の心理的、知的能力を超えている」と述べ、それは多くの軍指導者に共通する見解だった(68)。

デュボイスの友人の中には、ユダヤ人学者で政治活動家のジョエル・スピンガーンや作家のアプトン・シンクレアなど、アメリカの第一次世界大戦への参戦を支持する者が多くいた。彼らは戦争に反対するユージン・V・デブスの社会党を脱退した。しかし、アメリカの軍服を着て祖国に仕えたからといって、アフリカ系アメリカ人が一目置かれることはなかった。それどころか、戦後に人種差別主義者が黒人兵士に対して腹を立て、南部ではアフリカ系アメリカ人の退役軍人がデュボイスの言うカラー・ラインを越えてしまい、母国での緊張を高めることになった。人種隔離主義者の南部人にとって、黒人兵士の地位が高くなることは、黒人を自分たちの下に位置づけるジム・クロウ体制に対する重大な脅威であると映った。黒人の退役軍人の自信は南部と北部の人種差別主義者を同様に不安にさせ、彼ら人種差別主義者は自分たちの方がより優れていると考え、アフリカ系アメリカ人の退役軍人が引き下がらないことを軽蔑した。一九一九年夏、アメリカ全土で人種暴動が発生し、流血の事態となったのは予想どおりだった。暴力と死は、戦時中にアフリカ系アメリカ人が行った愛国的な兵役に対する悲劇的な報いであった。『ニュー・リパブリック』誌の若き編集者ウォルター・リップマンなどの保守的な革新主義的知識人と同様に、メアリー・パーカー・フォレットはアメリカの戦争遂行とアメリカ政府によるアメリカ国民の動員を支持した(69)。

ランドルフ・ボーンも、ジョン・デューイのかつての教え子であり、優秀な若い知識人だったが、アメリカの第一次世界大戦への関与に対してきわめて鋭い批判を行い、他の多くの近代主義者とは一線を画していた。ボーンは、出産時の鉗子《かんし》の誤用により、生まれつき顔に損傷があった。また、ボーンは若い頃に背骨の病気にかかり、背中がこぶ状になった。これらの身体的な病気ゆえに、ボーンは社会的弱者のために戦うようになり、移民などが受ける捉えどころのない差別を強く意識するようになった。彼自身もそのような差別を経験したからである。ボーンはニュージャージー州の裕福な家庭に生まれたが、彼の両親は一八九三年の恐慌で貯蓄をすべて失ってしまった。その後、ボーンはケラー同様、母親のもとで比較的貧しい生活を送ることになった。しかし、彼は優秀な学生であり、コロンビア大学進学のための奨学金を全額獲得した。コロンビア大学ではジョン・デューイに師事したが、ボーンはウィリアム・ジェイムズの思想も好んでいた。[70]

ボーンの仕事と影響は、アメリカ思想のスペクトルにおいて、フランシス・ケラーの対極に位置している。両者は共に革新主義者であり、プラグマティズムという新しい理論を賞賛していたが、ケラーは第一次世界大戦中に保守的な思想に転じ、ボーンはその逆で、戦争によって急進的になった。非常に鋭く的確な批評を行う左翼作家だったボーンは、ケラーのアメリカ化計画を否定し、ホレス・カレンの唱える多文化的アメリカを支持した。ランドルフ・ボーンは、第一次世界大戦勃発後の最初の著作の一つである「トランス・ナショナル・アメリカ」の中で、フランシス・ケラーをはじめとする多くの人々が流布していた同化論を否定した。ボーンは以下のように述べている。

> つまり同化は、ヨーロッパの記憶を洗い流すのではなく、その記憶をよりいっそう強烈に現実のものにしたのである。これらの移民集団が客観的にアメリカ人になるにつれて、彼らはよりいっそうドイツ人、スカンジナビア人、ボヘミアン人またはポーランド人になったのである。

ボーンの考えでは、同化は民族性を再び強調するものだった。ボーンはジェイムズ流に転じ、同化の代わりに、アメリカは「文化の連合体」であるとした。彼は、解放と自由を掲げるアメリカはコスモポリタニズムを受け入れるのに比類なくふさわしい国であると主張した。「アメリカだけが、同国が拠って立つように思われる機会という独特な自由と伝統的な孤立のために、このコスモポリタンな事業を率いることができる」と。ここでボーンは、アメリカ例外主義を持ち出すことで、彼のアメリカ人としてのルーツを示しているが、それは彼の語りの中で、移民に対する多文化的アプローチを他の国々に対して促進するという有益な目的に使われているのである。[71]

ランドルフ・ボーンはジェイムズとデューイによって知的成熟を迎えたが、デューイが第一次世界大戦へのアメリカの参戦を支持したことをめぐって、彼と決別した。ジョン・デューイは、ウィルソンがアメリカの介入を発表した直後に支持を表明したが、既にそれまでにその方向に傾いていた。デューイは戦争によって世界の他の地域に民主主義がもたらされるというウッドロウ・ウィルソンの構想を支持したのである。

ジョン・デューイは、アメリカが参戦する前の一九一六年に「力と強制」を書いた。この論文と『ニュー・リパブリック』誌に掲載された別の論考で、彼はアメリカの民主主義の積極的な力を戦争の暴力と区別した。民主主義の経験を持つアメリカ人は、戦争の強制や暴力よりも、より積極的な形態の力で国家と世界を形成できる、とデューイは論じた。また彼は、アメリカの政治的・軍事的指導者と兵士がヨーロッパの戦争に参加することを通して、民主主義の模範としてのアメリカを世界の他の国々に示すことができると主張した。[72]そして、アメリカの支援がなければ、ドイツが勝利し、世界の民主主義の展望を大きく損ない、場合によってはドイツを打倒するためにアメリカがもう一つの戦争をしなければならなくなるかもしれない、と考えていた。[73]ボーンはこの考えを否定し、むしろ戦争がその遂行によって生まれた通商を通じて富を得た金満エリートを支えたと見た。懐疑的なボーンにとって、国家権力と戦争熱は、政治的・経済的権力者の手中にある危険な道具と映った。

ボーンは、「国家」という未完の原稿の一部である「戦争は国家の健康」（一九一八年）の中で、戦争は群衆の本能に働きかけ、特に共和制国家では戦争なしには実現不可能な集団主義を作り出すと主張した。彼が「重要階級」（支配階級）と呼ぶ人々が戦争を指揮し、戦争が彼らを豊かにして力を与える一方で、労働者階級は戦争の矢面に立った。ボーンは戦争によって生み出される精神的統一が重要であると考えた。なぜなら、それはアメリカ国民が払う真の対価と、戦争を煽る支配階級の真の利益を覆い隠すからである。社会党の指導者だったユージン・V・デブスはより露骨に表現し、「支配階級は常に戦争を宣言し、従属階級が常にその戦争を戦ってきた」と述べた。ボーンはデブスのようなマルクス主義者ではなかったが、彼は産業界の巨頭のための利益というレンズを通して戦争を見ていた(74)。

ボーンは、アメリカが第一次世界大戦に参戦した後の一九一七年に書いた別の論文で、デューイに論戦を挑んだ。「偶像の黄昏」では、ボーンの絶大な懐疑心だけでなく、その才気も発揮され、デューイのプラグマティズムの愚かな楽観主義と見られるものを攻撃し、その大戦が全世界の民主化をもたらし、すべての戦争を終わらせる戦争になるというデューイの議論を非難した。またボーンは、戦争を支持しないことを理由に平和主義者たちこそが非難されるべき存在であるという考え方も非難した。戦争そのものが、ヨーロッパの戦場でも、アメリカ国内でも、戦争に反対する国内の敵に対する容赦ない暴力によって、戦争の目的についてのこれらのアメリカ的理想（あるいは偶像）を破壊した。ボーンは戦争に関するデューイの考えが浅薄で説得力に欠けるものであることを暴露した(75)。

デューイはこの批判に反感をもって応えた。ランドルフ・ボーンとジョン・デューイの対立は、驚くほど険悪なものとなった。普段は楽観主義を貫いて論争を避けていたデューイは、エマソンらが一八三〇年代に創刊した、知識人のための重要な雑誌『ダイヤル』誌の編集委員会からボーンを排除することに成功したが、以前、ボーンはその雑誌でデューイへの非難を発表していた。ボーンは大戦後間もなく、一一〇〇万人の命を奪ったスペイン風邪の流行で亡くなった。

ランドルフ・ボーンの見事な戦争批判の陰に、我々は彼の立場をさらに見出し、近代性の根源を探る中でそのエッセンスを発見することができる。ボーンが最も成熟した思考を行ったのは、第一次世界大戦末期に執筆された原稿「国家」においてである。その中で彼は、国民と国家を区別することに非常に苦心していた。国家は支配階級とその政治的盟友であり、彼らが国民に戦争を押し付けるのである。国家よりも深部には、それに対する強い懐疑心にもかかわらず、ボーンが驚くほど支持した基盤的国民が存在する。彼の多文化主義の主張と、反戦を訴える彼の著作の双方に、その証拠が見出せる。それらの中で、ボーンはアメリカ例外主義を唱え、アメリカ共和国はヨーロッパの君主制とは異なり、それよりも優れたものになる機会があると主張した。ボーンによる国家と国民の区別は、彼のアメリカ的ナショナリズムの論理的発展である。彼は、移民の多様な文化がアメリカを破壊するのではなく豊かにすると信じ、戦争を正当化し宣伝する国家は、戦争に反対するアメリカ国民の真の召命を裏切っていると考えた。ボーンは、東アジアの知識人と同様に、近代において国民がうまく機能するためには、ある程度のまとまり（市民的徳）が必要であることを認識していた。個人の愛国心は国民の強さになりうるが、ボーンの言う「重要な階級」の搾取は国民の魂を引き裂くものであった[76]。

ランドルフ・ボーンのナショナリズムは、国家と国民を区別し、多文化的な市民権という無制限の概念を持つ、最も洗練された種類のものであった。しかし、ボーンは国家主義者であり、彼は本章が扱ってきた他の知識人と仲間同士だった。二〇世紀におけるナショナリズムは、新興の近代性の本質的な特徴になった。歴史学者プラセンジット・ドゥアラは、すべての近代史の主体は国民であると述べ、戦争をめぐる議論において異端児でありながらアメリカの国家主義者だったボーンの立場は、この見解を支持する証拠を示している[77]。

結論

第一次世界大戦後、程度の差こそあれ、アメリカの近代主義者の人気は低下した。プラグマティズムは最近になって復活を遂げた[78]。もちろん、彼らは自分たちの時代に縛られていた面がある。しかし、彼らの思想は、その限界はあるものの、アメリカの近代の始まりを告げる過去の否定を象徴するものであった。ボアズの人種的・文明的思考に対する批判は、ジェイムズの多元主義の概念、デュボイスのカラー・ラインの概念、デューイの経験学習的発想、ジェーン・アダムズの社会民主主義の概念、メアリー・パーカー・フォレットの関係理論、ランドルフ・ボーンの多文化主義とアメリカのナショナリズム批判は、すべて重要な貢献となった。

しかし、彼らの考えとアメリカにおける生活の現実との間には深い溝が残っており、それ自体が東アジアのモデルとしての二〇世紀アメリカの限界を示している。人種主義理論の衰退と文化相対主義の台頭のきっかけを作ったフランツ・ボアズは、その時代遅れの考え方からしばしば批判される人物である。ボアズの最も影響力のある著書『未開人の心性』のタイトルは、「未開」という侮蔑的な表現で、懐疑的な目を向けられざるをえない。W・E・B・デュボイスは人種差別を激しく非難し、全米黒人地位向上協会の設立に貢献したが、人種差別は人種隔離制度の始まりと共にアメリカでさらに深まったようだ。ジョン・デューイは第一次世界大戦を支持したが、その戦争は彼の革新主義的な目標に役立つものではなく、アメリカの資本家の利益に貢献するものだったことに後に気づいた。フランシス・ケラーは移民のための活動をしていたが、第一次世界大戦中に移民に対する恐怖と猜疑心を抱くようになった。

これらの知識人はみな、過去と決別し、近代性にそぐわないと思われる古い思想から世界を解放しようとした。W・E・B・デュボイスは、抑圧された人々、ひいては世界中の被抑圧民族の苦境に関心を抱いていたため、おそらく救出の物語と最も直接的に結びついていた。しかし、デュボイスと同様に、深くその大義に関心を寄せていた人物は他にもいた。フランツ・ボアズほど、人種差別のイデオロギーからの解放を強く主張した人物はいない。ネル・アーヴィン・ペインターは『白人の歴史』の中で、ボアズを人種理論がまだ広まっていた時代における唯一無二の闘士として挙げた(79)。ジョン・デューイの市民的行動主義への情熱は、アメリカ人に上意下達的な政治という古い概念を否定する後押しをした。ジェーン・アダムズ、フランシス・ケラー、メアリー・パーカー・フォレットは、新移民の貧困と搾取をなくすべきだという革新主義的理想を固く信じていた。ランドルフ・ボーンは、近代性の基本理念に対する辛辣な批評によって、近代性に対して積極的にコミットしていなかったかもしれない唯一の知識人であろう。彼は、産業資本主義、無思慮なナショナリズム、プラグマティストの不十分な合理主義、そして個人の積極的な関与によって世界を変えうるという素朴な革新主義的見解に憤慨した。ボーンは多文化的ナショナリズムを支持したが、それは彼の考えを近代性へと押し戻す傾向がある。

実際には、これらの知識人が経験した複合的な影響によって、解放は複雑なものとなった。プラグマティズムを通してヨーロッパ・イデオロギーから世界を解放することを意図したデューイは、ヨーロッパ・イデオロギーが彼の思考に強大な影響を与えていることを認めるしかなかった。デュボイスは、非西洋人の解放を求めるあまり、東アジアのみならず世界を変える手段として日本帝国を選んだ。それは不幸な選択であった。ボアズはヨーロッパで教育を受け、その影響から、人種主義との決別に踏み切れなかったのかもしれない。移民を搾取から解放しようとしたフランシス・ケラーの試みは、彼女が自民族中心主義と排外主義を伴う強い愛国的なアメリカ化運動の指導者になったとき、おそらく最もひどい結末を迎えた。

革新主義的な知識人たちは、姿勢や知的枠組みだけでなく、政治的な場を再構築することに熱心だった。というのも、彼らのほとんどは、真の変革は政治からもたらされなければならないと理解していたからである。市民的行動主義の擁護者だったジョン・デューイは、個人の行動を通じて国民を再構築しようとした。革新主義者たちはデューイの著作の多くを支持し、人々の行動主義が社会、法律、外交、政府を変えるだけの十分な力を生み出すと信じていた。デュボイスは自らが受けた不公正の経験から、権力がなければ解放は達成できないことを痛感していた。ランドルフ・ボーンは政治的変化を求めず、活動家でもなかったが、痛烈な文化批評家だったという点で、ここでは異端児と言える。彼の唯一の武器はペンであったが、デューイが雑誌『ダイヤル』誌の編集委員会からボーンを排除したことで、少なくとも部分的にはペンさえも奪われてしまった。最終的に、戦間期にアメリカと東アジアの知識人の交流が拡大するにつれて、近代性の構築はより流動的になり、相互に影響し合うようになった(80)。

世界における西洋の権力と影響力は第一次世界大戦時に絶頂を迎えた。その大戦の結果、西洋の帝国は縮小し、アメリカを除く西洋は経済的に弱体化した。イデオロギーの面では、東アジアの人々を含む非西洋は、西洋の優越性という思い込みは幻想であり、西洋が一世紀かけて作り上げたかくし芸であると結論づけた。東アジアでは、西洋の支配に対する抵抗や独立運動が強まった。日本政府は、パリ講和会議で新たに創設された国際連盟に人種平等条項を提案する機会をうかがっていた。ウッドロウ・ウィルソンはこの提案を棚上げし、彼らの望みを打ち砕いた。これにより、世界的なカラー・ラインを突破しようとするデュボイスの機会は失われた。朝鮮では、一九一九年三月一日の抗議行動で、若き反乱者たちが日本に独立を認めるよう迫ることを決定した。日本軍はこれに対し、デモを徹底的に鎮圧した。一九一九年五月四日、中国の学生たちが街頭に出て、いわゆる五・四運動を展開して抗議し、中国の様相を一変させた。彼らは西洋の帝国主義、古臭い行動様式、新興の共和国としての中国の腐敗と弱さを非難した。中国の政府はこれに対し、抗議運動の弾圧を試み、失敗に終わった。一九一九年から一九二一年にかけてのジョン・デューイの東アジアへの旅は、五・四運動の始まりと重なり、アメリカと東アジアを結ぶ重要な新しいつながりとなった。

第三章　ジョン・デューイの中国への旅、胡適、魯迅、そして中国の近代性
——一九一九年から第二次世界大戦まで

ジョン・デューイと五・四運動

一九一九年五月一日、ジョン・デューイと妻のアリスは、上海に降り立ったとき何が待っているのかほとんど想像もつかなかった。デューイは合衆国での慌ただしい活動を後にし、多忙な教育・出版活動から解放されるために、東アジアに滞在することを決めた。デューイらは旅のはじめに日本に三か月間滞在し、著名人として迎えられた。しかし、日本はデューイにとって謎のままだった。彼は日本人のあらゆる規則や時間厳守、礼儀正しさ、感情を表に出さない熱心さに対して感じた苛立ちについて述べながらも、日本に行ったほとんどの人と同じように、日本人の野心と彼らによる近代化の進展に深い感銘を受けた。(1)中国はまた別の話だった。

六週間の予定だった中国渡航は二年間になり、デューイ夫妻の人生と考え方を変えることになった。デューイ夫妻が北京に到着した三日後、第一次世界大戦前にドイツが保有していた中国領土を日本に譲渡するというパリ講和会議の決定に抗議する学生たちが北京の街で抗議活動を展開した。デューイはこのとき、興奮と共にデモの可能性を感じ、「もしかしたら——そうではないかもしれないが——これは重要で活発な政治運動の始まりかもしれず、そこから何かが発生してもおかしくない」と述べている。(2)デューイは五・四運動の初期に中国に到着

し、強い爽快感を覚えた。

中国に到着したばかりの頃、デューイは、日本人とは異なる理由で、中国人にいくらか苛立ちを覚えるようになった。デューイは中国が開放的でゆったりとしていることに気づいたが、中国人を表現するのに「だらしない」という言葉を使っている。デューイによれば、誰も他人がどう思うかを気にせず、誰もが自分の思ったことをそのまま口にする。中国の建築や伝統の見事な美しさの中に、汚さや遅れが共存していたのである。中国人が自国を近代国家に変革するのに苦労したのも無理はない、とデューイは思ったに違いない(3)。

五・四運動と一九一九年の夏は、中国の学生運動に大きな変化をもたらすこととなった。思想はもはや儒教の知識人の領域にとどまらず、学生たちが中国の改革に深く関与するまでになったのである。デューイは書簡に、五月四日以降の数日間に学生デモ参加者の逮捕とリンチが起こったと記述した。当初デューイは事態を軽視していたのだった。しかし、その後、間もなくこの運動の重要性を認識した。

ところで、私は学生たちの最初のデモを大学生の乱痴気騒ぎになぞらえたが、正当に評価していなかったことに気づいた。あれはすべて周到に計画されていたか、計画より早く実行に移されたようだ。なぜなら、ある政党が間もなくデモを行う予定だったので、(同時に行われた)政党の運動によって、まるで自分たちが政治勢力の代理であるかのように見えるのを恐れ、学生として独立して行動しようとしたのだった。我が国(合衆国)の一四歳以上の子どもたちが率先して政治大改革運動を起こし、商人や専門家を辱め、それに参加させることを考えれば。確かに立派な国だ(4)。

デューイは、中国人とアメリカ人の学生を比較する例を好んで用い、西洋化の限界を浮き彫りにしている。デューイによれば、中国の学生たちは、アメリカの学生たちに先行していた。アメリカの学生たちが抗議デモ行進をするようになったのは、一九六〇年代に入ってからである。

抗議デモの中で、学生たちは逮捕されて北京大学に監禁され、キャンパスの敷地内にテントを張って生活するようになった。当初、学生たちは外出を許されなかったが、他都市で抗議運動が続くと、政府は容認するようになった。しかし、今度は学生たちが拒否した。悪名高い三人の汚職官僚を罷免することを条件に、学生たちは撤退することにした。デモ隊がこの要求を突きつけた日、ジョン・デューイとその妻アリスは、キャンパスの近くを案内してもらい、目の前で繰り広げられる光景を見た。この機を捉えて、彼らは大学の敷地にテントを張って、キャンプしている学生たちを見ることができた。

北京大学の学長は、学長室への出勤を拒否して、(デモ)支持を表明した。北京の商人もストライキを行い、学生たちを応援した。ある噂では、軍の部隊が北京に進軍して、学生たちの味方をするのではないかとも言われた。しかし、当局はついに学生たちの要求を受け入れた。翌日、学生たちは政府の謝罪と不干渉の約束を手に、汚職三人組を罷免して、凱旋行進で北京大学を後にした。その後、さらに大規模な街頭集会が行われたが、今度は警察の干渉を受けなかった。学生たちは、警察、軍、政府を圧倒し、勝利したのである。そのときの様子を、デューイは次のように語っている。

学生たちの話はすべてが面白いのだが、特に面白かったのは先週の金曜日、学生たちが横断幕を掲げて歓声を上げながら演説し、パレードをしていたことだ。警察はまるで守護天使のように学生たちの近くに立っていたが、乱暴されたり逮捕されたりした者は一人もいなかった。熱弁をふるっていたある学生は、聴衆があまりに多くて交通の妨げになるという理由で、聴衆を少し移動させるよう丁重に要請されたと聞いている。その理由は、警察官も交通の妨げになった責任を負いたくないからだ。一方、土曜日には、まだ自由意志で刑務所にいる学生たちに政府が謝罪し、言論の自由などを保証する謝罪文を送った。(5)

デューイは、表向きは南京大学や北京大学で教えたり研究したりする体で滞在していたが、中国全土を旅して回った。デューイは、東アジアや中国の政治情勢について、アメリカの一般市民に向けて執筆した。旅先では熱心にメモを取って四〇本近い記事を書き、その多くを大衆誌『ニュー・リパブリック』に掲載した。一九二一年に帰国したデューイは、これらの記事をまとめて『中国、日本、合衆国』というタイトルの小著を出版した。デューイは、とめどないエネルギーと中国に関するその健筆ぶりで、中国とその近代化の試みを代弁する広報運動を展開したのである。

デューイは中国で何百回もの講演を行った。中には即興で行うものもあり、一週間に八回もの講演を行ったという。デューイの講演は、学者から庶民に至るまで、何千人もの中国人を魅了した。革命は社会的、政治的であるだけでなく、知的なものであると信じていた中国人は、デューイを革命運動のリーダーの一人と見なし、デューイの講演に集まった。しかし、デューイは中国のために革命を支持したわけではない。むしろ革命を否定し、中国を近代化させる漸進的なアプローチを好んでいた。また、デューイは中国でかつての教え子たちにも会っている。胡適が北京での講義の通訳を務めたのである。

当初、デューイは、中国人は元来、東洋主義的な保守主義者であると思い込んでいた。中国の伝統的な家屋は雨が降るたびに浸水し、風呂は排水溝のない構造で、風呂上がりの水を運ぶのに下男を雇わなければならなかったと耳にしていた。しかし、中国での滞在が長くなるにつれ、デューイは中国人の変化を拒む姿勢は「私が思っていたよりもずっと知的で意図的で、単なる習慣への執着ではない」と確信するようになった。デューイは中国の雑多な環境が、「己も生き他も生かせ」という生活スタイルをもたらしたと考えるようになった。デューイはまた、中国人の近代化に対する抵抗は、西洋の工業社会の利点に対する懐疑から生じていることも指摘した(6)。

デューイは、中国が政治革命を成功させるためには、その考え方を変える必要があると考えた。五・四運動の後、デューイはこの抗議運動の政治的失敗を分析しつつも、「学校教育を通じて、新しい秩序の信念、新しい思考方法の必要性を喚起された若い男女の知的覚醒」が慰めになった。デューイは後に、中国を救うための五・四運動に重きを置きすぎたと述べている。しかし、デューイが五・四運動を中国の民主主義の始まりと解釈したことは不思議なことではない。民主主義の精神と市民運動が、結局のところ、デューイの哲学と著作の焦点となっていたのである。そしてある意味でデューイは正しかった。民主化運動が挫折したとしても（最終的には挫折した）、五・四運動は二〇世紀前半に中国を席巻した知的、文化的、政治的革命の少なくとも新しい段階であったのである。(7)

デューイは変化に対して漸進的なアプローチをとっていた。デューイは真の変化はゆっくりとやってくると信じており、それ故、すぐに結果を求めることは、中国を急進的にする可能性があると考えた。デューイは、ボリシェヴィズムに対して強く反対し、他の方法で若い学生たちの急進主義を和らげようとし、具体的で実用的な解決策を推奨していた。

中国の教育を受けた若者は、直接的な政治活動への関心を永久に捨てることはできない。……若者の関心は、これまで以上に、実際的な経済問題、通貨改革や租税をめぐる財政問題、外国からの融資や国際借款国（Consortium）に向けられる必要がある。(8)

ジョン・デューイと胡適は、中国の変革のための土台を作ろうとした。しかし、後述のように、デューイは部外者として、自分の置かれた状況における力不足を認識していた。そして、戦前の中国で最も著名な自由主義的な知識人である胡適は、変革を起こすための方法として、政治やナショナリズムを何度も否定した。このような手法では、胡適に中国改革における重要な役割は与えられず、中国の改革に対する自由主義的なアプローチをいくらか停滞させることになった。中国がマルクス主義の道を選択したことの全責任を胡適に負わせるのは、あまりに酷な話である。しかし、胡適が自身の思想のために政治の舞台で戦おうとしなかったことで、第二次世界大戦までに中国に選択肢が少なくなってしまったことは確かである。

一方、魯迅は著作によって、国家の力を利用することができた。魯迅は戦前の中国で最も著名な作家であった。魯迅と胡適の違いの一つは、教育を受けた場所である。胡適はアメリカのコーネル大学で、魯迅は日本で学んだ。両者共、その教育が自身の思想の形成に多大な影響を与えた。しかし、中国の近代化に対する両者のビジョンはまったく異なっていた。胡適はアメリカの自由主義、プラグマティズムの思想を色濃く受け継いでいる。一方、魯迅は日露戦争で日本人の行動を観察した。魯迅は日露戦争で日本人の活躍を目の当たりにし、感銘を受けると同時に怒りを覚えた。ヨーロッパの白人国家であるロシア帝国に勝利したことに感動を覚えたが、中国の兵士や中華民族が、日本人のような愛国心や不屈の精神で戦うことができないことに怒りを覚えた。魯迅は日本の国家主義的近代化モデルに関心を寄せた。

魯迅は中国の伝統に頼ることを問題視していた。魯迅の著作は伝統支配により停滞した過去を軽蔑していた。しかし、魯迅はまた、安易で物質主義的な西洋化された現在を否定もした。魯迅は後年、マルクス主義に傾倒するようになったが、具体的な政治的代替案を提示することはなかった。魯迅は中国を批判したが、中国の問題に対する解決策を提案することはなかったのである。これらの例は、中国の近代性を見出すことの難しさを示している。日本人は独立、産業の近代化、天皇制の発展、進歩した帝国の概念によって近代性を見出した。中央政府が弱く、軍閥が各地を牛耳っていた中国では、それまでのところ失敗が続いていた。一九〇五年の日露戦争後の南満州の占領、第一次世界大戦中の山東半島の占領など、日本帝国主義の犠牲になっていたのである。

胡適とプラグマティックな近代の挫折

ジョン・デューイの最も忠実な弟子の一人である胡適は、二〇世紀前半の中国において著名な知識人となった。胡適は最も有名なプラグマティストであり、中国の問題を解決するための近代的なプラグマティック・アプローチを代表する存在であった。胡は中国の新文化運動と白話運動（文学革命）の指導者として、近代中国の誕生に貢献した。また、中国初の本格的近代的な民衆の政治運動である五・四運動の指導者となった。一九二〇年代から三〇年代にかけて、胡は広く海外を旅行し、西洋の成功したアプローチを中国に持ち帰り、中国の社会、文化、政治状況に統合しようと試みた。一九三八年、日中戦争の勃発に伴い、胡適は中国の駐米大使に就任した。胡が選ばれたのは、自身がアメリカで著名で人気があったからにほかならない。第二次世界大戦後、中国に帰国した胡は、国民党の有力政治家として中華民国総統の候補にもなったが、選ばれることはなかった。その代わりに、胡は第二次世界大戦後、北京大学学長となった。国民党が中国大陸から追放されて台湾に亡命した後、胡は数年間アメリカで過ごした。一九五〇年代には台湾に渡り、中国研究の権威であるアカデミアシニカ（中央研究院）の院長に就任した。

二〇世紀前半の中国における重要な出来事のほとんどに関わった胡は、それでも政治的解決を避け、政治的革命はあまりにも破壊的であると非難している。その代わりにデューイと同じように、中国人の自身についての考え方がゆっくりと進化していくことを、近代化への道筋として支持した。胡は優れたプラグマティストとして、中国人が迷信を捨てて合理的に考え、科学を利用し、現実を世界の経験に基づくものにすることを望んだのである。そのため、共産主義の政治家からも民族主義の政治家からも糾弾され、胡はそれらに応じ、共産党を非難し、民族主義である国民党を激しく批判した。(9)

しかし、胡適の中国近代化への緩慢な進化の道は失敗に終わった。胡適は政治的解決策を拒否し、生粋のエリート主義であったため、多くの中国人から疎外されることになった。多くの中国人は、中国を貧困と後進性から脱却させ、国際社会で尊重されるような政治的安定をもたらす変化の実現を切望していたのだった。一九三〇年代には、胡は国際舞台で最も有名で最も影響力のある中国知識人となったが、中国国内では胡の変革の力は劇的に縮小していた。

胡適の近代化失敗の特徴は、特に福沢と比較して、また前任者の梁と比較して、政治的支持者を獲得することによって近代化を構築する立場を取ろうとしなかったことである。そのため中国国内での影響力は弱まり、一九三〇年代には、政治の舞台で奮闘した師の梁啓超とは異なり、討論や公的な執筆活動からほとんど姿を消した。つまり、胡は知的解放のために政治的権力を行使することを望まなかったのである。一九二〇年代から三〇年代にかけての重要な時期に、胡適は何度も民族主義や愛国主義を政府の大衆操作の道具として非難した（確かにその攻撃は正しかった）。しかし胡は国家が近代化する前に、中国が国家にならねばならないことを認識していなかった。(10)

胡適は安徽省の中流家庭で育った。父は活発な儒学者で、満州や台湾の開拓に奔走した。胡は父をよく知らなかった。胡は古典的儒教の教育を受けたが、一五歳になるころには伝統的な儒教を否定し、王陽明思想に関心を持つようになる。胡は王陽明の「善無く悪無きは心の体、善あり悪あるは意の動（本性は善でも悪でもなく、善にも悪にもなりうる）」という言葉を引用している。(11)

胡適はまた、梁啓超の著作を熱心に読み、梁を知的指導者と仰いだ。胡適の目に止まり、旧体制の破綻を悟らせたのは、梁の清国政府に対する糾弾であった。「これらの論文によって、私たちの古えの文明は自給自足しており、好戦的で物質主義的な西洋から学ぶべきものは何もないという心地良い夢から私は目覚めさせられ、最初に激しいショックを与えられた」。胡適の知的系譜は紛れもないものなのである。梁は福沢を、胡適は梁を、そ

れぞれ自分の知的な師と見なしていたのである。(12)

梁や福沢が国家建設者であるのにもかかわらず、胡適はなぜ政治や国家主義に完全に背を向けたのか、不思議に思わざるをえない。胡適は梁や福沢とはまったく異なる教育を受けた。三人共、アメリカで過ごしたことがあるが、胡適だけがアメリカで教育を受けた。胡のアプローチは、自身がアメリカ滞在中に身につけた、自由主義的なコスモポリタン的視点を示している。

胡適は早熟な学生で、やがて留学に興味を持つようになった。「庚子賠款制度」〔義和団事件の賠償金〕によってアメリカのコーネル大学に入学し、一九一六年に学士号を取得した。コーネル大学の学生新聞『コーネリアン』には胡の特集記事が掲載され、ちょっとした有名人であった。コーネル大学の指導者たちは中国とのつながりを強めたいと考えており、胡が中国からの最初の著名な留学生だった。コーネル大学時代の写真には、自信に満ちた表情で微笑む、柔和な表情の好青年が写っているが、後の写真では飄々とした雰囲気を醸し出している。(13)コーネル大学のセージ哲学科で修士課程に入ったが、そこで教えられる客観的観念論を拒否し、すぐにニューヨークのコロンビア大学に転入した。胡は即座にジョン・デューイの科学的プラグマティズムに魅了され、すぐにデューイの弟子となった。胡はプラグマティズムの一元論、つまり西洋だけでなく中国でも通用する科学的アプローチに憧れたのだ。近ごろ胡適を模倣者、弱腰の西洋主義者であると断じる学者がいる。しかし実際、胡は哲学に秀でた優秀な学生であった。(14)

しかし、胡適は活動家ではなく、デューイの公的生活への関わりを不快に感じていた。ある日、胡はコロンビア大学の寮の窓から、キャンパスで行われている婦人参政権の集会を見た。すると突然デューイがその集会の会場まで歩いてきて、集会に参加しているのが見えた。胡適は「残念だが、二〇世紀の学者はこのような行動をとってはいけない」と、少し残念そうに述べている。歴史家のジェローム・グリーダーは、今日において最も優れた胡適の伝記を書いた。グリーダーは、胡適が西洋の思想に関心を持ち、それを模範としていたにもかかわらず、真の知識人は政治を超越していなければならないという儒学者の精神を未だ保持していたと論じた[15]。他の学者は、胡適のエリート主義が、中国の人口の九〇％近くを占める膨大な農民を含んだ中国の必要性を見抜くことを妨げたと論じている[16]。胡適は「経験から学ぶ」というプラグマティズムの最も重要な教訓を無視したのである。一九二〇年代初頭の胡適の経験から、政治的な争いに巻き込まれないということが、中国における権力と変革の舵取りから自分を遠ざけることになるということがわかったはずである。胡は、文化革命や思想革命が政治革命に先行すべきであると考えており、革命の経験が中国の思想を形成するという逆のシナリオを考えようとはしなかったのである[17]。

＊＊＊＊

一九一四年、第一次世界大戦が勃発すると、日本は三国同盟に参加したことが功を奏した。日本政府はドイツに宣戦布告し、軍はドイツが保持する青島を包囲した後、中国におけるドイツの勢力圏を占領した。ドイツ領の占領を支援するイギリスの要請で日本は参戦した。また、マリアナ諸島、カロライナ諸島、マーシャル諸島、パラオ諸島など、ドイツが太平洋に保持する島々を日本が占領することも、イギリスは容認していた。これらの行動は、日本政府に日英同盟が外交政策の目標にとっていかに有益かを明確に示すものであった。中国の話に戻ると、中国政府は日本の侵入に対して公式に抗議を行ったが、軍隊を派遣してこれを阻止することはなかった[18]。

一九一五年初頭、日本政府は中国における新たな領土と影響力を利用しようとし、また、イギリスの支持があることを知っていたため、二一箇条の要求を発表した。それらすべての結果、日本が中国を覇権（ヘゲモニー）的に支配することになる。山東省における新たな所領だけでなく、警察権や中国政府に対する顧問の役割も要求された。中国政府は当初要求を認めなかったが、交渉の結果、ほとんどの条件を飲み、日本は最も過酷な条件を取り下げた[19]。

教育を受けた中国人は憤慨した。日本人の侵略にどう対抗するか、議論が交わされた。胡適と師の梁啓超も意見を述べた。もちろん、梁啓超の方がはるかに目立っていた。梁啓超は日本への介入は災いをもたらすとし、介入を求める声を抑えようとした。そして、中国を助けるためだけの純粋な愛国心と、中国を操って日本との危険な対決に導く可能性のあるナショナリズムを区別するよう、中国人に勧めた。「ヨーロッパ人は、中国人には愛国心が欠けていると言う。ああ、四億の同胞よ、この言葉をよく考えてみてくれ。このような言葉を消し去れ!」梁は純粋で単純な愛国心こそが中国に必要なものだと明言したのである[20]。

一方、胡適はアメリカのコーネル大学に在学中という有利な立場から、国際主義と平和主義を志向するようになる。一九一二年に国際主義的なコスモポリタン・クラブに入会し、一九一三年にはコーネル大学で開かれた平和と国際理解を強調する国際会議に出席した。その後、胡適は会議から選ばれた代表団の一人としてホワイトハウスに招待され、ウッドロウ・ウィルソン大統領に面会し、胡は一行へのコメントの中で国際主義の重要性を強調した[21]。ヨーロッパで戦争が始まると、胡はかつて自身の偶像であったセオドア・ローズヴェルト大統領を非難した。ローズヴェルトは戦争に賛同し、軍隊への入隊を志願したのだ。「残念だが、ローズヴェルトは老人だ。(彼は)止めるべきだ!」。そして、一九一五年夏、ニューヨークでオズワルド・ギャリソン・ヴィラードが組織した大学反軍国主義連盟主催の平和会議に出席した[22]。

胡適は一九一六年に重要な論文「国際関係において武力に代わるものはあるか」を国際仲裁協会の特別会報(*Special Bulletin*)に発表し、同協会から賞を授与された。この論文は、胡の新たな師であるジョン・デューイが最近、執筆した武力と戦争の概念に深く影響を受けており、戦争の問題は単なる武力の行使ではなく、武器と暴力による粗雑な武力の行使であると主張した。むしろ、平和的な対話と理解を通じて、武力をより効率的かつ非暴力的にすることができる、というのが胡の主張であった。これは、デューイが一九一六年に発表した諸論考で、ヨーロッパの戦争は平和運動が主張したような暴力的な憎悪が根本にあるわけではない、と主張したことに続くものであった。それは、エリート層への富の集中という戦争の真の原因を曖昧にするものであった。デューイの武力についての議論は、戦争は粗雑な暴力であり、人間の進歩にまったく足しにならない力であることを示唆したのである。胡適にとってのこの重要な瞬間は、新たに見出したデューイの思想への忠誠と、国際主義や世界平和への深い関心を示している(23)。

しかし、胡適にとって残念なことに、中国の状況は世界平和や国際主義には適していなかった。日本がドイツの覇権に取って代わり、中国の主権をさらに大きく奪おうとしていたのだ。胡はこのような状況をよく理解していたが、梁と同様、日本との戦争は中国にとって非常に悪い結末になると主張した。

胡は『中国人留学生月刊（*The Chinese Student's monthly*）』に「愛国的正気の嘆願」という論文を発表し、他の中国人学生が対日戦争を呼びかけていることを非難した。胡は現実主義に基づき、戦争の話は危険で愚かなことだと主張した。なぜなら中国は日本との戦争によって壊滅的な打撃を受けるからである。胡は仲間である学生たちに一時の感情で動くことを戒め、「我々の義務である勉強をしなさい」と叱咤激励した。胡は勉強して教育を受ければ、中国に帰り、近代的な思想で祖国を建設することができると信じていた。その後、胡は同じ雑誌の中で、同じ中国人学生から、中国に対する愛国心が欠如しているとして攻撃されることになる(24)。

胡適は中国のナショナリズムの台頭に気づかなかったわけでも、その理由を理解していなかったわけでもない。彼は民族アイデンティティの進化への支持さえ表明していた。「すべての民族は自らの救済を実現する権利を持っている(25)」。しかし、プラグマティズムの近代科学的、実験的アプローチを厳密に読み解き、懐疑的な見方をしていたのである。ナショナリズムは非理性的な情熱や危険を含んでおり、理性的な科学者である胡はそれに耐えることができなかった。むしろ、中国の問題を三人称で論じることで、中国のジレンマから客観的に距離を置いた。中国は単に「国家」の一つの具体例となったのである。胡適は近代的な中国をつくるという自分のやり方を固く信じていた。残念ながら、胡はとりわけ激動する中国における近代化にとってのナショナリズムの重要性を、明らかに過小評価していた。

胡適はコロンビア大学で博士号を取得し、今日でも著名な卒業生として尊敬されている。胡の学位論文は、プラグマティズムの手法を中国の環境に移植することについて書かれた。その論文とは「古代中国における論理学的方法の発展」である。その中で胡は、古代中国における近代実験主義のルーツを、特に王陽明などの新儒家と墨家の中に見出した。胡適の学位論文は、聡明で機敏な頭脳の賜物であり、生き生きとした見事な研究である。胡は序文で問題意識と目標を明確にした。

そこでの比較的大きな問題とは、一見したところ、我々中国人が長い間自分たちの文明と見なしてきたものと大きく異なっているこの新しい世界において、どのようにして安らぎを得ることができるのかということである。もしその新しい文明が異国から輸入され、国家存立の外的必要性によって強制されたものの一部と見なされるなら、過去の栄光があり、独自の文明を築いてきた国家が、新しい文明の中でまったく安らぐことができないのは、至極当然で自然なことだからである。そして、この新文明の受容が、有機的な同化ではなく、突然の置き換えというかたちをとり、それによって古い文明が消滅してしまうとしたら、それは人類全体にとって大きな損失となるのは間違いない。したがって、真の問題は次のように言い換えることができる。つまり近代文明を我々自身の文明と合致調和させ、連結させるためには、どうすればよいのだろうかということである。(26)

欧米での経験が豊富な胡は、中国人が欧米の思想を全面的に受け入れることが困難であることをわかっていた。特に中国の伝統は他のすべてのものよりも優れていると考えられていたため、異質なシステムを受け入れることで、中国自体のシステムに大きな悪影響を及ぼすことになる。また、西洋思想に馴染みがないことも障害となる。だから胡は、中国が近代化の基盤を自国の伝統の中に置く必要があることを、若い頃から理解していた。しかし、胡は西洋のプラグマティズムに古代中国の思想を融合させるという強力な流れに逆らおうとしていた。中国の知識人たちの意見はほとんど一致していなかったが、ほぼ全員が、中国の伝統は破綻しており、近代性を構築する方法について何の洞察も与えることができない、という点で一致していた。そして、伝統的な思想、特に王陽明思想が近代化の成功に大いに役立った日本とは異なり、中国の近代化の試みはそれまでのところ失敗していた。胡は古代中国の思想をプラグマティズムの思想に生かすことで、中国の近代性をハイブリッド化し、成功するアプローチを構築しようとしたのである。

胡は学位論文の序文で、王陽明思想を分析している。胡は王陽明の十世紀に再発見された一七五〇字の小本『大学問』に自らの思想の基礎を置くと主張した。この本の主な考え方は、学問は正しい思考を促し、それによって強い人格を生み出し、秩序ある家庭生活と良い政治をもたらすというものであった。

王陽明は『大学問』から、正しい思考は道徳的な行動につながると考えた。王は他のすべてのものは心から生じると主張した〔心即理〕。心には必要なものがすべて含まれており、正しい知識によって修正されればよいのである〔心外無物、心外無理〕。胡適は序文で王の言葉を引用している。

> 知は心の本性である。心は自然に知ることができる。……利己的な情念を制御し、理性を復活させれば、心の直観的な知はその障害から解放され、その能力を十分に発揮することができる。それが、知を最大限に拡張するということである。知が最大限に拡張されれば、思想は是正される。(27)

胡適はこの一節を引用して、正しい考え方やその修正ではなく、知識の探求こそが知恵への鍵であると考え、他の新儒家と王を対比させたのである。しかし、王は探究すること自体、より大きな目的がなければ無意味であり、単に心身の疲弊をもたらすだけだと主張した。王とその弟子は彼らが勉強するあずまやの前にある竹林を何日もかけて調査したが、意気消沈して断念した。王は「昼も夜も竹の中の理を解せず。疲れ果てて七日目には病気になった」と述べた(28)。胡適も認めた王の観点は、正しい心を持たず、目的もなく、あらゆる知識を徹底的に探究しても無意味だ、ということである。その代わりに、王は知識と行動は切り離せないと考えていたため、むしろ、人間が道徳的、倫理的な行動の根拠となる見識を得ることを望んだ。それ故、正しい知識は正しい行動につながる。一方、徹底的に探究しても知識が正されなければ、貧しい活動、不道徳な活動、あるいは不作為に終わるかもしれないのである。

胡は明らかに王に興味を引かれていたが、王がそれほど科学的でないことを懸念していた。「王陽明の長所は十分に認めるが、王の論理の理論は、科学の精神や手順とは完全に相容れないと思わざるをえない」(29)。王の思想と行動の融合は、形而上学的に不健全であると結論づけたのは正しかった。しかし、行動への呼びかけとして、王の定式化は、東アジアを近代世界に取り込もうとする東アジアの知識人たちにとって強力なものであった。胡適が気づいていたかどうかは別として、王陽明は知識と行動の結合を強調する点で、実はプラグマティストのはしりであったのである。この王陽明に対する誤解は、なぜ胡適が信念を貫いて行動しなかったかを説明するのに役立つ可能性がある。

王陽明思想の代わりに胡が掲げたのは、墨家、すなわち墨子思想（墨子は墨翟《てき》ともいう）であった。墨翟は、中国が北朝と南朝に分裂して対立と戦争が絶えなかった戦国時代の職人であり哲学者であった。紀元前四七〇年から三九一年、孔子の約一世紀後に生きた。墨翟は実用的なアプローチと知識を強調した。

したがって胡適は墨翟を古代のプラグマティストと見なしたのである。墨翟は「行いを高めることのできる原理は永続させるべきである。行いを高めることができないものを永続させるのは、話すだけ無駄でそれ以外の何物でもない」[30]と述べた。墨翟はまた、偉大な平和構築者でもあった。墨翟は諸地域を周遊して支配者たちが互いに攻撃するのをやめさせようとし、それはある程度の成功を収めた。墨家を利用しようとする際に問題となったのは、その思想ではなく、知名度の低さであった。墨家は時の彼方に消え去っており、最も博識な学者にさえほとんど知られていなかった。

アメリカで胡適の名声が徐々に高まったことで、胡適の博士論文は最終的に一九二八年、英語で出版された。二〇一二年には復刊され、オンライン版もある。アメリカでの名声は驚くほど回復した。しかし、胡は博士論文執筆の後、中国の伝統を活用して中国人の思考を近代化するという計画を断念した。

もう一人の中国人留学生の馮友蘭《ふうゆうらん》は、コロンビア大学でジョン・デューイに師事した。馮は胡適が中国に帰国するタイミングで渡米し、一九二三年に博士号を取得した。胡適の博士論文と同様、馮は西洋哲学の概念に中国なりの根拠を見出そうとした。馮は数巻に亘る中国哲学の著作で、中国哲学は双方、西洋哲学の定義である方法論と論理の欠如にもかかわらず、多くのものを与えていたと述べている。

馮友蘭は中国哲学の強みとして、思想や思考能力ではなく、人間の現実の行動（一種のプラグマティズム）に焦点を当てていることを挙げた。中国哲学は常に、その人物が何ができるか（つまり、知的・物質的能力）よりも、その人物がどのような者か（つまり、道徳的資質）を重視してきたのである。馮は王陽明の思想にも関心を持ち、王の思想が中国哲学の発展と進歩に貢献したことを挙げている。しかし、馮は胡適同様、中国に哲学があったとしても、それは西洋の哲学に比べれば脆弱であり、発展の途上にあるという西洋の見解から抜け出すことが難しかった[31]。

胡適は博士論文を書き終えた直後の一九一七年七月に中国に戻ったが、そこは変わり果てた国になっていた。革命が清朝を一掃し、政治的混乱に支配されていた。しかし、若い世代の知識人が中国の将来についての議論の中心に躍り出ており、このときはまだ誰も知らなかったが、これらの若者たちは中国の思想と政治における継続的な革命の指導者として台頭する態勢を整えていたのだ。胡適は直ちに中国で最も権威ある教育機関である北京大学の哲学科の教授に任命された。

胡適は帰国後、中国全土に広がる知的熱狂の旋風に巻き込まれながらも、実験的思考や科学といった実験主義の手法を広め、中国人に近代的な思考を身につけさせる漸進的な道を熱心に歩み続けた。胡適はジョン・デューイの存在と講演が、中国が近代国家として発展していくために極めて重要であると考えていた。また中国国内の新聞や定期刊行物には、古典的な中国語ではなく、口語の中国語を使用することを推し進めた。この中国語は「白話」と呼ばれ、中国の新聞や雑誌で最も一般的に使われるようになった。それは胡適の最も重要な功績の一つであり、最終的に中国を近代国家へと変貌させることに貢献した。

胡適は中国の伝統文化を打破しようとする若い知識人たちの精力的な活動「新文化運動」の一翼を担っていた。本質的には五・四運動と同じ運動であり、指導者の多くも同じであったが、五・四運動は政治に焦点を当て、新文化運動は文化の変革に焦点を当てていた。

後に中国共産党の創設メンバーとなる陳独秀は、この問題を簡潔に述べている。陳は、一九一五年に創刊した雑誌『青年雑誌』で、「孔夫子」（孔子先生）を「徳先生」（デモクラシー）と「賽先生」（サイエンス）に置き換えるよう呼びかけた。この雑誌は胡適の白話運動も支持していた。しかし、陳の教育は胡適とはまったく異なっていた。陳は東京振武学校で学び、胡のアメリカでの自由な国際主義とは異なり日本で社会主義に触れ、帰国後は中国の問題に対して急進的なアプローチをとった。陳はやがて北京大学の学部長となったが、五・四運動のさなかには、デモ隊を支持したことを理由に政府から解雇された。北京当局は陳を三か月間牢獄に入れ、抗議者たちの火に油を注いだ。陳は中国共産党の中心人物となったが、労働者と農民のどちらを組織するかをめぐって毛沢東と対立した。陳は前者を組織することを支持した。毛沢東が権力を握った後、陳は党から追放され、人知れず余生を送った。

情勢は急速に進展していた。この抗議運動をきっかけに、一九二一年、李大釗、陳らによって中国共産党が創立された。李は胡適と親友であった。一九二〇年代、胡が北京大学の教授だった頃、李は北京大学の図書館長をしていた。多くの中国知識人同様、李も日本の大学（早稲田大学）で政治経済を学び、陳と同様に社会主義の教育を受け始めた。五・四運動のさなか、李はソ連のボルシェビズムの確立に関心を持ち、マルクス主義者となった。また、反帝国主義の国家主義者でもあり、中国の救済に力を注いだ。あるとき、李はマルクスの階級闘争のパラダイムをグローバルな帝国主義と同一視し、労働者階級は中国を含む植民地化されたすべての民族ということとなり、ブルジョワジーに相当する西側帝国と対立することとなった。[32]

李をはじめとする急進派は、いくつかの問題をめぐって胡適と対立した。マルクス主義の思想はその一つであった。胡は急進的なイデオロギーや、胡が「主義」と呼ぶもの、マルクス主義、社会主義、国家主義に対して、はっきりとした嫌悪感を抱いていた。これらはすべて人間の経験に対する押しつけであり、したがって誤った選択を意味するとした。またもう一点、知識人は政治に関与してはいけないというのが胡適の主張であった。胡によれば、中国には政治革命は必要ないという。胡は中国に必要なのは、中国人が近代人として考えるための思想の再構築であるとした。胡は知の変革が政治の変革につながるはずだと考えた。胡のアプローチの一例は、中国における白話の使用を推し進めたことである。また他にも胡適が始めた「国故整理」運動があり、西洋の科学技術を使って中国文明の歴史と原典を研究しようとするものであった。[33]

一九一六年、胡適、魯迅ら数人の知識人は『新青年』誌を創刊した。陳の『青年雑誌』に代わるものだった。胡適は『新青年』が政治に関与しないことを明確に表明することを望んだ。魯迅は一月初旬に胡適に宛てて、胡適の考えを否定する手紙を書いた。

私は、これはまったく不要なことだと考えている。これはもちろん「他人の目に弱虫だと映りたくない」という理由もあるが、実際、『新青年』グループの書くものはすべて、我々が何を宣言しても、当局に頭痛の種を与え、到底許されるものではない。

胡適はその後、間もなく雑誌を離れた[34]。

おそらく胡適は自分の師である梁啓超の政治キャリアが、政治的解決策を拒否して悪しき結末を迎えたことを回顧していたのだろう。しかし、胡適はそれ以前から、政治の荒波に嫌気がさしていたのである。知識人は政治から距離を置くべきだとした。胡適が注力したのはプラグマティズムであり、中国人が自分自身と世界について考える方法を変えることであった。もし、中国が激烈な政治的変革の真っ只中になかったら、これはうまくいったかもしれない。中国における日本の領有が欧米列強によって確認され、中国自身が独自の軍隊を持つ地方軍閥が支配する政治的混乱に陥ったため、中国の状況はより急進的な政治的解決を必要としていたのである[35]。

ジョン・デューイの中国での講演

デューイが中国に到着すると、胡適はデューイの講演スケジュールの調整、口頭での講演の通訳、講演の中国語への翻訳と大忙しであった。デューイの英語の講演の原文はないが、胡適がデューイの講演の多くを熱心に中国語に翻訳して『教育公報』に掲載され、一部は書籍化もされた。遂には、一九七三年、一部の講演の中国語訳が再び英語に翻訳されて出版された。一部の学者は、胡適がその翻訳でデューイの講演の意味を大きく変えてしまったと主張してきた。しかし、原文がないためその真偽は確かめようがない[36]。

デューイは中国における自らの影響力について慎重であり、近代民主主義国家への移行を成功させるには、中国自身の歴史と文化に根ざす必要があると考えていたが、表面的には中国でかなりの影響力を持っていたようである。デューイの講演には多くの人が集まり、ある講演では三〇〇〇人が集り、また、別の機会には、デューイの講演を聴くために学生たちが講義室のドアを壊したこともあった。デューイの最初の講演は、中国国内の六つの新聞や定期刊行物に掲載された(37)。

五・四運動を背景に、ジョン・デューイは講演を開始した。デューイは自分の目標を胡適と同じように、中国における近代的な知性の形成だと考えていたのだろうか。ある意味ではそのとおりだと言え、デューイは中国の聴衆にプラグマティック・アプローチを啓蒙し、「知的覚醒」をもたらすことを意図していた(38)。だが、彼の目標は胡適のそれより広く、また多様であった。デューイは多くの病弊に悩む中国を目の当たりにし、胡適とは異なり、プラグマティズムの手法を適用するだけで、中国を治療し、近代化することができるという楽観的な考えは持っていなかった。

デューイの講演のテーマから、彼の目的が見えてくる。デューイは東アジアを訪れるまであまり深く研究していなかった社会哲学や政治哲学について、幅広く講演を行った。社会紛争や改革は、デューイにとってかなり身近なテーマであったが、自由な企業、社会主義、政治的自由主義、国家主義など、デューイの元来のプラグマティズムとはかけ離れた分野にも踏み込んでいる。社会紛争や改革に関する講演は、当時、両者に深く関わっていた中国の聴衆の耳目を引いたに違いない。そして、胡適はデューイの講演に大きな関心を寄せていた。

デューイは社会的な抗議や緊張は個人からではなく、集団、つまり権力を持つ集団と権力を求める別の集団から生じるのだと主張した。また、社会改革の段階についても論じている。これらの考え方は、今日では非常に単純化されているように思われる。政治経済や自由主義に関するデューイの講演もまた、ジョン・ロックその他の西洋思想に大きく影響されたものであった。それは至極当然のことであった(39)。

デューイの講演の目的の一つは、共和制や民主主義の経験がほとんどないなかで、権威主義体制から脱却した中国の人々に、混沌とした時代の中で行動するための基礎を与えることであった。そこで、デューイは科学と社会哲学について講演を行った。デューイはヨーロッパの伝統的アプローチとプラグマティズムの対比を明確にした。プラグマティズムは「机上の空論（armchair speculation）」ではなく、「自然法」ではない科学的事実による主張やエビデンスに基づく決定に関わるものだというのであった。しかし、デューイの講演の中で最も印象的だったのは最後の部分である。「ここ中国で、多くの人が私に『我々はどこから社会を変えていけばいいのか』と尋ねてきた」。デューイは、制度の改革は中国人一人ひとりの積極的な活動によってのみなしうるものであることを示唆した。デューイの解決策は、福沢や梁、そしてアメリカの革進主義者のそれと一致するものであった(40)。

また、講演の別の箇所では、権威主義体制とそれがなぜうまくいかないかについても触れている。彼はドイツやロシアを、混乱を引き起こした権威主義的な政府の最近の例として取り上げた。暴力や抑圧は、社会的・政治的秩序や進歩を生み出す上で、民主主義に太刀打ちできない。社会に関与する人間は自分の能力を伸ばし、国を発展させることができる。権威主義的な社会は自発性を阻害する。この自由主義的なアプローチは、デューイが中国が必要としていると考えたもの、そしてデューイが五・四運動で見たものに合致するものであった。それはつまり、社会や政治体制を変える覚悟と意志のある人々であった(41)。

ナショナリズムに関するデューイの講演は、中国の内政が無秩序な状態にあることを考えると、非常に重要なものであった。デューイの議論の中心は、ナショナリズムがコインの表裏であり、国家内の統合要因であると同時に、国家間の反目の原因でもあるということであった。その主な根拠は第一次世界大戦前のヨーロッパであり、デューイはナショナリズムのせいで「ヨーロッパは正真正銘の武装した陣営となり、どの国も軍隊を臨戦態勢に保っていた」と論じている(42)。しかし、ナショナリズムは戦後の中国をはじめとする「国際的な無政府状態」において、国民国家を内部でまとめるという積極的な役割も果たしていたのである。胡適がこの思想をどれほど深く理解していたかはわからないが、胡のナショナリズムへの懐疑は、デューイの講演の後でさえ残っていた。

デューイはこの講演でもう一つの主眼を、文化交流、芸術、宗教、文学、金融、商業などのトランスナショナルな力の成長と、一九一九年の世界における新生の国際連盟の可能性に置いていた。(43)

また別の講演では、デューイは人種差別の問題と、戦時中に合衆国を巻き込んだ移民排斥運動について言及した。デューイは極めて保守的になって、アメリカ人が移民や他人種に対してより寛容になるよう教育する努力は今のところ失敗しており、唯一の解決策は、合衆国生まれの集団と移民の集団をある程度分離し、場合によっては移民を制限することだと論じている。デューイは革進主義的な改革運動が、反移民運動の高まりのために影を潜めてしまったと信じていた（そして、それは真実であった）。フランシス・ケラーの転向（第二章）は、移民改革運動がいかに素早く反移民運動に転化するかを示した。しかし、移民制限というデューイの解決策は、移民排斥論者のスローガンでもあり、合衆国において多文化主義が未だいかに脆弱であったかを示している。(44)

国際主義について論じたデューイは、戦後、ウッドロウ・ウィルソン大統領の構想が十分に実現されなかったことに失望を表明したが、前向きに考えられる理由もいくつか挙げている。軍縮、紛争解決のための国際的な仲裁、公開外交は、すべて国際主義者にとって良い兆候であったとした。結局、軍縮はアメリカのワシントン条約体制によって太平洋における船舶のトン数を大幅に削減することができ、これらの中で最も成功したものとなった。デューイは古典的な自由主義的国際主義を信奉しており、胡適も同じような考え方を持っていた。しかし、第一次世界大戦へのアメリカの参戦を支持したデューイは、この講演で国家主義と国際主義の緊張関係、特に参戦後の極端なアメリカ・ナショナリズムやウィルソンの戦後の高邁な国際目標について、その失敗への失望以外には何の見識も示さなかった。一九一九年の中国は、日本の新たな脅威を含む帝国主義に取り囲まれ、内部では政府が機能せず、各地の軍閥が自らの利益を追求し、軍備を増強する混沌とした状況にあり、中国人はそれをまとめるための接着剤を必要としていたが、先の日本にとってそうであったように、ナショナリズムがその接着剤となるのかもしれなかった。もちろん、デューイは講演の中でこのような提言はしておらず、賢明にも、中国は自力で運命を切り開かなければならないとしている(45)。ジョン・デューイは、中国人はその伝統の中に近代的な民主主義国家を建設するモデルになる能力を十分に備えていると考えていた。「中国人は社会的に非常に民主的な国民であり、中央集権的な政府が彼らを退屈させるのだ(46)」。彼は儒教制度を家族や社会的ニーズに基づく民主的共同体のモデルとして捉えていた。これは儒教を楽観的に捉えすぎかもしれない。しかし、デューイは近代化をもたらそうとする典型的な西洋かぶれの立場から一歩引いて、近代化を教え、訓練し、その実行は中国人に任せるという監督のような立場に立つことができたのである(47)。

デューイの教育に対する考え方が大きな注目を集めたのは、デューイが中国の伝統的な教育制度を批判し、まる暗記が間違ったアプローチであるとしたためである。この時期、中国の教育制度は近代化に向けて大きな圧力を受けており、デューイはその火に油を注いだのである。政府関係者はデューイの批判に不快感を示し、デューイは変化や改革についてあまり語らず、学生が自分の責任を理解し、互いの行動を監視するよう奨励するべきだと反論した。デューイの教育思想とそれがより若い世代に受け入れられたことが、近代中国に対するデューイの最大の貢献といえるだろう(48)。

しかし、デューイの近代中国への貢献は、学者によって疑問視されている。デューイの講演の編集者であるロバート・クロンプトンやアラン・ライアンは、デューイには非常に影響力があったと主張しているが、他の学者はあまり積極的ではない。バリー・キーナン、モーリス・マイズナー、ベンジャミン・シュウォルツといった学者たちは、デューイの影響力について懐疑的な見方をしている。中国人がデューイに過剰な注目を払ったことにより、学者はデューイを過大評価するようになったようである(49)。

デューイが中国で過ごした時間は、有名なイギリスの哲学者であり、社会批評家であるバートランド・ラッセルのそれと重なっている。ラッセルはデューイが中国に到着した約一年後に中国にやってきて、中国の伝統主義に対する強烈な批判とマルクス主義の奨励によって、すぐに強い支持を得た[50]。ラッセルの中国に対する理解は安直で、ラッセルの批判と解決策は定型的であったが、中国の問題には適合していた。ラッセルは中国に到着してからしばらくして重病を患い、北京の病院で過ごした。ラッセルが死ぬかもしれないと思われたとき、デューイはラッセルの遺書を書き留めていた。だが彼は結局、回復した。日本ではラッセルの死が早々と誤報されてしまった。ラッセルと恋人のドーラ・ブラックがイギリスに帰る途中に日本を訪れた際、彼女が「バートランド・ラッセル氏は、日本のマスコミによれば亡くなったので、日本のジャーナリストのインタビューには応じられません」という声明を出して、日本のマスコミを困らせた[51]。

ラッセルはイギリスに帰国後、中国に関する著書を執筆して大成功を収め、やがて、デューイのプラグマティズムの哲学を猛烈に批判するようになった[52]。ラッセルがごく限られた経験から中国に関する一冊をものしたのに対し、デューイはラッセルよりも長い時間を中国で過ごしながら、中国に関する本を執筆することはなかった。中国が壮大な実験の真っ只中にあり、その結果がどうなるかわからないことを理解し、総括を書かないことを選択したのは、プラグマティズムに対するデューイのコミットメントの証左といえるだろう。またデューイは、中国にとって何が最善かわからないが、解決すべき問題は見えていることを認め、もちろん科学的、合理的な見通しを持つプラグマティズムは、中国にとって大きな利益をもたらすと信じていた。中国に関心を持つアメリカ人の称賛を集めたのは、デューイの雑誌記事における率直なルポルタージュの手法であった。あるアメリカ人評論家は、デューイの報道は自由な雰囲気で希望に満ちていると指摘し、デューイの誠実な評価に感謝の意を表した[53]。

デューイの影響力は、中国人によっても制限された。デューイは一部の人が主張するような儒学者ではなく、中国人が自ら望むものから選びとって学ぶことのできる賢い外国人と見なされていた証拠がある。デューイの思想は彼が中国にいる間、特にマルクス主義やその他の急進的な思想が台頭していた一九二一年の旅の終わりの頃には、激しく批判された。デューイが去った後も強く非難された。中国の学者たちは、デューイは中国のシステムの深刻な危機に対処するために十分なことをしておらず、資本主義システムに対して十分な批判をしていなかったと考えた。マルクス主義者も自由主義者も、デューイが儒教について肯定的な発言をしているとして攻撃した。デューイのプラグマティズムは、システム全体に渡るもっと普遍的な批判の方がデューイの断片的なアプローチよりも優れていると考えた左翼の費覚天らによって攻撃された。マルクス主義者の瞿秋白は、雑誌の記事でデューイの思想は単に現状維持に対する支持に過ぎないと主張した。もう一人の急進派・繆鳳林は、デューイは人生の宗教的、美的側面を軽視していると批判した。繆鳳林は西洋化した近代に対するアンリ・ベルクソンの批判に関心を寄せていた。ベルクソンの研究はより文学的で中国でも非常に人気があり、デューイから信奉者を引き離すもう一つの選択肢の代表であった(54)。

デューイはこうした批判に冷静に対処した。デューイはこう反応した。

意識的に持ち歩いている背景を批評の基準としていることの意味を、私は決して理解したことはなかった。近代的な制度についてそのような背景を持たないこの地の自由主義者にとっては、何事でもそれが異なっていれば、他のもの同様、真実で価値がある可能性が高いのである。極端であればあるほど、全体としてその可能性が高いのである(55)。

一九二一年にデューイがアメリカに帰国すると、胡適は執筆活動を再開し、中国哲学と中国の宗教における禅宗の役割に焦点を当てた。

胡適は一九二六年にヨーロッパに渡り、講演とこのプロジェクトのための資料収集を行った。ロンドンでの留英中国学生総会の年に一度の祝宴で講演を行った後、胡はデューイに講演と聴衆の反応を説明する手紙を書いた。胡は講演の中で、「一九一一年の革命は、人民の思想と信条に真の革命がなかったため、今のところ失敗であった」と指摘した。そして、中国が近代化するためには、その信念を合理化しなければならないと主張した。講演の後、あるオックスフォード大学の教授が胡のところにやってきて、胡の講演を批判した。「あなた方には既に自らの非常に立派な文明があるのに、なぜそのような革命が必要なのですか。」苛立った胡適は、「西洋人は東洋人にある種の『東洋的』なメッセージを求めているが、私はそれをすべて失くしてしまった」ので、西洋の聴衆に講演をするのが嫌だと書いている。そしてラビンドラナート・タゴール、ひいては岡倉覚三の西洋は物質主義的で、東洋は精神主義だという二元論に言及し、「私にはタゴールのようなメッセージはない」と締めくくったのだ。このやりとりは、一部の西洋人が中国に対して抱いていた素朴で浪漫的な観念を物語っている。中国や東アジアに対する彼らのオリエンタリズム的な見方は、自分たちの仮の優位性やロマン主義を慰めるのに役立ったのである(56)。

他にも聴衆の一人であったインドからの留学生は、胡適に歩み寄りさらなる批判を浴びせかけた。胡適が西洋思想を肯定していることについて、学生は「もちろん、あなたはそう言っていいのですよ。私たちヒンドゥー教徒にはそんなことは言えません。もし私がそんなことを言ったら、明日のイギリスの新聞は、私たちが西洋文明と大英帝国を喜んで受け入れる証拠として、皆それを引用するでしょうね」と述べた。オリエンタリストと反帝国主義者の間にはさまれた胡適は難しい立場にあった。胡の教育とプラグマティズムが、その思考を西洋に向かわせ、自らもその自覚があった。同じ手紙の中で、胡は自分の窮状をこう揶揄している。「親愛なる教授〔デューイのこと〕、私は西洋人の大多数よりも西洋的になってしまったのですね！」しかし、胡適はそれだけでは終わらなかった。胡は手紙の残りの部分で、近代性について微妙だが重要な区別をしている。胡は近代世界を賞賛する一方で、その欠点も見抜いていた。

近代世界の問題は、自分たちの文明を十分に自覚していないことだ。その結果、一方では自分自身と矛盾する好ましくない傾向に対して十分な知的統制を行わず、他方では絶望の瞬間に、しばしば過去や東洋を振り返って、精神的な満足と慰めを求めている。[57]

胡適の卓越した洞察力は聴衆に感銘を与え、国際的に知られる知識人となり、講演者としても引っ張りだこになった。

一九三〇年代に入ると、胡適は公の場での議論や新たな知的定式化からほとんど遠ざかってしまう。一九三七年の日中戦争勃発後、支配者である国民党との間に残っていた緊張が解かれ、胡は中国の駐米大使に任命された。胡適はようやく自ら愛国心を抱いたが、世界有数の富裕国であり、資金やその他の面でも多くの支援が期待される合衆国への大使として、金や物資のための党派的なロビイングの役回りを演ずることを拒否した。胡適は大使として赴任する前に、蒋に「私に金をせびったり、宣伝したりすることを期待しないでくれ」と述べた。蒋介石は、彼の妻を姉に持つ側近の宋子文を派遣して、中国が切実に必要としていた援助と軍事支援を要請し、交渉させなければならなかった。胡適の就任初年、中国政府は胡適に六万ドルの小切手を送り、宣伝に使わせようとした。胡はその小切手を返送し、「私の演説が十分な宣伝であり、何のコストもかかりません！」と書いたメモを添えた。[58]

しかしながら、胡適は有用な役割を果たした。合衆国で多くの時間を過ごし、教育を受け、その国について学んだ胡は、極めて迅速かつ効果的にアメリカの聴衆とつながることができた。胡は中国と合衆国の架け橋となったのである。胡はアメリカの学術機関から多くの博士号を授与され、講演も頻繁に行った。その頃、胡は極めて反日的になっていたのは言うまでもなく、真珠湾攻撃直後の『ライフ』誌に掲載されたアーネスト・O・ハウザーの記事によれば、胡は日中戦争で日本が有利になるような交渉による解決などで、合衆国が日本に譲歩することを思いとどまらせた。この説明は、胡適がアメリカの対日政策に与えた影響を大いに誇張している(59)。

また胡適は、渡米後、ジョン・デューイと再び連絡を取り合うようになった。文通を始め、哲学的な問題を議論するようになった。胡適は大使として、デューイの八〇歳の誕生日を記念して出版された一冊の本に参加する時間さえ取った。一九四〇年の初め、胡適はデューイに宛てて、デューイの『公共とその諸問題』(一九二七年)が、デューイのある二つの論考よりも重要であるかどうかを問い質す手紙を書いた。それらは第一次世界大戦のさなかに武力の問題について書かれたあまり知られていない論考であった。これは特徴的な見解であった。というのも、『公共とその諸問題』の方が明らかに重要な作品であり、学問的に主要かつ永続的な作品だからである。しかし、胡適がこのような指摘をした目的はすぐに明らかになった。胡は武力に関する二つの論考が、大戦中の自分の執筆活動に多大な影響を与えたことを認めた上で、彼の受賞作である「国際関係において武力に代わるものはあるか」という論考について言及したのである。胡はこの論考とデューイの第一次世界大戦中の論考に未だ強い愛着を持っていたのだ。デューイは手紙の中で、これらの論考は戦時中の認識に基づいていると思うが、胡は正しいかもしれないので、もう一度見直してみなければならないとも答えている。デューイは単に礼儀正しかったのだろう。第一次世界大戦後、デューイは戦争への支持と共に、自分の主張をすぐに放棄してしまったからだ。しかし、これは胡適にとって重要な瞬間だった。胡の基本的な立場はこの論考以来、平和を愛する自由主義的な国際人であることに変わりはなかったのだ。中国での戦争の惨状を目の当たりにして断腸の思いであったに違いない(60)。

第二次世界大戦後、胡適は中国と合衆国を行き来し、国民党が中国大陸から台湾へ移ることを余儀なくされた際には合衆国にいた。胡は国民党や蒋との溝を完全に修復するために一九五三年に台湾に移住した。蒋介石は一九四二年に胡が国民党政府の非民主的傾向や人権侵害を批判し続けたため、駐米大使の職を解任していたのであった。最終的に胡は、台湾の中国問題研究の中心的存在である中央研究院の院長に就任した。彼は一九六二年、台北で死去した。

ジョン・デューイは一九二一年にアメリカへ帰国後、中国を支援したことでよく知られている。一九三八年、デューイは中国政府から藍色大綬章を授与された。太平洋戦争が始まると、デューイはその影響力の大きさから、アメリカ国務省から中国を勇気づけるビラの作成を依頼された。このビラは、中国全土に数千枚単位で飛行機から投下された(61)。

しかし、これまで見てきたように、アメリカ人はデューイの中国に対する影響力を誇張していた。加えてデューイ自身が中国から学んだことが、中国での彼の影響力よりも重要な可能性も考えなければならない。デューイは偉大な学習者であり、極めて容易に素材を自分の思考に吸収していった。デューイの中国に関する雑誌記事は四〇本近くもあり、重要な雑誌『ニュー・リパブリック』に掲載された。これはアメリカ人の中国に対する見方に大きな影響を与えた可能性が高い重要な情報であった。

つまり、中国がデューイに与えた影響が、相乗効果を生んでいたのである。このことはデューイの訪中の最後に、匿名の中国人コメンテーターが十分認めている。彼女はこう述べた。


デューイは私たちに教えてくれただけでなく、私たちについてヨーロッパ人とアメリカ人に教えてくれた。以前から、この国には政治家や外交官がやってきた。しかしながら、彼らの私たちに関する報告は、たいてい彼ら自身の特定の利益や意図によって歪められていた……デューイは違った。彼はアメリカの読者に対して、私たちの状況を正直に報告した。デューイは時折、私たちの問題点や弱点を指摘することもあったが、私たちに大きな愛情を注いでいた(62)。

また、ジョン・デューイは、『公衆とその諸問題』(一九二七年)を出版し、民主的な公衆を構築することの難しさについて論じている。この著書の中で、リップマンが公衆は存在しないと主張したことに照らして、公衆の態度やその活動の信頼性について続いていた論争において、デューイはリップマンに屈した。しかし、デューイは実際、公衆が多すぎて組織化されず、効果的な擁護者となりえない可能性も示唆した。それにもかかわらず、デューイは市民参加を主張し続け、強固な官僚制のもとでも民主主義が機能し続けることができる術を知るには、地域社会が鍵になるかもしれないことを示唆した(63)。

デューイは、「大共同社会の探究」と題する章で、民主主義が機能する上で地域社会の役割について概説している。その際には古くから地域主義を持つ中国を念頭に置いていたのかもしれない。例えば、デューイは強力な国家がなくても、人民の地域共同体は機能しうると主張した。この記述は戦前の中国に酷似している。この著書には中国に関する具体的な記述はなかったが、デューイは他の著作で中国における民主主義についての見解を明らかにしている。

中国は道徳的かつ知的に家父長的な温情主義のタイプの民主主義の習慣を持ちながら、他方で国内と国際を問わず民主主義が実効的に維持されうるのに必要な特定の機関が欠如しているのである。中国はジレンマに陥っており、その深刻さはいくら強調しても強調しすぎということはない。その分権化の習慣、つまり分離主義的な地方主義は、中国が歳入、一元的な公序、防衛、立法、そして外交などの絶対に必要な諸制度を持つ国家的実体になることを阻止するよう作用するのである。

デューイは中国の根本的な問題をよく理解していた。共産党は農民や村落の「遠心的地域主義」をうまく利用し、最終的には第二次世界大戦後の中国を支配することになった(64)。

しかし、この頃になると、中国はもはやジョン・デューイに耳を貸さなくなった。一九四〇年代に中国共産党が力をつけると、デューイを資本主義のブルジョワ的代理人であると批判するようになった。一九四九年、中国共産党が政権を握る頃までには、中国共産党の知識人たちはデューイを攻撃するようになった。デューイの訪問は、とんでもない間違いだと非難された。

ジョン・デューイの弟子であった陳鶴琴は、デューイの影響力に対して強烈な攻撃を開始した。陳は中国共産党によって、一九五二年二月の第一回江蘇省人民代表会議で、公に誤りを告白することを余儀なくされたのだ。

デューイの有毒なプラグマティスト的な教育思想は、どのようにして中国に広まったのだろうか。それは主に、デューイのプラグマティスト的な哲学と反動的な教育思想を説く中国での講演を通じてであり、ジョン・デューイの反動思想の中心地、すなわちコロンビア大学から三〇年以上に亘り、数千人の中国人留学生がデューイの反動的、主観的で唯心的、実用的な教育思想のすべてを持ち帰ってきたのである。[65]

陳はデューイの教育理論を批判し、「デューイは教育実践において正しい成就の方向を考慮せず、上海の外国帝国主義者や江西の反動勢力と協力して、デューイのプラグマティスト的な反動哲学に従った教育を実践した」と告白している。[66] 陳はまたジョン・デューイの児童中心主義を攻撃している。陳は、このアプローチは教師の主導的な役割に基づくものであり、子どもの潜在能力を阻害するものであるとして、欠陥があると主張した。それは破壊的であり、子どもの意志をくじき、科学的知識を破壊するものであったとした。この議論はイデオロギー的にナンセンスなものであったが、中国におけるデューイの評判を大きく損ねたのであった。[67]

魯迅、国家主義、そして中国の近代性

胡適のかつての友人で知識人仲間の魯迅は、一九二〇年代から三〇年代にかけて、胡適のように傍流になることはなく、中国の知識人の間でますます重要な存在となった。魯迅が興味深い知識人であるのは、中国の知的生活において魯迅が部外者であったからである。魯迅は一九二〇年代から一九三〇年代にかけて、中国の著名な文学者となったが、いかなるイデオロギーや信条も全面的に受け入れることはなかった。胡適と同じく、五・四運動を通じて成熟した。

一九〇二年、魯は政府の奨学金で日本に留学し、医学を学んだ。その後、七年間、断続的な留学生活を送ったが、魯迅は日本の文化と精神を吸収し、中国自身の民族主義的な願望も理解するようになった。日本で魯迅は一部の日本人から向けられる反中感情を痛感した。そして中国の伝統を否定する意味で、辮髪《べんぱつ》を切った。このときの写真には、思いやりのある凛とした、口髭をたくわえたハンサムな顔が写っている(68)。

日本での生活は、魯迅を変えた。日露戦争中、仙台の医科大学に留学していた魯迅は授業後、教師の一人に戦争の光景を幻灯機〔初期の映写機〕でスライド・ショーにして見せてもらった。日露戦争中、満州で日本軍に処刑される中国農民の写真を見て、魯は唖然とした。写真の左側の部分には、処刑を見守る中国兵がいた。どうやら中国兵たちは日本軍に協力しているようだ。中国兵は無表情で、あるいは興味深げに、さらには楽しそうにさえして処刑に見入っていた。「肉体的には誰もが望むように強靭で健康的だが、その表情は精神的には硬直し、無感覚であることをはっきりと物語っている」と魯の反応は即座に鋭くなった。魯迅は中国兵たちが同胞を裏切ったことで、精神的に死んでしまったのだと考えたのである。この説明に異議を唱える学者もいる。魯迅が医学の勉強をやめた理由を説明するために、この話を作り話にしたのではないかというのだ。しかし、魯迅は中華

民族への改宗を、自分の決意が疑われる余地のない形で物語ることを選んだのだった。その後、魯迅は医学の研究をやめ、作家となった[69]。

また、魯迅は日本滞在中に、日本の友人である高山樗牛からニーチェを紹介された。魯は個人が文化から脱却し、国家を変革するというニーチェの概念に強い関心を抱くようになった。日本での体験を受けて、魯は「文化偏至論」(一九〇七年)という論考を書いた。その中で、魯は民主主義と唯物論を否定し、個人と国家を提起した。

もし我々が本当に現在のための計画を採択したいと思うならば、既に過去となったものを研究し、未来を見据えるべきであり、物質を攻撃し、精神を開放し、個人に自由を与え、多数派を拒絶すべきである。人が道徳的、精神的に成長すれば、それが国家を生むのだ[70]。

魯迅の思想は、その精神的アプローチと胡適やジョン・デューイの物質的アプローチとの間に極めて明確な隔たりがある。魯迅は、中国が国家として発展していないこと、日本が中国を支配していることを、中国の解放の障害と考えた。そこで魯は、日本からナショナリズムのモデルを取り入れ、それを日本に対して適用した。

魯迅は本書に登場する多くの知識人とは異なり、活動家ではなかった。その代わり、魯はそのキャリアの大半を、エッセイ、短編小説、書籍という小説的な形式を通じて、中国社会に対する極めて洗練された批評を書くことに費やした。その内容は、典型的には西洋の近代性(日本の保守派作家の定番でもある)、中国の西洋的規範の採用、儒教、面子、権威主義といった死し伝統を批判するものであった。

魯迅は世界的に有名な作家となり、一九二〇年から一九二一年にかけて書かれた短編小説『阿Q正伝』でノーベル文学賞の候補にもなった。この物語は、ほとんど教育を受けておらず、職業も持たない農民階級の男、阿Qの冒険を描いたものである。阿Qは中国国民のメタファーである。魯迅は阿Qの「精神的勝利」を皮肉たっぷりに描いたが、それは実際には、一九世紀から二〇世紀にかけての阿Q（中国）の大きな敗北であり屈辱であった。阿Qは圧制者に屈服しながらも、自分自身を圧制者よりも精神的に崇高な存在と見なしている。魯迅は阿Qの極端な欠点を、当時の中国の国民性の象徴だとして暴いている。魯迅の同時期の別の短編小説では、狂人が人食いは伝統的な儒教社会の基礎だと思い込んでいる。魯迅は、儒教の伝統である「孝」（家族への忠誠）を、「人を食え」という命令と見なしているのだ。魯迅のこのメッセージは、中国の伝統が自国民を滅ぼすという、紛れもなく近代的なものである[71]。

魯迅は「石鹸」と題する別の短編で、中国の西洋化と伝統の双方を否定している。魯迅は、近代的な石鹸を使って伝統の汚れを洗い流す一方で、主人公がボブの髪型や清潔な香りのする若年女性を軽蔑することで、西洋化した生活が安易であることを示し、それを激しく非難した。確かに若年女性は不道徳な行いをしていたのである。この物語は、家族の生存のために物乞いをする少女を称揚している。この少女は屈強な性格で、他人のために犠牲を払うことをいとわない、近代中国の手本であった。歴史家プラセンジット・ドゥアラによれば、魯迅の物語は「改革が実行され、国家が強化されるようになるために、悲惨さを描かなければならない[72]」。魯迅はその著作の中で自らの目的を明らかにしている。魯は批判を通じて、西洋の影響の外に存在しうるアイデンティティを示すことで、近代中国を解放しようとした。それは単なる伝統ではなく、真に中国的なものへの回帰であったのだ[73]。

魯迅はナショナリズムに傾倒していたが、一九世紀中国の儒学者が用いた「自強」の思想など、古いナショナリズムの概念を批判していた。また『新青年』誌の論考の中で、改革とは中国の伝統文化の刷新であると考える中国人がまだ多すぎると論じている。魯迅は中国の「民族的本質」という概念に憤慨した。魯は国民的伝統を確立しようとする試みは、本質的に「新しい知識の獲得は、新しい知識のさらなる輸入の扉を閉ざし、我々の過去のやり方に戻ること」であると主張した(74)。

『創られた伝統』の著者であるエリック・ホブズボームは、近代ナショナリズムが、創られた過去を理想として掲げながら、新しい知識の創出を抑制し停止させる方法であるという魯迅の鋭い分析に満足したことであろう。魯迅は、西洋で教育を受けた中国の学者たちの人文主義も攻撃している。一九二二年、魯は共にハーヴァード大学で学んだ学者、呉宓《ゴミツ》と梅光迪《バイコウテキ》が創刊した『学衡』誌を標的にし「南京の中華門付近の偽古美術の偽の輝きを反映している」と主張した。地理的な言及は、その雑誌の事務所が南京のどこにあったかを示すものである。魯はおそらく不当にも、西洋のコスモポリタニズムを儒教の古くさい普遍主義と同一視していた。しかし、西洋の人文主義にはギリシャ・ローマ文明にまで遡る深い伝統があった。魯迅は儒教の伝統に懐疑的であったように、この伝統にも懐疑的であったのである。この雑誌には魯迅が否定的であった西洋由来という汚点が加わっていた。魯迅は同じ理由で胡適の国学運動も攻撃している(75)。

　魯迅は一九二〇年代初めには、国民党を激しく批判していた。しかし、一九二七年初頭には驚くべきことに、国民党に接近していくようになった。魯迅は国民党から国家の「特任作家」に抜擢された。また、広州の中山大学の教務主任にも任命された。そして、一九二七年四月八日、国民党の士官養成学校である黄埔軍官学校で革命文学の講義を行った。この講演で魯迅は、北伐軍のエリート士官候補生で埋め尽くされた聴衆を賞賛し、北伐を暗に支持したのである。

　国民党の北伐は、中国を支配していた地方軍閥を倒し、同盟を結ばせることで中国を統一することを目的としており、一年前に始まったもののまだ完遂されていなかった。魯迅の講演は、革命の突撃隊員の革命的活力を呼び起こすものであった。魯迅は革命における実戦に対する文学の役割に言及し、「諸君は実際の戦士であり、革命の勇士である……詩は（軍閥の）孫伝芳（一八八五〜一九三五年）を怯ませることはできなかったが、大砲の爆風はすぐに孫を逃げ出させた」と述べた。そして、この話を締めくくるのにこう言った。「大砲の音は、文学の音よりも甘美に響く」。このように、ナショナリストとしての魯迅は、国民党が中国を支配して統一していくことを肯定的に捉えていた。しかし、魯迅の党に対する楽観主義は、あっという間に変わってしまった。黄埔での演説の四日後、党は共産主義者の盟友に矛先を向けて粛清し、上海の左派知識人を襲撃、処刑したが、その中には魯迅の友人や親しい仲間もいたのである(76)。

この時点で魯迅は国民党に媚びへつらうことから身を引き、孫中山大学を辞職し、上海に移り住むようになる。一九三〇年、彼は中国左翼作家連盟の発足に協力し、その名目上の代表となった。一九三六年に亡くなる前には、左翼だと見なされていた。しかし、魯はマルクス主義の思想に傾倒することはなく、左翼を支持するのは人類全体の向上のためだと主張した。実際、魯は空虚な革命的教養とそのプロパガンダを強く批判し続けた。そして、その品位を下げる「打て、打て、打て、殺せ、殺せ、殺せ、反抗せよ、反抗せよ、反抗せよ」という粗野な表現によって劣化した左翼革命文学を批判したのである(77)。

魯迅は、ナショナリズムの象徴的意義がこの上なく重要であることを日本人から学んだ。魯迅は近代主義者であり、個々の英雄の魅力が文学や詩を通じて適切に伝えられるならば、強力なものになると信じていた。魯迅は実験的な知性を持つ急進的な気質の持ち主で、中国の伝統を容赦なく攻撃した。しかし、魯迅は中国国民を信じてもいた。魯迅が中国の伝統文学を批判したのは、それがナショナリスティック的だからではなく、伝統的な中国文学であることが明確であり、近代化を求める中国にとって時代遅れだと考えたからである。

中国には、目下の脅威と機会に対処するため、より弾力性に富み、ダイナミックな物語が必要だったのである。魯迅は日中戦争が始まる前に亡くなったため、第二次世界大戦後の国共内戦で魯が最終的に中国共産党に味方したかどうかはわからない。今日、中国では魯迅は二〇世紀最高の作家として讃えられている。毛沢東は魯を「中国第一等の聖人(78)」、「中国文化革命の総大将」と評した。主要な文学賞である魯迅文学賞は、魯の名前にちなんで命名されている。

結論

魯迅は著作によって中国国民を魅了した。魯迅は、愛国心を忘れて同胞を蔑視しているように見える中国兵の写真を見て恥じ、民族感情の必要性に目覚めた。そして、中国の伝統に頼ることの問題点を見出した。魯迅は過去と安易に西洋化された現在を批判し、強い個性を持った英雄的な人物、つまり、いざというときに国家に貢献するような人物を書くことによって、中国を目覚めさせようとしたのである。

一方、胡適とジョン・デューイは、中国を変えるための基盤を作ることにそれほど成功していない。デューイは中国での自身の影響力の欠如をもちろん認識していた。しかし胡適は再三再四、政治とナショナリズムを否定し、それが胡適の西洋的近代化という構想の影響力を制約していた。第二次世界大戦中のみ、胡適は駐米中国大使を引き受け、政治的役割を果たした。胡適は自分の思想のために政治の場で戦うことを望まなかったため、それまでに中国の改革に重要な役割を果たすことはなくなっていたのである。

第一次世界大戦後、ジョン・デューイと胡適の国際主義は、極めて一般的になった。ウッドロウ・ウィルソンの十四か条と新たな国際連盟が、西洋人と非西洋人の双方に未来への希望を与えるようになった。しかし、国際的な改革者たちはナショナリズムが強まる世界における国際主義、ヨーロッパの覇権主義が支配する世界における民族自決主義、そして恐ろしい世界大戦のさなかでの平和運動の緊張と苦闘した。

第四章　一九二〇年代におけるアメリカと日本の国際主義と近代性

近代性と市政改革——チャールズ・ビアード、東京へ行く

ジョン・デューイが中国を訪問した後、他のアメリカの知識人たちも東アジアへ旅をした。デューイの元同僚で、歴史家・政治学者として名高いチャールズ・ビアードは、デューイが中国から帰国した直後に日本を訪れた。同じくコロンビア大学出身の歴史家でよく知られた国際主義者ジェイムズ・ショットウェルや、著名な改革者ジェーン・アダムズも一九二〇年代に東アジアに滞在した。

チャールズ・ビアードが一九二二年九月に家族と共に東京に到着したとき、彼は劇的な変化の真っ只中にある国と対面した。ビアードを含む多くのアメリカ人から見れば、日本は合衆国に似た西洋化された近代性への道を歩んでいるように見えた。日本はより民主的な政治体制に移行しつつあり、日本人はよく教育され、比較的自由で開かれた報道機関があった。東京には七つの日刊紙があり、国民は日本や世界に関する情報を熱心に貪り読んだ。

日本の将来の方向性について、諸政党と保守的な軍国主義者の間で激しい論争がマスコミで繰り広げられたが、当面は自由主義者が優勢だった。日本は大戦後、アジア・太平洋地域のドイツ領を引き継ぎ、いっそう大きな帝国を築いていた。第一次世界大戦中に経済的繁栄を極めた後、日本は成長が鈍化し、若年層の失業率が高ま

る雇用市場の逼迫、地方における深刻な貧困に直面した。それにもかかわらず、日本は安定し、いっそうの民主主義へと向かっており、目覚ましい成果を上げていた。そして今、東京市長は近代的でダイナミックな都市を計画しようともしており、ビアードはそれを助けるために赴いたのである。

ビアードは戦間期の近代主義者の中で最も興味深い人物の一人である。彼が東京に到着する頃には、彼は母国で最も影響力のある知識人の一人と見なされ、間違いなく最も有名な存命中の歴史家であった。学者ピーター・ノヴィックは、「この時期の知識人コミュニティ全体において、ビアードはアメリカ随一の歴史家であった」［強調は原文ママ］と述べている。

一九三八年に『ニュー・リパブリック』誌が主催した「私たちの精神を変えた本」に関するシンポジウムで、ビアードはデューイとフロイトを抑えて、ソースタイン・ヴェブレンに次いで二位にランクされた(1)。彼の革新主義的で偶像破壊的なアプローチは、合衆国の共和国としての経験と歴史に根ざしていた。

ビアードの最も論争的な著書『合衆国憲法の経済的解釈』（一九一三年）は、憲法とその枠組みを形成した建国の父祖と彼らの動機に対する広範に亘る批判であった。彼は、建国者たちは自由を愛する心の広い人々ではなく、下層階級に対して自らの富と支配を強固にしようとする経済的エリートだと主張した。保守的な同僚たちの軽蔑を大いに受けながらも、彼はパワー・エリートたちのかぶり布を剥ぎ取った。そして、下層階級を支援する社会民主主義というジェーン・アダムズの考え方に賛同した。『経済的解釈』が出版されると、より保守的なアメリカ人はビアードを執拗に攻撃した。ウィルソン大統領は同書を非難した。『ニューヨーク・タイムズ』紙の書評は批判的であったが、『オハイオ・スター』紙の書評は熱狂的な激しさで訴えていた。その見出しはこう叫んでいた。「ハイエナのようなスキャンダル漁りをする者たちが、我々が尊敬する亡き愛国者の墓を冒涜する」。この批評家は、この本を「中傷的で、悪質で、忌まわしい」と評し、真のアメリカ人に「彼の汚らわしい嘘と腐った中傷を言いふらす人々［とビアードを］を非難するために立ち上がる」よう促した。この過大な批評は自分の主張を誇張していたが、ビアードはひるむことなく、アメリカの歴史と生活に対する鋭い批評を続けた[2]。

チャールズ・ビアードは、無批判な偉大な白人男性の歴史ではなく、階級間の対立を研究することに力を注ぎ、歴史学における革新主義学派のリーダーの重責を担うこととなった。イデオロギー的に保守的な旧来の共和国史観からアメリカ人を解放することに尽力した彼は、アメリカ共和国の最大の偶像の一つであるアメリカ憲法を大胆不敵にも粉砕した。ビアードはマルクス主義を支持しなかった一方、合理性、科学、経験、個人の力、進歩といったプラグマティズムの世界を受け入れた。また、熱烈な国際主義者にもなった。総じて、戦前の革新主義者であり、プラグマティストであったジェーン・アダムズ、ウィリアム・ジェイムズ、ジョン・デューイとよく似た、模範的な近代主義者であった。

一九二〇年代の国際主義は、第一次世界大戦の破滅的な遺産に苦しんでいた。歴史家エミリー・ローゼンバーグは、次のように述べている。「しかしながら、戦争による破壊は戦前の楽観主義を打ち砕き、戦間期の国際主義は希望よりも恐怖によって推進されているように思われた[3]」。一九一六年のソンムの戦いでは、イギリスはその攻勢により、一日で六万人の兵士を失った。低地諸国の多くの地域、特にベルギーでは、その風景には泥が果てしなく広がっていた。町、農地、林は消滅し、交戦地帯は荒涼とした光景と化した。イギリスとフランスでは、家族を持ち、生産的な労働者だったであろう若者の世代全体が戦争によって失われた。フランスでは、男性の二〇％が戦争中に姿を消し、将来に亘って長くヨーロッパ諸国に影響を及ぼすことになる巨大な人口学的破れ目が出現した。

しかしながら、合衆国でも東アジアでも、国際主義の兆候は数多く見られた。世界は再びこの恐怖の館を訪れることを防がなければならなかった。集団的安全保障と世界平和は、第一次世界大戦におけるヨーロッパの大虐殺の後、さらに緊急性を増した。ウィルソン大統領が望んだ国際連盟への加盟を上院が拒絶したことで、アメリカの国際主義者は大きな打撃を受けた。だがむしろ、アメリカの国際主義者たちは、自らの革新主義的な国際的指針を推進するために、必要であれば今度は政府の外で行動しなければならないと、いっそう確信するようになった。

革新主義者たちは、その被害が物理的なもの、失われた人命だけではないことに気づくのに時間がかかった。アメリカの革新主義の改革の課題は、戦争のもう一つの原因であった。戦争を支持するかどうかをめぐって、革新主義者の間に分裂が生じた。戦争熱と反対意見の取り締まりは、一九二〇年代のアメリカがより保守的になったことを示していた。女権運動家たちは、女性が選挙権を獲得したことを慰めにすることができた。しかし、改革をさらに推し進めることは難しくなった。国際的な舞台では、これまで世界強国として振る舞ったことがなかったアメリカ人の偏狭さを克服することが課題となった。しかし、少なくとも周辺では進歩があった。

合衆国は戦後、世界最強の経済大国となり、今では金融支援でヨーロッパを支えていた。その政治指導部、特に国務省は、太平洋における海軍艦船のトン数を削減するためのワシントン条約（一九二一年）、ヨーロッパの財政危機を解決するためのドーズ委員会（一九二四年）、戦争を違法化するためのケロッグ＝ブリアン条約（一九二八年）など、いくつかの多国間協定を取り決めた。孤立主義的な心情にもかかわらず、偏狭な地方主義という古い考えから世界を解放し、間違いなく近代の重要な特徴である世界各国の協力のために、最低限の進歩がもたらされる可能性があることを示したのである。チャールズ・ビアードは、市政改革を含め、革新主義的な考えを押し進め続けた。

日本の進歩的改革者たちは、アメリカ人のような幻滅を味わうことはなかった。日本は国際連盟の指導国の一つとして台頭し、その有能な指導者・新渡戸稲造は国際連盟事務次長に就任した。吉野作造のような自由主義的な国際主義者は、戦後の改革をさらに推し進め、日本をいっそう民主的な国にして、さらに広い世界と結びつけようとした。しかし、軍国主義者もまた、特に一九二三年の関東大震災の後、人命救助や街頭の秩序維持に力を入れた。日本の政治体制はまた、改革の限界を示すものでもあった。改革派は、不可侵の領域に足を踏み入れていることを自覚しながら、皇室の役割に関する議論に慎重に取り組んだ。そして日本陸軍は、政治権力を握る機会に備え、農村部での支持を固めることに努めた。これが、チャールズ・ビアードが一九二二年に東アジアを旅した際に直面した日本である。

ビアードは、獰猛さと妥協のないアプローチで高い評価を得た。第一次世界大戦中、彼はジョン・デューイと同様に、合衆国の参戦に明確な支持を表明し、戦後は合衆国が国際連盟に加盟することを支持した。デューイ同様、彼はドイツ帝国が文明世界にとって重大な脅威であり、何としても打ち負かさなければならないと考えていた。ビアードは『ハーパーズ』誌に、同盟国は「世界がかつて見たこともないような無慈悲な専制主義と対峙している……ドイツの勝利は、アメリカの大きな頼りであった平和と国際親善の理想を完全に破壊することを意味する」と記した(4)。

過剰な修辞については認めながらも、ビアードはアメリカ国民が戦うよう筆を振るった。また、彼と他の革新主義者たちは、戦争が進歩的な目標を拡大すると、やや素朴に考えていた。民主主義は世界中に広まるだろう。また、裕福な資本家たちに、戦争のための生産と戦争への財政支援を通じて、彼らの事業を国のために使用させるのは、ビアードの考えでは、国民にとって良いことだった。

大戦が連邦政府とのコストプラス〔生産原価に所定の利益を加算する〕方式の契約によって、財政を犠牲にして民間企業の富を増大させたことが明らかになったとき、ビアードはひどく失望した。戦時中と戦後、民主主義よりも帝国主義が蔓延し、国際連盟の委任統治制度は、ヨーロッパ列強が中東やその他の地域に進出する際の隠れ蓑に過ぎなかった。

ビアードはまた、言論の自由を神聖な権利だと考えていた。そして、彼の不屈の性格は、けんかで引き下がらないことを意味していた。ビアードがデューイやフランツ・ボアズと共に教鞭をとっていたコロンビア大学は、アメリカ人が戦争に参加した後、ナショナリスティックな熱気に包まれた。コロンビア大学のニコラス・マリー・バトラー総長は、一九一七年に教授陣と学生に忠誠の誓いをさせ、有名な詩人〔ヘンリー・ワズワース・ロングフェロー〕の孫であるヘンリー・ワズワース・ロングフェロー・ダナを含む戦争に反対する幾人かのコロンビア大学教員を解雇しようとした。フランツ・ボアズはもちろん戦争反対を公言し、同様に解雇されそうになった。彼は大学を去らせるには著名すぎて、クラーク大学での最初の職とは異なり、今回は辞めなかった(5)。

ビアードはさらに踏み込んだ。この決断は現在に至るまで語り継がれているが、ビアードは解雇を認めず、抗議のためにコロンビア大学を辞職した。ボアズもデューイも、この重要な瞬間にこれほど大胆ではなかった（もっともボアズは数十年前、学問の自由が損なわれると考え、クラーク大学を辞めていたが）。そうすることで、ビアードは当時、そして私たちの時代における学問の自由の原則を体現したのである。彼は「もし私たちが聞きたくないことをすべて抑圧しなければならないとしたら、この国はかなりぐらついた基盤の上に成り立っていることになる。この国は、礼儀をわきまえないことと権威の否定によって建国されたのであり、自由な議論を止めている場合ではない(6)」と述べた。彼のクラスでの辞意表明は一五分間のスタンディング・オベーションを呼び起こし、その反応に唖然としたビアードは、涙を流しながら公然と泣いた。この時期のビアードの写真を見ると、細長い体躯、高い額、うっすらとした髪を見てとることができる。襟の高い白い糊のきいたシャツとネクタイに身を包んだ彼は、日曜日の説教者のようであり、説教者のように深い信念を抱いていた。彼の真剣で硬い顔、無表情な目、長くまっすぐな鼻は、強さと激烈さを物語っていた。彼は弄ぶべき男ではなかった(7)。

ビアードの大胆不敵で燃えるような献身は、彼のキャリアの特徴となったが、それは以下のようにしてであった。ビアードはインディアナ州ナイツタウン郊外で、ジェーン・アダムズと同じようなルーツを持つ、裕福な農家の銀行家の息子として育った。父親は改革派の共和党員で、彼の家族は奴隷制度廃止論者、禁酒法主義者であり、宗教その他あらゆるものに関して迎合主義者ではなかった。彼の祖父はメソジストと結婚した際、クエーカー教徒から追放された。つまり、彼のルーツには、自分の立場を貫く異端者の深い信念が息づいていたのである。

ビアードが一九二二年に東京に行く機会を得たのは、コロンビア大学を辞職した後の新しい事業がきっかけだった。ビアードはニューヨーク市政調査会の公務員養成学校校長の職に就いた。収入をまとめようとしたビアードは、この職を若い者たちに公共サービスを訓練する機会だとも考えた。これは、市民の義務に対するビアードのコミットメントの一例である。ある歴史家の言葉を借りれば、ビアードは「市政改革運動の中心人物」となったのである(8)。

多くの革新主義者と同様に、ビアードもまた、アメリカの大都市の標準的な特徴である腐敗と貧困から人間を解放することに力を注いでいた。〔子どもたちに遊び場を提供する〕プレイグラウンド運動、執行委員会方式の市政、その他、多くの改革がこの時期に都市に導入された。ビアードのアイデンティティは、控えめに言っても複雑だった。頑固なまでに独立心の強い中西部人であった彼は、やがてジェファソン主義者的なアメリカ生活のビジョンを堅固な自立という価値観の中に取り入れたが、同時にコスモポリタンな東部人でもあった。

ビアードはまた、ソースタイン・ヴェブレン、ジェイムズ・ハーヴェイ・ロビンソン、ジョン・デューイらと共に、ニューヨークのニュー・スクール・フォー・ソーシャル・リサーチの設立に携わり、そこで教鞭をとっていた。典型的な大学の教室では知的好奇心が抑圧されると考えた革新主義者たちが創設したニュー・スクールは、無試験の入学、授業料無料、講師と生徒の相互作用が標準的な授業など、デューイとビアードの教育への体験的アプローチの模範となった。最終的に、農業出身の中西部人であるビアードは、コネチカット州で農場を購入・経営し、そこを本拠地としてある程度の収入を得た（最終的には、本の印税によってチャールズと妻のメアリーは独立し、裕福になった）。

ニュー・スクールへの参加とニューヨーク市政調査会での役職は、いずれも彼の改革への関心を示すものであり、東京の自治体改革に関心を持つ日本人とも意気投合した。一九二〇年、ビアードは若き自由主義者の鶴見祐輔と知り合った。彼は日本の華族と結婚し、東京帝国大学で同じく自由主義者の新渡戸稲造に師事していた。一九二〇年、鶴見はニュー・スクールの講義を聴講した。鶴見の義父、後藤新平男爵は日本の有名な政治指導者で、一九二〇年に東京市長となった。それ以前には南満州鉄道の総裁を務め、さらにそれ以前には、一八九四年から一八九五年にかけての日清戦争の結果、中国から台湾を獲得した直後、植民地政府の民政局長・長官を務めていた。このような指導者間の緊密なつながりは、日本の発展の典型であった。比較的少数のエリートが日本の近代性を形成したのである。

鶴見祐輔は後藤から市政改革について学ぶよう指示された。そこで彼はチャールズ・ビアードのところに行って助言を求め、ビアードに来日を勧めた。したがって、ビアードと日本との最初の、そして永続的なつながりは、非常に小さな日本の近代化かぶれの一団からもたらされた。彼らはビアード自身のように革新的な課題を持っているように見えたが、実は後藤はかなり保守的だった。熱烈なナショナリストであった後藤は、保守的な明治の元老である山県有朋と提携し、いくつかの保守政権で閣僚を務め、保守政党である立憲同志会の設立に貢献した。もう一人の若き自由主義者・高木八尺もまた新渡戸稲造に師事し、東京帝国大学のアメリカ研究教授に就任したばかりだった。高木はアメリカに留学しており、ニュー・スクールの研究室でチャールズ・ビアードと会っていた。

新渡戸の弟子である鶴見と高木の方が自由主義的であったことは間違いないが、日本の政治生活における自由主義と保守の違いは、政治システムがどのように機能しているかについてアメリカ人を惑わせる傾向があった。最も保守的なナショナリスト（後藤）も、都市部では進歩的な改革を支持することができた。また、最も自由主義的な政治家（鶴見）は、天皇と拡大する大日本帝国を支持した。自由主義と保守はどちらも、日本が国家主義的近代化を重視し、天皇と帝国にコミットする中で組み立てられていた。換言すれば、日本の近代性に対する進歩的アプローチも保守的アプローチも、健全な程度の日本のナショナリズムと市民意識を含んでいた。しかし、これらは先祖返りではなく、ナショナリズムが近代性と表裏一体であった世界における展開であった。とはいえ、鶴見と高木は当面の間、改革に対するビアードの革進的な理解に訴えた。そしてビアードは日本に興味を持った。進歩的な思想の源は何だったのか。東京という都市における改革の必要性と要請は何だったのか。記録はないが、彼らとの会談の中で、ビアードは鶴見や高木から、一九一八年に東京で起こった米価をめぐる激しい暴動や、政治指導者の問題、政治改革について聞いていたのかもしれない。

東京市長・後藤新平は既に一九一八年、合衆国を旅行し、『ニュー・リパブリック』誌の編集者ハーバート・クローリーが主催したパーティーでビアード本人と面会していた。それもあって、後藤はビアード夫妻を正式に東京に招待することを決めたのである。ビアードは、ニューヨーク市政調査会会長のルーサー・ギューリックに行くよう勧められた。ルーサーは有名な日本への宣教師シドニー・ギューリックを父に持ち、日本で育った人物であった(9)。

一九二二年九月、ビアード夫妻は子どもたちを連れて東京に向かった。彼らが到着したとき、天候は涼しくなり始めていた。彼らは王族のようにもてなされた。後藤や鶴見らが要人との面会を斡旋し、アメリカ大使が晩餐会を手配した。高木と鶴見に加えて、ビアード夫妻は日本ＹＷＣＡ事務局長の河合道、政治家の前田多門、佐々木久二とその妻・清香（有名な日本の進歩主義者・尾崎行雄の娘）にも会った。ビアード夫妻が佐々木家に滞在している間、彼らの訪問を撮影した無声映画が作られた。そこには、ビアード一家が入場する際の、滑稽に見える大行列などの詳細が含まれていた。エリート主義や形式主義を批判していたチャールズ・ビアードは、さぞかし恥ずかしかったことだろう(10)。

後藤男爵は旅の初めにビアードへの要望を次のように述べていた。

一九二二年九月一四日、私が日本に地歩を印すや否や、後藤子爵は、私に四つの明確な課題を示された。第一は、大学生および日本の代表的都市の市民の間に、都市行政ならびに一般行政に関する関心を深めることである。第二に子爵は、税務行政、受益者負担制、交通問題など多くの具体的な市政問題についてアメリカ都市の経験、実例の大要を明らかにするよう私に依頼された。第三は、図書館の整備および研究方法等に関して市政調査会に助言を与えることであった。最後に、後藤子爵は、私自らが暫くの期間東京市長の職に就いたという想定のもとで、市民に対して市政問題の報告を行ない、あわせて、市政に対する私の意見を「自由にかつ遠慮なく」表明するよう依頼されたのである。(11)

全体として、チャールズ・ビアードにとっても日本側にとっても、この訪問は大成功であった。ビアードは日本に滞在した六か月の間に、一万人以上の日本人を前に三〇回近い講演や講義を行い、多忙を極めた。政治家、役人、知識人、そして日本の一般市民を前にして、大学、講堂、東京ＹＭＣＡ、そしてより親密な場で演説を行った。それぞれ最も良い国公立、私立大学である東京帝国大学、早稲田大学やその他の大学でも数回話をした。名古屋、大阪、神戸にも講義に出かけた。講義のテーマは、近代産業社会における都市の位置づけ、産業社会における社会事業、自治体政府の変化、合衆国における都市計画といった大局的なもので、近代都市に関する彼の知識の広さと深さを示している。

ビアードはまた、自治体の財政、税制、特別査定などより具体的なテーマも取り上げた。新聞はビアードの演説のほとんどすべてを取り上げ、その全文または一部を印刷し、雑誌はビアードの講演のいくつかを再び掲載した。コロンビア時代のビアードの教え子である高橋清吾は、東京市長補佐の前田多門と共に、聴衆に直接、ビアードの演説を伝える通訳を務めた。高橋はビアードの話のすべてを翻訳して出版した。鶴見祐輔はビアードと共に日本の南部を訪れ、彼の演説を通訳した。そのため、ビアードの講演は広範な市民に届き、彼らの市政改革への関心を喚起したものと思われる。

ビアードの東京市に関する研究書『東京の行政と政治』（一九二三年）は、この旅から生まれた。この本は、近代都市がどのように機能すべきかについてのビアードの見解を表していた。東京には既に、ニューヨークのビアードの市政調査会に相当する東京市政調査会という調査・計画機関があった。同書の序章で、ビアードは日本人が既に近代都市の問題を熟知し、その問題を解決する準備が整っていたことを認めている。

私が市役所および東京市の公立機関を二週間ないし三週間に亘って歴訪している間に、私は、市の指導者たちが、近代都市行政の主要な問題に精通しており、しかも、それらの問題の解決のために進歩的な総合的対策を用意しているという事実を知り得たのである。

ビアードは、東京にやってくるアメリカ人が、東京の近代化や西洋化が不十分だと判断するかもしれないことを承知の上で、アメリカの都市の市長の多くも、その取り決め、計画、行政においてあまり近代的ではないと指摘した。

実際には、彼らの一〇人のうち九人は、合衆国の都市衛生や都市計画に関して、まったく、あるいはほとんど知らないのである。ボルチモアやニューオーリンズ市で下水道が完成したのがごく近年であること、一九一二年現在でピッツバーグ市の市民のうち、いかに多くの人々が下水道の恩恵を知らなかったか、あるいはまた、同じ年にワシントン市の死亡率がどんなに高率であったかというような事実を知らされたならば、彼らは一驚するに違いない。(12)

市の指導者たちについては、ビアードは賞賛の言葉しか口にしなかった。市長の後藤男爵は日本で最も尊敬される人物の一人であり、国家と都市への奉仕の長期の実績があった。後藤男爵をはじめとする市政担当者は世界中を旅しており、アメリカの市長が凝り固まった偏狭主義であるのに比べ、かなり国際的な視野を持っていたとビアードは見ている。「アレゲニー山脈〔東海岸のペンシルヴァニア州からノースカロライナ州に亘る山脈〕以西のアメリカ都市の市長たちよりも、日本の後藤子爵の方がニューヨーク市政の重要問題に深い関心をもっているといっても、決していいすぎではないであろう」(13)。

ビアードはまた、養育院長のトップが渋沢栄一子爵であり、無給で奉仕していたことにも驚きを隠せなかった。八〇代の渋沢は、明治国家の創設に貢献し、日本初の銀行を設立し、大きな繊維会社を創立し、引退後は東京市と日本国に無償で奉仕していた。日米関係の緊密化を推進した渋沢は、日本政府の要請で一九二一年のワシントン会議に非公式代表として出席した。彼はホノルルで太平洋問題調査会の創設に貢献し、関東大震災後には東京市の震災復興院の委員を務めた。渋沢は、教育や社会福祉に役立つ六百以上のプロジェクトを立ち上げたり、参加したりしたと言われ、財産を惜しみなく寄付した。

ビアードが分析したところ、東京の大部分は既にかなり近代的で、清潔な飲料水〔システムの拡張が必要〕、公共交通機関〔しかし、十分ではない〕、信頼できる電力網があった。彼が発見した問題点、つまり、貧しい地域の下水道、未舗装の道路、市の関心事に女性の声があまり反映されていないこと、変化を起こそうという気概の欠如は、すべて是正可能なものであり、東京特有のものではなかった。ビアードは、女権運動がまだ黎明期にあったため、育児などの女性の問題が都市計画に盛り込まれなかったと指摘した(14)。市は独自の税金を徴収するためのさらなる権限、実践的な工学分野におけるいっそうの専門性、そして、熱心な住人を必要としていた。

ビアードの著書は、開発不足が顕著だった市内の労働者階級居住区域と、上下水道や交通機関がすべて近代的だった中流階級居住区域や郊外とを区別していないとの批判を受けている(15)。貧困にあえぐ労働者階級居住区域以外では、中流階級向けの住宅は豊富にあり、交通機関やゴミ収集は効率的で、以前の徳川時代（一六〇三～一八六八年）にはきれいな水の供給が確保されていた。日本人はアメリカのどの都市よりもずっと前から、実は合理的な都市計画を行っていたのだ。一見、近代化しているにもかかわらず、なぜ東京はより近代的なシステムを採用しなかったのかと、ビアードは首をかしげた。「次の疑問が起こってくる。東京市は、それにもかかわらず、下水・街路・交通施設の面でいちじるしく立ち後れているのはなぜであろうか」[16]。都市計画に対する市民の関心の低さがその答えの一部であり、それには明確な原因があった。ビアードは、東京の官僚制は日本の国政同様、民主的ではなく、むしろ政党政治から意図的に遮断されるように設計されていると指摘した。したがって、都市計画において官僚や政治指導者は東京の人々の意見を求めなかった。しかし、実際には多くのアメリカの都市よりもうまく運営されていた。

ビアードのコメントはまた、日本人に対するステレオタイプから逃れることがいかに困難であったかを示している。ビアードはこの本の中で、日本人がここまで東京を改革できなかったのは、日本人がどこまでも従順だったからだと主張している。「東京の市民たちは、封建社会の秩序から抜け出てきたばかりである。封建制度のもとにおいては、人々は、事物を懐疑し、比較し、批判することなく、あるがままに受け取った。彼らは、服従にならされていた」。彼は、日本の人々には一六〇〇年代のイギリス内戦や一七九〇年代のフランス革命のような「大きな国民的覚醒」がなかったと述べた[17]。

ビアードは、明治維新の強力な影響力（「国民的覚醒」と呼ぶにふさわしい）を研究していなかったようで、一九〇五年、一九一二年、そして彼の訪問のわずか数年前の一九一八年にも東京を揺るがした強力で破壊的な抗議運動や暴動について知らなかったか、忘れていたようだ。彼は大正デモクラシー運動の真っ只中に東京に到着したが、それについては何も触れなかった。抗議行動、大正デモクラシー運動、そして福沢諭吉の活動は、戦後の日本の民主主義体制に大きく貢献したと言える。デモの間、全国の市民は受動的な服従を示すどころか、街頭に出て、トロッコ列車をひっくり返し、店先を破壊し、警察署に焼夷弾を投げつけ、民主的制度を取り込もうとする政治家の企てや、日本人の毎日の食生活の中心である米価の高騰に抗議した。日本の暴動は、苦難の時代に民衆の力を主張するという古くからの伝統の一部であった。しかし、暴動は民主主義がどのように機能するかについて、日本人が極めて近代的であることも示した。市民のデモは、政府が考慮しなければならない民意の表現だったのだ。抗議行動と大正デモクラシー運動の結果、政府は一九二五年に選挙権をすべての男性に拡大した。同時に政府は、天皇を批判することを犯罪とする、より民主的でない治安維持法も可決したことに留意すべきである。

チャールズ・ビアードの妻であり、彼女自身も多作な歴史家であるメアリー・ビアードは、多くの日本の指導者たちと会い、文通をした。メアリーと夫は最近、初の共著を出版していた。ビアード夫妻の『合衆国の歴史（History of the United States）』（一九二一年）は、ちょうど彼らが日本に到着したときに日本語に翻訳され、小さなセンセーションを巻き起こした。朝日新聞〔初の女性記者〕の竹中繁を含む数人のジャーナリストが、メアリー・ビアードにこの本と日本の女性についてインタビューした。この時期、チャールズ・ビアードの書簡は途絶えている。チャールズ・ビアードが亡くなる前に、ビアード夫妻は多くの書類を処分してしまったため、二人の間の往復書簡には大きな空白がある。(18)

チャールズ・ビアードは一九二三年九月、関東大震災の復興支援のために日本に戻ってきた。地震とその後の大火によって東京の大部分と関東地方は壊滅的な打撃を受け、ビアードは東京の復興を計画するために再び招かれたのである。

一九二三年九月一日（土）の東京の朝は、猛烈な風雨に見舞われ、非常に暑かった。午前一一時五八分、都民が昼食をとるためにガスこんろのスイッチを入れたとき、揺れが始まった。最初の動きは弱かったが、その後、大きな衝撃が続き、その強さはどんどん増していった。横浜近郊では、有限会社ドッドウェル商会の支配人、オーティス・マンチェスター・プールが南関東一帯を揺るがした揺れについてこう語っている。「地面が揺れたとは言い難かった。壁は段ボールでできたかのように膨らみ、騒音はひどくなった[19]」。

地震の後、火事が起こった。東京は多くの家にガス管を設置していたため、ほとんどの家で昼の食事の準備のために火がつけられていた。火は急速に街中に広がった。午後四時には、火と風の大きな竜巻が街中に轟いた。四万人の人々が墨田区の広場に集まり、自宅から追い出され、近くの破損した危険な建物から離れ、荷物や寝具を持って集まっていた。風が吹いて竜巻が発生し、その竜巻が火事を広場にもたらした。その結果、四万人のほぼ全員が焼死した。生存者の一人であるモリタ・ベンサクは、その時の記憶をこう語っている。「焼けつくような暑さでしたが、風が強くて呼吸が困難でした……人々は木の葉のように宙を舞っていました。トタンや小石が空から降ってきました。人々は、さまざまな方向から吹いてくる灼熱の突風に常にさらされていました[20]」。二時間ほど横になっていたモリタが目を覚ますと、大量の黒焦げの死体の下敷きになっていた。当然のことながら、彼はなぜ自分が生き残ることが許されたのか、大いに不思議に思った。日本の有名な作家、谷崎潤一郎は東京に住んでいたが、近くの箱根の山岳リゾートで休暇を過ごしていた。子どもの頃から地震に悩まされていた谷崎は、地震の後、妻と子どもを連れて京都に逃げ、年老いてからようやく再び東京に戻ってきた。

地震と火災は東京と横浜の街を破壊した。一六万二〇〇〇人が死亡し、数百万人が家を失った。その余波で、徴用工として日本に住んでいた朝鮮人が日本政府を転覆させる目的で放火し、井戸に毒を入れたという噂が広まった。まったくのデマだったが、この噂は強い反朝鮮感情を引き起こした。日本人は朝鮮人居住区域で殺戮の限りを尽くし、推定六〇〇〇人の朝鮮人を虐殺した。ある女性、ムン・ムー・ソンは、彼女の父親の友人が警察に行き、朝鮮人に対する虐待を行った者たちを告発したことを語っている。翌日、この友人の切断された頭部が、竹矛の上に載せられて、ムーの前を通り過ぎたという[21]。

ビアードは、東京の再建を改革主義的な方向に押し進めることができるかどうか確かめるために、日本に戻った。しかし、東京はビアードの助けを必要としていたのだろうか。ビアードは最初の旅で、日本の独立性、機知、決断力を学んでいた。震災直後の『ニューヨーク・タイムズ』紙の社説で、一度の渡航で今や日本の専門家と見なされるようになったビアードが、日本の対応について論じている。日本人は欧米に追随して復興を遂げるだけだと考えているアメリカ人に対し、ビアードは「日本人が外国人の誰よりも自分たちの問題を理解していることは、言うまでもないだろう」と述べた。彼は、アジアで最高の工学教育を含む、日本の教育システムの質の高さについてコメントした。ほとんどの日本人技術者は合衆国ではなく日本で訓練を受けているので、彼らは復興の技術的側面を容易に処理できるとビアードは断言した(22)。

アメリカ人は、日本が東京の再建のためにアメリカの専門知識を大いに頼りにするだろうと考えていた。特に、東京の復興計画はビアードが作成したものだと考えられていた。「アメリカの新聞の中には、東京の新しい計画を私自身のものであるかのように伝えているものがある。それも誤りです」。ビアードはさらに、日本の技術者が技術計画を作成し、日本の行政官が行政計画を作成したと説明した。「私の役割はささやかなもので、作成されたこれらの計画にアメリカの経験の光を当てることでした」。日本が西洋に依存することなく、非常に有能であることをアメリカ国民に納得させようと、彼はこう述べた。「彼らは地球上のあらゆる地域から最良のものを集め、それを自国の伝統に合致した精神で作り変えようとしています」。しかし、日本には東京の再建に使える資源がほとんどなく、ビアードの提案のいくつかは無視された。ビアードに典型的なことだが、彼はエリートたち、この場合は東京の大土地所有者たちが、建物やインフラの更新に投資したがらないために、彼のアイディアを頓挫させたのだと非難した(23)。

チャールズ・ビアードは日本への旅で深い衝撃を受け、後の一九四七年、弟子のマール・カーティに宛てた手紙の中で「違う人間になった。その後、私は決して同じ人間には戻らなかった」と述べている。旅からかなりの時間が経過していたため、その旅が彼をどのように変えたかは明言されていない。本書に登場する他の旅行者と同じように、別の文化や世界に対する考え方に触れたことが彼に大きな影響を与え、自分がどう変わったかを正確に理解することなく、そこで過ごした時間を懐かしく振り返った可能性は十分にある。(24)

鶴見祐輔と近代日本政治

鶴見祐輔はビアードの恩義に報いるために渡米し、全米各地で講演を行った。その目的は、一九二四年七月の移民法成立に伴う日米関係の悪化を食い止めることにあった。この法律はカリフォルニア州選出の議員が推し進めたもので、合衆国の西部地域における強力な反日運動の直接的な結果であった。西海岸やその他の地域のアメリカ人は、耕作するには乾燥しすぎていると思われていた土地を買い、灌漑によってその土地の生産性を高めて、農民として大成功を収めた日本人移民を恨んでいた。経済的な恨みは、明白な人種差別と、日本人がこの国に入り込み、日本帝国のために乗っ取ろうとしているのではないかとの疑念を伴っていた。

日本人はこの排日法に強い憤りを覚えた。東京の合衆国大使館前で焼身自殺をした者もいた。日本政府は、この法律が施行された七月四日を「国辱の日」と定め、その後、それを厳粛に遵守した。

鶴見の任務は、日本人は合衆国の友人であり、日米関係の歴史は前向きで協力的であることをアメリカ国民に納得させることだった。一九二四年から一九二五年にかけての一四か月間、彼は合衆国で三〇以上の大学と一〇〇以上のクラブで講演を行い、日米関係の歴史と現状を取り上げた。鶴見の渡米は鶴見自身の発案によるもので、知られているかぎり、日本政府は関与していない。旅行中の写真には、トリルビー帽〔フェルトの中折れ帽〕にオーバーを羽織り、杖を持ったこざっぱりとした鶴見の姿が写っている。彼のハンサムな面立ちは自信と意志の強さを表していた。彼の目には陽気さが漂っており、彼自身、真面目になりすぎるようには見えない容貌であった(25)。

鶴見の演説はまた、アメリカの聴衆により訴えるようにするための意図的に粉飾した語り口で、明治時代（一八六八〜一九一二年）の日本の形成期に合衆国が日本に及ぼした影響力の大きさを強調した。鶴見のアプローチは異例であった。通常、その影響力を誇張するのは、日本人ではなくアメリカ人であった。鶴見が聴衆のご機嫌を取ろうとしていたのでなければ、何であったのだろうか。アメリカの影響力を強調することで、日本人の合衆国への移民を禁止した移民法は、日本を深く疎外したというメッセージの下地を作ったのである。彼の講演によれば、日本は徹頭徹尾、アメリカ化されており、そうしたダメージを修復するための措置が講じられるべきだというのである。

鶴見の演説は、後に英字新聞『ジャパン・タイムズ』によって英文の書籍として出版された。鶴見は日本の自由主義者の苦境を説明し、日本に民主化と近代化をもたらそうとする保守派との苦しい戦いを描写し、移民法が自由主義者を危機に陥れたことを説明した。彼はまず、一九世紀後半の日本の自由主義者が、西洋帝国主義の脅威という深刻なハンディキャップのもとで動いていたことを指摘した。自由主義者は当初から民主主義を否定する保守的なナショナリストと競い合わなければならず、軍備を増強し政治権力を中央集権化することで、西洋帝国主義者の横暴から国を守ろうとしたというのである。

つまり、日本のラッセル家、グラッドストーン家、モーリー家は、最初から新しい領土、新しい帝国か貿易、新しい勢力圏への道を切り開くために、西洋列強の雷鳴の下で働かなければならなかったのだ。彼らがほとんど前進できなかったことは驚くにはあたらない(26)。

鶴見によれば、日本は国際主義的で民主的な政治体制ではなく、軍隊と帝国を築いた。中国や後のロシアとの戦争で日本は大勝利を収め、海外に帝国を拡大し、国内では保守的で軍国主義的な勢力を強化した。皮肉なことに鶴見は、南北戦争を戦い、後に外交官として日本を訪れ、外交政策について日本に助言を与えた無名のアメリカ人、ルジェンドル将軍の功績を称えた。ルジェンドルは一八七〇年代、日本の外務卿であった副島〔種臣〕伯爵に、日本は朝鮮半島と中国において自らの側面を守るために積極的に行動しなければならないと言ったのだ。鶴見はルジェンドルは非常に影響力があり、明治維新の薩摩の名将・西郷隆盛でさえ、ルジェンドルの助言を受けて、副島から説明を受けるために顧問を送ったと主張した。鶴見の記述によれば、西郷はここで朝鮮侵略のアイディアを得たという。これは興味深い説ではあるが、ほとんどの歴史家は、西郷のアイディアの基礎として、日本が朝鮮を侵略した歴史を評価しており、明治維新後の日本の大陸安全保障政策を始めたのは、ルジェンドルでも副島伯爵でもなく、山県有朋であった。

鶴見はまた、南北戦争の将軍であり、アメリカ大統領でもあったユリシーズ・S・グラントが、一八七〇年代に来日した際のことを、日本の外交政策に大きな影響を与えたと述べている。グラントは日本に対して、当面は朝鮮との戦争を避け、国内の発展に集中するように言ったようである。日本の歴史家は通常、大久保利通がこのように洞察したとしている。鶴見はまた、森有礼の指導力に基づいて、教育政策の分野におけるアメリカの影響力を誇張した。しかし、日本の教育システムはアメリカではなく、フランスのモデルに基づいていた[27]。

鶴見は、第一次世界大戦中に日本の自由主義が強化されたことを概説し、アメリカのウッドロウ・ウィルソン大統領の国際主義と十四か条が日本の自由主義者を鼓舞したと主張した。この場合、鶴見は的を射ていた。ウィルソンの思想は日本で大きな関心を呼び、鶴見自身も耳を傾けたが、ウィルソン主義に改宗する者は少なかった。一九二四年から一九二五年にかけて、鶴見はこれらの演説を行いながら、日本における自由主義に対する二重の脅威――マルクス主義の急進主義と保守的なナショナリズム――を感じていたが、同時に自由主義は積極的な変化をもたらす重要な力であるとも考えていた。というのも、鶴見の演説は、日本の歴史における保守勢力の強さを認めながらも、関東大震災後の男性普通選挙法案のような日本における自由主義的な動きを受けて、一九二〇年代半ばの日本で保守勢力が再び活気を取り戻しているとはしなかったからである。(28)

この旅の間、鶴見が頼りにしたのは、チャールズ・ビアード、メアリー・ビアード夫妻との知遇だった。鶴見が渡米して最初に訪れたのはニューヨークだった。ビアードは鶴見をコネチカット州ニューヘイブン近くのビアード農場に招待した。手紙の中でビアードは、当時の有名な漫画『マットとジェフ（Mutt and Jeff）』にちなんで、鶴見のことをジェフ、自分のことをマットと呼んでいた。ビアード（マット）は、もし鶴見が道を知らなければ、ペン駅まで鶴見（ジェフ）を迎えに行くと申し出た。ビアードは鶴見にコロンビア大学とダートマス大学でのスピーチを手配した。後に彼は、鶴見の広報資料の中で鶴見を絶賛した。

残念なことに、一九三一年の満洲事変の後、ビアードと鶴見の関係は悪化した。この事件は、中国に対する長期戦争の第一歩となった。満洲事変は、ビアードを含むアメリカ人に衝撃を与え、彼らを反日に向かわせた。

ビアードと鶴見は一九二〇年代、日米関係の支援に積極的になった。疎外の危険性が現実のものとなったからである。ビアードは戦間期におけるアメリカの歴史家の長老とされ、日本と日米関係に大きな関心を持っていた。ビアードは演説や著書の中で、国際問題やアメリカの外交政策について頻繁にコメントしている。チャールズ・ビアードは、最近の日米外交を公式の外交官とはまったく異なる観点から見ていた。彼らがワシントン会議を日本とアメリカの関係を強固なものにすると解釈したのに対し、ビアードはワシントン条約で日本が劣勢に立たされたことで、二国間に対立関係が生まれると考えたのである。彼の予言が的中した一九三〇年代、ビアードはアメリカの東アジアへの関与に警鐘を鳴らした。彼は、中国に対する感傷主義的な政策を否定し、アメリカの外交政策は、日本が中国に大差をつけていた貿易という厳然たる事実に基づくべきだと考えていた。(29)

一九二五年三月、自由主義者の人気雑誌『ネイション』は、移民法をめぐる騒動のためと思われるが、日本について特集を組んだ。編集者は率直にこう述べている、私たちは桜や美しい仏教寺院に関心があるわけではないが、アメリカ人が日本の根源的な人間性に気づくよう手助けをしたい。風光明媚な遠く離れた他のすべての国と同様、日本は私たちと非常に似ている国民の国である。ピッツバーグやグラスゴー、サンテティエンヌやルール地方のように、軍国主義者や帝国主義者が権力の座にあり、自由主義運動が表現のために奮闘し、労働者と資本家が激しく対立している。我々は、アメリカの人々の心を蝕み、不可避の敵意という盲信をここアメリカで作り上げている巧妙なプロパガンダを理解する手助けをしたい(30)。

誤った認識を正そうとするこの試みは称賛に値するが、アメリカの自由主義者が日本に自分たちの姿を重ね合わせすぎるという、よくある弊害に悩まされていた。この社説は、合衆国、西ヨーロッパ、日本の間のいくつかの重要な類似点を指摘しながらも、論理的に飛躍して、日本は自由民主主義の一端を担っていると結論づけた。しかし、社説は反日運動が煽った否定的な認識が、日本に対する疑念と不信から政策が生み出され、誤解によって不必要に戦争の危険を招くという状況を合衆国にもたらしたことを認めた。「このような致命的な政策に流されるのではなく、歴史的な友好関係を守るために心を整えれば、太平洋の未来を作り直すことができるかもしれない(31)」。

チャールズ・ビアード、メアリー・ビアード夫妻は、『ネイション』誌の日米関係に焦点を当てた特集号に寄稿した。日米の移民問題を緊張の原因と見なす傾向を批判し、ビアード夫妻は真の問題は中国にあると考えた。彼らは中国に手を出さないというアメリカの政策の正しさを信じていた。彼らの辛辣な発言は、他のアメリカの自由主義者が中国に対してあまりに甘く、ラテンアメリカにおけるアメリカの政策に対して十分に厳しくないと批判した。「もしアメリカ人が、虐げられた人々を権力のくびきから解放しようとするのであれば、ハイチから始める方が簡単だ(32)」。

ビアード夫妻の娘であるミリアム・ビアードもまた、「私たちの戦争宣伝運動（Our War Advertising Campaign）」という記事を書いた。ビアードは、ここ数か月のハースト系新聞の「イエロー・プレス」〔扇動的な記事を載せる当時の一部の新聞を揶揄した呼称〕が、対日戦争に向けた反日プロパガンダを意図的に煽ったと主張した。アメリカの大衆文化のレベルでは、日本人に対する危険な誤解が生み出されていた。なぜか。ビアードによれば、海軍の拡張を求める合衆国海軍省の主張を支持するためだった。ハースト系の新聞の署名入り記事の一つに「平和への主な希望は、人間の良識ではなく、最新の戦闘機械の驚異的な力にある」とある。その他にも、フィスク海軍少将による日本はフィリピンの占領を目指しているという主張や、来るべき合衆国との戦争で射程距離を稼ぐために戦艦砲を高くしたという主張もあった。一九一九年以来、流行している戦争談義は、この時期も力強く続き、両国の軍国主義化に熱心な人々にとって有益であることを証明した。ビアードは『西部の影』という最近の映画では、東洋人が白人の少女たちを誘拐し、軍団の少年たちが彼女たちを救出するように描かれていると指摘した。一九二〇年代半ばの二つの新しい小説『キモノ（Kimono）』と『弱った蝶（Broken Butterflies）』は、日本人男性を悪役として、日本人女性を官能的で不道徳なものとして描いていた[33]。この号の他の記事には、日本の労働運動の台頭に関するものや、やがてガンジーの伝記で有名になるルイス・フィッシャーによる合衆国、日本、ロシアに関する外交記事があった。

チャールズ・ビアードとメアリー・ビアードは、彼ら以前のボアズやデュボイス同様、人種問題にも取り組んでいた。人種差別に対する意識は高まり〔フランツ・ボアズの功績である〕、一九一〇年代には人種問題を取り上げなかった革新主義者たちも、今ではコメントせざるをえないと感じるようになっていた。ビアード夫妻はジョン・デューイや他の多くの自由主義者と共に、一九二六年に雑誌『サーベイ・グラフィック』の特集号に多元主義、人種、アジア系アメリカ人に焦点を当てた論考を寄稿した。移民法は独自の反対運動を引き起こした。人種関係や東アジアについて心配していたビアード夫妻とデューイは、多元主義や多文化主義の主張で対抗した。ビアード夫妻は「日米関係に関する我々の見解（Our View of Japanese-American Relationships）」の中で、アメリカ国民は寛容さと複数の文化の存在を受け入れる必要があると主張した。

鶴見祐輔は日本が合衆国から疎外されていることにすぐに順応した。日本の政治家や知識人の多くがそうであったように、彼も満洲事変の後、意見を急激に右傾化させた。彼は一九三〇年代半ば、北東アジアにおける日本の帝国拡大を利用することを決意し、太平洋協会を設立した。太平洋協会は日本の新たな帝国領土の団体旅行を後援する教育・旅行会社で、月刊誌『太平洋』も発行していた。鶴見が環太平洋の夢の露骨な商業版に関わったことは二つのことを示唆している。第一に、鶴見は明らかにイデオロギー的には非常に柔軟であり、日本の軍事侵攻から利益を得ることにほとんど抵抗はなかった。第二に、帝国の観念が、まさに日本国民の資質に付加された。一九四一年の真珠湾攻撃後、鶴見はさらに右傾化した。

鶴見は、一九四〇年に天皇の意向で日本の政党が自主的に合併した大政翼賛会に入り、最終的にはその総務になった。第二次世界大戦が終わり、アメリカの日本占領が始まると、鶴見は占領当局であるアメリカの連合国軍最高司令部（SCAP）の網にかかった。

アメリカの占領当局は日本の政治家や軍部指導者の公職追放（パージ）を始めた。天皇制と帝国のために組織された大政翼賛会の指導者であったことが、鶴見の追放を正当化する十分な証拠となった。追放されるということは、公の場での発言や選挙への立候補ができなくなるということであり、一九二〇年代からほぼ一貫して公職に就き、国会の議席を維持してきた鶴見にとっては大きな痛手であった。

しかし、鶴見は日和見主義者であり、公職追放も同じように対応した。彼はSCAPの幹部たちに、彼らは間違いを犯した、自分は傍観者であるよりも公の場で活躍した方が役に立つと、次々と手紙を書いた。彼はSCAP当局が日本国内の共産主義者や社会主義者に寛大な態度をとっていることが問題を引き起こすと示唆し、一九四七年に左翼主義者たちが全国的なストライキを組織しようとした際、彼はそれを確信した（SCAPの責任者であったアメリカ軍将軍マッカーサーは、最終的にこのストを中止させた）。

一九五二年、ジョン・フォスター・ダレスがアメリカの占領終結交渉のために来日した際、彼は鶴見に通訳を依頼した。ダレスは鶴見が何度も訪米した際に彼と知り合い、顔見知りになっていた。厳密にはまだ追放されていたが、鶴見はダレスの通訳になることを許され、その後、公職追放は解かれた。鶴見は一九五〇年代には日本の国会議員や閣僚として重要な政治的地位に就くことになる(34)。

近代性の救済――ジェイムズ・T・ショットウェルの国際主義

鶴見の日本での政治経験が有益であるのと同様に、アメリカの知識人もまた政治的野心を抱いていた。ジェイムズ・ショットウェルは鶴見の「柔軟性」の顕著な例である。ショットウェルはコロンビア大学でのビアードの元同僚で、ビアードと同じく歴史家であり政治学者であったが、一九二九年に来日した。ショットウェルとビアードは親しい友人であり、一九〇七年にはジョン・デューイや他の知識人が家を所有していたニューヨーク郊外のウッドストックに、ビアードがショットウェルに金を貸して不動産を購入したほどである。ショットウェルとビアードは多くの点で似ていた。キャリアの初期においては理想主義的で、一九一〇年代には二人とも旧体制を破壊しようとしていた。ビアードとショットウェルは共に、ヘーゲルなどヨーロッパの知識人による古い価値観とイデオロギーに満ちたアプローチを否定し、現在主義《プレゼンティズム》と社会分析という新しい歴史的アプローチを受け入れた。ビアードとショットウェルは共にプラグマティストであり、革新主義者であり、活動家であった。一九二〇年にショットウェルがほぼ独力で国際労働機関（国際連盟の創設につながる）を創設したことは、彼が正真正銘の革新主義者であることを示している。

ショットウェルとビアードは共に革新主義運動に参加した一方、第一次世界大戦中、彼らの道は分かれた。ビアードがコロンビア大学を辞職したのは、同僚数名の解雇に抗議したためであり、ジェイムズ・ショットウェルのアプローチとは対照的である。歴史学と政治学におけるヨーロッパ専門家であったショットウェルは、この戦争をウィルソンとほぼ同じ観点で捉え、民主主義的価値を世界に広める手段と見なしていた。ビアードもアメリカのヨーロッパ介入を支持したが、類似点はそこで終わっている。ショットウェルは戦後、ビアードのような幻滅を味わうことはなかった。彼はより保守的になり、ワシントンの政治エリートとのつながりを強めていった。

ジェイムズ・ショットウェルは第一次世界大戦へのアメリカの参戦を支援するために尽力した。彼はワシントンに赴き、歴史家による戦争支援のための愛国的活動である、全国歴史奉仕委員会（National Board for Historical Service）の代表となった。そのうちの一つは、「戦争メッセージとその背後にある事実」と題されたもので、合衆国の参戦は民主主義を広め、ヨーロッパの戦争体制を打ち破り、恒久的な平和をもたらすというウィルソン大統領の主張を明確に支持するものだった。歴史家の中には、ショットウェルの政府寄りの活動を快く思わない者もいた。ビアードはショットウェルの仕事についてコメントしなかったが、大学の忠誠確保の取り組みの件でコロンビア大学を辞職したことを考えると、おそらく彼はそれを有害だと感じたのであろう。しかし、大多数の歴史家は愛国的な気分に浸っており、ショットウェルの活動を支持していた。

ショットウェルは理事会でフレデリック・ジャクソン・ターナーと親密な関係を築いた。彼らはジョージ・クリールや広報委員会と協力して、もう一つの小冊子「赤、白、青――戦争情報」を作成した。ショットウェルはアメリカ人に対し、戦争の取り組みを支持するよう奨励した。ショットウェルの戦争支援活動は、彼に全国的な名声をもたらした。もはや単なる大学教授ではなく、ワシントンで政治エリートたちとの関係を築き始めた。この頃、ビアードはコロンビア大学の職を辞していた。ビアードは政治家との交際を避けた。彼の中西部的な独立志向は強く、偽りのものではなかった。一方、ショットウェルは自らの目的のために積極的なロビイストとなり、ウィリアム・ボラー上院議員やコーデル・ハル国務長官など、ワシントンに多くの友人を作った[35]。ショットウェルは脚光を浴びるために魂を売ったと主張する者もいるかもしれない。しかし、後述するように、ショットウェルには彼を突き動かし、彼の政見を形作る確固たる知的コミットメントがあった。

一九一九年、パリ講和会議のオブザーバーとして合衆国政府からパリに招かれたショットウェルは、ウィルソン的国際主義にすっかり魅了された。アメリカの介入を支持する彼の根底には、ウィルソン主義を通じてヨーロッパの古い戦争体制から解放されたいという揺るぎない信念があったことが明らかになった。

ジェイムズ・ショットウェルは一九一九年一月、パリ講和会議という世界最大の舞台で、大都市パリに身を置いていた。彼は街の壮麗さと、その通りに並ぶ捕獲されたドイツの軍備に驚いた。ショットウェルはウッドロウ・ウィルソン大統領の到着を応援するパレードに参加した。しかし、誰も彼を見てはいなかった。

ショットウェルは交渉の場に身を投じ、交渉の主導権を握るための鋭い勘を養っていたが、当時は傍観し、苛立ちを募らせていた。彼は、コロンビア時代の教え子で、中国代表として会議に参加したＣ・Ｔ・ワン（王正廷）に会った。ショットウェルはまた、アラビアのＴ・Ｅ・ロレンス大佐を含むアラビアの要人たちとも公式の晩餐会を持った。しかし、彼は事実上排除されていた。そしてその後、彼は一躍有名になった。

戦後の和平協定における労働者の役割については、誰も考えていなかった。しかし、ボルシェビキ革命の爆発的な高揚と共に、ショットウェルは労働者の問題に対処し、労働者にとってマルクス主義革命に代わるアプローチとして機能する組織を作ることを思いついた。アメリカの代表団は彼を無視したが、イギリスは興味を示し、彼らの影響力によってショットウェルは国際労働機関（ＩＬＯ）と呼ばれる新組織の草案執筆を承認された。彼はＩＬＯ設立につながる文書を執筆し、国際主義的革新主義者として、海外でも合衆国でもその名を馳せた[36]。

ショットウェルは合衆国に戻ったが、合衆国が新たな国際連盟への加盟を拒否したため、彼の目標は大きく後退した。一九二〇年代の残りの期間、ショットウェルはこの大失態を回避し、正式な連盟の機能以外の国際問題の解決に合衆国が参加できるようにするため、終わりの見えない一連の計画、提案、委員会、組織の創設と指導に取り組んだ。彼は合衆国が集団的安全保障の一翼を担うよう、絶え間ない努力を続けた。当時の写真を見ると、彼はスーツにネクタイを締めている。優しくまじめな顔はショットウェルの進歩への希望を物語っており、目の下のたるみはくたくたになるまで働く彼の習慣を表していた。(37) 自らが所属する諸団体のなかでは、カーネギー国際平和基金の社会科学部長を務め、アメリカ知的協力委員会の理事となり、太平洋問題調査会（ＩＰＲ）のアメリカ研究委員会を率いた。ワシントンでほとんどの時間を執筆やロビー活動に費やし、なかには合衆国が国際連盟に全面参加せずに加盟することを認める提案もあった。しかし、教壇に立つことはほとんどなかった。

ショットウェルはこの一〇年間に何度もヨーロッパを旅行した。一九二七年にはパリに赴き、フランスのアリスティド・ブリアン外相に、戦争を放棄し、地政学的戦略の手段として戦争を終結させるという条約を提案した。ショットウェルのアイディアがケロッグ＝ブリアン条約の萌芽となった。これによって合衆国は、国際連盟以外の多国間の平和と安全保障の枠組みに参加できるようになった。ケロッグ＝ブリアン条約は一九二九年までに六二か国が調印したが、称賛に値する意図を持っていたものの、強制メカニズムはなく、国際連盟そのものと同様、脆弱な国際的手段であった。ショットウェルは戦争を終結させようとしたこの試みに対して十分な評価を受けたが、批評家たちはこれを無益な運動として非難した。(38)

ショットウェルは戦争の違法化に尽力した後、太平洋問題調査会（ＩＰＲ）に関わるようになった。ＩＰＲは一九二五年、ハワイのホノルルで数人の元アメリカ人宣教師と日本の指導者たちによって設立されたもので、太平洋の架け橋となり、開かれたコミュニケーションと平和を確保するために、公式ルート以外の多国間組織を創設することを目的としていた。アメリカの排日移民法がＩＰＲ設立の主な要因であった。

ＩＰＲはどの国の公式外交官でも会議に出席することを認めなかった。その運営原則は、移民法のような政府の公式行動が太平洋の緊張を高めており、緊張を緩和する方法は人々の外交であるというものだった。

ＩＰＲは対立する国々の代表が争点を取り上げ、それについて率直に話し合う円卓会議という興味深い手法を使って、関係の沈静化を図った。最終的に、この手法は論争を呼ぶものであったため中止されたが、一時的には（少なくとも代表団の間では）関係が改善されたように思われた。ショットウェルには太平洋に関する専門知識も経験もなかったが、国際主義者としての彼の役割は、世界全体が彼の参照枠となることを意味していた。そして彼は、感情的な反応を合理的な議論と信頼できる調査に置き換えることで、中国、日本、合衆国の間の緊張を、ＩＰＲの手法を使って解決できると考えたのである(39)。

ショットウェルは一九二九年、ＩＰＲの研究職に就いている立場の一環として、二年に一度開催される国際ＩＰＲ会議のために京都を訪れ、家族と共に日本、中国、満洲、朝鮮で数か月を過ごした。ビアード夫妻と同様、彼らは日本で多大なもてなしを受けた。ショットウェルは、浜口首相や渋沢栄一（今や九〇歳近く）を含む主要な自由主義者全員と会談した。渋沢は、一九二四年のアメリカの排外主義について非常に辛辣に語った。ショットウェルは、数千人の参加者を前にした京都でのＩＰＲでの講演や、数百人の学生を前にした東京帝国大学での講演など、日本で何度か講演を行った。彼が日本や東アジアの国際関係に何らかの影響を与えたという証拠はない。ある意味でショットウェルの視察は、ケロッグ＝ブリアン条約の提案に成功した彼にとって勝利の周遊であった。

ショットウェルは東アジアの情勢についてほとんど知識を持っていなかったが、日本帝国についてはほとんど疑念を抱かなかった。彼は日本の帝国主義について非常に屈託のない態度で論じた。実際、彼はＩＰＲ会議での日本人のアプローチについて、その寛大さと公正な心を称賛した。彼は「満洲問題や日中間の同様の問題は、武力に訴えるのではなく、平和的手段で解決できることが京都会議で証明された」と素朴に述べた(40)。また、日本が西北アジアの近代化に成功したというお決まりの議論にすぐに陥り、日本の覇権（ヘゲモニー）主義について議論する余地はほとんどなかった。

ショットウェルは当時、日本の自由主義者と保守主義者が日本の近代化の方向性をめぐって、繰り広げていた政治的・文化的な闘いについては知らなかった。彼は先鋭化した日本の若者たちが漂流しているのを感じていた。しかし、彼は軍部や保守派とは会わなかったし、会うことにあまり興味を示さなかった。彼が右派政治について知っていたのは、超国家主義者が京都のIPR会議を襲撃し、閉鎖すると脅したという報道だけだった。結局、この脅迫からは何も起こらなかった。

韓国のソウルで、ショットウェルは京都IPR会議の韓国代表団と会談した。韓国の独立という機微な話題は彼の会談では触れられなかったが、韓国人と日本人の間の緊張はショットウェルにも明らかだった。韓国人は日本のIPR指導者たちから、会議でもソウルでのショットウェルとの会談でも、論争の的となる独立の話題を避けるよう促された。その代わりに日本人は、韓国における経済的な成果について話すよう促した。(41)

ショットウェルはまた中国を訪れ、デューイが以前、そうだったように、中国に魅了された。彼は自伝の中で、西洋で訓練を受けた自由主義的な中国の教授たちが現場を支配しているように見えたとコメントしている。しかし、ショットウェルの言及した胡適などの自由主義者は、実際には、日本で訓練されたより急進的な知識人に思想の闘いで敗れつつあった。一九二七年に蒋介石と国民党によって統一された中国人（全国統一〔易幟《えきし》〕は翌二八年）は、その後、西洋帝国主義の締め付けを排除しようという意欲を高めていった。民族主義的感情が高まり、中国国民は不公平な関税や治外法権といった西洋の押し付けを排除するよう呼びかけ、また中国の大学の教師など、中国社会における重要な地位から西洋人を追放することでこれに応えた。

ショットウェルは中国における治外法権の問題に関わるようになった。彼は初期調査を行い、IPR京都会議で中国における治外法権の諸側面について論文を発表した。しかし、それは表面をなぞったにすぎず、ショットウェルは中国の事情や政治家についてほとんど何も知らなかった。そして一九三〇年、ショットウェル夫妻が中国で休暇を過ごしている間に、中国はすべての治外法権を廃止すると発表した。合衆国、イギリス、フランスは、中国が法規範を改革するまで治外法権を廃止することを拒否した。

ショットウェルは中国に介入し、妥協案を作り出そうとした。彼は中国が治外法権の問題を扱う特別法廷を設置し、中国の法規範が更新されるまで存続させることを提案した。この妥協案によって、西洋諸国は治外法権の廃止に同意するかもしれない。彼はまた、中国が独自に特別法廷を運営できるようになるまでの暫定期間として、国際的な裁判官の何人かをこれらの特別法廷に座らせることも提案した。在南京アメリカ領事ウォルター・アダムズと在上海アメリカ総領事エドウィン・S・カニンガムは、暫定的解決案が中国のエリートの間で支持されていることを報告した。しかし、中国の若い急進派は、ショットウェルの提案は依然として帝国主義の一形態であると主張した。民族主義〔英字〕新聞である『中国の真実（China Truth）』は、この案を非難した。編集者たちはショットウェルを「国家間のより良い関係のために、常にあらゆる種類の方法を考案することに忙しい平和主義者のグループ」の主要メンバーだと評した。彼らはショットウェルはヨーロッパの問題を優先するあまり、「東洋」の問題に対する十分な洞察力を欠いていると主張した。結局、この問題を交渉しようというショットウェルの試みからは何も生まれなかった。治外法権は第二次世界大戦まで存続し、中国の同盟を必要とする列強諸国は、日中戦争勃発後の一九三七年に治外法権を撤廃することで合意した。批判はあったが、ショットウェルの努力が称賛に値するものであったことは間違いない。だが、西洋が一世紀に亘って中国において帝国主義を貫いてきたことを考えれば、その非難は理解できる(42)。

中国滞在中、ショットウェルはジェイムズ・イェン（晏陽初）にも会った。彼は当時、中国の農村で協同組合教育運動を起こしたことで合衆国では有名だった。中国人クリスチャンのイェンは、合衆国のイェール大学、プリンストン大学に留学中にＹＭＣＡに入会した。ＹＭＣＡでの経験から、彼は中国に近代性をもたらそうと改革の取り組みに従事することを決意した。彼が初めて中国の農民と接したのは、第一次世界大戦中のヨーロッパにおいてで、そこには中国人が戦場の清掃に駆り出されていた。ＹＭＣＡは彼らに英語を教えるために彼を派遣したが、彼はすぐに農民たちが非常に知的であるにもかかわらず、教育を受けていないことに気づいた。戦後、イェンは必要な教育を提供することを決意した。彼は中国の農民の教育プロセスを簡素化するために、使用頻度の高い千文字からなる短縮文字セット〔平民千字科〕を作成した。一九二三年、彼は胡適と梁啓超の目に留まり、彼らと共に中華平民教育促進会という組織を設立した。同協会は初期には五〇〇万人の中国人を動員し、毛沢東もボランティア教師として参加した。イェンは一九二六年に組織を拡大し、北京の南西にある小さな町、定州で農村協同組合を立ち上げた。この協同組合は、農民の教育だけでなく生活様式も改善しようと試み、政治や新しい農業技術の訓練を行い、切実に必要とされている医療を提供した。

中国でも合衆国でも、保守派はジェイムズ・イェンを社会主義者だと信じていた。しかし、革進主義者たちは彼に大きな関心を寄せていた。中国育ちのアメリカ人作家パール・バックは、イェンとのインタビューをまとめた短編集『人民に伝えよ――大衆教育運動についてのジェイムズ・イェンとの対話』（一九四五年）を出版した。中国在住の宣教師だったジョン・ハーシーの父親は、一九二〇年代にイェンと共に中国で働いた経験がある。ハーシーはやがて小説『使命（The Call）』（一九八五年）の中で、ジョニー・ウーという名前でイェンの経験をフィクション化した。イェンの運動もまた、国家を強化するために大衆を動員しようとした近代主義者の強力な例である。ショットウェルはそれをそのように認識し、この合理的な科学的アプローチが長期的には中国人に利益をもたらすと信じていた[43]。

ショットウェルが東アジアにいた頃、アメリカの株式市場は暴落し、その直後に大恐慌が始まった。ショットウェルが東アジアの旅から戻ると、銀行は閉鎖され、彼の貯蓄はなくなっていた。大恐慌は国際主義運動の資金調達能力にも打撃を与えた。知的協力委員会、IPR、YMCAをはじめとする多くの団体で、資金削減が常態化した。各国は経済的ナショナリズムと孤立主義を優先し、国際主義を拒絶した。

ショットウェルが合衆国に戻った後、ジェイムズ・イェンと彼の教育運動は、ショットウェルの次の事業であるアメリカ知的協力委員会（ＣＩＣ）の問題となった。一九三一年、ショットウェルは自分自身を操って委員会の指導者となった。国際知的協力委員会（ＩＣＩＣ）は一九二二年、国際連盟事務次長であった日本の知識人・新渡戸稲造によって、その信念のために迫害されている知識人への国際的支援を喚起するために創設された。一九二〇年代には、アルバート・アインシュタインやマリー・キュリーといった著名人が参加し、科学者が支配的な立場にあった。

アメリカＣＩＣの役職に就く前、ショットウェルはＩＣＩＣの指導部に対して、彼らのアプローチと方法を批判する痛烈な手紙を書いた。ショットウェルは、ＩＣＩＣが純粋科学に重点を置いているのはバランスが崩れていると考え、国際関係の科学にもっと注目してほしいと考えていた。彼は巧みに委員会の仕事を支持することを拒否し、その代わりにジレンマから抜け出す唯一の方法は、自分に役職を与えることだと提案した。委員会はこれに同意し、その後、間もなく彼はアメリカＣＩＣの責任者となり、ＩＣＩＣに加わった。彼はすぐに外交の強化を推し進め始め、ＩＣＩＣの議題に国際関係の問題を多く取り上げることにそれなりに成功した(44)。

ショットウェルはアメリカＣＩＣの責任者として、社会科学研究評議会（Social Science Research Council）やアメリカ学術団体評議会（American Council of Learned Societies）などと緊密な関係を築いた。彼はまた、一九三二年にＩＣＩＣに倫理的軍縮の問題を持ち込んだ。倫理的軍縮はショットウェルの試みであり、ヨーロッパ列強と合衆国に「国際紛争の平和的解決の原則と適用」について国民を教育することに同意させることで、軍縮に関する教育の充実を推し進めようとするものであった。ショットウェルは数年に亘り、道徳的軍縮政策を推し進めた(45)。

一九三一年七月、ショットウェルがアメリカＣＩＣに乗り込んだのと時を同じくして、ＩＣＩＣは中国の教育制度を見直すため、ヨーロッパの知識人グループを中国に派遣した。中国側は国際連盟を通じて、見直しと助言によって教育制度を改善する目的で訪中を要請していた。その結果を知っていれば、彼らはその要請を考え直したかもしれない。欧州の教育関係者で構成された使節団には、ロンドン・スクール・オブ・エコノミクスの著名な経済史家R・H・トーニーも含まれていた。後にICICの執行委員会責任者アンリ・ボネも加わった。国際連盟事務局出身のイギリス人で、後に国際連盟史を著したフランク・P・ウォルターズが後方支援を提供した。後述するように、このミッションにアメリカ人が参加しなかったことは重要である。

教育使節団は主要都市である上海、南京、北京を訪問したが、ジェイムズ・イェンの大衆教育プロジェクトも視察した。一行は報告書の中で、中国が東洋文明だからといって、その教育制度が劣っているわけではないことを骨を折って指摘した。中国の教育が劣っていないと主張する必要性は、中国人が劣っているという西洋の思い込みの力をよく示している。さらにこのグループは、中国が西洋の教育を全面的に採用する必要はなく、自分たちの状況に適応させればよいと考えていた。帰国後、ICICは教育ミッションの大成功を発表した[46]。

ジェイムズ・ショットウェルとアメリカ国家のCICは、ミッションの大成功をそれほど確信していなかった。その後の論争では、さまざまな意見が述べられた。アメリカ人はミッションに招待されなかったことに明らかに憤慨していたし、中国の教育に関するヨーロッパ人とアメリカ人の論争は、中国が近代的になるためには、中国人は西洋の教育技術を取り入れる必要があるという彼らの信念を示すものであった。そして議論は、中国の近代性を形成するにふさわしいのは誰かという争いに変わっていった。この議論では、中国の声はほとんど聞かれなかった。しかし、ジェイムズ・イェンの定州大衆教育運動を批判したとき、ミッションは間違った教育プログラムを取り上げた。

ミッションの報告書は、いくつかの点で定州を批判したが、すべてにおいて間違っていた。報告書には財務数値が誤って記載されていたが、それ以上に重要なのは、定州の実験の核心である短縮文字辞書について、より少ない文字数ではなく、簡略化された文字と述べられていたことである。一見単純なミスだが、この失態はミッションが中国の教育についていかに無知であったかを露呈した。ジェイムズ・イェンは反駁する文書でこう述べている。

中国語の予備知識もなく初めて中国に来た平均的な外国人に、この著作を理解することを期待するのは公平とは言い難いが、その一方で、彼がこの著作を批判したり評価しようとするのは間違いである。

イェンはさらに、新文化運動で胡適が奨励した中国語である「白話」を定州が使用していることを述べた(47)。

さらに批判的な主張としては、報告書で定州が教育実験に資源を浪費したとも示唆されている。ここでのイェンの反応は特に鋭かった。報告書が公開され、広まれば、潜在的な寄付者はほぼ間違いなく「無駄な」定州の実験への資金提供を拒否するだろう。イェンは、中国の教育事情を理解している人々からの建設的な批判は歓迎するが、使節団が定州を理解していないことは明らかだと指摘した。報告書には、定州はローカルな文脈で運営されているため限界があり、国民全体に役立っていないという主張もあった。イェンはその逆だと指摘した。定州の専門家たちは、その手法で中国全土を駆け巡り、イェン・メソッドに特化した訓練校が設立され、地方の指導者たちからは、この手法で他の地方において訓練を施すために専門家を派遣するよう要請されていた。このメソッドによってだけでも、定州はかなりの成功を収めたことになる。

このような高名な知識人たちが、なぜそのような大失態を犯したのか。確かなことはわからないが、この報告書には知的傲慢さと中国に対する恩着せがましさが感じられる。専門家たちが中国の教育制度について何も知らず、中国の歴史や政治についてもほとんど知らなかったことは、まったく問題ではなかったようだ。ヨーロッパの教育方法が中国を判断する基準だったのだ。要するにこれらの専門家たちは西洋の教育システムを近代性の極致と混同しており、中国のシステムは定州の実験的なアプローチでさえも不十分だったのである。R・H・トーニーはイェンの手紙を見てすぐに謝罪した。そして、定州を批判していた部分を撤回した。しかし、イェンが指摘したようにダメージは大きかった。この報告書は既に翻訳され、中国で最も重要な教育雑誌『教育と大衆』に掲載されていたのだ(48)。中国を揺るがす闘争の中で、ミッションの報告書は、近代化に対する西洋の自由主義的なアプローチに反対し、より急進的な解決策を支持する人々に力と慰めを与えた。

この時期、外国人教育者たちは西洋帝国主義者とのつながりから、ますます圧力を受けるようになった。五・四運動から生まれた中国のナショナリズムは、一九二〇年代から一九三〇年代にかけて激しさを増した。一九一〇年代に日本のキリスト教徒がＹＭＣＡ、ＹＷＣＡ、同志社大学の宣教師に反抗したように、中国のナショナリストの学生や国民党の幹部たちは、特に中国を政治的に統一した一九二七年の蒋介石の北伐以降、中国のミッション・スクールをいっそう詳細に調査するようになった。その一例として、一九二七年八月、中国のキリスト教系ミッション・スクールを支援する組織である中華基督教教育会が、国民党と中国人学生の双方から非難を浴びた。同会は上海地区でいくつかの学校を運営していた。北伐が成功した後、政府は「教育権を取り戻す」というスローガンの下、キリスト教宣教師が運営する学校を買収し、直接運営することを計画しているという噂を流した。治外法権の問題で自己主張するのと同様に、中国は教育分野でも主権を主張し始めたのである[49]。

もちろん、これは中華基督教教育会の学校関係者をパニックに陥れた。彼らは急いで国民党中央教育委員会に嘆願書を送り、学校が恣意的に閉鎖されないことを保証する迅速な返事を受け取った。しかし、その書簡には、調査の結果、必要だと判断されれば、政府によって学校は閉鎖される可能性があると書かれていた。書簡には「必要」とは何かは明記されていなかった。書簡には生徒が授業を妨害したり、学校を破壊しようとしたりしてはならないと書かれていた[50]。

上海学生連合会もミッション・スクールを攻撃した。彼らは同委員会に一連の要求を提出し、教育制度を改善することと同時に、ミッション・スクールを崩壊させることも意図した。その中でもより合理的な要求は、八年生以上での男女共学を認めること、結婚の話（中国の伝統的な見合い結婚の方法に反対するもの）を含む男女間の文通の自由を認めることであった。彼らは学校統治委員会に学生代表を入れること、学生が常に恐れている軍隊が学校を占拠しないことの保証を求めていた。その他、宗教教育の廃止（これはキリスト教の学校にとって重大な問題であることは明らかである）、生徒が自分で教師を選べるようにすること、生徒会が生徒の退学を管理することを許可すること、反革命的な生徒を強制的に排除することなどより極端な要求があった。これらの要求は、中国革命が若い世代によって推進されていたことを示している。

大学もまた、急進化した学生にアピールし、学部を国有化するよう圧力を受けるようになった。この圧力は宣教師によって設立された多くの大学にジレンマをもたらした。一九二〇年代においてでさえ、外国人宣教師の教授は多かった。広州の嶺南大学（旧広東基督教大学）は、宣教師によって設立されたミッション・スクールであったが、外国人教授陣が退職を余儀なくされる可能性から自らを守らなければならなかった。嶺南の学長兼理事長であるW・K・チョンは、国民党教育委員会の委員でもあり、南京で開かれた委員会の会議に向かう途中、上海で中華基督教教育会の関係者たちと会った。彼は委員会が外国人教員に退任を要求することはないと述べていた。

それにもかかわらず、中国のナショナリストたちは進撃を続け、第二次世界大戦中や一九四九年に国民党が中国内戦に敗れた後、ほとんどの宣教師が中国を去るか、あるいは間もなく去ろうとしていた[51]。外部の知識を求めながらも西洋の支配に抵抗した日本人を見習い、中国の学生や行政官たちは、中国の教育は西洋人ではなく中国人によって推進されなければならないと理解していた。

ジェイムズ・ショットウェルは一九三〇年代も国際主義的な大義のために戦い続け、世界が第二次世界大戦に突入しても、集団的安全保障が平和を維持する最善の方法であると信じていた。一九三九年九月にヨーロッパで戦争が勃発すると、ショットウェルは、問題は集団的安全保障ではなく、国際連盟の設計にあると主張した。ある程度は正しかった。連盟は中途半端な手段やボランティア的なアプローチに依存しすぎていたし、世界で最も強力な経済力を持つ国は連盟には属していなかった。そこで第二次世界大戦中、ショットウェルはより効果的な集団的安全保障機構を構築しようとした。彼はいくつかの提案をまとめ、その内容の一部は最終的に国際連合で実施された。

残念なことに、ショットウェルは一九四五年にサンフランシスコで開催された国連創設会議の代表には選ばれなかった。しかし、非公式なコンサルタントとして招かれ、組織化と国際主義政策の立案における彼の経験とスキルは大いに活かされた。戦後、国際知的協力委員会の後継組織である国際連合教育科学文化機関（ユネスコ）の創設に貢献する人物をアメリカ代表団が必要としたとき、彼らは当然のことながら、その憲章をまとめるためにショットウェルを選んだ。誰の目から見ても、国際連合は国際連盟よりもはるかに効果的な組織であり、実際にユネスコはＩＣＩＣよりもはるかに効率的な組織となった。戦後、彼はカーネギー国際平和基金の代表となり、歴史や国際関係の本を書き続けた。

ショットウェルは理想主義とプラグマティズム、解放する力と権力を併せ持つ興味深い人物だった。彼の国際主義への傾倒はますます高まっていった。しかし、第一次世界大戦へのアメリカの参戦を支持したナショナリストでもあり、一九三〇年代には戦争の進展に深刻な懸念を抱くようになったが、戦時には再び良き愛国者となった。ナショナリズムと国際主義の間を行き来する彼の能力は注目に値するが、近代性の衝動を深く理解していなければ、おそらく不可解なことだろう。ショットウェルは根っからの近代主義者だった。彼の国際主義へのコミットメントは、科学的合理主義と進歩的な展望の中にうまく収まっていた。しかし、彼は近代性が国家の中で取引きされることを想像しており、彼の国際主義はナショナリズムの中に組み込まれていた。

ショットウェルは近代性と科学について短い文章を書いており、一九二九年に出版された思想史に関する論文集の中で、恩師ジェイムズ・ハーヴェイ・ロビンソンのための祝辞として短い論文を執筆している。ビアードもこの本に寄稿している。ショットウェルの論文は、オズワルド・シュペングラーと彼の有名な『西洋の没落』に関するものだった。ショットウェルはその二巻本の著作を簡潔に評していたが、シュペングラーの著作は魅力的で、時に奇妙であり、詩や他の引用がまったく場違いなように思われた。しかし、シュペングラーの主な主張は、文明は有機的なものであり、始まり、中間、そして終わり、シュペングラーの用語では季節、つまり春、夏、秋、そして最後には冬があるというものだった。シュペングラーは二〇〇〇年までに西洋文明が終焉を迎えると予言した。

ショットウェルはシュペングラーの予測を否定し、人間の自由への揺るぎないコミットメントを持つ近代文明は、歴史上のどの文明とも異なっていると主張した。それ故、他の文明の基準で判断することはできず、他の文明と同じ生と死のルールに従うこともなかった。特に二〇世紀の科学の台頭は、いかなる比較も不要にした。時間と空間を征服した応用科学の時代は、単に過去の文明と異なるだけでなく、それらが拠って立つ基盤そのものを突き崩している。ショットウェルは科学を適切に応用すれば、人類が直面するあらゆる問題を解決できると信じていた。

西洋文明の没落――〔ドイツ語で言うところの〕Untergang――は、物理科学において時間と空間の日常的な制約から逃れることを可能にしているのと同じ知性を、今日の社会的・政治的組織に適用することによって回避することができる。

ショットウェルは西洋人が時間と空間の外にいるという、魅力的だが疑わしい議論を支持した。興味深いことに、日本の知識人も第二次世界大戦中の日本について同じような議論をしていた。この議論をする際、ショットウェルは近代文明と西洋文明を混同した。自らが傲慢である可能性を考慮することなく、ショットウェルは論文を結んでいる。「これは理想主義的な結論ではなく、歴史的リアリズムの最も単純な声明である」。近代には限界がなく、歴史の手から逃れられるというのは、大いなる幻想であった(52)。

ショットウェルはまた、一九四二年に出版された『科学と人間』という本の企画で、機械作用や思想についての論文を書いた。この本にはラインホルド・ニーバー、カール・ベッカー、ブロニスラフ・マリノフスキーといった重要な知識人が登場する。その中で彼は次のように主張した。

現実世界の設定から切り離された思考は、学徒たちの思索のように無為なものとなり、機械は人間解放の道具ではなく、社会の支配的要素となる。現代世界における教育は、この両方の要求に応えなければならない。私たちが生きている時代の精神に触れることなく、純粋に文学的で理想主義的であることはできない。

ショットウェルのプラグマティズムはここでも強く表れている(53)。

一九五四年、冷戦のさなか、人生の終わりに近づいた八〇歳の誕生日に、ショットウェルはジョン・フォスター・ダレス、ニューヨークのハーバート・レーマン上院議員、ダグ・ハマーショルド国連事務総長、サムナー・ウェルズら著名人を招いてパーティーを開いた。ショットウェルは短い誕生日スピーチを行い、その中で現代の生活についてコメントした。

私たちは文明の夜明けにいる……私たちは大きな隔たりを越えた。これから先もずっと、人類は常に知性によって、古えのことわざに回帰するのではなく、さまざまな状況下で適応可能な解決策によって、安全を見つけなければならない。

賓客たちもスピーチを行い、国際問題における合理的な意思決定に対するショットウェルのコミットメントに言及した。ショットウェルによる人間の合理性の支持は、その生涯の終わりまで続いたが、それは皮肉なことに、二〇世紀の歴史の巨大な破壊的暴力と非合理性に対する現実的な評価というよりも、彼の断固とした信念に

関係していた。(54)

ジェーン・アダムズと「人類の相互依存」

ジェーン・アダムズはジェイムズ・ショットウェル同様、国際舞台に深く関与するようになった。アダムズは一八九八年から一九〇一年にかけての米西戦争のさなか、反帝国主義、反戦の立場をとって初めて外交問題で非常に積極的になった。第一次世界大戦が二年目に突入した一九一五年、アダムズはオランダのハーグで開催された女性国際平和自由連盟（WILPF）の設立総会に出席し、初代会長に選出された。アダムズはまた、女性平和党と恒久平和のための女性国際委員会の委員長にも就任した。アダムズは国際平和運動で非常に高い地位に上り詰め、一九三一年にノーベル平和賞を受賞した。ショットウェルは強硬に国家主義者でより保守的であり、大国や日本の帝国主義でさえもある程度受け入れ、主権国家の集団的安全保障に焦点を当てていたのに対し、アダムズは強硬な反帝国主義者的であり、より純粋な国際主義者であった。アダムズは国家を拒否しなかったが、国際主義と戦争の終結に対して無条件のアプローチをとった。アダムズは国際連盟が第一次世界大戦後の世界を悩ませている問題を解決できるという幻想を抱いていなかった。

女性国際連盟の責任者として、アダムズのアプローチは統合的かつグローバルなものだった。アダムズはハルハウスについての二冊目の自伝『ハルハウスでの二度目の二〇年』の中で次のように述べている。

現代世界は人類の継続性と相互依存について、ほとんど神秘的な意識を発展させている……私たちと、たまたま同時に地球上に住んでいた他のすべての人々の間の、予期せぬ、しかし避けられない行為と反応の生き生きとした感覚がある。[55]

アダムズはメアリー・パーカー・フォレットの関係倫理と相互のつながりに関する考え方を取り入れ、社会的に公正な社会についての彼女の考え方を国際世界に適用した。

ジェーン・アダムズは、世界がより相互につながり始めていることに気づいた。そして、世界平和がなければ、地球上のどこにも正義は存在しえないと主張した。このアプローチにはプラグマティズムが内在している。アダムズは世界がよりグローバル化していることを認識しており、アダムズの考えは戦争と戦後の環境に大きく影響を受けていた。アダムズはアメリカ外交に対してより懐疑的であり、アメリカの行動を帝国主義と同一視することに積極的であった。世界の相互関連性とグローバル意識に関するアダムズの考えは、当時としては非常に革新的であった。[56]

ジェーン・アダムズをはじめリリアン・ウォルド、エミリー・ボルチ、ジャネット・ランキン、弁護士から国際活動家に転身した急進的なクリスタル・イーストマンなどの指導者たちも、国際関係に関する母性の役割を持ち出していた。食、住まい、老後、子育てが国際会議のテーマとなった。このアプローチにより、ショットウェルはやや時代遅れに見えたが（今日、国連はこれらすべての問題に取り組んでいる）、女性の国際主義運動とショットウェルは同様に多くの部分を共有していた。彼らは軍縮を推進し、戦争の非合法化に同意した。アダムズが世界を近代化することに尽力した人物としてキャリアをよりうまく調整できたのは、彼女や他の女性たちが伝統と現代生活の架け橋となる母性の普遍主義を利用したからではないだろうか。もし彼女とその仲間たちがもっと影響力を持っていたら、今日の世界のかたちは変わっていただろうか。

ジェーン・アダムズとジェイムズ・ショットウェルの大きな違いの一つは、アダムズと女性国際主義運動がショットウェルよりもはるかにひどい虐待に苦しんでいたということである。第一次世界大戦中とその後、アダムズの平和運動は、ボリシェヴィズム、共産主義的傾向、社会主義に同情的であり、また、戦争の敗者、特にドイツ人女性に対してあまりにも友好的であるとして非難された。一方、ショットウェルは戦後わずか数年後に攻撃を受けることなくベルリンで大規模な講演を行った。この悪口のかなりの部分は、女性が選挙権を獲得したことを受けて世界で女性の役割が拡大することに対するアメリカ人の不安からきており、戦後の不況と赤狩りがヒステリー状態に拍車をかけた。批評家たちはアダムズをますます酷評し、第一次世界大戦後、彼女の平和運動のための活動に対する影響力は大きく削がれた。(57)

ナショナリズムと愛国心の問題に関して、アダムズは優れた愛国者の特徴をすべて示した。彼女はアメリカ革命の娘たち（DAR）にも所属していた。しかし、第一次世界大戦に関しては、アダムズは明確に非難した。このためアメリカの右翼は、彼女を国家への裏切り者と見なすようになった。第一次世界大戦中、アダムズと国際女性連盟は、議会が特別に予算を組んだ夏季軍隊訓練に加えて、議会は若者の公務員養成を目的とした夏季民間訓練の設立にも資金提供すべきであると提案した。それは明らかに市民の美徳を教え込むための提案であった。

DARとアメリカ在郷軍人会はこの提案を非難し、WILPFとアダムズを声高に攻撃した。DARはさらに踏み込んで、平和運動のリーダーシップを理由にアダムズを組織から追放した。DARはいわゆる蜘蛛の巣グラフ、すなわちあまりにも左翼的または完全に社会主義的であると考えられる五〇人の個人及びそれとは別の諸組織のリストがあった。それはそれらの個人や組織を「黄色、ピンク、赤、部分的に赤、バラ色」という色と関連づけた。(58)

アダムズとWILPFがリストに載っていた。DARはクモの巣グラフについて声明を発表した。

世界革命運動は……ロシア、メキシコ、その他の国々での前進によって奨励されており、ゆっくりとした、しかし確実な「自由主義の毒」によって合衆国政府を破壊することができる、そして破壊するだろうという強い信念を持ち、あらゆる可能な機関を通じてここで活動している。

アダムズはこれを戦争の「パニック」と呼び、攻撃を批判した。

明らかに、当時大衆の心を捉えたこの新たなパニックを表す新しい言葉が必要だ。これに愛国心という言葉を当てはめるのは、長い間、自国の可能な最高の成果に対する勇気と率直な忠誠を意味してきたこの言葉の誤用であることは確かである。

彼女の友人たちは彼女を守るために駆けつけた。長年、女性参政権運動の指導者として活動してきたキャリー・チャップマン・キャット氏は、雑誌『ウィメンズ・シチズン』に公開書簡を書き、アダムズの平和主義を擁護した(59)。

一九二三年、アダムズはビアードやショットウェルと同様に、会議と休暇のために東アジアを旅行した。彼女は国際的に非常に人気があり、彼女を歓迎するために大勢の群衆が集まった。彼女の到着に際し、五〇〇〇人の日本の学校の児童が旗を振った。「平和の擁護者として、私はこれほどもてはやされたことはなかった。時にはそれに明らかに当惑することもあった(60)」。アダムズは関東大震災の数日前に日本を出国した。彼女は中国にも旅行したが、そこでは彼女にとって残念なことに、纏足という抑圧的な伝統が年配の女性たちによって依然として奨励されていた。

北京ではアダムズは宗教団体である友和会の会合に出席した。現地・中国の教会の牧師である中国人キリスト教徒の一人が登壇し、中国の問題について長々と説明した。彼は、農民に対する略奪を糧とし、農民の意志に反して軍隊への加入を強要し、容赦なき課税を行っている中国の諸地域に対する軍閥支配の問題に対する解決策が西洋諸国にはないようだと指摘した。「私たちはあなたの宗教を心から、献身的に受け入れてきましたが、西洋のあなたたちは、このような国家的危機において私たちが利用できるいかなる技術も編み出しませんでした」。キリスト教は中国に個人の救いをもたらしたが、国家の再建には貢献しなかったというのである。アダムズは自分の状況に屈辱を感じ、「西洋の神学校などの若者たちがそのような技術に取り組んでいることを、もちろん喜んで彼に伝えるべきだった」とコメントした。しかし彼女は、中国の問題に対する答えを持っている西洋人は誰もいなかったため、それは嘘になると認めた。中国は西洋化に失敗した。「その際、その若いキリスト教の説教者が特に要求したのは、西洋の我々の世代が最も完全に失敗してきた明確な行動方針への支援であった」。ここでは西洋化の限界が非常に明確であった[61]。

アダムズはまた、日本と中国での軍国主義の台頭について懸念を表明した。中国における日本によるドイツ領土の獲得をめぐる戦後の緊張は、両国間に再び戦争が起こるのではないかという恐怖を引き起こした。一九二三年のクリスマスの手紙で彼女は東アジアへの願いを綴った。

健全な倫理に対する長年の賞賛の念と聖人や聖人の教えへの崇敬をもつ中国と日本が、軍の権力が市民生活を支配し、外国の干渉が話題になっているとき、その国は既に剣によって滅びつつあることを認識して下さいますように。好戦的な隣国への恐怖を意図的に利用して軍縮の日を延期する場合、国内改革の議論の代わりとなります。

アダムズは賢者のような先見の明を持っており、その旅から東アジアの問題の本質を学んでいた。軍事化と戦争の脅威が支配的で、自由主義者が改革をさらに推し進めるのを妨げた。第一次世界大戦中の合衆国でも同様のことが起こった[62]。

ジェーン・アダムズもＷＩＬＰＦ会長としての任務の一環として、一九二八年にホノルルで開催された第一回環太平洋女性会議に出席した。そこでの彼女の基調講演は、機械化によって非人間化された産業化した西洋と時代を超越した伝統に包まれた産業化以前の東洋という古典的な二項対立で始まったが、アダムズからこうした発言があるとは少々意外であった。彼女はアジアの女性は機械化に邪魔されておらず、したがって文化に近いと述べた。彼女の次のコメントはもう少し機微に触れるものであった。彼女は「東洋人」の女性が、出産、育児、農業活動という「基本的な仕事の多くを保持している」にもかかわらず、あるいはそのためかもしれないが、急速に他の職業に進出しているようだと認めた。彼女はまた、大英帝国によってビルマ女性に一八歳で選挙権が与えられるなど、アジアにおける政治的変化にも言及した。[63]

ショットウェル同様、アダムズは忠実な近代主義者であり、解放と国際主義に尽力し、目標を達成するために組織と人々の力を利用する活動家であった。アダムズとショットウェルは、アメリカ人に平和運動と国際主義運動への参加を奨励することで、一九二〇年代のアメリカの近代性に大きな影響を与えた。アダムズは一九三三年に亡くなったため、戦後の国際主義の台頭における彼女の尽力の成果の一部を目の当たりにすることはできなかった。

河井道——日本の国際主義とナショナリズム

チャールズ・ビアードとジェーン・アダムズは、日本への旅行中に日本の女性改革者・河井道と出会った。河井は当時最も強力な日本の女性改革者であったため、日本の重要な進歩主義者として名前が挙がっていた。他の改革者とのつながりが改革を達成し、日本女性を解放する自分の能力を高めることを理解していたため、それが形式的なものであるかどうかは河井にとって問題ではなかった。

河井は一九一二年に日本のＹＷＣＡの同盟総幹事に就任した。それまでアメリカ人宣教師が事務総長職を保持していたが、河井はＹＭＣＡの反乱や同志社での日本人キリスト教徒のナショナリストの反乱と同様、宣教師の統制に対する反乱を先導した。引き継ぎ当時の日本のＹＷＣＡの雑誌に掲載された写真では、河井は家庭的で従順な印象を与える伝統的な着物を着用している。しかし、その印象とは打って変わって、河井は非常に無造作に膝を曲げてカメラを見つめる、極めて決意の強いポーズをとっている。[64]

河井は日本の北の島、北海道で育った。彼女は優秀な学生となり、キリスト教に改宗し、東京帝国大学に移る前にミッション・スクールで非常勤講師を務めていた札幌農学校教授の若き新渡戸稲造からミッション・スクールの授業を受講した。河井は新渡戸をユーモアのセンスのある優れた教師と見なした。「彼の（新渡戸の）教え方は劇的であった……彼は、講演の終わりに突然スイッチを切って、奇妙な質問をするやり方を持っていた。私たちが理解できないときは、彼は私たちの戸惑いを見て笑った」[65]。新渡戸は河井に合衆国への留学を勧め、彼女はその助言に従い合衆国に渡り、一九〇四年にペンシルベニア州のブリンマー大学を卒業した。

帰国後、河井はＹＷＣＡの創立メンバーの一人となり、一九一二年にＹＷＣＡの事務局長に任命された。歴史家アマンダ・イッツォは河井の任命についてこう述べている。

河井の採用は大規模なクーデターと見なされていたが、日本における同会の活動を監督していた合衆国ＹＷＣＡの理事たちは、彼女が幹部職に就くことを懸念していた。彼女は、運動において同志の女性の先輩たちに熱心に従った従順な日本の官吏という幻想には適合しなかった。時折、合衆国の理事たちは日本人を表現するのに「模倣者」という言葉を使い、敬意と依存への期待を投影した。

河井はその仕事を引き受けたが、給料はアメリカの資金ではなく日本の寄付によって支払われると主張した。(66)

河井は設立当初からYWCAの土着化に熱心に取り組んできた。「私たち日本人会員は、協会の活動は日本人によって代表されるべきであり、さもなければ外国人の仕事として理解されてしまうと考えるようになった」。河井は布教の取り組みは「誠実で良いものだったが、その手段は賢明ではないと批判され、……現地人の共感を得ることができない者もいる」と述べた。河井のコメントは、外国支配の問題に対する彼女の敏感さを示している。最近、YMCAと同志社大学の日本人キリスト教徒がこれらの組織を土着化するために戦ってきた環境を考慮すると、河井はYWCAが日本のキリスト教徒女性たちに受け入れられるためには、YWCAに対しても同じことをする必要があると感じていた。

しかし、日本のYWCAは依然として合衆国からの資金と人員に大きく依存していた。河井はアメリカYWCAに手紙を書いた。「私たちの困難は、あなた方がアメリカから素晴らしい職員を私たちに供給してくれる一方で、私たちが日本の職員〔の要望〕についていけないことです。職員もお金も確保することができません」。日本のYMCAはより多くの人員配置を必要としており、アメリカ人はより多くのアメリカ人スタッフの経費を支払うと申し出た。河井はアメリカ側の申し出に対し、「もっと多くの現地職員を確保できないかぎり、日本にたくさんの外国人職員をお願いしたくない」と返答し、これ以上のアメリカ人スタッフには丁寧に受け入れを拒否した。(67)

アメリカの指導部は彼女の拒否を快く受け止めなかった。ある当局者は彼女を「反外国的」だと非難し、彼女を更迭するよう提案した。日本のYWCAに対するアメリカの評価が開始され、アメリカYWCAの職員であるシャーロット・アダムズが審査を完了するために東京を訪れた。アダムズは河井に非常に批判的で、彼女は「よそよそしく……そして反外国的」であり、彼女の「主たる情熱」はYWCAの日本人会員を維持することにあると主張した。彼女は河井の上流階級の血筋が彼女の排外的な立場に影響を与えていると考えた。しかし、アメリカYWCA指導部は河井に辞任を求めることはできないことを認めた。彼女はYWCA運動の中で最も才能があり、最も著名な日本人女性であり、彼女らは「彼女を私たちの組織に引き留める」必要があると認めた。河井は人気があり、有能なリーダーであったため、アメリカYWCAは彼女を叱責することはなかったのである。(68)

河井は国際的な名声を高め続け、合衆国を含む世界中を旅してYWCAの福音を広めた。彼女は一九二七年にYWCAを自主的に辞任し、後に恵泉女学園大学となる女子校を設立、運営した。改革と教育は河井の代名詞だった。河井は天才的な作家でもあった。彼女は英語で三冊の本を書き、そのうち二冊は非常によく書かれた回想録で、三冊目は日本人のキリスト教徒女性と日本における彼女らの重要な活動を英語圏の聴衆に紹介する『日本人女性は語る（Japanese Women Speak）』というタイトルが付けられている。新渡戸と同様に、河井は懐の深い熟達した知識人であり、YWCAを国際的かつ国内的な組織として運営し、自身の近代主義を国際的かつ国内的なものとして理解していた。

第一次世界大戦の終わりには、合衆国と同じように国際主義が日本に定着した。日本人はヨーロッパ戦線の残虐さからは遠く離れていたが、ウィルソンの平和への呼びかけと彼の一四か条、特に自決の概念を受け入れた。この概念はヨーロッパ人の支配下にあった東アジアの人々に変化を約束した。河井道のような日本のキリスト教徒は、平和の国際的宗教であり、ウッドロウ・ウィルソンの宗教でもあるキリスト教への献身のために、特に自決を支持する立場にあった。ウッドロウ・ウィルソンと彼の一四か条の分析が急増した。有名なキリスト教徒のナショナリスト・である海老名弾正は、ウィルソンの国際主義は世界平和のひな形になりうるが、それは日本の天皇がグローバルな国際主義の指導者になった場合に限られると主張した。日本の天皇と国際主義というありそうもない組み合わせは、日本のキリスト教徒の国家主義者であり、国際主義者でもある彼らが、現代の国際主義を受け入れることができる唯一の方法であった。

河井の師、新渡戸稲造は国家主義者としても国際主義者としても幅広い経験を持ち、他の日本の自由主義者に国家主義と国際主義がどのように連携しうるかを説明しようとした。国際連盟の職を退いた後、ＩＰＲ日本支部の長となった新渡戸は、一九二九年の京都ＩＰＲ会議で各国の代表者らを前に開会の挨拶をし、ＩＰＲが果たす非政府的役割の重要性と太平洋地域に焦点を当てることを強調した。しかし、彼はまた、ＩＰＲの国際主義的傾向は適切な愛国心を排除したり、否定したりするものではないとも指摘した。「国際的精神は国家的精神の対義語ではない。また、それは国家的基盤を欠く世界市民的精神の同義語でもない。国際的精神は国家的なるものの拡大である」。新渡戸は、代表者たちに「国家の利己主義」を克服するよう奨励した。新渡戸の国際主義の定義は、彼や他の日本の国際主義者の枠組みに非常によく適合していたが、会議に浸透していた国家主義的で党派的な雰囲気を弱めることはほとんどなかった。(69)

吉野作造と日本の近代性の独自性

一九一八年一一月二三日午後六時、東京の水道橋駅近くで、若い政治学教授の吉野作造と保守派の浪人会の間で大々的に喧伝された討論会が開催された。この組織は右翼急進組織・黒龍会〔アムール川の中国語名称、黒龍江に因む〕から派生したものであった。黒龍会は元来、ロシア帝国を満州から隔てるアムール川の北に同帝国を押し止めるために設立され、スパイ活動と暗殺の代理人を訓練していた。この協会は天皇と汎アジア主義などの右翼運動に専念しており、会員数はけっして数百人を超えなかったが、日本政府の保守政治家との強いつながりを維持していた。

討論会場である南明倶楽部内の興奮は明らかであった。数千人の学生や他の自由主義者が参加し、数時間に亘って行われた。討論会で吉野は軍部を非難し、政治に対する暴力的で不合理なアプローチの時代は終わったと主張した。歴史の進歩により、ますます民主化が進んだ国家の国際システムが到来し、日本も同じ方向に向かって進んでいるというのだ。一方、浪人会の代表者らは、民主主義は不必要であり、天皇には直接統治する権限が与えられるべきだと主張した。彼らは吉野が西洋化に服従的に心酔していると非難した。これに対し彼は、民主主義は西洋で生まれたものではあるが、もはや西側に限定されず、国際的なものになったと主張した。しかし、吉野は天皇にせよ日本国民にせよ、主権の問題について議論することを拒否した。彼はこの議論に勝つことができないことを知っており、主権問題は不可侵であり、日本政治の第三の柱であることを理解していた。それを口にすることでキャリアが破壊された。吉野は説得力のある議論とカリスマ性でその夜の討論会に勝利したが、軍国主義者の中に強力な敵を生み出してしまった(70)。

吉野作造は戦間期の最も重要な日本の知識人の一人と見なされ、日本で最も有名な国際主義者の一人となった。吉野は東京帝国大学で著名な政治理論家・美濃部達吉に師事した。大学卒業後、彼は袁世凱の家族の家庭教師として中国で過ごした。袁世凱は一九一三年から一九一六年まで中国陸軍の司令官であり、最終的には中国総統となり、自らを皇帝として君主制を復活させようとした。吉野は中国の非効率性と汚職を注視し、中国は近代国家というよりも封建時代の日本に似ていると結論づけた。一九一〇年から一九一三年まで、彼は博士号取得のためにヨーロッパに留学した。そしてアメリカを訪れたが、そこでは勉強はしなかった。当時の写真を見ると、吉野は髪の毛一つ乱れず、規律正しく、しゃれた服装をしており、大胆なネクタイを締めてカリスマ性を見せている青年だった。透徹した目と決意ある表情で、吉野は強さと自信を伝えていた(71)。彼はハイデルベルク大学での研究でヘーゲルに興味をそそられたが、講義のほとんどは彼を退屈させた。ドイツＹＭＣＡの尽力による彼のキリスト教への改宗はさらに大きな影響を及ぼし、帰国後、東京にある海老名弾正の教会、本郷教会に入会した(72)。

熊本出身のキリシタン武士・海老名弾正はキリスト教と日本の国家主義を融合させた。彼と彼の仲間は、外国の神を崇拝している間は天皇を適切に崇拝することはできないという考えから、忠誠心が分裂しているとして彼らを非難する、より保守的な国家主義者からの激しい圧力にさらされていた。海老名や新渡戸らは、日本のキリスト教国家主義に対する議論を構築することでこれに応え、キリスト教が忠義のような伝統的な日本の武士道の価値観と共鳴していることを示唆した。海老名はまた、日本は近代化に成功したため、この国は西洋帝国主義の外で北東アジアにおける大日本帝国の近代化のモデルとなったと主張した。[73] 吉野は海老名の虜となり、海老名の説教をメモに取り、それを日曜学校の指導に利用し、出版するために集めた。保守派ジャーナリストの徳富蘇峰とも親交があった。海老名は神学的に言えば自由主義者であり、社会改革と庶民支援に尽力する中で社会的福音を忠実に守った。海老名はキリシタン武士として、天皇と帝国の双方を無条件で支持した。

吉野は一九一〇年代から一九二〇年代の大正デモクラシー運動の指導者として最もよく知られているが、これは彼の役割の一側面に過ぎない。吉野は最終的に東京帝国大学で政治学とその理論の教授に就任した。彼は日本の民主主義がより国民本位にならなければならず、指導的立場にあるエリートの制御を超えて拡大しなければならないという考えを推し進めたが、厳密に言えば、彼は西洋的な意味での民主主義者ではなかった。

吉野は束縛のない個人は称揚されるべきだと主張するジョン・スチュアート・ミルのような啓蒙主義者の考えを研究し、それを拒否した。吉野はこう述べている。

> 経済学を以て殊に名声あるジヨン・スツワルト・ミルは吾人の生活を独立せる二部に分ち、一を全く個人の利益に関する部分となし、他を全く社会公同に関する部分となし、以て全然個人の自由に任ずべき範囲と国家の干渉を認むべき範囲とを制定せり。余りに機械的に過ぎて殆んど実際に適用するを得ざるを憾《うら》む。[74]

そのため、吉野は社会における個人の役割に対する西洋哲学のアプローチを早い段階で拒否し、独自のアプローチを構築する以外に選択肢がなくなった。

吉野は自律的な個人を拒否したため、天皇主権を認めながらも、より民主的な制度の余地を与える形で日本の政治主権を構築する必要があった。吉野は、反対意見や不敬に対してますます不寛容になっている日本の天皇制にも配慮しなければならなかった。そこで彼は、西洋諸国の人民主権と天皇中心のアプローチとのバランスをとり、機能する民主主義を国民に根付かせながら主権の所在を天皇に残すことができると主張した。それは驚くほど現実的な解決策であった。

民本主義とは、法律の理論上主権の何人に在りやと云うことは措いて之を問わず、只其主権の行用するに当つて、主権者は須らく一般民衆の利福並に意向を重んずるを方針とす可しといふ主義である。……君主国に在つても此主義が、君主制と毫末も矛盾せずに行はれ得ること亦疑ひない。(75)

吉野の革新的なアプローチは、国民に完全な主権を譲渡することなく、立憲君主制の構造を部分的に借用したものであった。社会のすべての人々に対する日本の天皇の責任感についての吉野のビジョンも、儒教の道徳を吹き込まれた幼少期の教育に由来している。そして、それは社会的不正義に立ち向かう社会的福音を指向した吉野のキリスト教的価値観も反映していた。

吉野は主権が日本国民ではなく天皇にあることを認め続けた。そうでなければ、吉野のキャリアにとっては自殺行為であり、命を脅かす可能性さえあったかもしれない。恩師の美濃部達吉の影響を受けて、吉野は日本国家が支配的であり、天皇は国家の一部に過ぎないという立場に向かって進んだ。吉野は天皇を現人神ではなく完全な人間として、また市民の君主、日本の政治システムの一主体であると見なした。美濃部は機関主義を受け入れ、一九二〇年代に天皇機関説を展開した。一九三五年後半、美濃部は東京帝国大学を辞職させられ、その理論のために不敬罪で告発され裁判にかけられた。吉野は当面、美濃部のアイディアを（機関説は採用せずに）活用した。彼は国体とも呼ばれる日本国家の体現者としての天皇――日本国民の精神と意志としての天皇――という概念から離れ、国家の制度の一部として天皇を捉えた(76)。

吉野は学者であるだけでなく、ジョン・デューイやジェーン・アダムズと同様、日本の民主主義の拡大を目指す活動家でもあった。一九一八年に人気と権力が絶頂に達したとき、彼は東京帝国大学の学生たちと共に新人会の設立に寄与した。その目標を説明する際、彼はそれが「人類の解放に向けた新たな(国際的なウィルソン主義的な)傾向」を前進させると述べた(77)。他の近代主義者と同様に、彼は解放に尽力し、第一次世界大戦後の時代に人類の解放に向けて加速する進歩を目の当たりにした。彼の見解では、この時代におけるあらゆる政治国家の最終的な権威は、世界を秩序づけた国民国家システムの歴史的軌跡に由来するものである。したがって、ウィルソン主義の人気は世界が民主主義の方向に進んでいることを意味した。デューイ、ビアード、アダムズとは異なり、吉野はウィルソン主義に対して幻滅を感じなかった。

以前の福沢と同様に、吉野も大衆がその権利を行使するために教育を受けなければならないことを理解していた。日本人は学校教育で日本帝国主義について多くを学んだが、民主主義や自由についてはあまり学ばなかった。吉野は自身の教育を例に挙げた。「私共の学生時代は、帝国主義的の議論にこそ共鳴はすれ、自由平和など云ふ文字はあまり流行《はや》らなかつたものだ」。それ故、吉野は歴史の方向性と日本の民主主義の発展について日本国民が再教育される必要があることに気づいた。彼は歴史の進歩が人民の権利と民主主義の方向に進んでいることを日本国民に理解してもらいたかった。しかし、彼は国民が日本の民主主義とその中での自分たちの役割について学ばなければ危険だと認識していた。彼は述べている。

国民の思想に一大発展をしなければ、如何に武力に於て間然する所がなくとも、決して安心することは出来ぬ。故に国民の対世界思想を根本的に一変せなければ、到底最後の勝利は望まれない。

軍部は日本の田舎で何十年もの間、保守的で天皇中心的で軍部が支配する日本政府のビジョンに村民を勧誘するために懸命に動いてきたが、もし吉野と自由主義者が失敗したら、軍部はその空白地帯に足を踏み入れ、権力を掌握する用意ができていた。(78)

天皇制と西洋の自然権哲学の双方の制約から逃れることによって、吉野は、彼が民本主義または「人民の権利」と呼んだ独特の民主主義のビジョンを生み出した。そこでは、天皇は依然として主権を保持しつつも国民に配慮し、吉野が「機能的」民主主義と呼んだものを認める義務があるというのであった。実際的な観点から言えば、吉野は投票権の拡大、社会福祉プログラム、軍に対する文民統制、民選による貴族院の設置を支持した。(79)

このような綱領があることからも、吉野は西洋流の自由主義者であったように見える。しかし、これ以上、真実からかけ離れたものはない。吉野の近代性の考えは、儒教や日本化されたキリスト教など、多くの源から派生した。彼は日本の大衆を動員して政府に改革を強制し、政府の変革を強制するために抗議活動を主導したいとさえ考えていた。

吉野の近代主義は、天皇と大日本帝国の存在と権威の双方を許容した。彼の国際主義の概念は、国家システムに関する普遍的な考え方と、日本特有の帝国体験の双方に由来している。植民地に対する日本のアプローチに関する海老名弾正の多くの見解を利用して、吉野は大日本帝国の存在と拡大を強力に支持した。一九世紀後半に近代化に成功した日本独自の経験と、吉野のキリスト教・儒教的倫理を組み合わせることで、植民地の資源と市場を通じて成長する日本経済の利益に貢献しながら、植民地臣民の福祉に尽力する道徳的帝国を築くことができるというのであった。

吉野は、特に日本が国内で民主的改革を実施し、帝国でも同様の改革を実施し始めれば、日本人は朝鮮と中国に多くの援助を提供できると信じていた。吉野は若い頃、一九〇五年の日露戦争で日本の勝利を祝ったが、知的に成熟すると、一九一九年三月一日の朝鮮の反乱に対する日本植民地政府の残忍な弾圧を非難した。吉野の理想主義と進歩主義は、軍国主義や植民地臣民の強制的同化とは別の、日本帝国への別の道を主張するよう彼に促した。彼の現実主義は、天皇の主権と、日本経済が外部の市場や資源へのアクセスを獲得する必要性を考慮したものであった。

吉野の素晴らしく革新的な統合は、天皇制と帝国の双方を支持し、双方の民主的改革を達成するものであったが、それが日本の制度に完全に導入されることはなかった。一九一八年のめまぐるしい瞬間は過ぎ去った。一九二五年に日本政府が選挙権をすべての男性に拡大したとき、法律となった法案の尻尾にとげが刺さった。保守派は政府が天皇を非難する者を投獄できるようにする別の法案、治安維持法を可決することによってのみそれに同意した。皇室や軍部を批判すれば懲役刑もありうる。その後、数年間に亘り、政府は日本の政治的左翼の粛清において、共産主義者と社会主義者を一斉に検挙し、他の批判者を沈黙させた。

吉野は取り締まりに巻き込まれた。一九二四年、やや奇妙な決断で、吉野は東京帝国大学の快適である程度守られていた職を辞め（ジャーナリズムでより多くのお金を稼ぐことができた）、全国紙トップの朝日新聞社に入社した。吉野は大学の職を辞する前に、日本の国会の貴族院と皇室の秘密諮問機関である枢密院の改革を提案していた。今度はその提案が彼を悩ませることになった。入社して間もなく、朝日新聞社を即座に解雇された。保守派が彼を解雇のターゲットにしており、新聞の主筆とつながりがあったようである。吉野の解雇は彼の財務状況と評判を大きく傷つけた。彼は執筆を続けたが、もはや世論を動かす力はなくなり、かなり貧しくなった。彼はさらに左傾化し、一九三一年の満洲事変後の満州における日本の軍事侵略を激しく批判するようになった。彼はその直後に失意のうちに亡くなった。

吉野は、おそらくここで研究されている他の国際的近代主義者の誰よりも、国家主義と国際主義の間に内在する緊張と、近代性の発展にとって両者の本質的な重要性を例示している。彼は熱心なナショナリストであったが、近代世界への日本の進歩を国際的かつ普遍的な機能として認識していた。彼は西洋化の限界を理解し、印象的なスタイルで日本の天皇と帝国を乗り越える方法を理論化し、カリスマ的な民主主義指導者であった。しかし、吉野は日本や東アジアとのつながりが、日本の国内の政治的発展と帝国に内在する問題から目をそらしていることを理解できていないようである。どちらも吉野の最終目標である解放を阻害するように設計されていたと思われるのだ。日本帝国ではますます覇権主義的な軍部が目を光らせており、日本の政治は自由と民主主義を推進するのではなく、制限したり廃止したりしたい保守派によってますます統制され、支配されるようになった。

歴史家のエミリー・ローゼンバーグは、二〇世紀におけるナショナリズムと国際主義のあり方について評しており、彼女の分析は吉野のアプローチをよく説明している。「このようにして、国境を越えたネットワークは、必ずしもナショナリズムや帝国の厳格化する境界線に対抗して発展したわけではなく、あるいはそれを超えた進歩の段階として発展したわけではなく、時には国家や帝国の建設に必要な対応物として発展したのである」[80]。彼は国家と国際的世界の双方を引き合いに出して、日本とその帝国が現代の国民国家の世界にどのように適合できるかを説明しようとした。

しかし、結局、吉野の構想は失敗した。軍部は選挙に勝ち始め、日本でいっそう大きな権力を掌握し始めた。彼を擁護すると、第一次世界大戦の直後、日本は人民の民主主義、つまり民本主義についての吉野のビジョンの道を進む可能性があった。軍はシベリアへの介入が下手だったことに困惑しており、軍の人気は史上最低だった。その後、日本は国内で軍政に陥り、北東アジアで帝国を積極的に拡大する中で、吉野らは日本の方向性をめぐるさらに重要な戦いに敗れた[81]。

道案内された近代性――尹致昊《いんちこう》（ユン・チホ）、韓国における日本支配を受け入れる

吉野作造が日本による朝鮮人に対する暴力と朝鮮での軍事支配を非難する一方で、有名な韓国の改革者・尹致昊は、朝鮮の権力を掌握していた日本人にますます接近した。尹は寺内正毅総督暗殺計画への関与の罪で有罪判決を受け、六年間の懲役刑を受けた後、一九一九年に刑務所を出た際、彼は変わっていた。日本人看守による残虐な行為と拷問は、決して癒えることのない傷跡を残したのである。以前、尹は韓国の独立と近代化を強く主張していた。世紀の変わり目に、尹は韓国の思想、文化、政治を近代化しようとした独立協会を含むいくつかの改革運動に参加していた。彼は韓国で漢字に代えて、日常的な使用に（中国の胡適の白話のように）韓国文字であるハングルを使用することを唱えて、韓国の主権と独立を主張し、国王・高宗の枢密院がより韓国人民を代表するよう少なくとも部分的には選挙で選ばれることを推奨していたのである。

一九一〇年に日本が朝鮮を占領すると、これらの問題はそれ程重要ではなくなり、尹は日本の近代化を賞賛していたにもかかわらず、日本の朝鮮統治に断固として反対するようになった。尹は朝鮮総督暗殺計画の容疑で裁判を受け、有罪判決を受けた。尹の投獄は、日本に対する彼の積極的な反対活動を終わらせた。

釈放後、尹は韓国の激しい反日運動を批判し始め、日本軍の弾圧と数千人の韓国人の死亡で終わった一九一九年三月一日の抗議には参加しなかった。尹は日本との関係についてプラグマティックになり、国際情勢を明確に把握していた。日本の近代化と東アジアにおけるリーダーシップは韓国人にとって有益である可能性があるという以前の考えに立ち返り、尹は日本人が韓国人を近代化に導くことができると信じた。抗議後に尹の日記に書かれた助言はこうだった。「今こそ韓国人が学んで待つ時だ(82)」。抗議の残忍な弾圧という経験や、韓国人を下等な人間として扱う日本の傲慢さを考慮すると、この助言はおそらく甘かったのであろう。しかし、尹と他の韓国の改

革者たちには他にあまり選択肢がなかった。

尹は日本への協力を強め、第二次世界大戦中は名前を日本名に変えたこともあった。韓国に対する彼の近代性のビジョンは今や切り捨てられ、日本人のビジョンの中に埋没してしまった。汎アジア主義と東アジアにおける西洋の存在に対する反対の増大が尹の思想を支配していた。第二次世界大戦時の日本人同様、尹の考え方はより人種主義的かつ反西洋的になり、大日本帝国への参画が約束する究極の解放に傾倒した　彼は日本の軍隊に参加した韓国の若者を称賛した。日本軍が香港の前戦基地からイギリス軍を敗走させた後、尹は日記にこう記した。

耐え難い人種的偏見と同様に耐え難い東洋における傲慢さを抱えたイギリス帝国主義の城塞は永遠に――私はそう願っている――崩壊した。東洋における白人支配の呪縛を打ち破ったことについて、日本はすべての有色人種からの永遠の謝意に値する。(83)

これは、一九四一年一二月七日の日本による真珠湾爆撃後に特に当てはまる。しかし、東アジアにおける日本のリーダーシップへの尹の転向と同じくらい重要だったのは、日本の弾圧に対して彼が継続的な恐怖を抱いていたことである。彼や他の韓国の指導者たちは厳重に監視された。尹は第二次世界大戦が終わった直後の一九四五年に亡くなった。現在、彼の評判は日本の朝鮮植民地支配との提携により、韓国では大きく傷ついている。

結論

一九二〇年代、これらの進歩的な知識人の国際主義への傾倒は近代主義の謎（puzzle）の一つのピースと見なされ、国際環境に改革の精神をもたらした。しかし、彼らの懸念は彼らの国家主義の感覚ともぴったりと一致した。このつながりにより、東アジアにおける国際的な改革の取り組みに対する国家主義的な反応が生じた。西洋化の取り組みは、帝国主義の古いイデオロギーや西洋文明の優位性とされていたものとの関連性から、強力な反対に遭遇した。チャールズ・ビアードの市政改革の取り組みは失敗に終わった。中国の治外法権制度を改革しようとするジェイムズ・ショットウェルの試みは、中国の国家主義者によって拒絶された。ジェーン・アダムズの中国における国際主義的改革の取り組みは、西洋諸国が中国の問題を理解していないという批判にさらされた。そしてアダムズは、その批判が正しかったことを認めた。西洋をモデルにして中国の教育制度を改革しようとする試みは、西洋人を完全に追い出すことに賛同する民族主義的な学生らによって拒否された。吉野作造は国家主義と帝国主義の路線に沿って、西洋の民主主義を日本の制度に合わせて再構築した。一九二〇年代の西洋化に対する東アジアの抵抗は、一〇年後の西洋化の失敗の予兆となった。

一九三〇年代の重要な一〇年間に、W・E・B・デュボイスは尹同様、日本帝国が世界の有色人種の解放、あるいはデュボイスが表現した「世界規模のカラー・ラインの打破」の鍵だと信じており、デュボイスは東アジアを訪れ、それを直接目撃した。しかし、最終的には、日本軍が華北で暴れ回り、一九三七年の日中戦争で中国全土に侵攻した際には、尹もデュボイスも自分自身を欺いていた。蔣介石の新生活運動等、他のアプローチもそれ程成功しなかった。西洋のキリスト教と東洋の儒教の教えの融合という点で興味深い蔣介石の運動は、非常に数が多く、言うことをきかない中国の住民が、現代的な規律と所定の手順を習慣化するようにしようとする試みであった。しかしこの運動は抑圧的なものとなり、中国人を古いやり方から解放するという目標を損なった。近代思想の理想が一九三〇年代の大恐慌と戦争という厳しい現実に直面すると、知識人は過去数十年間の熱狂的な近代主義から離れ始めた。チャールズ・ビアードが近代思想の多くの指針を拒否し、アメリカ大陸主義を受け入れたことは、近代思想の深刻な危機を示していた。

第五章　危機にある近代性――一九三〇年代〜一九四〇年代

世界恐慌の衝撃

一九二〇年代の国際主義の活気とは対照的に、一九三〇年代には、国際主義や近代主義といった野心的な目標が崩れ去るように思われた。一九三〇年に始まった世界恐慌は、全世界の経済に深刻な打撃を与えた。近代世界の大きな柱の一つであった産業資本主義が崩れ去ったのである。世界恐慌の発生は、日本だけでなく、欧米の資本主義諸国の生活に大きな打撃を与えた。

合衆国では、一九三二年から一九三三年にかけての冬は、とりわけ寒さが厳しかった。デトロイトの自動車産業は不況のあおりを受けて従業員のほとんどを解雇し、失業率は七〇％にも達した。住居からの立ち退きを強いられ、避難場所のない人々は路上で凍死するようになった。パンやスープの行列は何ブロック（街区）にも亘って続いた。国全体の失業率は二五％近くに達し、工業生産は五〇％も減少した。一九三一年と一九三三年の二度に亘る銀行の倒産で、ジェイムズ・ショットウェルを含む多くのアメリカ人の貯蓄が失われ、アメリカ国民は次の銀行倒産がいつ起こるかわからず、不安に駆られていた。しかし、この合衆国での嵐は、フランクリン・デラノ・ローズヴェルト大統領によって克服された。ローズヴェルトは経済を安定させ、さまざまな政府主導のプログラムによって貧困や失業に対処した。

一方、ヨーロッパはそれほど幸運ではなく、イタリアではムッソリーニ、ドイツではヒトラー、スペインではフランコ、そしてフィンランドでもファシスト政権が台頭し、世界は再び紛争と葛藤の時代へと向かっていくことになった。一九一〇年代から一九二〇年代にかけての国際主義的な夢や平和運動は、遠い昔のことのように思われた。

日本の経済回復は、帝国の発展もあり、西欧や合衆国に比べてより急速なものであった。その後、日本は北東アジアに進出し始め、一九三一年九月一八日には、あまりに説得力のない口実で満洲に侵攻した。石原莞爾をはじめとする関東軍の下士官たちは、日本の経済的利益と日本人入植者を守るために満洲に駐屯していたにもかかわらず、軍と日本の企業が利用する鉄道の小さな区間を密かにダイナマイトで破壊することを命じた。そして、陸軍の指導者はこの爆発を中国の匪賊の仕業とし、国民保護の名目で満洲への侵攻を命じ、一か月もしないうちに、陸軍は満洲全土を占領してしまった。日本の外務省は、この一方的な行動に対して抗議をしたが無駄であった。首相は軍隊に兵舎に戻るよう命じたが彼らは無視し、政府は軍隊に大都市内にとどまるよう命じたが、ならず者部隊であった関東軍はこの命令も無視した。一九三二年、日本は満洲国の建国を発表し、それは独立国家のようであったが、実際は日本軍に支配され、資源と工業力を日本から搾取された傀儡国家であった。日本では高官の暗殺が相次ぎ、軍部とつながりのある保守的な政治家が政権を握るようになった。

中国経済は世界恐慌でダメージを受けたものの、それは欧米の工業経済ほど深くなかったため、やはり急速に回復した。中国経済は国際システムとの結びつきが弱かったため、影響も小さかったのだ。しかし、一九二〇年代から三〇年代にかけての中国の経済システムは混沌としており、新しい事業を立ち上げた企業家の間で富が増大し、信用が自由に行き渡り、一九三一年以降の年間成長率はかなり高かった（最高一一％）一方で、農民の間ではひどい貧困と混乱が生じた[1]。

蔣介石が中国を統一したといっても、その統一は皮算用に過ぎなかった。実際には、軍閥がいまだ中国のほとんどの地域を支配していたのだ。彼らは蒋介石に忠誠を誓っただけで、その誓約はいつでも変更したり放棄したりすることができた。蒋は、中国共産党との内戦の際には、共産党が江西省の砦を放棄し、その後長征として知られる一年に亘る徒歩の旅で中国西部に逃げることを余儀なくされたことにより、猶予を得た。

また、一九三〇年代は、近代化の構築に取り組む東西の知識人にとっても変革の時期であった。二〇世紀に入ってからの近代思想の発展は、実に多様な思想源を持ちさまざまな影響を受けており、ばらばらなものであった。しかし、歴史の進歩、科学的合理性、解放といった近代の基礎となる前提は、この一〇年間に連鎖的に起こった危機によって損なわれてしまっていた。知識人たちは、近代が達成可能かどうか、さらに不吉なことに、近代化を成し遂げることがもはや望ましい目標なのかどうかについてすら、疑問を持ち始めた。

一九三〇年代には、チャールズ・ビアードの思想は新しい局面に入っていた。彼は、戦間期における他のどの知識人よりもその見解を劇的に転換させたのである。彼は近代というものを強く疑い始めたのである。彼は、科学的進歩主義者から科学に対する懐疑主義者になり、熱心な国際主義者から熱心な孤立主義者になったのである。

近代性に対するチャールズ・ビアードの信頼の喪失

一九二九年の株式市場の暴落と世界恐慌の発生後、チャールズ・ビアードは、西洋文明は崩壊につながりかねない衰退のさなかにある、と結論付けた。西洋文明は、一世紀半前の産業革命の夜明け以来、最も大きな混乱に見舞われ、宗教改革以来、最も大きな思想の転換を迫られていると彼は考えていた。ビアードに衝撃を与えたのは世界恐慌だけではなく、軍国主義やファシズムといった危険な新イデオロギーの台頭でもあった。多くの人々が信頼を寄せていた西洋世界と、その類似体である東アジアの日本が崩れ去ろうとしていたのである。彼は、近代性の大前提が崩れ去るのを見たのである。ビアードは、もともと両義的な国際主義者であり、近代主義者であった。革進主義の時代、ビアードは改革者ジェーン・アダムスやジョン・デューイの改革精神や向上心に惹かれていた。彼の思想は、多くの革進主義者と同様に、いくつかの矛盾した擁護し難い定理に則っていた。革進主義運動の道徳的熱狂は、科学が人間の問題を解決できる、という信念と同時に存在していたのである。ビアードは社会とは有機的で相互に関連しているものであると考えていたが、建国の父祖たちの経済的利益について、『合衆国憲法の経済的解釈』（一九一三年）[2]という本を書いている。野蛮から文明へのゆっくりした、避けて通ることのできない歩みというビアードの仮説は、アメリカ社会に対する彼の激しい批判が偽りであることを示していた。社会とは機械的なものなのか、有機的なもの、進歩的なもの、それとも衰退しているものなのか。それは祝福すべきものなのか、それとも破壊すべきものなのか。

これらの矛盾と並行して、歴史の役割についてもビアードの考えがあった。その初期のアプローチである客観的経験主義は、ヨーロッパの哲学や歴史学の形式主義に対する説得力のある答えに思われた。しかし、ビアードの内面は情熱的でダイナミックな知識人であり、埃のように乾いた分析家ではなかった。ビアードが求めていたのは、もっと大きなもの、つまり、人間の営みの舵取りをするような歴史の総合的な理論だったのである。彼は、歴史家とは客観的な事実の伝達者ではなく、積極的な解釈者であり、自らの先入観が歴史の創造に大きく関わっているのだ、という含意を込めて、歴史の芸術性が明らかにされるように、歴史家の役割に関する概念を劇的に修正し始めた。また彼の経済的決定論についても、ウィリアム・ジェイムズに依拠し、思想が他のすべての機能を先取りしている、と主張したことにより崩れ始めた。彼は「経済学が哲学的な意味で政治を決定したり、説明したりするとは思わない。この現世でこれまでに私がでくわした、他の何もそうするものはなかった」[3]と述べている。他の近代主義者と同様、ビアードも歴史を解放したのである。デポー大学の学部生だったビアードは、卒業アルバムにある言葉を書いている。

時は来た……過去の古い伝統や化石化した方法は、粉々に打ち砕かれ、混沌に委ねられなければならない。今こそ、無制限、無条件、無限の自由の時代を到来させよう！　苔むした教員、虫に食われた通説から離れ、真の民主主義を与えよ！　私は、現存するすべてのものに対して宣戦布告することを提案する。(4)

一九六〇年代の学生運動家たちのような出で立ちで、ビアードは自らを真の近代主義者として、過去の「虫に食われた通説」から世界を解放すること、古いものを捨て去り、新しいものを取り入れる、と宣言したのである。

ドイツの歴史家レオポルト・フォン・ランケの経験主義は、ビアードの歴史家としての近代主義に多大な影響を与えた。ヨーロッパで学び、オックスフォードで博士号に結実する研究を行ったビアードは、一九一〇年代、歴史家や政治学者が物理学者と同じような科学者であると考えていた。しかし、物理学は歴史学や政治学のような社会科学に劣ると考えていた。「政治学はあらゆる科学の中で最も偉大であるべきだ。政治学はあらゆる科学の中で最も偉大なものであるべきであり、物理学と政治学は一体であるべきである」(5)。注目すべきことに、ビアードは歴史学ではなく政治学で博士号を取得し、同世代の中で最高の歴史家となった。コロンビア大学で政治学と歴史学の職を得ており、アメリカ政治学会会長（一九二六年）と数年後にアメリカ歴史学会会長（一九三三年）の両方に選ばれた史上唯一の学者となった。しかし、一九三〇年代になると、ビアードは科学と経験主義を捨て始めていた。世界恐慌の経済危機が思想の世界にも及んでいると考えたからである。私たちに提示された社会哲学の体系はすべて、理論と実践によって揺さぶられ、引き裂かれている」(6)。ビアードは一九三六年の『ニュー・リパブリック』誌にこう記している。

同様に、神学も科学も、人間関係における実践において正しく、効率的で永続するという確約を人に与えることができない、という事実の認識がある。ヴィクトリア朝が神学を捨て、科学を取り上げたとき、経験的知識の確実性は、人生の行動や実践に対する無謬の道案内を約束するように思われた。しかし今や、最も厳格な経験主義者でさえ、経済、政治、文化の問題に関して四〇ものやり方に分かれている。(7)

その結果、彼は人間は世界における自分の居場所について考えを改める必要があると考えたのである。ビアードは『国内における門戸開放』（一九三四年）と名付けられた本の中で、人間の努力の不安定な性質を明らかにした。

科学が最終的にもたらすと信じられていた確実性を奪われ、物事の本質において確実性を開示できるという希望そのものを奪われた人類は、今や自らの誤りを認め、世界を試行錯誤の場として受け入れなければならない。(8)

一九二〇年代後半、ビアードはアーネスト・ホブソンの『自然科学の領域』（一九二三年）を読んだが、それは後に彼の思考に大きな影響を与えたと、彼は述べている。ホブソンはハード・サイエンスとヒューマン・サイエンスを峻別することを主張した。自然科学は分類や区分によって自然界に関する合理的な思考を整理するためのものであるが、社会科学や歴史学が解決を目指す因果関係についてはほとんど語ることができない。つまり、ビアードは歴史的な理解に関しては、科学はほとんど語ることができないと結論づけたのである。ビアードはこのような新しい考えから、歴史に対する科学的アプローチから手を引かざるを得なくなった。しかし、彼は歴史を科学的な研究と定義していたため、科学を放棄した以上、歴史的な方法を再構築しなければならなかった。

ビアードは歴史思想の再構築が一九三〇年代の危機を解決する上で極めて重要であると考え、自らをその中心に据えた。ビアードは新しい歴史思想を形成し、その出版物を通じて社会を再形成するつもりであった。そのため、彼の著書は一九三〇年代になると、その意図がより尖鋭化し極論的になっていった。その二〇年前に出版された『合衆国憲法の経済的解釈』が物議を醸したことを考えると、彼の歴史観の中には常にその萌芽があったと言えるかもしれないが。しかし、一九三〇年代の彼の著書は、歴史として書かれたものでありながら、彼の政治的目的を強調するという明確な目的を持って書かれたものであった。彼は孤立主義という指針を持ち、その指針を推し進めるために自著を使ったのである。アカデミックな教育機関で教鞭を執ることはなくなったが、それでもビアードは多くの影響力のある著書——そのうちの数冊は妻との共著——を執筆し、今や広くアメリカ史の重鎮と見なされている(9)。

一九三三年、アメリカ歴史学会の会長に選出されたビアードは、「信念の行為としての歴史叙述」という挑発的なタイトルの会長演説を行った。その中で、彼は科学を批判し、知識の相対性を強調し、さらに「歴史を書く歴史家は、その時代の産物であり、その作品は国家、人種、集団、階級、セクション（地域）の時代精神を反映していると、一世紀以上前から言われてきたのではないだろうか」と発言し、それは賞賛と嘲笑の対象となった。演説の後半では、「物理学と生物学の専制」に反旗を翻すよう同業者に奨励した。この激烈な演説によって、彼は歴史家のコンセンサスを打ち砕き、これにより彼の考えを受け入れるようになった人々と、ジェイムズ・ショットウェルのように、科学的探求としての歴史を信じ続ける人々とに歴史家を二分した。要するに、彼はウィリアム・ジェイムズのプラグマティズムにはかなり近づいたが、ジョン・デューイの思想のプラグマティズムの科学的基盤からは離れてしまったのである。ビアードの同業者であり友人でもあったカール・ベッカーは、ビアードの経験主義に対する反抗に加わった(10)。

ビアードの反経験主義的な立場への移行は、もし彼が科学を明確に否定していなければ、科学と調和していたかもしれない。科学者自身、アインシュタイン、ニールス・ボーア、ヴェルナー・ハイゼンベルクらの研究に基づき、知識の相対性の立場へと移行していたのである。しかし、ビアードはヨーロッパの相対主義者であるホイッシ、ファイヒンガー、マンハイム、そしてイタリアの哲学者ベネディト・クローチェを読んでいた。一九三二年、ビアードは義理の息子アルフレッド・ヴァグツから、ホイシーの『歴史主義の危機』を読むように勧められ、それを読んだビアードは、相対主義への道を歩み始めた。クローチェは、ムッソリーニのイタリア・ファシズムの敵であり、歴史家の道徳的、主観的側面を強調し、ビアードに重要な影響を与えた。クローチェはビアードと文通し、ビアードの会長演説も読んで全面的に支持した。クローチェを読み、インスピレーションに満ちたウィリアム・ジェイムズを読み直した後、ビアードは歴史的知識は相互的、相対的であると結論づけた。ジェイムズは自著の中で、その両方を主張していたのである。歴史家は、歴史的な研究や執筆に自分の前提を持ち込み、それが過去のデータと相互作用して歴史的な知識を作り出すのである。ビアードはナショナリストとして、歴史家として、「政治家のように確かな職位はなくとも、同じような責任感を持って」行動したと主張した。彼は、歴史学という学問分野に、歴史を書く主体的な行為者としての歴史家の存在を認めるよう働きかけた[11]。

ビアードはまた、アメリカ文明が人類の救いになると信じるようになった。このような例外主義は、一九三〇年代の欧米や、日本帝国が台頭したアジアにおいて一般的なものであった。ビアードは、新たに倫理学に関心を持ち、社会における善の概念を定義した。すなわち、満ち足りた生活、豊富な食料、暖かい寝床、そして計画によって資本主義の行き過ぎを制御する民主的な政治システムであった。これらは、彼が考えるアメリカ的生活の構成要素であり、そしてそれが最高のアメリカ文明を構成している、と彼は信じていた。彼の新しいアプローチが、いかに彼を孤立主義へと導くものであったかがわかるだろう。ヨーロッパが混乱に陥る一方で、もし合衆国がヨーロッパの紛争に巻き込まれるのを避けることができれば、合衆国は例外的な文明の砦となり、その実例によって世界を救うことができる。それ故、合衆国は、どんな犠牲を払っても、あらゆる外的影響から守られなければならない。それこそが人類を救う鍵だからである。ある意味で、ビアードの思想は一国における近代性であった。

ビアードは経験主義に反旗を翻して近代性を完全に放棄したわけではなかった。彼は依然として科学的知識の有効性を信じていたが、今度は科学をより高次の倫理や道徳に従わせるようになった。彼は知識は相対的なものであり、歴史家の仕事は、文書やその主観的な認識と相互作用するものであることを認めたのである。彼は依然としてプラグマティズムの力を信じていた。人間は経験から学び、歴史的経験は歴史家の教師となるのである。ビアードは新たに再構築した歴史的手法で、複数巻からなる『アメリカ文明の興隆』の続巻を執筆し始めた。これらの著作、なかでも一九四二年に出版された第四巻は『アメリカ精神の歴史――合衆国における文明の思想の研究』と題され、アメリカ国民に歴史における自分たちの特殊な役割について教示するための最も重要な場となった。その中でビアードは、アメリカ文明について、現実主義的かつユートピア的な矛盾した見解を述べている。

アメリカ文明の理念にとっては、真実、善、美、社会、有用の理想と実例が、最初に記録がある時代から人間の経験の中に存在してきたということで十分である。無秩序と反対勢力を克服し、現実を理想に近づけるためのインスピレーションと指針として十分であったのである。(12)

ここでビアードは、真実、美、高い倫理基準、互いに対する社会責任、有益な経済的追求のすべてをアメリカは持ちうる、と結論づけた。戦争と騒乱に明け暮れた二〇世紀を振り返れば、現代人はビアードの発言を、現実と理想の融合ではなく、素朴なユートピアであり、アメリカ的生活に対する不条理な理想主義的見解である、と考えるであろう。

ビアードの外交観についても、一九三〇年代に入るとかなり大きく変化し始める。一九二〇年代には、日本を訪れ東京の市政改革に取り組み、外交政策や国際情勢についても盛んに執筆していた。ウィルソン主義に基づき第一次世界大戦への参戦を支持した彼は、戦後、アメリカの参戦がイギリスとフランスという大国の帝国主義を利することになった、と結論づけた。その背景には、一九一七年にボリシェヴィキがロシアを支配した後、ヨーロッパの同盟国が、戦争による政治的混乱でできた領土を奪って植民地帝国を拡大する準備があることを示した不利な内容のロシア外務省の文書を公開した。ビアードはイギリスとフランスの間で中東の旧オスマン帝国領を植民地として切り分ける秘密条約であった、サイクス・ピコ協定に言及した。ジャーナリストのマックス・ラーナーが指摘するように、今にして思えば、ビアードはだまされたと感じたに違いないだろう(13)。すなわち、ビアードは自決や対等な諸国家の共同体を含む合理的な進歩的国際観を持って戦争を支持したが、結果的に意図せずにではあるが西洋帝国主義を幇助してしまっていたともいえるのである(14)。その結果、彼は一九二〇年代から三〇年代にかけて、帝国主義的で好戦的なヨーロッパを懸念し、より懐疑的な態度をとるようになったのである(15)。

さらにビアードは、ウィルソンの国際主義やカーネギー国際平和財団の国際主義といった影響力のある制度に疑問を持ち始めた。「ウィルソン＝ローズヴェルト神話の暴露記事が必要であるが、外交問題に携わるほとんどの人々は、不正なカーネギー平和基金から助成を受け、神話を維持することで生きている(16)」。ビアードのかつての友人でカーネギー国際平和基金の社会科学部長だったジェイムズ・ショットウェルは、ビアードのこの一撃を不快に思っていたことだろう。しかし、ビアードの主張は、一九二〇年代の国際主義者はエリート主義者であり、アメリカで最も裕福で強力な資本家であるアンドリュー・カーネギーとロックフェラー家に資金を提供されており、それは共通の利益のためではなく、資本家の利益の保護のために働いていた、というものであった。

チャールズ・ビアードは一九二〇年代後半、国際資本主義が世界経済を安定させるかもしれないと願い、再び国際環境に立ち返った。しかし、一九二九年の株式市場の暴落とそれに続く世界恐慌の後、その希望は消え去った。ヨーロッパが再び不安定になり、日本が侵略してきたことで、陰鬱な空気がたちこめた。

ビアードは孤立主義に向かい始め、ヨーロッパを「旧世界」と呼ぶことに対する異常なまでの不信感が再燃していった。そして、彼は国際資本主義が合衆国を世界経済の波乱にさらし、不況を招いたと主張し、「世界は国際的な経済単位であり、合衆国はその統一性の布に織り込まれている」と述べ、世界経済の「布」がほころぶと、合衆国にも影響が及ぶとした。彼は、国際的な糸を断ち切りアメリカ大陸に焦点を当てようとした。(17)

ビアードは自身の新しいアプローチを「大陸アメリカ主義（continental Americanism）」と呼んだ。ビアードの大陸主義は、その本質において、西半球を戦争に明け暮れるヨーロッパから切り離された、より徳の高いものであると見なしていた。彼は共和制の政治形態を持ち、君主制やその他の専制政治と戦ってきた歴史を持つアメリカ大陸が、ヨーロッパやその他の地域の混乱と増大する無秩序に抗議するためのブロック（圏域）をつくることを提案した。ヨーロッパと分離することで、合衆国は「権力と栄光と高貴な生活において、過去のあらゆる達成を凌駕する文明の創造に、すべての国家の才覚を傾ける」ことができるようになるというのである。(18)よってビアードは、世界恐慌から生まれた保護主義も支持した。

スムート＝ホーリー法は合衆国に入ってくる商品の関税を二〇〜三〇％引き上げ、それまでの他の関税と合わせて、輸入品全体のコストを四〇％上昇させた。経済にとっては災難だったが、ビアードはそれを受け入れ、必要なものだけを国際的に取引する物々交換システムを支持した。それ以外の製品は、それぞれの国で生産するというものである。また、彼は合衆国は不安定な経済圏への金融的信用の流れを止めるべきだと考えていた。既に一万四〇〇〇人の正規軍を抱えるアメリカ軍の規模を縮小し、他国との外交関係を制限することも望んでいたが、これは、これらがアメリカ国民よりもアメリカ資本家の利益につながるという考えからであった。(19)

ビアードは当初、フランクリン・デラノ・ローズヴェルトの大統領就任を支持した。ワグナー法による新しい労働者保護、高齢者のための社会保障、失業者のための事業促進局（ＷＰＡ）による労働プログラムなど、ローズヴェルトの国内での取り組みを賞賛していた。一九三三年一〇月、ビアードはホワイトハウスでローズヴェルトと会談し、その後しばらくの間、大統領の耳目を得たと考えた。彼は、ローズヴェルトに孤立主義的な外交政策をとるように勧めた。しかし、ローズヴェルトがワシントン条約の失敗を受け、アメリカ海軍の大幅な拡張を政権に約束すると、ビアードはこれを非難し、その支持を取りやめた。国際情勢が混沌としている中で、ビアードが孤立主義に陥ったことは理解できるが、それは非現実的でもあった。この数十年の間に急速に進んだグローバル化は、大西洋と太平洋の広大な海でさえも、合衆国を他の国々から守ることができないことを意味していたのである。(20)

ビアードの日本に対する考え方もこのとき、変わっていた。彼は、一九二四年にアメリカが思慮に欠く移民排除法を制定したことにより、日本人とアメリカ人の間で戦争が起こる条件を作り出した、と非難していた。しかし、一九三一年の満洲事変の後、日本への同情は弱まり、疑念は強まった。日本人は、合衆国の真のライバルとなってしまった。ビアードは一九四八年に亡くなる直前まで出版活動を続け、五〇冊近くの本と多くの論文を書いた。現代の悲劇といえるが、世界が戦争と騒乱に突入しても、ビアードはアメリカ大陸主義に固執した。また真珠湾攻撃については、ローズヴェルト政権の責任であるとし、ローズヴェルト政権が石油の輸送を禁止することによって、日本が合衆国を攻撃するように仕向けたと考えたのである。ビアードは、敵味方双方から非難を浴びた。以前、熱心な支持者であったルイス・マンフォードは、ビアードの大陸主義は「嵐の夜に時間を知ることができない日時計のようなもの」だと述べている。さらに、「チャールズ・ビアードの孤立主義は、アルフレッド・ローゼンベルクやゴットフリート・フェーダーの教義と同様に、ほとんど野蛮の徴候である」とも述べている。ローゼンベルクとフェーダーは、それぞれナチ党の思想家と経済理論家である。この非難は、ビアードを根底から切り裂いたに違いない。ビアードは最後の著書で、ローズヴェルト政権に対する陰謀論について触れ、日本軍がハワイを攻撃する時期を知っていたフランクリン・デラノ・ローズヴェルトは、それを許してアメリカ国民を戦争に動員したのだ、と書いた。この告発は、今日でも陰謀論者のネタになっているが、他の学者によって簡単に論破されることとなった。これまでのビアードの輝かしいキャリアは、ここで悲劇的な結末を迎えることとなったのである。(21)

フランツ・ボアズの学生マーガレット・ミードとルース・ベネディクトの戦時

一九三〇年代、チャールズ・ビアードが自分の考えを修正し、依然として多くの著作を出版し、はるかに若い情熱とエネルギーを持っていた一方で、フランツ・ボアズはそのキャリアを終えようとしていた。コロンビア大学でビアードの同僚であったボアズは、一九三〇年代、ビアードの近代性からの撤退に影響を受けることはなかった。ボアズは以前と同じように人種と文化に関する研究と出版を続けており、コロンビア大学ではすっかり有名人になっていた。彼は学部長として人類学部を支配し、研究資金の大半を獲得していたが、彼のプロジェクトにはもはや一九〇〇年代から一九一〇年代にかけてのような電撃的発想はみられなかった。一九三六年から一九三七年にかけての一期の研究費で、ボアズは精神能力における人種的・社会的差異を研究するために一万三一〇〇ドルを受け取った。次に高額な九六六〇ドルは、ルース・ベネディクトの「馴化」に関する研究であった。他のほとんどのプロジェクトは、五〇〇〇ドル以下の資金提供であった。この資金は、ロックフェラー財団の助成金で、コロンビア大学社会科学研究評議会を経由して提供された。(22)

ボアズによるアメリカの近代性への影響は確固たるものであった。彼は、人種と文化は相対的なカテゴリーであるという考え方を、ほとんど独力で広めた。文明は絶対的な優位性を意味するものではないのだ。彼の最初の研究の対象となったイヌイットは、彼自身とはまったく異なる生活を送っていたかもしれないが、ボアズはその違いが彼らの優劣を判断する根拠としては不十分であることに気づいていた。ボアズはまた、人類学の分野で卓越したキャリアを歩む有能な大学院生を何人か引きつけていた。カリフォルニア大学バークレー校人類学部の創設者ロバート・ロヴィー、ペンシルヴァニア大学人類学部の創設者フランク・スペック、ノースウェスタン大学の人類学プログラムを創設したメルヴィル・ハースコヴィッツなど、その数は多かった。また他にも、シカゴ大学の人類学プログラムを開発し、ニュー・スクール・フォー・ソーシャル・リサーチやワシントン大学でもプログラムを開始した学生もいた。しかし、戦前から戦中の最も著名な人類学者であるマーガレット・ミードとルース・ベネディクトという二人の最優秀学生は、ニューヨークに留まった。ルース・ベネディクトはコロンビア大学人類学教室の指導者となった。マーガレット・ミードはコロンビア大学で講師を務め、二〇世紀初頭、ボアズが屈辱的に退職したアメリカ自然史博物館の学芸員として活躍した。

マーガレット・ミードとルース・ベネディクトは、ボアズの遺産とアメリカ的生活における文化の重要性に関する彼の考え方を強力に形成したスター学生であり、二人とも尊敬される学者、正当な公人、そして一説には恋人になったという、驚くべきペアである。マーガレット・ミードの写真を見ると、活発で知的な顔立ちに、明るい瞳とやさしい笑顔が印象的である。ミードは間違いなく二人の中でよりカリスマ的な存在であった。ルース・ベネディクトの若い頃の写真では、古典的な美しさが際立っている。[23]

ボアズは文化研究の進め方について非常に明確な考えを持っており、一九二五年にサモアへ初めて実地調査に出かけたミード——当時はボアズが指導する大学院生——に宛てた手紙の中で、それを明言している。彼はミードに、サモア文化の興味深い奇癖や細部に気を取られることなく、「文化の一般的な様式の圧力のもとでの、個人の心理的態度」に焦点を当てるよう求めた。[24]彼女は焦点を定めて、太平洋島嶼の人々の重要な研究『サモアにおける成熟』（一九二八年）を書き上げた。この本は、先駆的なものとして賞賛された。ある学者は、同書の詩的な書評を書き、その中で文化人類学への賛歌ともいうべきふざけた詩を書いたほどである。[25]ミードの研究は、文化に制約された行為者としての女性に焦点を当てたものであったが、重要な点としては、それは歴史の中の主体としての女性でもあったということである。女性、家族、子どもの問題は、ミードにとって、その後のキャリアにおいて不可欠な学術的テーマであった。

ミードの研究がアメリカ的生活の主流に到達するにつれ、彼女は太平洋文化圏で得た知見を踏まえてアメリカ文化についてコメントすることを求められるようになった。ミードは自分の結論は普遍化できると考えた。アメリカ人はサモア人やバリ人から、自分たちの文化で何をすべきか、何をすべきでないかを学ぶことができるというのである。

一九三〇年代後半、ヨーロッパとアジアで戦争が勃発し、全体主義的な政府が勝利を重ねる中、ミードは自分のコメントを、子育てや行動についての家族への助言として提供した。一九三九年、バリ島での実地調査から帰国したばかりのミードは、『ニューヨーク・ジャーナル・アメリカン』紙に寄稿し、アメリカ人に、バリ人が盲目的に守っている文化的ルールや規範への服従について警告した。戦争と混乱の嵐がやってくる中、ルールへの服従は独裁政治の特徴であり、民主主義を守るためには、個人となり、変化に備えることが必要だと彼女は考えた。そして、これをアメリカの子育てに当てはめて、親が過保護にならず、家庭のルールを柔軟にすることを推奨した。この解説によって、ミードは文化の優位性に関する理論を地政学に適用し始めたのである[26]。

ルース・ベネディクトが名声への道を得たのは、早くから彼女をスターと見なして、溺愛したボアズの影響によるものでもあった。彼女はボアズの愛情に応え、ボアズを「パパ・フランツ」と呼んでいた。ベネディクトは一九二一年にコロンビア大学で博士号を取得し、それから二年後にボアズは彼女を助教授に任命した。彼女の初期の著作は取るに足らないものだったが、一九三四年に出版した『文化の諸様式』は、彼女の最も重要な理論的研究となり、悪名を馳せることになった。ある意味で、この本はボアズの文化相対主義の次の論理的なステップとなった。ボアズが人間の違いを示す重要な指標として文明や人種を否定したように、彼や彼の学生たちの見解では、文化が人間の最も重要な違いになった。

ベネディクトは文化を人間生活の本質的な特徴として提起した。彼女は同書の中で、文化は個人の人格のようなものだと主張した。文化は生活を形成し、それを世界に反映させるというのである。「ある文化は、ちょうど個人がそうであるように、多かれ少かれ首尾一貫した思想や行動の様式である」[27]。彼女は、絶対的な道徳基準という考え方を否定し、代わりにそれぞれの文化が独自の道徳基準を持っていると主張した。ベネディクトは、ボアズの文化相対主義にこれらの新しい概念を付け加えた。彼女は同書でボアズの文化相対主義を受け入れていたのである。

フランツ・ボアズは一九三七年に引退し、後任の人類学部長としてベネディクトを指名した。彼女の学識と名声は、明確にそれにふさわしかった。しかし、大学側はこれを拒否し、代わりにラルフ・リントンを教授に任命した。彼女の性別が関係しているのは間違いなかった。残念なことに、コロンビア大学は、彼女が多くの重要な著書と国際的な名声をもっていたにもかかわらず、一九四八年に彼女が亡くなるまで教授職に就くことを認めなかった。

もはや文化は、人種差別やその他のヒエラルヒーに対抗するための武器というだけではなかった。文化は今や自己と他者を理解するための不可欠な道具となったのである。ベネディクトの論文は、一九五〇年代に近代化論者が文化や文化の特殊性の中心性を否定し、近代化論の普遍主義を支持するまでの二〇年間、人類学の基盤を揺るがした。その頃、共産主義を打ち破り、民主主義と資本主義を広めるというアメリカの十字軍的な役割は、普遍的なプロジェクトとしての性格を帯びていた。結局、ベネディクトの理論が持つ文化本質主義は問題となり、ベネディクトの文化論や人格論が評価するよりも、異文化というものははるかに多様で扱いにくいものであった。また、文化相対主義が近代の重要な概念となった一方で、ベネディクトの文化論の明晰さは、国際社会に対する静的なアプローチとなり、近代に深く埋め込まれた普遍的な歴史の進歩という考え方に逆行することになった。

これまで見てきたように、ボアズは自分の研究を人種差別やその他のヒエラルヒーからの解放という枠組みの中で捉えていた。彼は全米黒人地位向上協会（NAACP）の設立に積極的に参加し、文化相対主義について頻繁に講演を行った。ベネディクトとミードは、ボアズの足跡をたどり、一九三〇年代には、その研究成果によって注目を集め、アメリカ社会における人種差別をめぐる争いに巻き込まれていくことになる。マーガレット・ミードは一九三五年七月、スワースモア大学で開催された人種関係研究所で講師を務めている。また、ボアズとベネディクトは、共に民主主義と知的自由を求めるアメリカ委員会に所属していた。ボアズは同委員会のニューヨーク支部の会長を務めていた。

一九三九年、コロンビア大学を退官したボアズは、ニューヨーク州商工会議所の「移民による征服」と題する報告書に対する抗議活動を組織した。この報告書は、タイトルも論調も極めて反移民的で、ボアズと彼の学生たちが何十年も闘ってきた人種生物学の古い考え方を主張するものであった。著者はカーネギー研究所のハリー・ラフリン博士で、生物学的要因が移民政策を支配すべきであり、人種的高潔と人種改良を確保するために移民をなくすべきである、と提案していた。これに対し、民主主義と知的自由を求めるアメリカ委員会は、ボアズの指導の下、（チャールズ・ビアードの賛同も得て、）警戒と非難を込めた書簡でこれに応えた。その書簡は、人種が固定的なカテゴリーであるという考え方を否定し、ラフリンはまともな科学をしていない、と断言したのである。委員会は報告書の反移民の部分について、「私たちは外国人、ユダヤ人、カトリック教徒、あるいは何らかのスケープゴートが社会のあらゆる悪の原因であるというヒステリックな叫びが、わが国で急速に広がっていることを警戒している」と指摘した(28)。一九三〇年代後半の政治やアメリカ第一委員会などの組織では、孤立主義のレトリックが拡大していた。

ルース・ベネディクトとマーガレット・ミードは共に、一九四〇年代にアメリカの戦争への取り組みに参加した。文化的な枠組みが地政学や外交政策を形作ることができると信じていた彼らは、学問的な役割と愛国心の間に矛盾はないと考えたからである。この反応は、真珠湾攻撃の後、熱心に戦争への取り組みに参加した多くのアメリカの学者とよく似ている。文化分析は人間の生活のあらゆる面に適用されるのだから、家族だけでなく外交政策にも適用するべきだというのである。

一九三九年八月、ナチスがポーランドに侵攻する一か月前、マーガレット・ミードはファースト・レディのエレノア・ルーズヴェルトに、戦争を回避し和平プロセスを開始するための提案をまとめた書簡を送った。ミードは、夫人がヒトラーの文化的／心理的側面を理解していると考えていたため、ローズヴェルト大統領がその書簡をもとに、和平交渉の実現のためにヒトラーとのコミュニケーションを確立することを提案した。全体主義的な支配者であるヒトラーの性格を、他者に導かれることを良しとしないのではないかとミードは単純に理解し、ローズヴェルトに対しヒトラーに交渉の主導権を握らせることを提案したのである。ヒトラーは「行動する人」であったため、何かをしないようにと頼むことはできなかったはずだというのである。しかし、このミードによる権力政治と国際外交への最初の進出は、ローズヴェルト政権に完全に無視された。ただし、この書簡はミードが自説を高い次元に置いたことを示していた(29)。

マーガレット・ミードとその夫であるグレゴリー・ベイトソンは、一九四〇年に応用人類学協会を設立し、「文化の解析（culture cracking）」を開始した。その目的は、異文化理解や世界平和を促進するため、あるいは逆に戦争をして勝つために、ある文化の本質を他者に理解されるよう説明することだった。ベネディクト、ミード、ベイトソンの三人は、この取り組みから「国民性研究」と呼ばれる、文化を通して国家を総括する試みに取り組むようになった。このような方法で国民文化を本質化することは、当初から危うい試みであり、文化相対主義から文化絶対主義への転換を示すものであったが、彼らはこの変化に気づかず、依然として相対主義を支持していた。この戦時中の文化的アプローチの優位さは、ボアズの弟子たちが政治的に力を持つようになるにつれ、危ういものになっていった。彼らは、後にかなり粗雑と見なされるような研究に従事していたのであった。

ミードとベイトソンは、人類学、社会学、心理学といった行動科学の学者からなる民間組織である国民の士気に関する委員会にも参加し、戦争時の非常事態の際に士気を高める方法でアメリカ国民との交流に従事していた。これは、学術界が心理戦を仕掛けた、非常に早い段階での取り組みであった。真珠湾攻撃の一か月前の一九四一年一一月八日、ミードとベイトソンは、委員会のために作成したと見られる文書に、アメリカ国民を操って日本の脅威を認識させる方法について書き留めた。当時、合衆国と日本は双方、すぐにでも戦争をするつもりでおり、その文書には、日本を毒蛇や蟻などの害虫、あるいはタコなどに見立てた漫画で描写することについての提案が記されていた。また、その際、報道されていた日米の平和的解決のための交渉の試みについては、日本の策略であるかのように描くことも提案されていた。差し迫った戦争は、戦争熱をもたらし、ミードやベイトソンといった最も鋭敏な研究者までもがその熱に感染してしまうという、不名誉な事態を招いたのであった(30)。

ミード、ベイトソン、ベネディクトをはじめとする著名な人類学者たちは、一九四一年九月にコロンビア大学で開催された科学、哲学、宗教に関する学際会議のセッションに参加した。この会議には、アルバート・アインシュタインやエンリコ・フェルミなど、アメリカから優れた研究者たちが集まった。注目すべきは、この頃、科学的なアプローチと相性の悪かったチャールズ・ビアードが、この会議に出席していなかったことである。この会議は、一九三〇年代の危機の中で懐疑的な態度を強めていたビアードのような批評家に対抗して、科学を擁護するものであった。また、崇敬された年長の学者で民主主義の提唱者であるジョン・デューイも出席していた。その目的は、ヨーロッパやアジアで急速に広がる専制政治への防波堤として、民主主義的な生活様式の美徳を打ち出すことにあった。

この会議では、ジョン・デューイと彼が生涯をかけて追求した科学的プラグマティズムによる民主主義が崇拝された。デューイは一九三九年に『自由と文化』を発表し、文化相対主義や文化主義的な民主主義の考え方を取り入れて、今ではいわゆる「ボアズ派」と呼ばれるミードやベネディクトに近い考え方をするようになった。

> 我々は、人間の本性は、それ自体に任されたとき、また外部の恣意的な制約から解放された時にうまく機能する民主的な制度を生み出す傾向がある、という考えを持ち続けることはできない…民主主義とは、人間らしい文化が優勢であるべきだという信念であることを、私たちは理解しなければならない。我々はこの命題は道義的なもの――何であるべきかにかかわるいかなる思想と同様に――ということを率直にありのまま認めるべきである。

民主主義を支えるには、人間の工夫だけでは無理がある。民主主義を支える文化が構築され、維持される必要があるのである。(31)

マーガレット・ミードは男女双方が出席したこの会議において、知的主導権を握っていた。彼女の論文「文化の比較研究と民主的価値観の目的論的育成」は、デューイと非常に近い立場にあった。彼女は、国家に優先するものとして、「個人の至高の価値と道義的責任」を支持した。科学的アプローチは民主主義と両立し、民主主義は操作される必要があるとしながらも、相対主義的な立場をとっていた。ミードもベネディクトも、デューイのアプローチが個人の相対主義と道義的自律性を伴わなければ、杓子定規になりすぎて政治権力に操られるのではないか、と懸念していた。ルース・ベネディクトが論文で述べたように、政府の「方向づけ行動」が個人の選択という選択肢を残すものであれば、それは民主主義の保護と両立するのであった。ベネディクトの考えでは、民主主義の開放性は、アメリカの文化的習慣に根ざしていた。つまり、ミードとベネディクトは、個人主義がアメリカの民主主義の中心にあるかぎり、民主主義の利点と専制政治の危険性についての教育を通じて、社会的・文化的態度を統御することに前向きであった。このように知識人がアメリカの民主主義を導くというアプローチによって、戦争が始まるとミードとベネディクトに戦争への参加の扉を開くこととなった[32]。

真珠湾攻撃後、マーガレット・ミードはワシントンで全米調査委員会の食糧調査業務を行い、異文化研究所を設立し、ベネディクトと同様に政府資金による研究プロジェクトを引き受けた。一九四二年、ミードは最も有名な著書『火薬をしめらせるな』を出版した。これは、彼女が太平洋地域の文化を分析したのと同じ手法で、アメリカ文化を研究したものであり、また、それはアメリカの集団心理を分析したものであった。国民性研究として、この本はアメリカ人の両親の役割を明らかにし、いかなる階級的な区別を否定し、教育、若さ、攻撃性といったアメリカ人の強力な成功への動機を強調した。また、アメリカ人の文化的弱点についても考察し、アメリカ人は権威ある人物に依存しすぎるが、逆に言えば、しばしば支配されることを必要としすぎることも指摘した。同著の最後では、アメリカ人の資産である柔軟性と実用的な技術について目を向けた。この著作は今日では単純化された決定論として否定されるだろうが、戦争中は、まるで国民全体が精神分析医のソファに腰掛け、気分を良くして立ち去ることができるかのように、一種の慰めを与えてくれたのである。また、ミードは優れた作家であり、文化人類学や心理学の抽象的な概念を、親しみやすく、読みやすい概念に変えていった。この著作はたちまちベストセラーとなり、二〇年間、人類学を学ぶ学生たちの標準テキストであり続けた[33]。

アメリカが戦争に突入すると、ルース・ベネディクトはコロンビア大学の職を辞し、ワシントンの戦略情報局で研究職に就くことになった。そこで彼女は、ノルウェーでの救援活動やヨーロッパのさまざまな文化についての研究といった戦時中のトピックについてリサーチするようになった。

ベネディクトはまた、敵をよりよく知るために、米陸軍省に雇われて日本文化についての分析を書くことになった。このプロジェクトがあったからこそ、ベネディクトは最も有名な著書『菊と刀』（一九四六年）を書くことができたのである。非合理的で閉鎖的と思われていた日本文化をアメリカ人に明らかにすることが、ベネディクトの研究の目的であった。彼女はこの本で日本人の文化的特殊性を研究し、アメリカへの暴力的な攻撃について、神経質でプレッシャーの高い文化の産物である、と説明した。ベネディクトは章ごとに、ヒエラルヒー、忠誠、適切な居場所、責務、相互の義務に対する日本人のこだわりを論じた。そして、こうした文化的特性が大きな緊張と抑圧を生み、それが非合理的で暴力的な行動に拍車をかけると結論づけた。ベネディクトの日本文化——彼女の日本が戦争に転ずる説明では、政治と外交は明らかにほとんど何の役割も果たさなかった——とその特異性への執着は、オリエンタリスト的な姿勢があったからにほかならない。それらは人類学や心理学をもってしても、うっすらとしか理解されなかった。ここでは、日本人の不可解さというオリエンタリストの想定が力強く舞い戻っていた(34)。

この本は当時の日本文化に関する最も権威ある著作と見なされ、一九五〇年代から六〇年代にかけて、日本全国で歴史学や人類学を学ぶ際のモデルとして利用された。ベネディクトの結論は、戦後の日本占領が日本の民主化、地方分権化、非軍事化によって、ヒエラルヒー、服従、忠誠、義務といった日本文化の特殊性を破壊することに重点を置くことを後押しするものとなった。

ベネディクトは戦後、間もなく亡くなったが、ミードは少なくとも学界では大きな影響力を持ち続けた。最近の解釈によれば、仕事を通じて政治権力に接することに慣れていたミードは、戦後も戦時中と同じようにあり続けることを期待していたが、この点については大いに失望することとなった。軍事計画担当者や政治家は冷戦に早々に没頭し、国民性研究や異文化理解を求める彼女の訴えに次第に耳を傾けなくなった。他の学者たちは、ミードが自ら政治や政府の世界から身を引いたと以前から主張していた。我々はどうやっても真実を知ることができないかもしれない。というのも、ミードはその痕跡（それがあったとして）をすぐに消し去り、一九四九年までには、戦時中に政府に奉仕した自分自身や他の学者がひどい失態を犯し、「ナショナリスト的で田舎者」であったと自嘲気味に述べていたからである。ミードはまた、人類学はハード・サイエンスと同じように科学として扱えるという想定からも手を引き始めた(35)。

この新しい理解は、ミードの文化や人格に関するプロジェクトを再定義するものだった。戦時中の政治や政府への影響力という目もくらむような高みから、ミードは再び学問の世界に戻ってきた。彼女は、完成後に政府によって機密扱いにされる可能性のある研究をすることを拒んだ。そして、フォーダム大学リンカーン・センター校に人類学部を設立し、その後、ロードアイランド大学の社会学・人類学特別教授に就任した。彼女は、他国の文化を研究して真実を伝える人類学ではなく、他国の学者もアメリカの学者と一緒に文化を研究する必要があると主張した。

西側世界の起業家精神に、人類全体のために考えることができると信ずるアメリカ人特有の傾向を修正するのに有効な謙虚な姿勢という、できるだけ多くの大小の文化による寄与のための完全体をなす必要性を付け加えねばならなかった。他の文化を研究するために、他の文化と共に研究する必要性を付加するのである。(36)

ミードもビアードと同じように、見解を劇的に変えることにつながる心境の変化があったのである。

W・E・B・デュボイスと東アジアへの旅

チャールズ・ビアードやマーガレット・ミードが客観性、経験主義、科学の概念を否定したように、W・E・B・デュボイスも科学的合理性から遠ざかり始めた。一九〇〇年代の比較的若い時期から一九三〇年代の知的成熟期にかけて、デュボイスは折衷的な知識人であり続け、プラグマティックな姿勢から離れ、人種差別や植民地主義を理由に資本主義システムを非難するようになったが、常に人種差別に最も強く焦点を当てていた。彼の風貌は、二〇年の歳月を経ても驚くほど変わっておらず、あごひげは灰色になったものの、顔には皺がなく、平然としていた。公民権のために闘い続けた長年のストレスと緊張も見られなかった[37]。

チャールズ・ビアードと同様、デュボイスも合理性（少なくとも資本主義的合理性）が進歩や近代性を生み出すという考えから次第に離れ、社会主義への憧れを新たにした。デュボイスは、ビアードのように、あるいは後述する、一九三〇年代から一九五〇年代にかけて西洋化された近代性に反旗を翻した日本の哲学者・竹内好のように、科学と理性への疑問について長大な論文を書いたわけではなかった。

デュボイスは伝統的な意味での哲学者ではなかった。彼にとっては、もっと単純な図式だった。何十年にも亘り人種差別と闘ってきた経験から、進歩は見かけよりもずっとつかみどころのないものだと彼は悟っていた。急進的なアフリカ系アメリカ人の新聞である『シカゴ・ディフェンダー』紙上で、彼は反人種主義の学問が与える影響に幻滅しつつあったことを振り返っている。

それは簡単で手っ取り早い万能薬ではなかった。困難な作業と時間が必要だった。絡み合った状況の事実を労を惜しまず、細心の注意を払って探し出し、最も慎重な方法で解釈し、一〇年毎、世紀毎に同じことを繰り返すのだ。それは絶対的に正しい科学的手順であり、確実であり、時間と労力を必要とするだけであった。一度だけ弱点があったが、それは世間がそれを許すかどうかということだった……私には、自分の仕事に対する無尽蔵の力と熱意があるように思えた。しかし、私は自分が生きている時代を誤解していた。人間は利己的で残酷でさえあり、思慮がなく怠惰であることは知っていた。私はしかし、地球の支配階級は正しいことを追い求め、ひとたび光が見えたら、それに従うものだと思い込んでいた[38]。

デュボイスの回顧には、疲労とフラストレーションが滲み出ている。彼はハーヴァード大学で、プラグマティズムと合理的思考のプリンス、ウィリアム・ジェイムズのもとで、最高の合理性を期待される教育を受けた。プラグマティズムは、実験主義と科学という彼の指針となるアプローチであり、ジェイムズの改善説（meliorism）は、理想的とは言えない状況に対処しながらも、知性の積極的な働き、献身的な研究、そして状況の改善に希望を与える人々の活動を通して対処するものだった。しかし、この近代的な合理的方法は彼を失望させた。彼は何十年もの間、その指図に従い、大量のデータを用いて最高の科学的方法で研究に次ぐ研究を成し遂げ、雑誌や新聞のエッセイで何度も何度も隔離と人種差別に対して憤慨し、人種平等という新しい現実を形成する場となった全米黒人地位向上協会（NAACP）の設立に貢献するなど、活動に従事してきた。しかし、デュボイスの努力にもかかわらず、人種隔離と人種差別は非常に根強く残っていた。デュボイスは、ビアードのように近代化のビジョンに対する疑念を公表することはなかったが、近代化が機能するかどうかについて真剣に再考していたことは明らかである。個人としての次元では、デュボイスは白人男性に支配された学問と出版の世界で、アフリカ系アメリカ人であるにもかかわらず、驚くほど生産的で国際的に尊敬される学者となり、重厚な研究を重ねた著書を数冊出版し、優れたエッセイストでもあった。

デュボイスは一九三六年、日本帝国への旅に出た。彼はオバーラエンダー財団補助金を与えられ、産業教育を合衆国と比較するためにドイツとオーストリアを訪れた。同時に彼はソ連、中国、日本も旅程に加えた。

その直前、デュボイスは彼のキャリアの中で最も野心的な研究書『アメリカにおける黒人による再建』を出版した。この本は一九〇九年に『アメリカン・ヒストリカル・レビュー』誌に発表した論文のアイディアをもとに、再建はアフリカ系アメリカ人の地位を高め、公民権を強化するための強力な試みであったと主張したものである。デュボイスはこの論文を書籍化したのである。デュボイスは、アメリカ南北戦争後の共和党主導の再建は、クー・クラックス・クランの浄化活動によってのみ解放された軍事独裁政権であったという、歴史家の間で一般的な考え方を覆すことを目指していた。

解放者としてのクー・クラックス・クランという見解は、一八七七年の再建終了後に主流となったもので、当時の歴史家の標準的な解釈であった。その中でも最も粗野なものは、南部における共和党政治を「ニガー支配」と呼び、より洗練された分析では、下院の共和党急進派が、南部連合の役人や将校を回顧し、南部連合軍の負債の支払いを拒み、再建期の憲法修正の受け入れを強制し、南部の軍事占領を認める再建計画によって、南部を不当に罰したことを非難した。彼らを率いたのはコロンビア大学の歴史学者ウィリアム・A・ダニングで、共和党の二枚舌と南部の白人の苦悩という壮大な物語を作り上げた。もう一人のコロンビア大学の歴史家ジョン・バージェスは、その著書『再建と憲法　一八六六〜一八七六年』の中で、「黒い肌とは、情熱を理性に従わせることに一度も成功したことのない人種の一員であることを意味する」と主張した。デュボイスのハーヴァード大学時代の教授アルバート・ハートは、『南部』（一九一〇年）の中で、「人種によって測れば、黒人は劣等であり、アフリカとアメリカにおける彼らの歴史は、彼らが劣等であり続けるという信念につながる」と論じている。[39]

一九一三年から一九二一年までアメリカ合衆国大統領を務めたウッドロー・ウィルソンは、ある意味ではきわめて近代的な革進的改革者であり、海外における民主主義の国際的推進者であったが、再建の人種差別的非難にも関与していた。ウッドロウ・ウィルソンは、その著書『分裂と再統一　一八二九〜一九〇九年』の中で、南部で黒人の投票権を阻んだのは、単に白人が自然に優勢になった結果であるという、よく言われる見解を繰り返した。共和党の黒人の軍事独裁とクランの解放という同じ物語を利用した、人気はあったが物議を醸した映画『国民の誕生』（一九一五年）は、『分裂と再統一』からの引用で始まる。「白人たちは単なる自己保存の本能に感化され、ついには南部の国を守るために、南部の真の裁定人である偉大なクー・クラックス・クランが誕生した」。[40]ウィルソンの長年の友人であり、政治的支援者であり、大学の同級生であったトマス・ディクソンは、この映画にインスピレーションを与えた『クランズマン』（一九〇五年）を書いた。ウィルソンはこの映画の特別上映会をホワイトハウスで開催した。彼はまた、ホワイトハウスのスタッフの別の宿舎と食事場所を人種で隔離した最初の大統領となった。チャールズ&メアリー・ビアード夫妻の『アメリカ文明の興隆』でさえ、黒人がほとんど登場しない物語を描いており、彼らはアフリカ人奴隷は奴隷時代もその後も自らを成長させることはなかった、と結論づけた。アフリカ系アメリカ人は「束縛の年月を通じて本質的に地位を向上させたわけではなく、とにかく知性において目覚ましい発展を遂げたわけでもなく、財産の獲得に成功したわけでもまったくない」。彼らは本質的に、ビアード夫妻が描いたアメリカの進歩の世界の外にいたのである。このどちらの主張も真実ではない。デュボイスはアフリカ系アメリカ人の知性の生きた証だった。そして既に奴隷からの解放の余波の中で、明らかにビアード夫妻には知られていなかったが、アフリカ系アメリカ人の土地所有者や企業家の小さな階級が、人種隔離とジム・クロウ〔黒人分離法〕が定着する前の南部でも誕生していたのである。(41)

この人種差別の物語は、デュボイスが叩き続けた硬い鉄床であった。デュボイスは『黒人による再建』において、アフリカ系アメリカ人の視点から再建の物語を語った。彼らは奴隷制から解放され、政治的権利を与えられ、一六人の連邦議会議員、一人の連邦上院議員、一〇〇〇人以上の州や地元の政治家を当選させることによって、新たな政治的機会を手に入れた。また、彼は『アメリカン・ヒストリカル・レビュー（AHR）』の論文で、再建を恐ろしい暴政ではなく、啓蒙の物語へと転換させたが、当初AHRは掲載を拒否し、いざ掲載されると同業の歴史家たちは無視した。そして今度は、エビデンスを潤沢に盛り込んだ無視できない重厚な研究書を出版した。彼はカーネギー・コーポレーションから助成金を受け、その資金で何人かの研究者を雇い、プロジェクトを手伝わせた。出来上がった本は七五〇頁にも及び、非常に本格的な学術書となった。『黒人による再建』は、主要な日刊紙や雑誌の多くで高く評価された。残念ながら、人種差別的な論評もいくつか掲載された。しかし、人種的革進主義者たちは、この本の中に、過去の古い再建の物語に対する断固とした、効果的な異議申し立てを認めたのである。そして彼は、フロリダ大学の若い助教授で、デュボイスを大いに敬愛し、やがて、『新南部の起

源　一八七七～一九一三年』（一九五一年）や『ジム・クロウの奇妙な経歴』（一九五五年）によって、旧来の人種差別的な再建物語の終焉に向けて決定的な打撃を与えるC・ヴァン・ウッドワードと親交を結んだ。(42)

したがって、デュボイスが地球の裏側への旅に出たとき、彼は既に高名な学者であった。出発当時、彼はマルクス主義にますます興味を持つようになり、アトランタ大学の大学院生に恐るべき『資本論』（史上最も過酷な読書の一つ）を押し付けた。何事にもそうだが、デュボイスは自分の研究プロジェクトのように綿密に旅行を計画し、旅程を掘り下げてすべての細部まで調べた。

デュボイスは一九三六年六月一五日、S・S・セントルイス号でイギリスのサウサンプトンに上陸した。彼はロンドンで一〇日間、他の学者たちと昼食や茶会を共にし、『黒人百科事典』のプロジェクトを立ち上げようと奔走した。世界屈指の人類学者であるロンドン大学のブロニスラフ・マリノフスキーはデュボイスと会い、百科事典に記事を執筆することに同意した。デュボイスはまた、SF作家のH・G・ウェルズとも昼食を共にした。ウェルズの著書『宇宙戦争』は、俳優と同時にラジオパーソナリティにも任じられたオーソン・ウェルズがナレーションを務めるラジオ番組として、間もなくアメリカでセンセーションを巻き起こすことになる。デュボイスはベルギーを経てドイツに渡り、数週間を過ごした。彼は、低地地方で競合するオランダ語やフランス語を話す人々の間に言語排外主義を見出したが、アメリカで受けた彼に対する人種差別とは比較にならなかった。デュボイスはヒトラーの策略を熟知した上でナチス・ドイツに入ったが、そこでは人種の相違に関する考え方はいたるところにあった。その一年前、コロンビア大学の高名な人類学者で、研究の中で一九世紀の人種的相違に関する想定を執拗に攻撃してきたフランツ・ボアズは、既にかなり年をとっていたが、反人種差別に依然として猛烈に取り組んでおり、デュボイスを誘ってアメリカ反ナチ文学委員会を設立した。彼はデュボイスのドイツ行きを知っていたが、ドイツ人が彼を宣伝しようとすることを懸念していた。彼はドイツ人がデュボイスに「特に礼儀正しく」接し、ナチスの偉業だけを見せることで彼の旅をコントロールするのではないかと示唆した。ボアズはデュボイスが委員会に加わり、ナチスを糾弾することを望んだ。しかし、デュボイスの渡航助成金はドイツの財団であるオバーラエンダー財団からのものであり、その条件によって委員会への参加は禁じられていた。デュボイスは手紙でボアズにその申し出を断ったものの、「ドイツにおける人種偏見のひどい暴走」に愕然としていると断言し、旅行から戻って状況をもっとよく知った後に委員会に参加できるようにしたいとの希望を表明した(43)。

オバーラエンダー財団の関係者を含むドイツ政府高官たちは、デュボイスを王家の訪問者のように扱った。ドイツ政府がアメリカのアフリカ系アメリカ人の支持を得ようとしたのは、尊敬からではなく、彼らがアメリカの白人エリートから疎外されていることを知っていたからである。合衆国と戦争になった場合、彼らはドイツ側につくよう説得されるかもしれない。これについては明らかな理由で望み薄だったが、もちろんこの時点のドイツの政策は妄想に満ちていた。ドイツ国内では、一九三五年に五二万五〇〇〇人のドイツ系ユダヤ人に一連の新たな制限が適用され、反ユダヤ主義が進展した。今やユダヤ人は大学や公務員の職に就くことができなくなり、アーリア系ドイツ人との結婚や性的関係を持つこともできず、市民権も失った。この不穏な差別は、ナチスが最終的にホロコーストでユダヤ人を完全に絶滅させようとする伏線となった。

デュボイスはドイツからの下にも置かぬもてなしには騙されなかった。彼はピッツバーグのアフリカ系アメリカ人新聞『クーリエ』紙の読者に――デュボイスは旅行中、この新聞に社説を書く手配をしていた――、「ドイツにおけるユダヤ人に対する闘争に匹敵するようなひどい悲劇は、近代にはなかった」と説明した。彼はその恐怖をスペインの異端審問やアフリカの奴隷貿易になぞらえた。しかし、彼はドイツにいる間はこの社説を書くことができず、ソビエト・ロシアに到着してから掲載のために送った。彼は査証(ビザ)に関する不手際でロシアに滞在することができず、モスクワからモンゴルまでのシベリア鉄道での旅の車窓から表面的な印象を持っただけだった(44)。

デュボイスのアジア歴訪は、疋田保一という少々謎めいた人物の協力を得て計画された。疋田は関西学院大学で教職に就いていたが、一九二〇年に渡米した。彼はニューヨークの日本領事館で事務員として働いており、同館にコネがあった一方、彼がなぜアフリカ系アメリカ人コミュニティに入ったのかは定かではない。無邪気な興味からだったのか、あるいは、ドイツがアフリカ系アメリカ人に試みたように、そのコミュニティの同調者を育て戦争が勃発した場合に日本と同盟を結ばせようという意図だったのか。それとも彼はスパイだったのか。アメリカ政府はこの結論に達したが、決して真相はわからないかもしれない。誰に聞いても、彼は純粋に合衆国のアフリカ系アメリカ人の生活と文化に興味を持っていた。疋田はアメリカ南部を巡り、デュボイスや他の黒人指導者のおかげで、ハワード、フィスク、モアハウス、タスキーギ〔以上、すべて歴史的黒人大学〕、そしてアトランタとワシントンの教会で、日本についての講義を行った。要するに、彼はアフリカ系アメリカ人のエリートに巧みに取り入っていたのである[45]。

日露戦争で日本が勝利した当時、デュボイスは日本の成功を称賛し、日本が西洋帝国主義の脅威を克服して強力な工業国になったように、人種的障壁も克服できるという希望を見出した。抑圧という明らかな類似性が、デュボイスを惹きつけたのである。アフリカ系アメリカ人は一九一九年のヴェルサイユ条約と国際連盟の設立をめぐる交渉で、日本の人種平等条項の提案に積極的に反応した。

日本の作家や軍事指導者たちは、アフリカ系アメリカ人の日本に対する関心に注目した。北一輝もどきの右翼の汎アジア主義者である満川亀太郎は、日本を再建して、西洋帝国主義の悪しき影響からアジアを解放する計画を提唱し、アメリカの人種問題について『黒人問題』（一九二五年）という本を書いた。アフリカ系アメリカ人のエリートたちは、日本の海軍練習艦「磐手」、「八雲」がボルチモアに停泊した際、日本海軍軍人と懇親を深めた。彼らは艦内に招かれ、日本帝国に日本酒で乾杯し、その見返りに日本の海軍士官たちはアメリカにおけるアフリカ系アメリカ人の権利を支持することを表明した。

疋田はアフリカ系アメリカ人の重要な著作の日本語への翻訳を指揮し、デュボイスの『黒人のたましい』や

〔黒人解放のための〕詩歌「すべての声をあげて歌え」を自費で翻訳した。疋田は、東京にニグロ〔黒人〕研究所を設立するという長期的な目標まで掲げていた。しかし、それは実現しなかった。真珠湾攻撃後の一九四二年、彼は日本に送還された。[46]

疋田がデュボイスの旅程を担当したため、日本人たちはデュボイスにひっきりなしに言い寄り、旅の細部に至るまで手取り足取り、手厚くもてなした。ソ連から内モンゴルに向かったデュボイスを出迎えたのは日本人官吏で、彼は満洲に同伴し、満洲国における日本の南満洲鉄道システムの自由乗車券を提供した。デュボイスの訪問までに、日本は満洲の南の、伝統的な首都である北京の外側まで支配を広げていた。

満洲と中国の各停車駅では、日本の役人たちが彼を待ち受けていた。彼はハルビンで新しい高速列車に乗り、新京へと南下した。芝居がかりすぎていて、批判的視点に欠けるが、デュボイスは『クーリエ』紙の記事の中で、満洲国の新国家を熱烈に支持した。「まるで魔法にかかったかのように光景が一変した……私たちは荒涼とした北部の砂漠を出発し……バラストが敷かれた完璧な路盤の上を、プルマン〔の寝台車〕よりも優れた日本の車両で軽々と疾走した。」デュボイスは真の崇拝者となった。彼は、日本人が何十年にも亘り育んできた西洋帝国主義者に対する不満と同じものをいくつか口にした。三国干渉、人種平等条項、一九二四年移民法のすべてが挙げられていた。[47]

日本政府は満洲の開発において強力な説得手段を持っていた。一九〇四年から一九〇五年にかけての日露戦争で勝利し、満洲を取り戻すことに成功した日本は、その後、数十年間、近代国家としての物理的なインフラ整備に着手した。人口の多い満洲南部の奉天〔瀋陽〕には、長く広い大通りとヨーロッパ風の柱頭を持つ建物が建設された。日本の南満洲鉄道株式会社〔SMR〔満鉄〕〕は、東京の日本政府に直接アクセスできる準公営企業であり、ロシア人が建設した一本の路線を利用して大規模な鉄道システムを構築した。彼らは炭鉱を開発し、工業の中心地にある鞍山に巨大な製鉄所を建設した。満洲北部の農業地帯では、世界の大豆の二分の一を生産していた。大豆は日本人の主食である豆腐に使われ、大豆を粉砕して油を抽出し、工業生産にも利用された。日本政府は満洲を魅力的な移住先として宣伝したが、移住者はわずか二〇万人だった。近代化が進んだとはいえ、満洲は楽園ではなかったのだ。しかし、イデオロギー的には、日本の人々は満洲の進歩をますます受け入れるようになっていた。

汎アジア主義者たちは、満洲をアジアの未来のモデルと見なした。日本人は強力な物質的基盤を作り上げ、慈悲深いとされた日本人の支配者たちが、アジア人のために帝国を効率的に運営するというのだ。日本のキリスト教徒さえも時流に乗った。日本のキリスト教指導者である海老名弾正は、満洲は日本人宣教師にとって機が熟した土地であると考えた。日本基督教団は一九三〇年代後半、神の国を建設するための完璧な入植地を作るというユートピア計画のために、満洲に入植者の集団を派遣したほどである(48)。それは、その数十年前にアメリカの宣教師たちが日本を見ていたのと不気味なほど似ていた。イデオロギー的に言えば、汎アジア主義者たちは、自分たちの帝国が西洋帝国主義の外でアジア人に進歩をもたらすと信じていた。北東アジアにおける帝国が朝鮮から満洲へ、そして最終的にはジョホールと内モンゴルへと拡大するにつれ、彼らはこの地域の進歩と近代化の可能性を計り知れないものであると見なした。岡倉天心や徳富蘇峰のような初期の汎アジア主義者たちが表舞台から去ると、新しい世代の汎アジア主義者たちはより洗練された思想を持つようになった。

北一輝をはじめとする思想家による汎アジア主義は、アジアにおける日本のリーダーシップを主張する一般的な議論から、西洋帝国主義だけでなくグローバル資本主義をも全面的に批判するものへと発展していった。日本の北西部〔佐渡〕出身の北一輝は、少年時代から反抗的な態度をとっていた。一四歳のとき、彼は社会主義に興味を持った。そして一九〇六年、二三歳のときに最初の主要論文『国体論純正社会主義』を発表した。その中で彼は、当時の政府だけでなく、西洋帝国主義やグローバル資本主義をも批判した。日本政府は若者の間で急進的な思想が台頭することを深く憂慮し、出版後すぐにこの本を発禁処分にした。しかし、北一輝は正統的な意味でのマルクス主義者ではなかった。彼は世界革命を支持するわけでもなく、ナショナリズムを逆行的なものとして非難するわけでもなかった。彼は、アジア的なひねりを加えたごく初期の国家社会主義者（後の一九三〇年代のヨーロッパにおけるファシスト運動の先駆け）であり、日本という国家と、帝国主義者や魂のない資本家（特に日本の大産業合同体）からアジアを救い、社会的平等を生み出すという神聖な国家的使命を受け入れていた。

その後、北一輝の二冊目の著書『日本改造要綱』（一九一九年）はさらに踏み込み、日本は憲法を停止し、天皇が絶対君主として統治するべきだと述べている。北一輝の著作は、満洲事変を起こした下級将校の石原莞爾と板垣征四郎に影響を与えた。しかし、一九三六年のクーデター未遂事件で、北一輝の軍事的後ろ盾は敗退し、北一輝は数人の右翼軍人と共に反逆罪で処刑された。北一輝の思想は反植民地主義の知識人にとって非常に魅力的であり、反植民地主義を支持し、世界の白人と非白人との間に人種的分裂があると見ていたデュボイスにとっては二重に魅力的であった。この本はずっと後まで英語に翻訳されていなかったため、デュボイスが日本に旅行する前に読むことは不可能であったが、デュボイスと一輝は日本帝国の存在意義を固く信ずる者同士であった[49]。

デュボイスは満洲で見たものに感動した。「有色人種の国家によるこの植民地支配の試みは、見るべきものがある。彼は新京の広い通りを歩き、新しい建物が建設されているのを目の当たりにした。彼は日本が満洲国という新しい国家を作るために用いた方法や、日本のプロジェクトが水面下では西洋の帝国主義と非常によく似ている事実に何の疑念も持たなかった。彼は「満洲国が独立国家か日本の植民地かという問題は重要ではない」と考えていた。デュボイスは日本人がカラー・ラインを突破するという数十年間抱いてきた考えによって、誇大妄想に陥っていた。満洲で見たことのかなりの部分が、彼が信じていたことを確信させたのである[50]。

日本人は満洲国を大成功に導いたが、彼らのやり方、特に一九三一年の満洲事変は、ほとんどすべての方面から帝国主義の二枚舌と言われ、デュボイスにも警告が突き付けられるべきであった。しかし、そうはならなかった。この点については、彼は特別に非難されるべきではない。他にも日本が満洲で成し遂げたことに説得された人々もいた。ハーヴァード大学の歴史家アーサー・シュレジンジャー・シニアは、日本が満洲を支配することで、中国北部に進歩と文明がもたらされ、アメリカの利益が守られると信じていた(51)。

満洲事変の余波を受け、国際連盟はリットン調査団を満洲に派遣した。到着した調査団は、満洲における日本による発展を視察した。日本の役人は代表団を鞍山の製鉄所に案内し、満洲の近代的な都市と効率的な鉄道網を見せた。日本の南満洲鉄道は、後でプロパガンダに使えるように、彼らの訪問を粗末だが説得力のある映像に収めた。日本が代表団に見せた誇示は、彼らに大きな影響を与えた。リットン委員会は問責を勧告したが、制裁は行わず、委員会はまた、満洲事変前の満洲の政治状況の悪化について中国を非難したほどであった。もっと悪い結末もありえた。それでも日本政府は、これは挑発行為であると判断し、一九三三年春に連盟を脱退したのであった。

デュボイスの推論の一端は、満鉄の取締役であった松岡洋右との会談に由来していた。松岡洋右は同会社の理事であった。その職位は非常に格が高いものの一つで、後藤新平男爵を含む多くの日本の重要な政治家が務めていた。後藤新平は、日本占領下の台湾の初代植民地総督、満鉄総裁、そしてこれまで見てきたように、民選の東京市長を歴任した。彼は日本のいくつかの内閣のポストに就いていた。ボーイスカウトの団長も務めていた。後藤にとって南満洲鉄道株式会社は、より大きな政治権力への足がかりであった。

松岡洋右は合衆国で教育を受け、オレゴン大学で法学の学位を取得し、そこにいる間にキリスト教に改宗した。彼の英語は非の打ち所がなく、外務省にはなくてはならない存在だった。出世は早く、短期間、ワシントンの大使館、そして上海領事館に勤務した後、満洲に赴任し、そこで感銘を受けた後藤が松岡の昇進を後援した。松岡は以前、国際連盟の日本大使を務めており、日本が満洲に侵攻したことで問責を受けた会議の演説で、日本を激しく擁護したことは有名である。彼の演説は、日本代表団が退席する前に連盟を非難した。松岡はやがて日本の外務大臣となった。自由主義者と見なされていたが、彼は日本のナショナリストともなった。日本では自由主義者とナショナリストの距離は限りなく狭く、帝国が尊重され、天皇の主権が認められるかぎり、自由主義者であることができた。

松岡は既に一九二二年に一度、満鉄の総裁職を断っていたが、一九三五年に引き受けた。当然のことながら、彼はデュボイスに強い印象を与えた。彼はアメリカ人の気質をよく理解していた。一九三六年までには、松岡は既に率直なぶっきらぼうさで評判になっていた。しかし、デュボイスに対しては、非常に日本的な控えめな雰囲気を漂わせた。デュボイスは彼を無口で、「口下手」だと思った。彼はデュボイスに、満洲における日本のプロジェクトは典型的なヨーロッパ流の帝国建設ではないと説得した。松岡は、満洲は「有色人種の国による植民地事業であり、カースト、搾取、服従を意味するものではない……白人のヨーロッパの場合は常にそうである」と述べた。松岡の主張にはいくらかの真実があった。日本は帝国においてヨーロッパ人やアメリカ人のような厳格な人種主義的アプローチを採ったことはなかった。朝鮮人、台湾人、中国人が人種的な理由で近代的な進歩ができないと決めつけることはなかった。この考え方は、なぜ日本がその帝国内で、住人がより日本人らしくなるように模索したのかを説明するのに役立つ。日本モデルは近代的進歩の鍵を提供することになっていた。そして日本は帝国の初期段階で、満洲をロシア、山東半島をドイツという、西洋の支配から解放していたのである。(52)

しかし、一九三〇年代半ばになると、日本はもはや解放どころではなくなっていた。東京では軍部が政治システムを管理していたのだ。民主的な選挙が続けられていたにもかかわらず、今や国民は国会で軍人の候補者を次第に支持するようになり、首相や閣僚にはほとんど軍人の指導者が選ばれるようになった。一九三〇年代初頭には、ワシントン条約で西洋列強に妥協した浜口首相（一九三〇年）、満洲で軍部を抑制しようとした犬養毅首相（一九三二年）など、穏健派の重要な政治指導者が暗殺された。犬養が暗殺され、日本の文民統制は終わった。デュボイスが松岡と会談した数日後、日本はドイツ、イタリアとの間で反コミンテルン条約に調印し、松岡はこの条約を全面的に支持したのであった。

デュボイスは一週間に亘る満洲訪問の結果、日本の満洲統治に人種的優越性はないと宣言した。満洲を発つ前に、彼は日露戦争の旅順港戦跡を訪れる機会があり、「歴史的な地」と呼んだ。その夜、彼はアメリカに留学した日本人の聴衆を前に人種隔離について講演し、翌日、彼は中国本土に向けて出航した。(53)

デュボイスは次に港町の天津に到着した。ここは三国干渉後にドイツによって占領され、第一次世界大戦のさなかには日本が中国北部のドイツの資産を奪ったが、一九二二年のワシントン条約で返還されていた。デュボイスは列車で短時間、北東の山岳地帯に向かい、間もなく帝都北京に到着した。驚くべき光景と音が彼を待っていた。当時の北京は、現在の北京と同じように、多くの文化と素晴らしい食べ物で溢れていた。彼はそのすべてについて書いた。デュボイスによれば、富と貧困、上流文化と下級文化もすべて、安価な労働力の無限の供給の上に成り立っていた。初日、デュボイスは街を横切って一〇マイルほどだと感じられた距離を歩いた。観光客として、北京の主要な名所である、紫禁城、万里の長城、ラマ僧院などいくつかを見てまわった。「中国は想像を絶する国だ。ここに来て四日目になるが、文字どおり呆然としている。これほど私に影響を与えた土地はかつてなかった……中国を特別に目立たせることなく、世界を説明しようという試みは無駄である」。(54)もちろんジョン・デューイを含め、彼以前に中国を訪れた多くのアメリカ人と同様、デュボイスは衝撃を受けた。

北京は日本の関東軍の満洲以南への侵攻が止まった地点でもあった。時折、北京の西壁の向こうで日本軍が訓練をしているのを見ることができた。数回の公開講演の後、デュボイスは中国で最も西洋化された都市である上海に向かった。中国における西洋支配の現実は、上海で最も顕著であった。上海では西洋列強が黄浦江沿いの国際居留地と呼ばれる長大な地域を支配しており、外国公使館や上海でビジネスを行う外国人が存在していた。デュボイスは、つい最近まで中国に住む外国人は治外法権のもとで自国の法律の適用を受けていた、と指摘した。彼にとって、なぜ中国人が西洋帝国主義に対抗して主権を維持しようと奮闘したかは明らかだった。中国人は抵抗するどころか、欧米列強と妥協し、その主権の一部が彼らに引き渡されることを容認していたのである。

デュボイスは中国人が日本を敵に回したのは大きな誤りだったと主張した。中国人が日本に抵抗したことにより、中国における西洋の支配は妨げられることなく進むこととなったのである。『クーリエ』紙のあるエッセイで、彼は中国における西洋の力の含意を論じている。下級労働者を蹴飛ばしたり、人力車の運賃を地面に投げつけたりするようなことはもはやあまり見られなくなったが、……四歳くらいの小さな（ヨーロッパ人の）少年が、歩道で三人の中国人に自分の道路（Imperial way）の邪魔にならないように命令していた……まるでミシシッピのようだった」。デュボイスは覇権（ヘゲモニー）主義について全体的な関連付けを行ったが、東アジアの状況の文脈は彼の理解を超えていた。彼は、日本が満洲侵略、上海での無辜の民への悪質な空爆、そして長年に亘る中国領土への南進によって、同国が自らを中国の敵に仕立て上げたことに気づかなかったのだ。この時点で既に日本は欧米の帝国主義者よりも大きな脅威だったのだ(55)。

上海でデュボイスは決意を固めた。中国人が危険な道を歩んでいることを納得させる方法を見つけなければならなかった。彼は中国銀行の頭取、上海の中国語新聞の編集者、中国出版社の社長、上海の学校の教育長、中国国際関係研究所の事務局長など、上海の指導的人物たちに面会を求めた。

彼の知的自信は、そのコメントを通して爆発した。彼は上海の指導者たちの集団が無策であることを突きつけた。中国におけるヨーロッパの覇権に対して、彼らはどうするつもりなのだろうか。「どうやってヨーロッパ資本から脱出するつもりなのですか。労働者階級はどのように進歩しているのですか。」デュボイスはマルクス主義的な見方を次第に強めていた。「日本よりもイギリス、フランス、ドイツに苦しめられてきたのに、なぜヨーロッパよりも日本を憎むのですか。」長い衝撃的な沈黙が続いた後、結局、彼らはそれが唯一の道なのだ、と弁明した。その後、上海から長崎への航海中、デュボイスは中国人は白人の「アジアのアンクル・トム」であり、「アメリカの『白人のニガー』を駆り立てているのと同じ精神」に支配されていると書いた(56)。

デュボイスは一九三六年一二月に東京に到着したが、この年、日本には大きな波乱がもたらされた。その年の初めの一九三六年二月の雪の朝、政治クーデターが勃発した。日本陸軍は非常に派閥化が進んでおり、陸軍の皇道派の指導者たちは、自分たちが国の方向性をコントロールできず、陸軍の方向性もコントロールできないことに不満を抱いていた。より穏健な統制派が、一九三〇年代初めから国を率いていた。

皇道派は北一輝を知的指導者とする急進的な日本ナショナリズムと汎アジア主義を起源としていた。日本の急速な西洋化に批判的だった皇道派は、日本はその根源的な存在意義から外れており、原点に立ち返る必要があると考えた。この運動には、古代の武士の倫理規範である武士道への漠然とした傾倒が浸透していた。このイデオロギーの問題点は、武士道が新渡戸らによって世紀末に発明された近代的なものであり、それは徳川日本を懐古するものであり、古代の起源が誇張されすぎていることだった。それにもかかわらず、元陸軍大臣で強硬派の荒木貞夫大将率いる皇道派は、機は熟したと判断した。彼らは弱虫で腑抜けと見なした天皇・裕仁を含む国のトップリーダーを暗殺するために、自分たちに忠実な軍の部隊を兵営から呼び出した。天皇は、彼らの考えに近い弟と交代することになっていた。

その後に起こったことは、関係者全員を不安にさせ、また困惑させるものだった。皇道派の兵士たちは、失態を演じ、押し入れに隠れていた首相の代わりに首相の弟を暗殺したのだ。兵士たちは死体と写真を見比べ、自分たちが標的を殺したと思い込んだ。皇居を占拠するために送り込んだ兵士の数はあまりにも少なく、彼らのリーダーは皇帝の護衛によって逮捕された。正規軍側の反応はあまりにも遅く、初日に何が起こったのかほとんどわからなかった。結局、天皇はクーデターを糾弾し、正規軍は反乱軍を兵営に強制的に引き戻し、逮捕し始めた。荒木を含む皇道派の幹部は処刑された。この危機的状況から脱した日本の進歩主義者は、国をより啓蒙的な方向へ押し戻す機会を得たのであり、実際、デュボイスが船を降りたとき、自由主義者たちは自信に満ちたムードに包まれていた。

日本人はデュボイスの旅において最も親切なホストであった。「母国は無論のこと、日本ほど歓迎された地はなかった。彼は日本で旅の間中、大群衆に迎えられた。彼は新聞記者に日本人の功績への賞賛を語った。日本の外務省が彼の旅行を直接担当し、彼は神戸を訪れ、神戸女学院大学の女子学生たちをフレデリック・ダグラスの話で楽しませた。関西学院大学ではハーレム・ルネッサンスについて講義した。その夜は、大阪の大阪毎日ホールでも講演した。当時の毎日新聞は数百万部の発行部数を誇っていた。東京日日新聞も来ており、他の日本の新聞もこの話を取り上げた。日本は世界で最も識字率の高い国の一つであり、国民は新聞を熱心に読み、主要都市では広い面積が書店に充てられていた。デュボイスは興奮しながら、「これほど知的で、これほど規律正しく、これほど清潔で時間に正確で、これほど人間の善悪を本能的に認識している国民は、近代世界のどこにもいない」と断言した。[57] 彼はほとんどの点で正しかった。世界を先導する人口を抱える東京は、その秩序と清潔さにおいて今日でも驚くべきモデルである。しかし、デュボイスは善と悪についての彼の発言を擁護する論理をほとんど持ち合わせていなかった。悪は日本による中国での戦争で大きな部分を占めるようになった。その後、一九三七年七月、デュボイスが合衆国に帰国してから六か月後に戦争が始まり、瞬く間に残酷なまでに悪質な衝突となった。[58]

デュボイスは中国と同様、日本でも観光客となり、きらめく神社のある古都京都や、古都奈良を訪れダイブツ（大きな仏像）を見物した。最後に訪れた東京では七日間に亘り、苦労して名声を得た英雄として祝福された。東京駅で汽車から降り立った彼を大勢の人々が出迎え、宿泊は近くの帝国ホテルが手配された。

デュボイスはパンパシフィック・クラブで講演し、アメリカの排日運動をアフリカ系アメリカ人に対する差別と比較した。彼は一九二四年の排日移民法と議会の反リンチ法案可決の拒否まで結びつけた。デュボイスによれば、南部の下院議員は、西部の下院議員が反リンチ法案の支持を拒否する見返りに、排日法案を支持したという。日本が国際連盟を脱退した後、海外での日本の評判を高めることを使命として設立された日本政府の機関である国際文化振興会は、デュボイスが帰国する前に帝国ホテルで盛大なパーティーを開いた。近衛文麿は古くからの貴族の家系で、やがて日本の首相となり、日本を対中戦争へと導くことになる人物であった。その招待客は、日本の有名人の一覧のようだった。この栄誉は彼に深い感動を与えた[59]。

一九三六年一二月、龍田丸でアメリカに帰国したデュボイスは、一九五〇年代に共産主義の中国を訪問して東アジアに戻ることにつながる忘れ難い思い出を抱えていた。彼は日本を批判していた。国家神道は天皇崇拝の雰囲気を作り出し、軍国主義によって日本の民主主義体制は損なわれ、経済的困窮は明らかであった[60]。しかし彼は、白人支配の世界にあって、日本をまれに見る「有色人種の有色人種による有色人種のための国」として称賛していた。彼が描く現代の東アジアは、世界のカラー・ラインを打ち砕く破城槌（battering ram）のようであった。

一九三七年夏、日本軍が中国全土に侵攻した後も、デュボイスは親日の立場を貫いた。一九三七年七月、盧溝橋をめぐって日本軍と中国軍の小競り合いが起こった。日本軍は以前と同じように中国軍との交渉を進めた。しかし今回、蒋介石は断固として交渉を拒否し、軍隊を動員した。日本軍はこれに応戦し、八月までに北京のはるか南方、上海に向かって進軍し、中国軍の激しい抵抗にあうも、九月下旬に上海を占領した。

同年一二月までに、日本軍は中国の首都南京に入り、今日まで中国と世界の記憶に残る、悪名高い強姦と略奪の作戦を開始した。暴力行為のさなか、推定三〇万人の中国人が殺され、そのほとんどは民間人であった。しかし、デュボイスは信念を貫いた。彼は多くの日本人と驚くほど近い言葉で、日本人が中国人を救うために殺さなければならなかったと示唆した。「中国を説得し、言いくるめ、納得させるための日本の明確な合図だった」と彼は書いている。

> しかし、中国は嘲笑し、日本人は悪魔だと国民に教えた……そこで日本は、ヨーロッパから中国を救うために中国と戦い、中国を通じてヨーロッパと戦い、アジアの自由に向かって血で血を洗う道を歩もうとした。

黒人はこの危機に際して、理路整然と考えなければならない。

デュボイスはインドのアムリトサル虐殺のようなヨーロッパの植民地虐殺をいくつか引き合いに出して、日本人の殺害を正当化した。当然のことながら、彼は日本の肩を持ち続けると決意したことで、一部の仲間からかなりの批判を受けた(61)。

デュボイスは世界的なカラー・ラインの打破に執念を燃やし、日本の中国侵略という行き詰まりに陥った。そして彼には自分が間違っていたこと、日本が他のアジア人を統率していたことは、実は他に類を見ない残酷な占領であったことを認めないかぎり、出口はなかった。彼が自分が間違っていたと認めることの問題としては、人種の壁が崩れつつある現代世界という彼の分析が崩れ去る恐れがある、ということであった。真珠湾攻撃前までの数年間、彼は日本擁護のための弁解者としての役割を果たしていた。

日本の中国に対する凶悪な戦争に関しては、日本は残忍な「殺しつくす〔殺光〕、奪いつくす〔搶光〕、焼きつくす〔焼光〕」という「三光作戦」を採用した。デュボイスは、膨大な規模の人的被害（戦争は二〇〇〇万から二五〇〇万人という、ヨーロッパ戦域と同程度の理解し難い死傷者を出した）に気づかず、無関心であるかのように見えたが、自分は戦争とは無縁だが、商業のためにアジアを搾取する資本家を支持することは拒否する、と抗弁した。日本軍の急降下爆撃機が一九四一年一二月七日未明に真珠湾のアメリカ艦隊を破壊したとき、デュボイスは後退を余儀なくされたが、日本への支持を完全に撤回することはなかった。彼は小異を捨てて大同につき、アメリカの宣戦布告を支持したが、特に希望も理想主義も持ってはいなかった。

デュボイスはローズヴェルト政権による日系アメリカ人の強制収容決定を非難し、命令に抗議する公開書簡に名前を連ねた数少ないアフリカ系アメリカ人の一人となった。この頃までにデュボイスは、プラグマティズム、つまり変化の可能性を信じること、そして時間の経過と共に最終的に救済されるものとしての経験を重視することを放棄していた。第一次世界大戦以降のデュボイスの経験は、決して救済につながるものではなかった。グローバルなマルクス主義的見解を強めるにつれ、彼の思想は硬直化していった。

デュボイスがプラグマティズムから離れざるを得なくなったとき、彼のアジアに対する考え方は具体化した。第二次世界大戦末期の一九四五年、彼はそれを簡潔に表現した。

私たちは将来の政治的・民主的勢力の図式にアジアの存在を認めざるを得なくなった。もはやヨーロッパを世界の唯一の中心と見なすことはできない。将来の人類の進歩は、アジアで何が起こるかによって大きく左右される。

デュボイスは一九四五年四月にサンフランシスコで開催された国連創設会議にＮＡＡＣＰ代表団の一員として出席した際、植民地主義を批判し、脱植民地化を推し進めた。この会議で彼は、植民地主義は危険な暴力の源であると非難する協会の提案書を書いた。その中で彼は、「植民地政府のシステムは……非民主的で、社会的に危険であり、戦争の主な原因である」と述べた。彼はまた、合衆国における人種差別と差別の是正を求める嘆願書を新たに誕生した国連に提出した。彼は同協会の『世界への嘆願──アメリカ合衆国におけるニグロの子孫の市民を事例とした、マイノリティに対する人権の拒絶と国際連合へのその改善の嘆願』という長たらしいタイトルの提案書を書いた。

デュボイスはまた、第二次世界大戦後、汎アフリカ主義における活動を強化した。彼は何十年もの間、汎アフリカ主義者であったが、今やアフリカ系アメリカ人のルーツをアフリカそのものに求めるようになった。イギリスのマンチェスターで開催された最後のアフリカ会議である第五回汎アフリカ会議に出席した彼は、そこでアフリカの〔英領〕ゴールドコースト出身の熱烈な汎アフリカ主義者で、間もなく新たな独立国ガーナの大統領となるクワメ・エンクルマに出会った。この出会いはデュボイスにとって重要なものだった。一九五〇年代後半、彼はエンクルマによってガーナに招かれ、ガーナに到着すると、二度とアメリカに足を踏み入れることはなかった。

デュボイスの急進主義と共産主義への関心の高まりは、マッカーシズムの標的となった。NAACPは慎重な行動をとり、資金源が枯渇しないよう合衆国内の共産主義者との関係を断ち切ったのに対し、彼は著名な共産主義者ポール・ロープソンや、後に二番目の妻となるシャーリー・グラハムと手を結んだ。デュボイスは合衆国の左翼団体である全米芸術科学専門職評議会に参加し、一九四九年末にモスクワを訪れ、全ソ連平和会議で演説を行った。また、共産主義の汚点が組織に及ぶのを避けるため、NAACPから退くことにも同意した。

それ以前の一九四九年春、デュボイスはパリで開かれた左翼的な平和パルチザンの世界大会で演説し、大勢の観衆に向かってこう述べた。

この新たな植民地帝国主義を先導しているのは、私の父の労苦と血によって築かれた私の生まれ故郷、合衆国である。合衆国は偉大な国家である。神の恩寵によって富み、最も謙虚な市民の勤勉さによって繁栄している……我々は権力に酔いしれ、かつて我々を破滅に追いやったのと同じ旧態依然とした人間の奴隷制度による新たな植民地主義で、世界を地獄へと導こうとしている(62)。

デュボイスは核兵器の拡散を阻止するために、一九五〇年にストックホルム平和アピールと提携した別の左翼団体・平和情報センターの設立に協力した。司法省は、彼を含むリーダーたちが外国組織として登録していなかったとして逮捕したが、デュボイスと彼の弁護士はこれに異議を唱えた。アルバート・アインシュタインがデュボイスの弁護のために証言する予定であることがわかると、デュボイスに対する告訴は取り下げられたが、何より重要なことは、アメリカ政府はデュボイスのパスポートを没収したことである(63)。

パスポートがなかったデュボイスは海外旅行ができず、一九五五年にインドで開催されたバンドン会議（アジアとアフリカの独立したばかりの国々と独立間もない国々が集まった反植民地会議）を欠席した。これらの国々は、デュボイスの生涯の夢であった世界的なカラー・ラインの突破を実現しており、彼は出席できなかったことを痛烈に悔やんだ。

一九五八年、遂にデュボイスはアメリカ政府からパスポートを取り戻し、八九歳にして新妻と共にソビエト・ロシアと中国を旅した。中国で毛沢東に会い、中国共産主義の最高の成果を見せられた。デュボイスにはまだ情熱と理想主義があり、この旅でインスピレーションと支援を得ることができた。彼は両国について好意的な報告をしている(64)。

東アジアに戻った際、デュボイスは完全にマルクス主義を受け入れ、今や毛沢東の中国を称賛していた。彼の急進化は、数十年に亘る差別体験と、アメリカの人種隔離と人種差別の抜本的な変化の欠如に基づく、数十年に亘るプロジェクトであった。彼はプラグマティズムと進化的変化という考え方を試みたが、アメリカではほとんど変化が起こらなかったため、今や本格的な急進主義と革命的変化を受け入れていた。

デュボイスはまた、新たに手に入れた旅行の自由を利用してガーナを訪れた。彼は一九五七年にガーナの独立決定を祝うためにエンクルマから招待されていたが、パスポートがなく出席することはできなかった。しかし、一九六〇年に新国家ガーナ建国のためガーナを訪れた。彼は一九六一年に再びガーナに戻り、九三歳での驚くべき偉業といえる、アフリカのディアスポラに関する百科事典『アフリカ百科事典（Encyclopedia Africanus）』の執筆を取り仕切った(65)。

そして一九六三年、合衆国旅券管理局はデュボイスにアメリカ政府に対する深い不信感を裏づけるような異様な動きがあるとして、彼のパスポートの更新を拒否した。彼はアメリカに戻ることができず、国籍を持たない人間になってしまった。しかし、ガーナはデュボイスを受け入れ、彼とその妻を歓迎した。デュボイスはガーナ国籍を取得した後、その年の暮れにガーナで死去した。

デュボイスの生涯は充実したものであり、そしてその年月が長かったというのは、まぎれもなく正確である。この傑出した人物は、プラグマティズムから理想主義へ、自由民主主義からマルクス主義へと主張を変え、日本人が世界的なカラー・ラインを突破することを望み、さらにはアフリカとアジアの多くの国々が有色人種と植民地主義の壁を打ち砕くのを目の当たりにしてきた。彼は一生のうちに世界が近代化するのを見た人物であった(66)。

白人と非白人を隔てる世界的なカラー・ライン破壊の擁護者としての日本、というデュボイスの考えは、結局失敗に終わった。日本はヨーロッパ人やアメリカ人の帝国と同じような優越感を持ってアジア帝国に臨んでいたことが判明したのだ。日本人は植民地の臣民に対して、西洋の帝国主義とは比べものにならないほどの残忍さをもって接した。西洋化を覆し、日本の東洋化（汎アジア主義、最終的には大東亜共栄圏）を強調しようとしたデュボイスの試みは興味深く創造的であったが、それは解放というものではなかった。それどころか、それは純粋な日本の覇権主義となった。

蠟山政道と日本の地域主義

一九三六年、デュボイスが日本の帝国とその近代化への模索を見守ったのとほぼ同じ頃、日本の知識人たちは、東アジアにおける日本の役割についての見解に大きな変更を迫られていた。吉野作造は東京帝国大学の職を辞し、政府批判の仕返しとして新聞社を解雇されたことで、その影響力は激減した。しかし、東大を去る前、吉野は若者の心を大きく動かす機会に恵まれた。日本の近代化の経験は西洋のそれとは大きく異なるという彼の主張は、彼の教え子たちのすべての世代に影響を与えた。その教え子たちは知識人となり、民主主義と帝国に対する日本のアプローチに関する吉野の考えをさらに一歩進め、世界における日本の役割を再定義した。

吉野も蠟山も大日本帝国についての伝統的な議論を受け入れていた。日本は西洋帝国主義の枠外で独自の近代性の進歩を北東アジアにもたらしたというのだ。しかし、一九三〇年代になると、この考え方はまったく違った、なおいっそう危険な議論へと変化し始めた。進歩のモデルとしての日本は、満洲事変と一九三二年の満洲国建国以降、日本帝国の領土と資源を確保する必要があるという、より緊急性の高い議論によって後退したのである。安全保障の議論は、二〇世紀の初めから進歩の議論と共になされていたのであった。

今や帝国の拡大、一九三一年以降の中国北部における事実上の戦争状態、また、軍国主義者による日本政治の支配が、大日本帝国としての安全保障と地域秩序を前面に押し出した。日本の軍部は、北東アジアの資源は日本の産業維持のために必要であり、この無法で危険だとされた地域を安定させるために軍部が支配する必要がある、と主張した。日本が東アジアの他の地域のために作り上げたバラ色の未来についてのプロパガンダは、マスコミによって発信されていた。知識人たちも一緒になり、日本のその帝国における活動がいかに日本という国と世界を強化したかについての本や論稿を執筆した。蠟山は軍国主義的なアプローチを嫌っていたが、彼の考えは吉野の進歩的な理想から大東亜共栄圏への足がかりとなった。

蠟山政道は東京帝国大学で著名な政治学者となったが、彼は東アジア協同体の強力な提唱者であり、一九三〇年代、日本を先導しようとした、かの藤原一族〔五摂家〕の出の政治的新星・近衛文麿の目的にかなう民間団体・昭和研究会を通じて、この考えを強力に推し進めた。やがて一九三〇年代に蠟山は同研究会の世界政策研究会会長に就任し、実質的な知的リーダーとなった。

地域主義と国際主義に関する蠟山の考え方は近衛文麿の目に留まり、一九三四年に近衛が渡米した際には蠟山も同行した。そして一九三七年、近衛の側近、いわゆる「ブレーン・トラスト」の一員となったことで、蠟山のキャリアは頂点に達し、彼の意見は強く求められ、高く評価されていた。

蠟山は日本の近代性はユニークであるという吉野の主張に大きな影響を受けており、日本帝国は民主主義と地域経済ネットワークという日本モデルに基づく、東アジア全体の近代化に向けた漸進的な歴史運動である、という吉野の考え方を身につけていた。もちろん、このシナリオにおいては日本軍は東アジアの近隣諸国と日本との建設的な関係の敵であり、その暴力と抑圧によって日本の植民地の発展を損なっていた。蠟山はまた、右記の日本モデルを擁護し、日本の歴史は世界統合の方向に進んでいるというグローバリストの視点も採用していた。

蠟山は後年、回想録の中で彼に影響を与えた吉野との出会いを回想しているが、それによると、彼は一九一八年、日本のシベリア占領を視察する学生旅行に出発しようとしていた際、恩師である吉野のもとを訪れ、旅先で何を学ぶべきかを尋ねたという。吉野はいくつかの重要なテーマを提示し、蠟山はその中から二つを選んだ。後に蠟山はこう書いている、

一つは「満洲における中国人労働者の問題」であり、他の一つは「北満における日・露・支の民族的交流」……幸か不幸か、それから一〇年間、私が満洲問題の研究にひまがあれば没頭するという道草をくったのは、このときの先生から与えられたテーマが頭にこびりついて離れなかったためである。自分の専門でもないのに、国際政治の研究、わけてもアジア問題に深入りしたのも、一に先生から与えられたテーマが極めて重要かつ適切であるにも拘らず、その解決が甚だ困難であったので、なかなか手が抜けきれなかったためである。(67)

蠟山は吉野の思想が絶大な人気を誇っていたにもかかわらず、吉野が日本で最も生産性の高い植民地の緊張と問題を解決できていないことを認識していた。そこで、蠟山は恩師の仕事を完成させることに着手した。彼は吉

野ほど民本主義（民衆の民主主義）を重視していなかったが、蠟山の思想の至るところに吉野の痕跡を見ることができる。

蠟山はまた、太平洋問題調査会（ＩＰＲ）との付き合いにも影響を受けた。一九二七年に同会の日本支部に加わったとき、蠟山は既に東アジアにおける日本の役割を考えるための強固な枠組みを持っていた。しかし、当時、太平洋という地域に焦点を当てたこの調査会は、蠟山を魅了し、地域主義に関する彼の思考を刺激した。また蠟山は、国際連盟の活動も研究した。国際連盟は、小麦執行委員会、連合国海上輸送評議会、国際労働機関など、関連する国際機関を設立したが、蠟山はこれらについて、日本が東アジアでも同じことをする必要性を見出していた。

一九二九年に京都で開かれた太平洋問題調査会会議（ジェイムズ・ショットウェルが出席した会議と同じもの）において、蠟山は満洲における日本の立場について論文を発表し、西洋化された自由主義的国際主義ではなく、東アジアにおける地域主義を主張した。彼は、国際連盟秩序の基本である自決の考えに反対し、それは東洋の地域にはそぐわないことを示唆した。その代わりに、彼は日本が帝国を通じて他の東アジアの発展を指導することに賛同した。彼は満洲の状況においては、国際連盟が国際法を施行する代わりに、北東アジアにおける拡張のための編成原理として、日本が独自の地域開発計画を実施することを認めるべきだと主張した。そこに国際法の適用はなされず、日本は中国を近代化へと導くためにいっそう積極的になる必要があるというものであった。

蠟山の主張の根拠の一つは、中国は「無秩序で無法」であるため、国際法は機能しないというものだった。さらに蠟山は、それを国際主義に適合するように自分の考えをねじ曲げた。彼は、日本の国際主義に関する吉野の以前の研究を分析に残しつつ、日本が北東アジアに作り出した新しい状況に合わせてそれを更新しようとした。蠟山の考えでは、地域開発という概念は地域に根ざしたグローバリズムに過ぎず、したがってそれは依然として国際主義という全体的な概念に適合していた。しかし、国際主義と地域秩序を結びつけようとした彼の試みは失敗に終わった。「地域に根ざしたグローバリズム」は、ひとたび軍部が支配権を握ると、空虚なレトリックとなった。二年後に満洲事変が起こり、日本の傀儡国家である満洲国が誕生すると、蠟山は日本と中国の特別な関係に対する認識を欠いているとして、連盟を非難した[68]。

蠟山の論考はまた、日本が日満貿易で莫大な利益を上げていないことを強調する統計を用いて日本の満洲での経済搾取を擁護した。合資会社というかたちでの日本の投資や融資も、高い利益をもたらしてはいなかった。日満貿易は一九〇八年から一九二七年にかけて八倍に増加したが、日本側の貿易黒字にはつながっていなかった。日蠟山は日本は満洲に輸出するよりも輸入する方が多いと指摘した。言い換えれば、日本の帝国主義は必ずしも搾取的なものではなく、むしろ日本政府は満洲経済を発展させ、「平和と秩序を維持し、日本人居住者だけでなく中国の人々の生活を向上させる」ために多くのことをしている、というのである[69]。

蠟山はまた、一九二〇年代後半の太平洋問題調査会の会議において、きわめて直接的に経験したものとしての中国ナショナリズムの台頭という問題を取り上げた。中国代表団は一九二七年の知的財産権会議で治外法権の廃止などの主権措置を求めており、この問題は一九二九年の会議で再燃した。蠟山は中国のナショナリズムの目覚めは、古代文明から近代への進化の道筋の一部であると主張した。もちろん、彼は日本が東アジアにおける発展の頂点にあると見ていた。そして他の国々は、それぞれの発展段階において日本のそれより劣っている、というのであった。この議論によれば、かつて最高の文明国であると考えられていた中国は、今やその文明の段階において日本よりも下位に位置していた[70]。

蠟山は国益、地域の発展、世界的な統合について総合的に論じ、中国は日本が主導権を握ることを認めるべきであり、より原始的なかたちの民族主義的抵抗には関与すべきではない、と説明した。彼はまた、中国の西洋帝国主義者が中国の反日感情を宣伝している、と主張し、西洋のナショナリズムの考え方を批判し、中国人は「歪曲された排外的民族主義理論」を捨て、日本の統治を受け入れるべきだと主張した。蠟山のアプローチは、近代

という解放主義の理想を覆した。日本の戦略は、覇権主義的な支配を通じて中国を解放するというものであった。(71)

一九三一年の満洲事変という公然とした侵略は、平和で経済的に繁栄した民主的な東アジア地域、という蠟山の構想とは明らかに対照的なものであった。これに対して、蠟山と他の学者たちは、日本政府のために代替的なアプローチに関する報告書を作成したが、政府はもはや状況をコントロールできる状態にはなかった。関東軍は満洲を支配し、自らの権限で侵略を開始した。この事実は日本の知識人の説得力の限界を痛感させるものであった。

一九三二年九月に日本が満洲国の独立を宣言する直前に出された蠟山の報告書は、まず、同国政府が完全な自治の道を選ぶのであれば、欧米列強やソビエト・ロシアなどの近隣諸国と広く協議して行うべきだと提言した。蠟山らは多くの西洋人が、日本は満洲とそのより広い植民地帝国において進歩を生み出していると信じていたことを読者に思い出させた。結局、満洲事変に関する国際連盟の調査から生まれたリットン報告書は、日本に警告を与えただけで、日本の北東アジアの近代化を賞賛したのである。実は蠟山とその仲間たちは、中国が満洲の主権を維持することを認める一方で、満洲の独立政府には独自の外交政策と民政を認めるという、より自由主義的な計画も提案していたが、この二つはどちらも実現しなかった。その代わりに、日本が支配する傀儡国家が誕生した。

しかし、蠟山はこの結果について、論理的に考えれば日本の侵略のせいにすべきところを、中国のせいにしたのであった。

満州問題は、単なる二連盟国間の国際紛争と見做さる可きものでは無い。産業的にも、軍事的にも、一流国たる日本が歴史的、感情的にその生命線と見做している地域でに於いて生じた問題であって、しかも長年の忍耐が破れて勃発した問題である。しかも、相手国たる支那は完全なる意味の近代国家では無く、中世的な存在を脱しきっていない国家である。そこではその領域を法律的にも完全に守りうる強力なる中央政府の存在が種々なる障碍によって成立し得ない事情にある。(72)

この発言によって、蠟山の洗練された知的枠組みの根底にあるのは、他の多くの日本人が表明したのと同じ、中国人に対する憤懣《ふんまん》であることが明らかになった。日本人はなぜか、自分たちは中国の願いを聞いてやっているという考えから完全には逃れられず、自分たちの「忍耐」が中国に拒絶されると、恨んで反論したのである。

満洲における混乱と、北東アジアにおける日本の攻撃的な姿勢の中で、蠟山はハワイを訪れ、一九三四年の秋学期にハワイ大学で『現代日本の諸問題』という講義を行った。授業の大半は日本史だった。しかし、その後、蠟山は日本の現在と未来に目を向け、国際関係と東アジアに対する日本のビジョンの中心であると考えた二つの概念、平等と安全保障を強調した。平等とは「自然を支配する、ないし征服する」というきわめて近代的な考え方によって定義される、日本の文明的達成のことである。それは日本の科学、技術、産業の受け入れや、当時、予備会議が開かれていたロンドン海軍軍備制限会議における日本の海軍の平等要求をめぐる交渉のような、平等な地位と欧米列強による平等な待遇への希望も含んでいた。

安全保障の面では、日本が満洲事変の余波の中、「忠実な原加盟国」であった後、国際連盟から脱退したことを指摘した。蠟山は国際連盟の日本非難をさりげなく批判した。彼はまた、その余波の中で日本の地域的アプローチを構築する政策にも言及した。「日本は国際安全保障のための独自の政策、すなわち東アジアの安定化勢力として行動する政策の構築に着手した」。彼は講演の最後を、「わが国日本の問題と政策の特殊性」という言葉で締めくくった。蠟山が何を言いたかったのかは完全にはわからず、また、彼もそれを明確にはしなかった。それは、北東アジアにおける日本の侵略と地域的アプローチに対する蠟山の主張を遠回しに正当化するものであった[73]。

蠟山は一九三〇年代における帝国建設の物語の転換に対応するため、東アジアにおける日本の役割について新たな概念を打ち立てた。東アジアにおける日本の近代化とパワーにより、日本は東アジアにおける「協同体」と呼ばれるものを主導することになる。もし日本が地域共同体を作ることができれば、「世界経済恐慌（世界恐慌と戦争を指す）から脱却し」、「国民経済の空間的地域的拘束性から離脱できる」と蠟山は予言した。このような高飛車な表現は、中国東北部を併合し、傀儡国家・満洲国を建国した後、日本に芽生えた陶酔感の一部となった。最も非現実的な言い方をすれば、日本の地域帝国が世界規模の経済問題を解決するということである。今や近代という言葉は、中国に対する鉄槌として使われたのである。蠟山をはじめとする知識人たちは、中国は真の意味で近代国家ではないため、日本は中国を主権者として扱う必要はないと主張した[74]。

このアプローチのもう一人の提唱者、京都帝国大学歴史学教授の矢野仁一もまた、中国の近代性の欠如を主張した。矢野はいくつかの問題点を指摘した。中国は近代的ではなかった。なぜならば、①主権を確立するための固定された境界線や領土がない、②組織化された暴力を統制する中央当局がない、③国民経済を発展させる合理的な目標がない、④他国を対等な存在として認める近代的な認知地図がない（これは、中国が日本を含む近隣諸国を劣った存在と見なし、金品という形で貢納を強制した古代中国の朝貢制度を指している）、⑤社会の中に各個人を取り込む機能を果たす有機的な組織がない、などである。もちろん現実の中国は、これらのすべての特徴を少なくともある程度は備えていた。しかし、その事実も、日本の知識人たちのプロパガンダに傾いた主張を妨げるものではなかった[75]。

日本の知識人たちが国際主義から目を背け、地域システムを構築しようとしたとき、彼らは北東アジアに近代性を構築できると信じ続けた。しかし、それは吉野作造が思い描いたような国際主義的近代性ではなかった。一九三七年夏に盧溝橋事件が起こり、日中戦争が本格化すると、蠟山は昭和研究会の中で急速に権力を握った。そして彼は、東アジア協同体と呼ぶ地域構想を強く推し進め始めた。一九三八年、彼は発行部数が多く影響力のある『改造』誌に「東亜協同体の理論」と題する論文を発表した。西洋の思想や制度との結びつきは消えていた。彼は国際連盟を、日本と東アジアを疎外する西洋列強の帝国主義の道具だと非難した。蠟山は戦争が日本と「東洋」についての思想を具体化させたと主張した。「大砲の煙と銃弾の雨の中で、銃と剣の洗礼を受けた東洋人は、東洋思想を合理化する」のだと。中国で戦争が激化する中、蠟山は日本の軍国主義を受け入れた。既に本国では徹底的な検閲が行われ、異論があれば厳しく処罰されたため、選択の余地はあまりなかった。そして以前の軍国主義者に対する批判をやめた。彼は東洋を合理化する時が来たと考え、日本主導の開発が最良のアプローチであると強調した。(76)

近衛文麿は首相に就任した後の一九三八年一二月に「東亜新秩序」を発表する際、蠟山の地域的枠組みを使用した。それは基本的に、蠟山の協同体であり、日本が北東アジア地域の近代化を主導する合理的な進歩システムだというのであった。その後、一九四〇年には、アジアの大部分を含む大東亜共栄圏として拡大版が発表された。しかし、彼の高邁な構想は日本軍によって地に堕とされ、急速に成長する日本の帝国を正当化するプロパガンダの一形態となってしまった。一九三九年、蠟山は親友の一人〔河合栄治郎〕が非国民的な著作のかどで解雇されたことに抗議して、東京帝国大学の職を辞した。ビアードと同様、蠟山も主義主張のために自らその地位からおりたのだ。しかし、日本が世界規模の戦争へと突き進む中、蠟山と日本にとって、その決断は遅すぎた。

竹内好——第二次世界大戦における近代性の克服

日本の若い世代の知識人たちは、西洋から疎外されるにつれて、より制約の少ない近代性を考え、自国がアジア中心の近代性の最先端である、と想像するようになった。この転換は、蠟山政道にも起こったし、竹内好にも間違いなく起こった。大日本帝国というものは、蠟山と竹内の両者にとって、日本の近代性とアイデンティティの新たな概念が形成される地理的空間であると同時に、イデオロギー的空間でもあった。

アカデミックな哲学者であった竹内の思想は、近衛の顧問として権力の高みに登っていた蠟山の思想に比べると、影響力は小さかった。魯迅に関する代表的な著作を発表してから六〇年後の二〇〇四年、リチャード・カリッチマンという学者によって、竹内の研究についての初の英語版がアメリカで出版されたばかりである。このような注目度の低さは、彼が行った分析の枠組みが複雑であったためでもある。より重要なのは、竹内が西洋と東アジアに偏在すると見た西洋化に対して憤慨したことである。彼の反西洋主義は、第二次世界大戦後の合衆国での従来の東アジア研究にとっては、当然ながら魅力的なものではなかった。丸山眞男のような他の日本人学者は西洋化と和解しており、より好意的な研究の対象であった。他の多くの東アジアの知識人と同様、竹内も西洋ではなく東アジアの中でインスピレーションを得ていた。

竹内は一九三〇年代初頭に中国を旅行し、一九〇〇年代初めの吉野の中国旅行がそうであったように、彼に深い印象を与えた。西洋人であれ東洋人であれ、中国に長く滞在した者は皆、その広大さ、混雑した都市、人々の富と苦しみ、混沌とした雰囲気に愕然とした。

中国は地球上のどの場所よりも人間性が深く、広かった。前近代の最も偉大な発明は中国からもたらされ、儒教における最も深遠な哲学的考察、偉大な学問、最初の文民官僚制、最も広大な運河、最も大きな都市、人間のスケールの小ささを感じさせるまったくもって巨大な紫禁城、最も偉大な城壁。前近代の中国はすべてを持っていた。中国の大地に足を踏み入れた者は誰でも、広大な土地、どこを向いても人の海があり、また古来の言語、文化、政治体制など、これらすべてを経験した。第二次世界大戦前から戦中にかけての中国の危機的状況はともかく、中国には人を惹きつける力があった。

竹内は北日本の長野県で生まれ育ったが、この地域は急進主義と独立思想で知られる。彼が中国文学を学ぶためにに東京帝国大学に入学した一九三一年当時は、満洲事変が起こった直後だった。長野では、その余波で軍部に対する賞賛や支持はなく、それどころか、新聞紙上では満洲の奪取は正しかったのかと疑問が投げかけられていたほどである。そんな中、世界恐慌は日本の地方を直撃し、長野もひどい貧困から逃れることはできなかった。長野の小さな町〔上田市〕の新聞であった『神科時報』は、きわめて批判的な記事を掲載していた。

満州を日本のものとしたけれど皆さんの生活はどうです。少しは楽になったことでしょうか。借金の利子は元より返せたことでしょうか。姉妹達は春着の一枚もコサイたでしょうか。また兄弟達はカフェーのジャズの一度も余計にきけたことでしょうか。断じて否だ。(77)

結局、日本政府はこの新聞の批判的な姿勢を検閲することとなった。しかし、この新聞は、日本の急進的なファシストであった北一輝の出身地でもある日本の北西部のより自由な考え方を示している。

東京帝国大学で竹内が中国文学を選んだのは、それが最も簡単な科目だと考えられていたからである。戦争が終わりずっと後になってから、竹内は国際基督教大学の少人数の教員の前で「方法としてのアジア」と題したプレゼンテーションを行い、中国への最初の興味を振り返った。多くの日本人大学生がそうであるように、彼は非常に退屈な授業にはほとんど出席しなかったという。中国文学の勉強を始めて間もない一九三二年の夏、竹内好は中国に渡ったが、この中国旅行が彼の考え方を一変させ、生涯をかけた中国研究に乗り出すきっかけとなったのである。デュボイスの旅とは逆で、彼は長崎から上海に向かった。竹内はその夏に中国文学の夏期講習に申し込んでいたが、「ほとんど授業に出席しない怠け者の学生」を自称し、その夏、勉強するつもりはなかった。後年の写真には、足を組んで、とてもリラックスしたポーズでいたずらっぽく微笑み、丸い顔に明るい目が輝いている竹内が写っている。[78]彼は中国で楽しい夏休みを過ごしたかったのだ。

竹内は、侵略によって変貌し、満洲国と改名されたばかりの満洲をツアーの一員として訪れ、その後、一人で北京に向かった。彼の中国に対する反応は驚くべきもの、否、他に類を見ないほどドラマチックであった。「自分の心の中にあった憧れといいますか、潜在していた夢にぶつかった気がしたのであります」。彼は中国人に強く共感し、汎アジア主義への傾倒を運命づけられた。

そこにいる人間が自分と非常に近い感じがした。自分と同じような考えを持っているらしい人間がいるということに感動したのです。私たちは大学の中国文学科に籍を置きながら、困ったことに、中国の大陸に自分たちと同じような人間が実際にいるんだというイメージは浮かばないのですね。[79]

それは異文化への目覚めであり、本書で取り上げている多くの知識人の経験とは似ても似つかないものだった。彼は中国人を知りたいと思い、彼らが何を考えているのか、彼らの生活についてどう感じているのかを知りたいと思った。これが竹内の生涯の中国研究につながった。彼が生涯を通じて批判した従来の中国研究は、古代中国に関する無味乾燥の古文書が中心だった。竹内は旅先で目にした中国人、つまり、古文書や難解な漢字の意味を何も知らない人々を知りたいと思ったのだ。

この旅がきっかけとなり、竹内好は東京に戻ってから一九三四年に中国文学研究会を発足させた。この会は同名の雑誌を主催し、竹内はそこで中国のジレンマについての初期の思索を始めた。一九三七年、彼は新たに見つけた恋の相手である中国に戻り、一九三九年までそこで学んだ。

竹内の中国に対する反応は、中国との戦争が続いている日本では特異に思えるかもしれないが、実はそれほど珍しいものではなかった。一九三七年の開戦後、中国への進出をめぐる日本国内のレトリックには、兄弟愛と征服への熱意、という倒錯的で逆説的な主題が含まれていた(80)。一九三三年から一九三六年までスウェーデン大使を務め、開戦までに退職した白鳥敏夫は、それを上手く表現していた。「それ（侵略）は日本が自らを犠牲にしてでも中国の人々を救い、アジアを復興させようとする勇敢な試みである(81)」。興味深いことに、白鳥は急進的なイデオローグではなく、実践的な外交官であった。彼は『日本の国際的立場』という著書を出版し、日中戦争と諸外国の対応について評価した(82)。

中国人に対する病的な愛情表現は、戦争の取り組みに融合させられるようになった。日本軍司令官の一人、川浪は中国人連隊との戦闘の後、短い詩を書いた。その詩は、司令官がアジアの兄弟と思っていた中国人兵士を殺したことへの後悔と悲しみを表現したものだった。その詩はアメリカの雑誌『アジア』に掲載された(83)。その詩を読んだアメリカの中国シンパは、中国における日本の意図が純粋であることを示すためとはいえ、憤りでいっぱいになったに違いない。竹内は戦後二〇年以上経った中国を振り返り、次のように語っている。

この自分たちの研究を通して親しみを感じている国を自分たちの祖国が侵略するということに、非常に辛さを感じたのでありますが、当時はまだそれを突きつめて考えることができずに、いくらか後退した姿勢で、自分の狭い研究の範囲を守っているくらいのところがせいぜいでありました(84)。

竹内は状況の奇妙さを表現していたといえる。

竹内の発言は、戦後日本が抱えてきた問いを浮き彫りにしている。なぜ日本人は、軍部による政府の乗っ取り、中国での戦争、そして日本軍が行った残虐行為に対して、いとも簡単に納得してしまったのだろうか。どのような答えを出すにしても、まず、この問いに対する研究が十分でないことを認めなければならない。しかし、私たちが手にしている証拠は、肯定的な面では、中国における日本政府の意図が誠実なものであることを、進歩的なイデオロギーを用いて日本国民に効果的に説得したのが理由だったことを示唆している。それは大東亜共栄圏という戦時中に作られた粗雑なものではなく、徳富、岡倉、海老名らが提示した汎アジア主義といったもっと息が長く、深遠なものだった。この答えのより暗い側面は、政府が完全な検閲によって、戦争とその残虐行為について日本国民に知らせず、共栄圏の考えを含む戦争の利益について日本国民に喧伝したことでもある。そして、戦争に反対する異端者を投獄したことである。

竹内は何人かの知識人が中国との戦争に直面し思考が麻痺していたことを証言している。阿部知二はファシズムと戦争が嫌いだと認めたが、中国との戦争については「どうすることもできない」と感じていた。「ファシズムや戦争に対する抵抗する力のありかを、はっきりと見ることのできぬ一個の自由主義者でしかなかった」。亀井勝一郎は無知を主張した。私は「中国」に対してほとんど無知であり、無関心であり続けた。「中国」に対してだけではなく、例えば、「アジア全体に対する連帯感情といったものは私にはまるでなかった」。その一方で、西洋化は克服しなければならない病である、とも述べていた。亀井の古来の神道神社や日本の古典に関する研究は、反西洋的なジャパニズム運動の一環として吹聴された。しかし、彼は中国のことなどどうでもよかったのだ。[85]

一九三八年に共栄圏が発表される頃には、北東アジアに対する日本の関心の原動力となっていた理想は失われつつあった。軍事的指令、完全な検閲、集中的なプロパガンダ運動に取って代わられ、日本が中国を救おう、という考えはもはや何の意味も持たず、日本軍が中国に与えた完全な破壊と衝撃的なまでに対立していたのである。[86]

したがって、竹内が仲間たちと目立たないようにしていたことを認めたのは、完全に理解できるが、納得はできない。それに比べて、ナチス・ドイツにおけるヒトラーの治世の初期には、多くのルーテル派の牧師が公然と政権に抗議した。その結果、投獄され、命を落とした者もいた。日本ではそのような集団は現れなかった。竹内は中国での経験から反欧米的な姿勢を固め、日本が真珠湾を爆撃した後、「大東亜戦争と吾等の決意」という論考で合衆国に対する米太平洋戦争への支持を表明した。やがて、一九四三年、竹内は戦時下の緊急事態を理由に研究会をやめ、出版も停止した。その後、同年、彼は徴兵され、中国戦線に召集された。

この記述からすると、竹内は典型的な反西洋的日本の知識人のように見える。しかし、竹内を第二次世界大戦中の日本の他の反西洋思想家とひとくくりにする前に、反西洋陣営に入った他の知識人に対する彼の批判を考えてみる必要がある。第二次世界大戦中、日本ではいくつかの反西洋シンポジウムが開催された。

最も重要な会議であった「近代の超克——知的協力会議」は、一九四二年七月二三日から二四日にかけて、夏の最も暑い時期に東京で開催された。その議事録は、日本の著名な雑誌『文学界』に掲載された。当時は日本が真珠湾攻撃を行い、東南アジアへの侵攻に大成功を収めた直後のことで、この成功に乗じて、日本軍の物理的な力を知的な領域で再現できるような思想の相乗効果を生み出すことが意図されていた。これが成功すれば、西洋の思想を凌駕する純粋な日本のイデオロギーを輸出することができる。真珠湾攻撃と太平洋戦争は、知識人たちを愕然とさせたが、同時に彼らは期待に胸を躍らせた。竹内は、「これが開戦一年の間の知的戦慄のうちに作られた」と河上徹太郎を引用している。会議の主催者である河上は、日本軍が真珠湾と東南アジアで勝利したことへの誇りと興奮を、後にこう記している。

遂に光栄の秋《とき》が来た。しかも開戦に至るまでの、わが帝国の堂々たる態度、今になって何かと首肯できる、これまでの政府の抜け目のない方策と手順、殊に開戦劈頭聞かされる輝かしき戦果。すべて国民一同にとって胸のすくのを思わしめる。我々が陛下の直ぐ御前にあって、しかも醜《しこ》の御盾となるべく召されることを待っている。私は、徒に昂奮して、こんなことをいっているのではない。[87]

戦後、竹内はこの一節を非難の対象として取り上げた。「河上……までも手放しで開戦を礼賛しているのは知的混乱であり、知性の完全な放棄ではないか」。他の知識人たちは、戦争熱や「聖戦意識」に支配されていると表現した。

この会議は、近代化と西洋化が一緒に押し込まれたという点で、「西洋化の克服」と呼ばれていたかもしれない。歴史や哲学、科学、音楽、神学など、さまざまな分野の著名な知識人が参加した。会議の目的は、日本の伝統や土着思想と西洋化の受け入れとの間の対立を和解させ、克服することにあった。主催者の河上は、会議録の結びで、思想のヨーロッパ化が日本の土着的文脈とのぎこちない適合をもたらしたと主張した。

〔真珠湾攻撃後、〕確かに我々知識人は、従来とても我々の知的活動の真の原動力として働いていた日本人の血と、それを今まで不様に体系づけていた西欧知性の相克のために、個人的にも割り切れないでいる。会議全体を支配する異様な混沌や決裂はそのためである。(88)

河上は、日本で長い伝統がある忠誠心との対立に近いものを説明している。例えば、何世紀にも亘って、西洋思想とキリスト教という西洋の宗教によって、日本の領主や天皇に対する不忠誠の罪に問われた改宗者を生み出してきた。そして今、日本が西洋列強と軍事的に戦う中で、日本の体制への忠誠とそれとの提携の問題が再び前面に出てきた。

この会議は日本からこの矛盾を取り除くのに役立つだろうと期待されたが、それは甘く非現実的なものだった。また、これらの知識人は自分たちのヨーロッパ化を誇張していた。意識せずとも、彼らは単に西洋化した思想家というよりも、雑種の近代主義者だったのだ。結局のところ、彼らは福沢諭吉を研究し、吉野作造を研究し、井上哲次郎を考察していたのだから、土着的な志向だけでなく、日本と西洋の思想が混じり合った知的遺産を明確に受け継いでいたのである。福沢の文明開化は、西洋化をテーマにしているとして、戦時に入るまでに厳しい批判の対象となったが、この主張はもちろん福沢の真の貢献を見逃している。

この会議の最も重大な失敗は、参加者たちが自分たちの混じり合った知的系統を認識できなかったことにある。この自己認識のズレ故に、彼らは西洋主義に染まらない純粋なものを新しい布から作り出す必要性を感じたのである。竹内を含め、このシンポジウムを研究する学者たちは、一九二〇年代後半から一九三〇年代にかけて、京都大学の学者（いわゆる京都学派）を含む日本の知的発展の中に、この会議で議論された概念を位置づけた。これらの学者たちは、近代官僚資本主義を否定し（しかしマルクス主義に転向することはなかった）、ロマン主義、天皇制の崇高さ、軍部による中国での作戦を受け入れていた。西洋化に対する軍部の深い不信感を模倣している点で、彼らが大日本帝国と戦争に同調していたことがわかる。蠟山の仕事は、シンポジウムが成功していれば、彼らのアジェンダに合致するものとなるはずだった。しかし、蠟山が西洋の国際法概念を否定するかたちでシステムの一部を批判したのに対し、「近代の超克」の思想家たちは、すべての西洋の思想や制度に対する彼らの反対を体系化しようとしたのである(89)。

日本の近代性についての議論の中で、参加者たちは不易と普遍性という考え方に焦点を当てた。京都学派の哲学者である西谷啓治を含む何人かの参加者は、近代と西洋を混同していた。西谷はこう主張した。「一般に近代的なものといわれるものはヨーロッパ的なもの……日本における近代的なものも、明治維新以後に移入されたヨーロッパ的なるものに基づく」。そして、西谷は会議の主要なテーマ（そして主題）についての最も明瞭な主張を展開した。つまり、西洋的なものを排除することによって近代性を克服し、日本が生み出した大東亜を確立することで、時間を超越し、退廃した西洋の対極にある鏡のような役割を果たす、というのである(90)。

会議の一日目は西洋思想と西洋化について、二日目は日本の近代性とジャパニズムが取り上げられた。参加者の中で歴史家の鈴木成高は、歴史的現実の基本的な軌跡は変化であると主張し、日本人は時間を克服し、帝国を普遍化できるという議論によって、異端児としての地位を確立した。しかし、彼でさえも近代史研究において発展を強調しすぎてきたことを指摘することで、不易という考え方に折り合いをつけていた。「むしろ何とかこの発展の概念を超えられないものかという要求が起こっているのではない。或いはむしろこの発展の概念を超克するところに歴史学における近代の超克があるかも知れない」。鈴木は他の参加者と足並みをそろえた後、歴史分析から発展という概念を取り除くことがいかに難しいかを指摘した。時間性と永遠性との間の闘争は、近代的な進歩の概念から自らを解放しようとする日本の知識人たちの、より大きな闘争を反映していた。この闘争にはチャールズ・ビアードやW・E・B・デュボイスといったアメリカの知識人も加わっており、彼らは同じ観念を再考していた(91)。

この会議に出席したもう一人の知識人・中村光夫は、概念としての反西洋主義に対する嫌悪感をあらわにした。竹内は、中村が実際の会議ではほとんど発言すべきことはないように見えたが、会議後には会議の思想と目標を理解し、冷ややかに批評した、と述べている。「これまで我国で普通に考えられていたように近代的という言葉を西洋的という意味と同一視し、西洋の没落と日本の自覚という風に問題を樹てれば事は簡単である(92)」。

歴史家のハリー・ハルトゥーニアンは、その著書（『近代による超克された』（二〇〇〇年）というタイトルは、シンポジウムのタイトルをもじったものである）の中で、竹内よりもこの会議をより真剣に捉え、参加者が提起した問題は、近代性に関する一般的に受け入れられている懸念であり、現在もそうであると指摘している。

とはいえ、近代性に対する日本人の批判は、まさに主観性、文化的差異、さらには人種差別に関する疑念や強迫観念のすべてを先取りしていたことを指摘することは重要であり、それらは、このシンポジウムが別の文脈で最初に提起してから六〇年近く経った今日、我々自身の歴史的局面を特徴づける、西洋的でグローバルとされる言説の特徴となっている。

ハルトゥーニアンはこの集団の功績を誇張しすぎている。彼らの西洋批判は時に辛辣であったが、同時に日本の欠点も見えにくくしていた。彼らは西洋は近代的、物質主義的で退廃的、東洋は永遠的で精神的に純粋だとして、日本の政治・軍事指導者が東アジアにおける恐怖支配を正当化するために唱えたのと同じく、単純化された二元論で考える傾向があったのだ。(93)

竹内の「近代の超克」座談会による分析は、これよりもはるかに批判的なものであった。戦後、竹内が会議録を読み直したところ、そこには知的な内容があまり含まれていなかった。会議からは「撃ちてしやまん」「ゼイタクは敵」などのスローガンは生まれたが、それ以外に重要なことはあまりなかった。しかし、それらは出版されてしまい、そのタイトルは第二次世界大戦における西洋化に反対する人々の惹句となった。「近代の超克」に含まれる思想は、戦時中、型にはまった修辞的な力を持っていた。

そして、このことについて特に議論は起こらず、竹内もそれを認めなかったが、知識人たちもまた、政府の調査や非難から免れようとしたために、この会議と出版を推し進めたと考えることは十分に可能である。特に一九三〇年代には、日本政府が学者の学問的研究に踏み込み、彼らのキャリアを破壊した前例が数多くあった。吉野作造、美濃部達吉、矢内原忠雄は全員調査され、キャリアを傷つけられた。美濃部と矢内原の場合は、その状況が大きく報道された。それは知的探求に大きな影響を与えたに違いない。

美濃部のケースは、軍国主義者のイデオロギーにそぐわないという理由で、知識人が処罰された多くの事例の一つにすぎない。新渡戸稲造もまた、軍国主義者の台頭によって非難された。有名な日本のサムライであり、日本の武士道の愛好者であった新渡戸は、その強力な地位から手が出せないように思われた。彼はアメリカ人の妻を持つクエーカー教徒でもあり、国際連盟で事務次長を務めた経歴もある。

新渡戸は満洲事変後に責任を問われた。新渡戸は腰の痛みを訴えて入院していたが、その前に、満洲事変における日本の関東軍とその行動を支持するか、というジャーナリストからの質問に対して、やや曖昧な答えをしていた。退役軍人の右翼団体が東京で会議を開いていたため、その幹部たちが病院を訪れ、ベッドに横たわる新渡戸に詰め寄った。報復を受け、もしかしたら命を失うかもしれないとの危機感を持った新渡戸は、腰を痛めているにもかかわらず足を引きずって大会に駆けつけ、悔恨の謝罪の言葉を述べざるを得なかった。このような事例は、一九二〇年代後半から一九三〇年代を特徴づける市民的言説の弾圧の多くの例のほんの一部に過ぎない。

つまり、近代の超克は自己の克服であり、生き残るための自己検閲の一形態と見ることもできる。この議論は竹内がこの会議で重要なことがあまり述べられていないと批判したことと合致する。第二次世界大戦後、同会議は軍国主義者や日本帝国を支持する人々と結びつき、中傷されるようになった。[94]

竹内は一九四六年に中国から送還されたが、中国にいる間に魯迅の著作に関する最初の主要な著作を発表した。竹内は魯迅の信憑性を称えた。彼は魯迅の著作は庶民の生活を扱っていることから、東アジア思想の最高峰であると考えるようになった。最も重要なことは、魯迅の著作には皮肉が散りばめられており、ノスタルジックな過去や西洋化された現在を称揚する衝動に屈しなかったことだ。竹内（と魯迅）はこの感性を「否定」と呼んだ。竹内から見れば、魯迅は一九二〇年代後半には現実的な絶望感を抱いていた。その際、五・四運動に携わった他の中国の知識人たちは、中国をより民主的、近代的にしようと未だ闘っていたのであるが。魯迅はかつてこのように表現した。「私たちには、人にギセイをすすめる権利はありませんが、そうかといって、人がギセイになるのを妨げる権利を持っておりません」。この無力感は、戦争で混乱に陥っている中国を前にすれば、確かに本物といえるものではあるが、危険な怠惰や黙従につながりかねなかった。[95]

竹内や魯迅の服従の思想は、第二次世界大戦中の日本人の問題の重要な部分であったと言える。服従があまりにも多く、抵抗があまりにも少なかったのだ。しかし竹内はこの点については一貫しておらず、別の場所では抵抗と活動が近代化を成功させる鍵であると主張していた。竹内は魯迅の日本体験が、彼の感性を形成する上で大きな力を持っていたことを認めている。

魯迅は日本語への翻訳を通じて西洋の古典に触れ、日本文学にも触れた。魯迅は一九二三年に『現代日本小説』という本を共著で出版し、日本の作家が西洋の作家を模倣しようとする隷属的な方法を批判した。魯迅は日本における初期の勉学の後、ますます反日的になり、大日本帝国が中国の領土を侵食するにつれて、この反感が彼の批評的アプローチを後押しした可能性がある。魯迅はまた、ちょっとした曲者でもあった。彼は懐疑的で否定的なアプローチをとっており、ジョージ・バーナード・ショーを評価する彼の言葉に表れている。

私はショオ（ママ）が好きだ。それは其の作品・或は伝記を読んで好きになったのではないので只だ何処でか少許の警句を読んで、誰かから彼はよく紳氏《ブルジョア》社会の仮面を剥取ると言ふことを聴いたから好きになったのだ。もう一つは、支那にも随分西洋の紳士の真似をする連中が居る、彼等は大抵ショオをこのまないから。私は往々自分の嫌ふ人に嫌はれる人を善い人だと思ふときがある。

ショー自身、論客であり、少々気難しい人物であった。しかし、竹内は魯迅の根底にある動機、つまり、批評を通じて中華民族を復興させるという中華ナショナリズムを見逃している[96]。

竹内は魯迅のアプローチに刺激を受け、それが彼自身の東アジアの近代性に関する思想を形成した。竹内は、進歩主義者とマルクス主義者の熾烈な闘争を経験し、開放的な知的創造性を持つ中国の知識人は、彼によると、日本が西洋化したとみられることに由来する窮屈な近代性へのアプローチを採用した日本人よりも、はるかに近代的であると信じていた。彼は政治的抵抗と鋭い批評に関心があり、それは中国には十分にあったが、彼の見解では日本ではあまりにも貧弱であった。竹内は日本の知識人に対する批判を若干弱め、日本の古い世代の知識人についてはいくらか評価していた。彼は夏目漱石の代表作である風刺的な『こころ』（一九一四年）を評価していた。それは日本の前近代的な過去へのノスタルジーと近代化の不安な道との間を行き来している。確かに、夏目文学の力強さと独創性は、何かを崇拝している作品であると分類することはできない。しかし、竹内は現在の日本の作家たちが西洋に媚びへつらっているると見ていた。「日本文学の書記には、そうでないものもあったようだ……鴎外や敏になると、もうはっきりしている」。こうした竹内の言はおそらく厳しすぎるが、それは戦時中の日本の失敗と暗黒の遺産がもたらした厳しさだったのであろう[97]。

竹内は魯迅の「国情が相違」という考え方を用いて、日本は外見上の近代性にもかかわらず西洋の奴隷状態にある、という自らの理論的分析を敷衍した。そして第二次世界大戦において、日本人は奴隷状態から完全に逃れるのではなく、役割を逆転させ、奴隷から主人になろうとした。第二次世界大戦前と戦時中の日本軍によるアジア支配は、この説明に合致する。

竹内は日本人は自国の歴史の主体になりきれておらず、歴史を通じて、固有のルーツを発展させることなく他国から借用することがあまりにも多かった、と基本的に考えていた。残念なことに、竹内は日本の近代化に対する明治の知識人の本来の貢献について、十分に明確な説明をしていなかった。彼は福沢の『文明開化』を否定し、西洋に寄り添いすぎていると誤解していたのだ。戦後、福沢を受け入れることは、丸山眞男をはじめとする、明治時代を肯定的なモデルとして顧みる他の日本の知識人たちと彼を一致させることになってしまうのである[98]。

竹内のキャリアは戦時の数十年に及ぶが、彼の思想が開花し、日本における傑出した知識人になったのは戦後のことである。竹内の思想も戦後に発展した。アメリカの日本占領下（一九四五～一九五二年）やその直後の親西洋的な雰囲気の中で、日本主導の大東亜を支持し続けることは不可能だったであろう。そうであれば、彼はアメリカによって粛清され、刑務所行きになったかもしれない。しかし、竹内はアメリカ主導の占領によって拍車がかかった他の多くの知識人たちのように、新たな西洋化キャンペーンを支持することもなかった。彼は近代性を否定し続けたが、同時に日本主義と天皇崇拝も否定した。竹内の「近代の超克」座談会への分析的アプローチは、極めて現実的であるように見える。彼は常に具体的な証拠を持ち込んで、会議で出された伝聞や印象論的な結論を打ち破った。彼は京都学派のように知識を擬人化するのではなく、客観化することを主張した。この合理性が竹内を近代性とプラグマティズムへと向かわせた。

しかし、その後、竹内はユートピアにも惹かれた。それは近代を否定する戦後の知識人の多くが行き着いた先であり、間違いなくプラグマティズムでも近代でもない。それともそうだろうか。竹内は常に反近代主義を貫きながらも、近代のユートピア的傾向から逃れることはなかった。彼の研究と執筆の方法は非常に近代的であったが、彼の心はより純粋な状態を渇望していた。それは近代主義者の間では、通常、考えられている以上に一般的な病弊であった。

岡倉、ショットウェル、デュボイス、ビアード、その他多くがユートピア国家を目指した。竹内は近代性の否定を主張し、前近代的な共同社会性の理念を受け入れたが、これは一九五〇年代から六〇年代にかけてアメリカで前近代的なピューリタン的共同体主義（communitarianism）を夢見たウィスコンシン大学のアメリカ人歴史家、ウィリアム・アップルマン・ウィリアムズとさして変わらない。このユートピア的理想は、合理性と科学から生まれたものであり、皮肉な結果である。自由主義と共産主義という近代の主要なイデオロギーは、どちらもユートピア的理想に行き着き、その点ではファシズムと同様である。また、竹内がその完全なる創造性と辛辣な批評において、体系的な知識人ではなかったことも透けて見える。それ故、彼は現実主義的なアプローチと理想主義的な、完璧な共同体へのノスタルジックですらある憧れとを結びつけていたのである。

竹内はまたジョン・デューイの著作、特に一九一九年から一九二一年にかけての日本と中国への旅行に関する著作に熱中していた。竹内はデューイがこの旅行を通じて、日本の近代化の浅薄さと中国の近代化の根の深さを先見の明をもって見抜いたと信じていた。そして竹内は彼に完全に同意し、自分自身がもっと早くこのことに気がつかなかったことを恥ずかしいと述べていた。竹内はまた、日本と中国を比較することによって近代性を研究することは、西洋とそれ以外という通常の二元的な比較よりもはるかに優れている、という堅実な指摘もした。

それは近代性の分析を良い意味で複雑にしていると彼は考えており、この見解は筆者も共有している。

竹内のデューイ思想分析の問題点は、歴史的な視点に立った時に浮かび上がってくる。デューイが中国の近代性を深いもの、そして若者たちによって内発的に推進されるものであると見た理由は、非常にわかりやすい。これが彼が最初に見た革命であった。彼は中国で五・四運動の爆発を目の当たりにしたのである。しかし、デューイは五・四運動の活動家の限界も認めていた。彼らは多くの成功を収めたが、五・四運動は独力では中国に近代性を創造することはできなかった。それは中国共産党に委ねられたのである。歴史的な文脈から言えば、胡適のような五・四指導者の漸進的なアプローチにとって、中国の状況はあまりにも混沌としていた。マルクス主義者、特に毛沢東は近代化への革命的な道を示す上でより力があった。

しかし、毛沢東が権力を握る前は、蔣介石と国民党が中国を率いていた。そして一九三〇年代初頭、国民党が権力を強化し、毛沢東と共産主義者を中国西部の砂漠の奥地にある延安に追いやった後、蔣は新生活運動で中国を近代化へと強制的に進ませようとした。

蔣介石と新生活運動

一九三〇年代初頭、蔣介石が中国での権力を固めたのは、日本の猛攻撃が一段落した時期だった。一九二〇年代の中国の危機的政治は終わったかに見えた。蔣介石はこの小休止を利用して、中国人を強制的に近代化させようと、新生活運動と呼ばれる運動を展開した。中国の政治はまだ混沌としており、蔣介石以前の政治家はそれに失敗していた。胡適の自由主義的な試みは、中国人により理性的で科学的な考え方をするよう促したが、彼らの耳には入らなかった。李大釗はマルクス主義を称賛し一九二七年に上海で処刑されたが、その殉教でさえも中国人の窮地をすぐに救うものとはならなかった。魯迅は西洋化と中国の伝統の両方を痛烈に批判し、国民的英雄となったが、中国の近代化という問題に対する答えは得られなかった。しかし今、蒋はその機会を得たのである。一九三三年から一九三四年にかけて、蒋介石が中国を統一し、江西省で中国共産党を打ち破った後、彼は中国社会を改革し、中国人を近代的な市民に作り変えることに目を向けた。蒋は新生活運動を創設し、混乱し手に負えなくなった中国に自己規律と公徳をもたらした。中国を統一し、今や近代化しようとしている蒋介石とは何者なのだろうか。

蒋介石は中国東部の塩商人の裕福な家に生まれた。しかし、父親は生まれてすぐに亡くなり、母親は貧しい生活の中で彼を育てた。蒋介石は保定陸軍軍官学校に入学し、学問の際を示し、一九〇八年に日本に派遣され、日本政府が中国の共和主義者や革命家のために設置した特別な陸軍士官学校である東京振武学校で学んだ。彼は日本の効率性と自己規律を身につけ、日本の近代化への素早い動きを賞賛するようになった。陸軍士官学校の同級生たちの騒々しさには加わらなかった。彼は娼婦たちとのセックスにしか興味がなかったようで、時に彼は取りつかれるほどだった。この時期の写真には、あごに少し割れ目があり、頬骨が高く、知的な目をした魅力的で非常にハンサムな青年が写っているが、後年の写真には蒋の別の一面が写っている。(99) 両目が石炭の塊のように暗い、冷たく無表情な顔の蒋である。彼は少年時代から飄々としており、学校では無口でクラスメートとの交流はほとんどなかった。しかし、彼は自分が欲しいものを知っており、それが手に入らなければ、彼の気性の荒さは伝説となるほどだった。やがて彼の激怒は悪名高くなり、その後の人生の内なる葛藤の源となった。彼が日本に来る前に受けた教育は、彼に新儒教の思想を植え付けた幾人もの家庭教師によって構成されていた。

蒋は東京で孫文の中国同盟会に参加し、清朝打倒の革命に身を投じた。蒋は日本で孫文の仲間たちと関係を築き、やがて国民党の指導者に就任した。日本滞在中、蒋はルソーやジョン・スチュアート・ミルの西洋思想にも触れたが、その影響を知ることは難しい。蒋は伝統的な意味での知識人ではなかった。本を書いたり、学術的な講義をしたりすることもなかった。その代わり、近代と中国についての彼の考え方は、政治へのアプローチを通して発展していった。彼の日本時代は形成的で重要なものであった。彼は西洋帝国主義を打ち破り、近代化するための成功モデルを見たのである。王陽明の外面的な活動と内面的な強さの哲学に倣い、彼は人格形成、市民活動、責務、祖国への忠誠を受け入れるようになった。

蒋介石は今やスポットライトを浴びるようになり、中国の問題に対する独自の解決策を提案するようになった。彼は一九三四年二月に新生活運動を導入し、道徳と習慣の改革を通じて、中国人をより生産的で規律正しくし、忠誠心を高め、蒋介石の統治により従順になるようにした。新生活運動は、中国人に「ギャンブルをしない」「女性や子どもには礼儀正しく丁寧に接する」ことを指導し、清潔、忠誠、服従を奨励する他の規則も並べた。それは行儀作法読本（Miss Manners）と十戒を組み合わせたようなものだった。新生活運動には、なんと九五もの規則があった。これだけ多ければ、この運動はどこかで失敗するに違いない。遠目にこれらのルールを馬鹿にするのは簡単だ。だが、この蒋介石の目標を理解することは難しくもあるが、より有益なことでもある。

蒋介石は中国人を退廃、混乱、失敗、無能の過去から解放し、中国人を現代世界に引きずり込むことを意図していた。近代化が危ぶまれていたが、同時に、国民党が中国人を形成し、真の国民政府へと導く能力も危ぶまれていた。さらに蒋は、この運動が中国共産党の分裂や日本の侵入に対する防波堤になると考えていた。

蒋介石の日本での早期教育は、新生活運動の形成に重要な役割を果たした。彼は日本人の成功の鍵は自己鍛錬と国家への忠誠心だと考えていた。今や彼は日本のやり方を中国人に刷り込むチャンスを得たのだ。東アジアでは再び、民族主義的な願望が近代化への動機と強力に結びついた。福沢諭吉も梁啓超も、近代化のためには日本人も中国人も忠実な国民にならなければならないと以前から主張していた。

蒋介石は新生活運動を以下のような恐ろしい声明で発表した。「さらに各メンバーはすべてを犠牲にしなければならず、直接的には指導者と集団のために、間接的には社会、国家、革命のために行動しなければならない」。(100)

ドイツやイタリアと同じ台本から引用されたかもしれない言葉で、蒋はファシズム国家の実現を望んでいるようであった。彼はファシズムに惹かれたのだ。当時は世界的な恐慌と政治的不安定が東西の国々に共通するものであり、新生活運動は中国に欠けていた秩序をもたらすというのである。その目標は、一般に考えられているほど、近代性と似て非なるものではなかった。

この近代とファシズムという奇妙な組み合わせは、ファシズムがナショナリズムの論理的な目的である完全な忠誠と秩序を求めただけだ、と考えれば、それほど奇妙なことではない。戦前における解放には多くの道筋があったが、その一つが国家を通じたものだった。国家は権力と秩序、進歩と生活への科学的アプローチを提供した。西欧の知識人たちが近代性に関する議論に持ち込んだ自由主義的道徳、人種主義や人種イデオロギーへの批判、古いイデオロギーや絶対的なものの否定は、一九〇〇年代に出現した近代性の一つのバージョンにすぎず、一九三〇年代には多くの方面で攻撃を受けていた。しかし、これまで見てきたように、自由主義者でさえも、国家と一体化し、国家を強化することに関心を共有していた。

新生活運動は、蒋介石の儒教思想の刷新とキリスト教への新たな関心を反映したものであった。どちらについても説明が必要だ。蒋介石は儒教を奨励することで時を過去に戻すつもりではなかったものの、彼は少年時代に儒教の個人指導を受けており、梁啓超のように儒教の伝統を使って民衆を近代化させたい、と考えていた。彼は純粋に公徳（gongde）といった儒教の概念に興味を持っていた。梁が王陽明の思想を用いて市民の徳を高めたように、蒋介石は公徳を公共の精神と考えた。彼は「誠（cheng）」にも関心を持っていた。この儒教の組み合わせは、全体として自己修養と国家への奉仕を奨励するものであり、純粋で飾り気のない市民としての義務だった。

一方、蒋介石のキリスト教への関心は、東アジアの政治指導者としては非常に珍しかったが、それは新妻で中国の名門出身の夫人に影響を受けたものであった。夫人の長姉は裕福な財政家・孔祥熙と結婚しており、次姉の宋慶齢は孫文と結婚している。彼女の兄である宋子文は、一九三〇年代の国民党と中国国家の主要な財政家であった。宋美齢の父・宋嘉澍は、若い頃に合衆国に渡り、アメリカの教育を受け、キリスト教に改宗して中国に戻り、実業家として成功した。

宋美齢は一九〇七年、一〇歳の若さで合衆国に留学し、大学時代まで過ごした。姉たちと共にウェスレアン・カレッジに通い、メソジスト教会にどっぷりと浸かった。しかし、美齢はウェルズリー・カレッジに編入し、一九一七年に卒業した。中国に戻った美齢と蒋は出会い、一九二七年に結婚した。美齢は実家の財産と共に蒋と結婚したことで、中国で最も権力のある女性となった。

蒋は結婚前から聖書を学び始め、キリスト教に興味を持っていたが、正式に改宗することはなかった。一九三四年五月、彼は惨事に直面した際の忍耐と克己の話を物語った『砂漠の小川』と呼ばれる一連のキリスト教小冊子を読み始めた。蒋のキリスト教への関心は、新生活運動に苦しみと自己鍛錬を加えたのだった。

歴史家の中には、新生活運動は蒋ではなく美齢の発案だと主張する者もいる。彼女は、国民党に大きな影響力を持つ陳兄弟の政治的盟友となっていた。宋美齢が中国の家庭の汚さについて常に不満を漏らしていたのを受け、陳立夫は、古代の儒教の四大原則である「礼」「義」「廉」「智」（礼儀、正義、誠実、良心）に基づいて、中国人のための新しい重点を作ることを提案した。美齢はまた、この運動を公共奉仕に重点を置いたものにしたいと考え、この運動を支援するアメリカ人宣教師を募った。

その意図は中国人を自己修養と市民の徳によって動員することで近代化し、国民化することだったが、その運動の現実はまったく異なり、信頼性を損ねるものだった。運動の突撃部員ともいえる藍衣社は、その青いシャツの制服から名付けられ、ドイツやイタリアのファシストの準軍事組織と似ていた。彼らは三万人の隊員を擁し、新生活運動のための取締りを行い、中国の都市を巡回し、不適切な服装、不品行、清潔さの欠如など、規則に違反した者には殴打を加えた。その後、戦時中に藍衣社は一五〇万人にまで膨れ上がった。

この運動ではモラルの向上と共に衛生が大きな焦点となった。石鹸で顔を洗い、歯を磨き、唾を吐くことを禁止することが一般に強調された。ダンスホールは閉鎖され、公衆の面前でみだらな服装をしている者は襲撃され、わいせつな雑誌は破り捨てられた。

異論を弾圧し、清潔であることが近代性と同等であるとするならば、近代が目指すものは、福沢や梁が奨励した独立心や公共心、あるいは胡適が奨励した理性的思考からは遠く離れてしまったといえる。新生活運動は、そのばかげた規則によって、知識人を含むさまざまな方面から永続的な嘲笑を浴びることになった。魯迅の短編「石鹸」は、清潔運動の滑稽さを先取りした批評だった。胡適はこの運動が民族主義的な色彩が強いと批判した。「皇帝（蒋介石）を拒否することはまだできるかもしれないが、孫文を批判することはできない。孔子の誕生日が再び神聖なものになったとはいえ、まだ孔子を崇拝することを強制されてはいない」[101]。新生活運動の規範的な性質を懸念した胡は、それが中国を誤った方向に導くと考えていた。

歴史家たちは新生活運動の本質とその成功について議論してきた。新生活運動が嘲笑を浴びたことから、新生活運動を見せかけのものと見なす者もいる。しかし、この運動が中国でかなりの人気を保っていたことを指摘する者もいる。この運動はフレデリック・ウェイクマンによって「儒教的ファシズム」と特徴づけられた。それはファシスト的特徴をいくらか持っている。例えば、ほとんど宗教的といえる道徳観と退廃に対する非難を組み合わせている。また、教育は中国人の人格形成に重点を置いており、これは知識のための教育にはあまり重点を置かないファシズムの典型であった[102]。蒋の発言はファシズムへの強い関心を示していた。一九三五年の藍衣社の会合で、彼は「ファシズムは衰退しつつある社会を刺激するものだ。ファシズムは中国を救えるか。ファシズムは中国を救えるか。我々はそうだと答えよう。ファシズムこそ、いま中国が最も必要としているものだ」[103]。しかし、蒋介石が儒教とキリスト教を利用したことは、ヨーロッパのファシズムとは一致しないと指摘する者もいる[104]。

歴史家のアリフ・ディルリクが新生活運動を「近代の反革命」と表現したことは、ウェイクマンよりも蒋介石が運動に対して抱いていた近代的な目標とよく一致している。フレデリック・ウェイクマンの分析は、キリスト教の重要な影響を考慮していない。この運動はさまざまな行動や態度に対する絶大な批判という点で、アメリカのピューリタニズムを彷彿とさせる。この運動は失敗に終わったが、その背景には多様な考え方や価値観があったため、興味はつきない。これは、東アジア近代のハイブリッド性の優れた例である(105)。

一九三〇年代におけるいっそう保守的な民族主義運動の台頭は、崩壊寸前の資本主義、進歩的な物語の裏切り、科学的合理性への疑問、伝統への回帰といった近代性の衰退と関連していたが、近代性が危機に瀕していたとはいえ、見捨てられたわけではなかったことも明らかである。蔣介石の新生活運動は、儒教やキリスト教のようなイデオロギーの小道具を使って、中国人を近代化することを意図していた。

蔣介石と藍衣社は、研究対象の他の中国の知識人と同様、漢民族主義に傾倒しており、これは一種のエスノセントリズムではあったが、完全な人種差別主義ではなかった。もっとも学者たちは未だに中華ナショナリズムが強固な人種的区分を含むのかについて議論しているが。中国の知識人たちは、人種や人種的ヒエラルヒーに関する西洋の概念に影響を受けていた(106)。一九二〇年代から一九三〇年代にかけて、中国と日本の科学者は共に西洋の優生学理論に関心を抱くようになった。また一部の学者は、蔣に受け継がれた孫文のナショナリズムが、中国政治における人種主義的アプローチに相当すると論じている(107)。

東アジア近代の他の領域と同様に、西洋帝国主義は東アジアの人々の人種と民族に対する見方に影響を与えた。しかし、西洋の視点を単純に採用したわけではないことは明らかであった。中国人はヨーロッパ人から下等人種と見なされており、これは他の地域と同様、ヨーロッパ人が東アジアを植民地化する動機の一部であった。そのため、東アジアの人々が西洋の人種理論に惹かれるのは、同じ理論が東アジアの人々自身に向けられる侮辱と釣り合うものでなければならなかった。

中国人は、支配的な漢民族と共に国家空間を占める少数民族に対してより敏感になった。孫、蔣、そして国民党は、中国の主要な民族集団（ethnic group）である満族、モンゴル族、チベット族、イスラム教徒が、核となる漢民族によって統合されることを望んでいた。それは他のすべての民族が漢民族より劣っていると見なされていたため、民族集団のヒエラルヒーであると同時に、中国の異なる民族を団結させようという呼びかけでもあった。合衆国のように特定の集団を追放したり、漢民族との接触を制限したりすることはなかった。

藍衣社はナチスを模倣しながらも、ナチスの人種理論を明確に非難した。彼らの機関誌『前途（Ch'ien-t'u）』は、一九三三年、ナチスの人種ヒエラルヒーを非難する記事を掲載した。ナチスの人種ヒエラルヒーが、中国人をドイツ人の下に位置づけていたためである。著者はこれをヨーロッパの帝国主義的気質のせいだと非難した。ほぼ同時期に別の雑誌『社会新聞（Shi-hui hsien-wen）』では、ナチスが迫害を強化したドイツにおけるアルバート・アインシュタインや他のユダヤ人の苦境を取り上げた記事が掲載された。第三の事例として、『社会新聞』の編集者は、アメリカの雑誌『フォーリン・アフェアーズ』に掲載されたベネディット・クローチェの「自由について」と題する論文の中国語訳を掲載した。イタリアの知識人であるクローチェは、イタリアのファシズムとその人種差別イデオロギーを非難した。全体として、藍衣社はイタリアやナチスの人種主義的見解に賛同していなかったようだ(108)。

蒋介石自身はかなり進歩的な人種主義的アプローチをとっていたようである。彼は中国のナショナリズムを成功させるには、中国国内のすべての民族集団を含める必要がある、と主張した。彼は演説の中で、人種の統一を主張した。

我々のさまざまな氏族は、実際には同じ国家に属しており、同じ人種系統にも属している。したがって、共存する歴史的宿命と、中華民族全体の共通の悲しみと喜びを密接に結びつける内的要因がある。中国に五つの民族が指定されているのは、人種や血統の違いによるものではなく、宗教や地理的環境によるものである。つまり、五つの民族の間の差別化は、人種や血統によるものではなく、地域的・宗教的要因によるものである。この事実は、すべての同胞に理解されなければならない。

この驚くべき発言は、中国の内戦が再燃した一九四七年になされたものであることを考慮しなければならない。恐らく蒋の好意的な発言は、他の主要な民族を共産党から引き離し、中華ナショナリズムの仲間に引き入れようとする試みだったのであろう。蒋は中国のさまざまな民族集団間の「共通の歴史的運命」を何度も強調したが、国民党の創設期からの公式の方針は人種的同化だった。旧中国帝国は調和のとれた同居政策をとっていたが、実際には、漢民族は支配者である満州族を含む他の民族よりも自分たちが文化的に優れていると考えていた。これに混じって、中国人は地球上のどの集団よりも文化的に優れていると主張する、もっと古い中原の概念もあった[109]。

戦前の西ヨーロッパや合衆国では、同化主義的な考え方が一般的だった。中国の民族に関する蒋の進歩的な発言は、民族の区別を表すものであると同時に、民族の協力と団結を表すものでもあった。それは近代的な中国国家に対する彼のビジョンを後押ししたが、第二次世界大戦期における人種と民族の関係に対するいっそう戦略的なアプローチをも反映していた。

結論

一九三〇年代のさまざまな危機は、知識人を崖っぷちに追い込んだ。科学的合理性という近代の基盤が強く疑われるようになり、文化相対主義は文化絶対主義へと変化した。危機のさなか新たな語彙が知的生活に導入された。チャールズ・ビアードがアメリカ歴史学会で行った演説「信念行為としての歴史叙述」にある「信念」、そしてマーガレット・ミードが他国の学者にアメリカの文化分析家と共に研究することを奨励することで、アメリカの文化研究を脱中心化しようと呼びかけたことにある「謙虚さ」である。近代性とナショナリズムの結びつきは第二次世界大戦の真っさなかで加速した。その際人類学者のマーガレット・ミードとルース・ベネディクトは、アメリカの兵士と共に戦う愛国者として戦争に参加し、敵を倒すために近代性、科学、合理性の手法を適用した。近代性と西洋化が混同されたことで、近代性がその約束を果たせず危機に瀕するようになると、西洋化はますます疑問視され、反対され、あるいは西洋に相対する影響力である日本の勢力の拡大を熱望したW・E・B・デュボイスの場合のように、逆転することさえあった。

西洋化というものが攻撃されたことにより、知識人たちは近代性を抜本的に再定義する、あるいは近代性を完全に超える選択肢を真剣に検討し始めた。蠟山政道は東亜協同体構想を打ち出し、近衛文麿首相とのつながりから、その構想は日本政府によるいわゆる大東亜共栄圏の創設につながった。「近代の超克」は竹内好をはじめとする日本の著名な知識人の目標となった。竹内好は西洋化を激しく否定し、西洋に代わる批判的な選択肢を提供するものとして魯迅の著作を受け入れた。蔣介石がキリスト教と儒教の思想を融合させて中国人を近代化させようとした試みは失敗に終わったが、東アジアの人々が東洋と西洋の思想を融合させたもう一つの例である。

第二次世界大戦でアメリカが勝利したことは状況を一変させた。アメリカ人は征服者となり、日本を含む東アジアの大部分を占領した。この新しい現実は、東アジアに関するアメリカの物語に強力な力を与え、戦後、アメリカの東アジア史家ジョン・K・フェアバンクやエドウィン・O・ライシャワーがその影響力を容易に得ることとなった。一方、丸山眞男のような日本の知識人は、日本の近代性なるものについての深刻な疑問に直面しながら敗戦を迎え、そして中国では、毛沢東が思想の力ではなく、銃口によって権力を握ることとなった。

第六章　戦後世界における変容

知識人への戦争の影響

　第二次世界大戦はヨーロッパと同様に東アジアにも大きな変動をもたらした。市街地の破壊に伴い、死亡者は信じられない数に上っていた。中国人の合計死傷者数は二〇〇〇万人を超えており、ソビエト・ロシアと同じくらいの被害を被った。この圧倒的な数値は、今日の東京、北京、上海やニューヨーク等の一つのメガシティの人口と同等である。戦争という体験を通じて、これほど多くの人々が簡単に命を奪われたのである。中国やソ連の死者数と比較すると、日本は三〇〇万人というかなり少数の戦死者しか出さなかったものの、インフラ設備に対する爆撃によって、ほとんどの大都市は壊滅されていた。日本の都市を旅行すると、その不気味さがよくわかる。京都を除き――アメリカ軍は京都を攻撃対象から除いていた――大きな都市の木造建築物は一九四五年春のアメリカ軍の空襲により破壊されていた。今日、日本の都市の景観を構成するのは、鉄とコンクリートという近代的なものである。その一方で、古い建築物の不在は顕著である。戦前の日本の都市の歴史は、少なくとも風景においては失われている。

　人命を奪い、伝統的な景観を破壊したように、戦争は古い考え方を駆逐した。戦争が終わると古い考えは新しい考え方に取って代わられた。再建過程において、日本はアメリカに占領されていた。したがって、日本では竹内好などの知識人らが、彼らの忌み嫌う西洋化がヒュドラの首〔ギリシャ神話を代表する九つの首を持つ不死身の怪物で、首を倒してもすぐに新しい二本の首が生えてきたとされる〕を産んでいるような最悪の事態に直面しなければならなかった。日本の思想家はもはや大東亜共栄圏に慰めを見出すことができなかった。敗戦はその構想に秘められていた素晴らしい可能性さえも打ち砕いたのである。

中国では数十年におよぶ混乱と内戦により、知的環境は荒廃していた。蒋介石の国民党が導く近代化プログラムと新左翼運動は、一九三四年から三五年にかけて惨めな失敗に終わっていた。そして一九三七年に戦争に突入したことにより、中国において国民党が導く近代性が形作られる機会は失われてしまった。戦後も国民党は挽回する機会を得ることができず、腐敗によって機能不全に陥り、中国の人々に対する正当性を失うこととなったのである。

合衆国ではアメリカ人たちが圧倒的な勝利に酔い、東アジアでの戦後世界を形成しようと勢いづいていた。アメリカ人の日本占領は、日本が独自の近代性を歩み始めていた歴史をなかったことにし、西洋化された近代性を新たな歴史として語り継がせていくことを可能にした。実際に占領が進むと日本の戦時中の歴史は、近代性へ向かう途上の暗い谷と見なされるようになった。それは西洋化へ向かう残念な回り道だと見なされた。ヨーロッパと太平洋における圧倒的な勝利は、アメリカ人たちが西洋化された近代性に大きな夢を持つことを可能にしたのである。

アメリカ人の勝利者たちは東アジアの大部分を占領したものの、中国にその多くが上陸することはなかった。戦時中、国民党のもとにあった中国とその主席である蒋介石は合衆国の確固たる同盟者であった。その一方で、アメリカ人は中国をイギリスとロシアより下位にあたる三番目の同盟国であると見なし、仕方なく気配りや物資を与えていた。実際、ジョセフ・スティルウェル将軍のもとでのアメリカ軍司令部は、中国人を下等で従属的なパートナーであると考えていた。スティルウェルは蒋に対し常に居丈高に振る舞い、蒋の陸軍をビルマでの無意味な戦いに従事させることもした。こうしたスティルウェルの姿勢は、米中関係を分断させる危険な要因となっていた。中国の米陸軍航空隊を指揮していたクレア・シェンノーもまた、争いを起したがる指導者であった(1)。そこにはまた、アメリカ人の東アジアの人々に対する差別主義と民族中心主義が多少なりとも存在した。スティウェルは戦後日本に上陸した軍人でもあったが、スティウェルが一九四五年九月一日の早朝の横浜の街並みを見渡した際の発言が記録されている。

傲慢で、醜い出っ歯の丸顔で、がに股の野郎どもが戦争の結果陥った状況を見るのは、なんて愉快なのだ。周囲には動員を解かれた兵士があふれている。警察官は我々に敬礼する。日本人は腑抜けのようである。我々は破壊を満足げに眺めて、朝の三時に気分良く上陸した(2)。

現場の状況を変えたのと同じくらいに、太平洋戦争におけるアメリカの勝利と米軍による日本の占領は、合衆国と東アジアの関係についての歴史的記述を一変させることとなった。

ジョン・K・フェアバンクとエドウィン・O・ライシャワー——東アジアにおける近代性の歴史

ジョン・K・フェアバンクとエドウィン・O・ライシャワーは、ハーヴァード大学の東アジア史の教授であった。フェアバンクは中国の専門家で、ライシャワーは日本の専門家である。両者とも合衆国の戦争に愛国的に従事した。その後、フェアバンクとライシャワーは、合衆国を代表する東アジアの専門家として認められるようになった。太平洋での合衆国の勝利と東アジアでの軍事占領がアメリカ人の注目を集めるようになるにつれ、東アジア史への関心も高まるようになった。一九四〇年代後半、フェアバンクとライシャワーは東アジアに関するアメリカ人の関心に応えようと、幅広い読者に向けて本を執筆した。フェアバンクは、『アメリカと中国』（一九四八年）をハーヴァード大学出版局から刊行した。ライシャワーの著書である『日本――過去と現在』（一九四六年）、およびハーヴァードから出版された『日本とアメリカ』（一九五〇年）は、合衆国が日本の近代を形成したことを、端的かつ淡々と論じた。両者共、合衆国と東アジアの関係を通じて東アジアを解釈し、西洋化という角度から東アジアの近代化を解釈した。

フェアバンクとライシャワーは戦後の東アジア研究を圧倒的な勢いで牽引した。二人の経歴と本の内容が酷似していることが、こうした現象を引き起こしたのである。フェアバンクとライシャワーは、東アジア史の調査を含む重要な学術論文を共同で執筆した。その共著は当初、『東アジア文明の歴史（*A History of East Asian Civilization*）』（一九六〇年）として出版され、その後、いくつか名前を変えて出版された。現在は『東アジア――伝統と変容（*East Asia: Tradition and Transformation*）』と題されているこの研究は、非常に影響力があり、今日の教育現場でも使用されている。フェアバンクとライシャワーは、儒教、文化、政治および経済的懸念に関する共有されたイデオロギーが東アジア文明の根底にあるという、当時最も受け入れられた言説を形成した。今日においても、フェアバンクとライシャワーの解釈の枠組は、合衆国と東アジアの関係に関する研究において保守的なアプローチを使用する研究者に影響を与えていると言えるだろう。

また、フェアバンクとライシャワーは戦後直後の時期に反共を唱える政策提言文書も執筆している。中国の内戦が共産主義者に有利に転じたことから、これらの文書では、アジアのなかでも特に中国への支援が多く必要であると注意を喚起していた。しかし、一九五〇年代になると二人の研究の軌跡は分かれることになった。フェアバンクはマッカーシーの赤狩りに晒され、共産主義者に肩入れしていると非難されたのである。フェアバンクは悪名高いマッカラン委員会で証言することを余儀なくされた。フェアバンクは無罪放免となり、ハーヴァードに戻ってアカデミック・キャリアを再開させることができたものの、中国では中国共産党が権力を掌握しており、フェアバンクが研究のために訪れる国は、東アジアにはもう存在していなかった。一方、ライシャワーは合衆国の日本占領に伴い、影響力を拡大していった。それは、ライシャワーに研究のために訪問する国があったことだけが理由ではない。日本はアメリカ化されつつあり、そうした日本の状況は、まさにライシャワーとその支持者の夢を実現しているかのようであった。最終的にライシャワーは学界を離れて政界に入り、駐日アメリカ大使になった。

二人のうち年上であったジョン・K・フェアバンクは、サウスダコタ州ヒューロンで生まれた。しかし、フェアバンクが中西部に長くいることはなかった。フェアバンクはエクセターの高校に通い、その後、ウィスコンシン大学とハーヴァード大学で学士号を、オックスフォードで中国研究の博士号を取得した。フェアバンクの回顧録『中国回想録（*Chinabound*）』では、戦前、戦中、戦後におけるフェアバンク自身の中国研究の内容と、中国での体験が詳細かつ面白おかしく語られている。

オックスフォード大学の若い大学院生であったフェアバンクは、中国研究を自分の専門分野として選択することを決め、ローズ奨学生の資金を得て、言語を学び文化に触れるために一九三二年に中国に渡航した。

一九三〇年代、中国を放浪したフェアバンクは、中国において近代性が欠如していることに強い衝撃を受けた。一九三二年は第二次世界大戦、中国の内戦、迷走する国民党、そしてマッカーシー時代の迷える魂が生まれるよりはるか以前であり、比較にならないほど無垢の時代であった。四年間に亘るフェアバンクの放浪は、彼のアイデンティティと学術的基盤の形成に重大な影響を及ぼした。当時のフェアバンクの写真には、オックスフォードの影響でスーツとカーディガンをきちんと着こなした、金髪で、生え際が後退し、長身でやせっぽちの若い男性が写っており、その目には明るい光とユーモアを見出すことができる(3)。

フェアバンクの近代化に関する見識は、中国を放浪中に急にもたらされることとなった。中国での最初の夏の旅行の経験は魅力的であり、フェアバンクと婚約者は敦煌の中国最西端の砂漠地帯にある古代の洞窟を訪れたことさえあったが、フェアバンクらは北京に立ち寄り他の外国人に出会うことで、中国の政治的状況を耳にすることになったのである。当時、中国北部の地政学的状況は不安定であった。日本軍が満洲全土を制圧しており、さらに侵攻を進めていた。一九三二年の初めになると日本軍は上海を空爆し、熱河省〔現在の河北省、遼寧省および内モンゴル自治区の交差地域〕に向かって進軍しており、間もなく支配下に置くであろうことが予想されていた。フェアバンクが訪れていた北京は熱河省南部から遠く離れておらず、フェアバンクは在中外国人とこうした日本軍の進軍とそれがどのような結果をもたらすのかについて意見を交わした。フェアバンクの日記には、在中外国人の所見が記されている。在中外国人は中国が西洋化に成功し、それによって近代化する可能性は極めて低いと考えていた。彼らの考えによると、

> 中国人は自分自身に何が起こっているのか理解していない。現在、急速に進行しているように見える西洋化に対し、中国人は反抗するであろうが、実際のところ西洋化が急速に進んでいるということはない。西洋化は非常に表面的なものであり、その意味で中国人が共産主義の思想に影響を受け易くなることは起こりえないだろう。キリスト教は中国人に教義を与える絶好の機会があると言えるが、それ程進歩を遂げているわけではない…そして、孔子に取って代わることになった国民党と彼らの神であった孫文は亡くなってしまった。国民党の終わりは目に見えている。(4)

フェアバンクが外国人コミュニティの意見を日記のなかで説明している箇所を読むと、西洋化は守勢に立たされていたとの印象を受ける。西洋化が深く浸透していたのかという問いはあったが、表面的なものであるように考えられた。この考え方によれば、中国は近代性という薄いガーゼに覆われており、それを剥ぎ取れば、独裁的

な支配と慣習に染まった、近代世界に参画することができない真の中国の姿が現れた。中国の運命に強い関心を持っていたフェアバンクが、こうした考えについて回顧録で批判的なコメントを残していないのは、一九三二年の時点でのフェアバンクは、この説明の基本的な枠組みを受け入れていたことを示唆している。

中国にいる間、フェアバンクは中国全土をめぐり、遠い地方まで足を伸ばしていた。多くのことを学び、友達も簡単に作っていた。語学力が上達するにつれ、フェアバンクと学術的議論をすることができる仲間はほとんどいなくなっていた。フェアバンクはとある旅行において、北京郊外の清華大学にいる蔣廷黻《しょうていふつ》を訪れた。蔣は胡適のようにアメリカで教育を受けた歴史家で、過去にコロンビア大学で勉強していた。蔣はアメリカで訓練を受けた中国人グループ、いわゆる帰国留学生の一員であり、中国の近代化の卓越した指導者になることが期待されていた。一九一九年の五・四運動のさなか、蔣は中国に帰国するのではなく、合衆国で講演を繰り返し、五・四運動を支持し、中国を日本の略奪から守るようアメリカ人に働きかけていた。蔣は合衆国に到着する以前にキリスト教に改宗しており、外国の宣教師が支配していた当時の中国でキリスト教を中国化したいと考えていた。それはまさに日本のキリスト教徒が一九一〇年代、同志社大学、YMCA、YWCAのキリスト教団体の理事会から宣教師を追い出していた理由と同様であった。

蔣は一九一〇年代後半から一九二〇年代前半にかけて、中国の自由主義の台頭を後押しした人物であった。しかし、フェアバンクは中国の自由主義にはアメリカニズムの影響が大いに現れていたと回想している。

ジョン・デューイが一〇年前の一九一九年から一九二一年にかけて中国で二年以上講演し、胡適がその通訳をしていたという重要性を、私はほとんど知らなかった。デューイの長期に亘る訪問は、中国におけるアメリカのリベラリズムの最高点だったと言えるのではないか。(5)

フェアバンクは、中国の自由主義者の盛衰がジョン・デューイの旅行と密接に関連していると考察していた。デューイ自身が彼の影響力は非常に限られていたと考えていたにもかかわらず、デューイの中国での経験をあまりにも重視しすぎていたのである。

蔣はイギリスの国際的シンクタンクである王立国際問題研究所〔ロンドンにありアメリカ外交問題評議会に相当する。チャタムハウスと呼ばれる〕で行った自身のスピーチから引用するかたちで、一九三五年に『国際問題（*International Affairs*）』に「中国の現在の状況（The Present Situation in China）」と題する論説を掲載した。そこにおいて蔣は、中国の近代化の見通しについて詳細に論じた。

これまで近代的な教育を受けた学者によって、中国ではまるでポプリのように中国および外国の古代から近代までの政治思想が寄せ集められていたが、どれも人々に受け入れられることはなかった。西洋の自由主義は、西洋で卓越した地位を失いつつあったまさにその時、蔣のような多くの人々によって受け入れられていた。一方、中国においては、マルクス主義、ファシズム、古い中国の思想が台頭していたものの、イデオロギーはそれぞれ相反するものであった。さらに帰国した学生の西洋の自由主義に基づく思想は、中国の現実をほとんど考慮していなかった。

蔣自身は講演で次のように述べている。

我々は〔一般の〕人々から離れて暮らすことで罪を犯している……我々は外国の本を読み、人々が興味を持たないことに夢中になっている……我々は教室で雄弁に話すことができ、上海と北京の報道機関や王立国際問題研究所においてでさえも、我々は聡明であるとあなたがたに信じてもらうことができる。一方、我々の

議論は中国の村の群衆に理解してもらうことはできない。ましてや農民の指導者として受け入れてもらうなど論外である。(6)

フェアバンクが一九八二年に回想録を出版した際、フェアバンクは中国の近代化が自身と蔣が心から愛した自由主義とは異なる道をたどっている現実を未だに受け入れることができていなかった。フェアバンクの回顧録の中での蔣の功績に対する説明は、そうした喪失感を表している。

蔣は中国のイデオロギーの重大な断絶に関して、儒教と君主制が同時に息絶えることになったことが原因であったと確信を持っていた。「君主制から引き裂かれた儒教は、大聖堂の壁のない飛び梁（flying buttress）〔屋根と壁をアーチで接続しているロマネスク時代の梁で、壁と屋根をそれぞれ支えとしている〕のようなもので、機能することはない(7)」。蔣とフェアバンクは、中国のシステムには近代化という変化に適応できる創造性と強さがあるとは考えていなかった。だからこそ蔣は、中国のイデオロギーが断絶している今、中国の近代化という大義のために戦うことを誓い、「歴史は知識階級を中国人の指導者にした。私たちは退位するつもりはない(8)」と宣言したのである。一方、世界は一九三〇年代後半に入ると暴力と混乱の時代へと突入することになった。その時ジョン・K・フェアバンクは、中国から遠く離れたハーヴァード大学の講師として中国の研究を続けていた。

日本の真珠湾攻撃の後、フェアバンクは教職を辞して政府に加わり、愛国的な義務を果たそうと決意した。フェアバンクは、CIAの前身となる戦略情報局（OSS）という政府機関の情報担当官としての地位に就き、最終的にフェアバンクはその職務によって戦争の泥沼にあった重慶に行くこととなった。フェアバンクはスパイではなかったが、スパイのために働いていたのである。

フェアバンクは第二次世界大戦前の合衆国における数少ない中国の専門家の一人であった。合衆国と中国が同盟国になると、合衆国は中国に関する情報と専門知識の収集を急務とした。博士号を取得したばかりのフェアバンクは、中国の政治システムとその状況に関して包括的な知識が不足していることを自認していたため、可能なかぎりあらゆる情報源をあたって知識を増やしていった。こうした情報収集は、国に貢献すると同時に、中国研究者としてのフェアバンク自身のキャリアにも役立つものであった。しかし、遠く離れた土地からは、中国で何が起きているのかほとんど知ることはできなかった。したがって、フェアバンクは再び中国に渡ることを決意したのである。

フェアバンクは国民党の首都であった重慶にこそ自身の求める情報があると考え、重慶に派遣されるＯＳＳチームの一員となった。重慶にたどり着くために、フェアバンクは長く困難な旅程をこなさなければならなかった。太平洋外洋は日米戦争の激化により閉鎖されていた。それ故、フェアバンクは飛行機で太平洋とは反対の方向に飛ぶことになったが、戦争によってヨーロッパのルートも閉鎖されており、ワシントンからまずはマイアミに向かわなければならなかった。まだまだ中国にはほど遠い場所である。マイアミからプエルトリコ、そしてスペイン領トリニダード島を経由して、ブラジル北東部のベレンに到着した。そこから大西洋の真ん中にあるアセンション島を経由して、アフリカのゴールドコーストのアクラへ飛んだ。フェアバンクはその後、西から東へと主に鉄道でアフリカを横断し、さらにナイル川をボートで移動しカイロにたどり着いた。カイロはイギリス植民地の前哨基地であったが、わずか三三マイル先の地域はドイツ軍の戦車に包囲されていた。カイロからバスラ、さらにカラチ、パキスタン、ニューデリーまで移動することとなったが、その風景はフェアバンクを魅了した。フェアバンクはアッサムの米軍基地に到着し、そこがビルマの丘を越えて中国に飛ぶ最終地点となった。アッサムからの航路では、ヒマラヤ山脈の巨大な山々を北側に見ることができ、眼下にはビルマ・ルート〔援蒋ルート：蒋介石に軍需物資を届ける連合国の補給路〕の高速道路が走っていた。この中国へのフライトの乗客たちは、日本のゼロが南から現れて飛行機を攻撃する可能性を危惧していたが、こうしたことは幸いなことに起こらなかった。重慶への着陸自体も危険に満ちていた。重慶という土地にはそもそもゴツゴツとした絶壁の崖と広い川があり、さらに空港の滑走路がすべて不適切な場所に建設されていたため、飛行機は簡単に目標を外して水に着陸したり、突風で吹き飛ばされたりする可能性があったのである(9)。

一九四二年に重慶に到着すると、フェアバンクは中国情勢の分析に着手した。中国に滞在していた当初、フェアバンクはワシントンの上司であるアルジャー・ヒスに激烈な書簡を送っている。ヒスは国務省でスタンリー・ホーンベック極東部長の特別補佐官を務めた人物であった。最終的にヒスは赤狩りのさなかにソ連のスパイであるとの有罪判決を受け、刑に服したが、人生の最期まで無実を熱心に主張した。フェアバンクはヒスへの書簡において、次のように記している。

残念ながら、この時期の我々の対アジア政策は、現地の状況の本質を理解し、対処することに失敗したと記憶されるだろう。ともあれ中国で起こっている現状は、近代の民主的で理想的な西洋的な手法が、古く権威主義的で日和見主義的な中国の手法と真っ向から対立している一種の戦闘である。価値観を確立し、未来を創造していく文化闘争と言えるのだろう。あなたも私と同様にそれらについてよく知っているので、反対する勢力に関してわざわざ言及する必要はないでしょう。問題は、我々合衆国はこの戦いに参加しているが、我々の外交政策はここでの状況を把握して形成されたものではないということだ。我々は世界が直面している苦境について議論しているにも関わらず、中国の状況を考慮していない(10)。

この書簡におけるフェアバンクの主な懸念は、合衆国政府が中国の西洋化に無関心で、ほとんど関与しなかったことである。研究者としてのキャリアの後半において、フェアバンクは自身に関して西洋化を推進する人物ではないと否定しているが、少なくとも一九三〇年代のフェアバンクは、明らかに中国での西洋化を望んでいた。この書簡においてフェアバンクは、近代の西洋と古代の東洋という二項対立も引き合いに出している。皮肉なことに、合衆国の混乱した不干渉の政策は、中国における同国の影響力の欠如、ひいては西洋化の限界を示していたのである。

フェアバンクは重慶に事務所を構え、可能なかぎりあらゆる情報を収集し、それらをマイクロフィルムに収めた。情報の多くは新聞によってもたらされたものの、ほとんどが読めるようなものではなかった。当時の中国人が手に入れられる新聞用紙とインクの質が非常に悪かったためである。それでもフェアバンクはライカ社製カメラで写真を撮り、ネガからマイクロフィルムを作成した。

フェアバンクはまた、中国のアカデミア〔学術的世界〕の後見人としての役割も果たすことになった。フェアバンクは国民党に反対し、食糧やその他の支援を受けられない中国人の同僚を支えしようとしていた。フェアバンクは次のように記している。

西南連合大学の清華学部に所属する学者は……アメリカ帰りで中国のアカデミアにおいて選りすぐりの存在であるにも関わらず、知的にも肉体的にも飢えています。……援助が得られないかぎり、この闘争は教育の自由という合衆国の理想を支持する学者が継続的な栄養失調、病気に陥ることにより、その集団の解体と死を迎えるか、腐敗にまみれかねません。(11)

この書簡は中国の学者たちへの支援を求めることだけでなく、アメリカ当局者を非難するものであった。なぜならフェアバンクは、当局者がワシントンでいくつかの報告書を読めば中国の状況を完全に理解でき、日本軍を打ち負かせば中国の問題が解決すると単純に思い込んでいる、と考えていたためである。

フェアバンクの批判にもかかわらず、合衆国の指導者たちは蔣介石を支持することが中国における最善の策であると判断した。公平に言えば、選択肢は他にほとんど残されていなかった。合衆国の当局者は延安にいた毛沢東を訪問し、毛を後援する可能性を漠然と考えたものの、真剣な選択肢として考慮したわけではなかった。上海とその周辺地域を拠点としていた汪精衛の親日的な裏切り者（collaborationist）政権も選択肢とはならなかった。日本との協力（collaboration）は失敗に終わり、王は一九四四年までに蔣介石の手下であった殺し屋に暗殺されて死亡していた。このように選択肢が限られていたにもかかわらず、誰もフェアバンクの懸念に注意を払わず、アメリカ人は蔣介石に固執したのである。蔣介石は最終的に内戦で共産党に敗れ、国民党は台湾に撤退した。一九四九年までに、合衆国は中国を失うことになった。フェアバンクはそれを「合衆国の外交政策における滑稽な時期の一つ」であったと考えていた[12]。

戦争に貢献した後、一九四六年にフェアバンクはハーヴァードでの学者生活を再開した。フェアバンクはすぐに自身の経験を生かし、米中関係に関する決定的な著作を書き始めた。戦時中、ハーヴァードでは世界のさまざまな地域の知的基盤を構築するための地域研究グループが設立されており、それらは国際関係および地域研究に関する著名な学者が構成する委員会によって運営されていた。フェアバンクは地域研究のうち中国グループの議長に任命された。同研究グループは一九四〇年代後半に定期的に会合を開いており、こうした会合はフェアバンクが最初の著作の枠組を形成する際にインスピレーションを与えたのである。

フェアバンクの最初の主要な著書である『アメリカと中国』はハーヴァード大学出版局から一九四八年に出版され、瞬く間に影響力のある本となった。中国について書かれた本は他にほとんどなく、戦後の視点から米中関係について執筆した人物はフェアバンクの他にいなかった。フェアバンク自身もその影響を認めている。「『アメリカと中国』（一九四八年）は満塁ホームランだった[13]」。同書の始めの方にある「儒教的パターン」、「夷人支配と王朝の移り変わり」、「権威主義的伝統」と題されたいくつかの章で、フェアバンクは古代中国の様相を描写している。

この本は米中関係についてではなく主に中国について書かれていたが、ベストセラーとなり増版され、第二次世界大戦後の合衆国において中国を理解するための基礎的なテキストとなった。書評は非常に好意的であった。コロンビア大学の著名な東アジア研究者であるナサニエル・ペファーは、中国に関するこれ以上素晴らしい本はないと絶賛した(14)。

近代化論は、国際政治のあらゆる事象に合衆国が関与するためのぞっとするような枠組みにまだ融合されていなかったものの、ジョン・フェアバンクの公平で才気あふれる思想の核心を形成した考えにさえ、そのルーツを見出すことができた。近代化論はその後、ケネディ政権期にウォルト・ロストウのもとで登場した(15)。フェアバンクとロストウが同じ結論に達するのは、無理のないことであった。すなわち二人は、前近代社会は権威主義的で中央集権的であり、近代社会は地方分権的で民主的、かつ個人主義的であるべきだと考えた。フェアバンクは近代化論を引き合いに出すことはなかったが、一九三〇年代から一九四〇年代に彼がよく知っていた中国は近代的ではなく、西洋化なしには近代化できなかったとキャリアの中で繰り返し主張していた。実際、西洋化が表面的にしか影響しなかったことで、中国は近代化には進んでいなかった。そしてフェアバンクは、『アメリカと中国』の冒頭にあたる「我々の中国問題」というタイトルの章において、このことを明らかにした。

私たちアメリカ人が接触している現代の中国は、古代文明の表面に広がった軽く薄いベニヤでしかない。その下には、古い中国がまだ大陸の半分の農民の村に残っている。……私たち西洋人、そしてしばしば現代の中国人が理解できないのは、この古めかしく、伝統的な中国社会である。ここに中国と西洋との相違点の鍵が見出される……

私たちの理解の失敗は、部分的には中国の表面的な近代化を中国人の生活全体と取り違えたことに起因している。……合衆国からの帰国留学生と沿岸港に最近増えつつある富裕層の権力は、過去数世紀の西洋文明が古い中国と人々の問題を処理するその技巧を凌駕してきたという事実に拠っている[16]。中国が合衆国とまったく異なっているというフェアバンクが到達した結論は重要であるが、それを指摘するだけでは十分ではない。中国が異質であるため近代化できないという考えこそが問題である。なぜならそれは、中国が独自の条件で近代化するという可能性を排除していたためである。一九三〇年代の日本についても、同様のレトリックが使われていた。東アジアの人々の近代化への歩みは異なっていたが、アジアの国々が近代化した過程における西洋の導きは、我々が想定していたよりもずっと小さなものであった。西洋側の知識人は、薄いベニヤまたは見せかけ（façade）だけが東アジアの人々が身にまとうことができる近代性だと判断していた。こうした考え方を持つ人々は、戦前に中国で起こっていた重大な変革を根本的に間違って捉えていた。

辛亥革命が古い秩序の完全な転覆でなかったとしたら、その革命では何が問題視されていたのか。五・四運動の結果は、自由主義者よりもマルクス主義者の指導力を強化したという多くの人々が予想しない結果をもたらしたが、それは確かに中国における変革的な性質を示していた。このように五・四運動から多くがもたらされたことに鑑みると、中国の近代性が薄いベニヤであったなどと言えるのであろうか。西洋が築き上げたもの以外の近代性を想定できないこの軽蔑的なアプローチは、今日の東アジアに対する我々の理解を依然として曖昧にしている。

公平を期すために言うと、中国は容易に理解できるものではなかった。しかし、最高の中国研究者であるジョン・K・フェアバンクが、単純化した結論しか導き出せなかったことは衝撃的である。フェアバンクは西洋的な方法以外でアジアの近代化を想定することはできなかったものの、中国の解釈を西側に伝えた聡明で控えめの、影響力のあった人物であった。フェアバンクは近代化への独自の道を歩んでいる中国を認識することができなかったが、それは西洋の影響を受けた近代化論が提唱された時代を生きていたためだと言えるだろう。

フェアバンクは『アメリカと中国』の謝辞の中で、地域研究プログラムの主要なリーダーの一人であるタルコット・パーソンズに感謝の意を表明している。パーソンズは社会学における主要な中国人学者である費孝通とのつながりを通じて、中国に特別な関心を持っていたとフェアバンクの回顧録に記されている。清華大学の教授であった費は、パーソンズとロバート・レッドフィールドの機能的社会学の理論を踏襲し、彼の最も有名な著書となる『中国の紳士階級（*China's Gentry*）』〔中国語書名：中国紳士〕を一九五三年に合衆国で出版した。この本において、費は中国の紳士階級の人々の生活を考察している。費によると、中国人は緊密な友人グループをいくつか築く。いくつかのグループでは一部のメンバーを共有している。中国人はこうしたメンバーを通じて徐々に自らが所属するグループの外へと関係を広げていく(17)。

タルコット・パーソンズは社会関係学の分野を牽引する人物であり、ハーヴァード大学の社会学部の再建にも貢献した。パーソンズは新しい社会学部において、個人の選択における社会関係や社会行動ではなく、文化的価値や社会的枠組によって制約されている同関係や行動に焦点を当てて研究を行った。戦時中、パーソンズはフェアバンクと同様、戦争の任務に従事するようになった。一九四一年の春、パーソンズの指揮のもと日本に関する討論グループが形成され、ハーヴァードにて会合が開始された。このグループは、東洋において途方もなく勢力を伸ばしてきた日本人を理解したいという強い願望から生まれたものであった。このグループにおける五人の主要メンバーは、パーソンズ、ジョン・K・フェアバンク、エドウィン・O・ライシャワー、ウィリアム・M・マクガバン、マリオン・レヴィ二世であった。パーソンズは日本と中国のどちらについてもより深く知りたいとの強い願望を持っていた。終戦後、パーソンズは占領地〔ドイツと日本〕の行政官を教育するハーヴァード海外行政大学院の副所長に就任した(18)。

パーソンズの研究は、前近代社会が最終的に合衆国のような近代的かつ個人主義的になることを予測する方法として、後に一九六〇年代に近代化論と関連づけられるようになった。パーソンズはケース・スタディとして中国に興味を持ち、フェアバンクが伝統的な中国で前近代的な権威主義の源を特定する作業に協力した。パーソンズの影響は、権威主義社会こそが中国を停滞させ前近代的な状態に留まらせているというフェアバンクが囚われていた考え方を具体化したという意味で重要であった。パーソンズの考え方は、他の社会を考察する際の基準となった。こうして合衆国の経験は、それらの社会の発展が規範に従うとすれば、すべての社会が近代化するという姿勢に投影されるようになったのである。(19)

フェアバンクはまた、もう一人の学者カール・A・ウィットフォーゲルの影響を認めていた。当初、マルクス主義に傾倒していた中国研究者であるドイツ人ウィットフォーゲルは、一九三〇年代後半に合衆国に移住し、その際、共産主義を信奉することを放棄した。ウィットフォーゲルの最も有名な著作である『東洋的専制主義（*Oriental Despotism*）』（一九五七年）は、マルクス主義の唯物論を適用して、治水社会としての近代以前の中国のあり方を分析した。中国は、経済と社会組織を活性化するために運河や堰などの大規模な水利事業に依存している国である。こうしたかたちで経済を発展させた結果、政治権力は中央集権化され独裁的になった。あらゆる資源は運河と堰を建設するために運用され、こうして出来上がった運河や堰の存在は、官僚的支配を定着させ次々に領土を拡大し、中国の国家権力を増大させていくことになった。ウィットフォーゲルは中国だけでなく、エジプト、帝政ロシア、インカとアステカの古代王国を含む他のいくつかの古代の権威主義的社会についても同様に考察した。(20)

フェアバンク自身はウィットフォーゲルの議論に懐疑的であり、彼に大きく影響を受けることはなかった。「私は正反対だが〔ウィットフォーゲルの理論的アプローチ以上の〕弱点を持っているように思う。理論の定式化を十分真剣に受け止めることができなかったのである」。フェアバンクはウィットフォーゲルのイデオロギー的アプローチに懸念を抱いていた。「彼の思考は理論を究極の真実にしてしまったのだ」。しかし、古代中国の専制政治に対するウィットフォーゲルの解釈に対しては、基本的に同意していた。こうした好意的評価とタルコット・パーソンズの仕事に敬意を抱いていたことにより、フェアバンクは実際に近代化論を支持することなしに、その知的空間に所属することができたのである(21)。

フェアバンクは講義を行ってもらうために、ハーヴァード大学における自身の中国地域研究セミナーにウィットフォーゲルを招聘した。そしてウィットフォーゲルと彼の妻は、一九四〇年代後半から一九五〇年にかけて、ケンブリッジのフェアバンク邸に数回滞在した。しかし、一九五〇年代初めまでには、ウィットフォーゲルはもはやフェアバンクの友人ではなくなっていた。

一九五一年、ウィットフォーゲルはオーウェン・ラティモアを含む友人であった中国研究者を糾弾し始めたのである。ウィットフォーゲルは自身が共産主義者であった一九三五年から一九三六年にかけてラティモアと交友関係を持った結果、ラティモアが隠れ共産党員だとの確信を得たと証言した。同じ年、フェアバンクもまた共産党員との関係で告発されたが、ウィットフォーゲルは完全にマッカーシーとその仲間たちの情報提供者と化していた。ウィットフォーゲルはフェアバンクのために嘆願書を書くことさえも拒んだのである(22)。

ジョン・フェアバンクが合衆国における赤狩りによって身動きが取れなくなったのは、『アメリカと中国』の出版直後のことであった。表向きには、フェアバンクが当局の注目を集めたのは、アメリカの占領下にあった日本を訪問するためのビザを申請したことだとされていた。フェアバンクの申請は却下され、身辺調査が行われた。しかし、背景にはより大きな問題があった。一九四七年以降激化した冷戦、中国を喪失したとの認識、マッカーシズムの台頭が重なったことにより、フェアバンクは脚光を浴びてしまったのである。フェアバンクはマッカーシーとその支持者の標的となっていた太平洋問題調査会（ＩＰＲ）の理事会メンバーに一九四七年に就任しており、また著名なアジア研究者であるオーウェン・ラティモアとも親しかった。ラティモアはＩＰＲの活動に密接に関係しており、中央アジアに関する彼の最初の本もＩＰＲから出版されていた。最終的にソ連に情報を共有したとの罪で有罪判決を受けたアルジャー・ヒスも、理事会メンバーとしてＩＰＲとの強いつながりがあった。第二次世界大戦中、ヒスは国務省の特別補佐官を務めており、フェアバンクの直属の上司であった。こうした経緯からフェアバンクはマッカーシーらに攻撃されることになったのである。

フェアバンクはまた、合衆国の政治において特にデリケートな時期に中国に関与していた。共産党は一九四九年に国共内戦に勝利し、国民党は中国亡命政府を設立するために台湾に逃れていた。合衆国では、政権の座にあった民主党が中国を失ったと非難され、共和党はこの損失を槍玉に挙げることで政治的利益を得た。こうした事情により、主要な中国専門家であるフェアバンクは脆弱な立場に置かれたのである。

フェアバンクはボストンの著名な弁護士を雇い、マッカラン委員会において率直かつ慎重に証言を行った。マッカーシーがより著名な人物を扱う一方で、マッカラン委員会は重要度の低い被告人を扱っていた。起訴は予定されておらず、ハーヴァード大学はフェアバンクに大学での地位を保証し続けた。それは合衆国でブラックリストに登録され、国を離れてヨーロッパでアカデミックな職を探さざるを得なかったラティモアの場合とは随分異なった対応であった。

＊＊＊＊

ハーヴァード大学のジョン・K・フェアバンクの親しい同僚であり、日本研究者のエドウィン・O・ライシャワーもまた、フェアバンクが行ったように西洋化と近代化の世界観を投影させる形で『日本――過去と現在』（一九四六年）を刊行した。しかし、フェアバンクとは異なり、ライシャワーは中国研究者ではなく日本研究者であった。またIPRにも関与していなかったため、マッカーシズムに影響されることはなかった。フェアバンク同様、ライシャワーもまた戦時中に合衆国政府のための任務に従事している。一九五〇年代に日本研究の分野で注目を集めるようになったライシャワーは、ケネディ政権下の一九六一年に駐日大使に任命された。ライシャワーは大使としての役割を通じて、近代化論といわゆる近代化論争に最も密接に関わるようになったのである。

　近代化論は勢いがあり、その使い易さが魅力的であった。それはアメリカ化へと向かうわかりやすい歴史の道標を示していた。マサチューセッツ工科大学の経済学教授で、ケネディ政権の補佐官であったウォルト・ロストウとその仲間たちによって前近代の経済が近代化するための要素が特定されており、近代化論はより使い易くなっていた。その単純さはライシャワーにとって危険信号であったはずである。しかし、大使になる頃までには、日々の仕事のプレッシャーと自らの野心的な目標により、アカデミアにいた頃よりも、ライシャワーにとって単純さはより魅力的なものとなっていた。ライシャワーもまたフェアバンク同様、近代化論を支持したことはないと主張していたが、歴史的根拠はそうではないことを示している。

　ライシャワーがこのように近代化論に傾倒してしまった背景には生まれや育ちが影響しており、フェアバンクよりもずっと予測どおりの結果であったと言える。フェアバンクは中国から遠く離れたサウスダコタ州で生まれ育ったが、ライシャワーは宣教師の両親の息子として東京で生まれ育ち、日本研究は彼にとって手にとりやすいものであった。ライシャワーの父は明治学院大学で教鞭を取っていた。フェアバンク同様、ライシャワーもハーヴァード大学に学生として通ったが、ライシャワーの場合、博士号まで取得し、そのままハーヴァードで教鞭を取ることになった。ライシャワーは九世紀の日本の僧侶である円仁の中国への旅行記について博士論文を執筆していた。ライシャワーが勉強した古典的な学問は、アカデミック・キャリアに沿ったものであり、将来の駐日大使につながるものではなかった。アカデミック・キャリアをスタートさせたばかりのライシャワーの日本と中国の歴史に関する専門知識は、日本の近代化過程を批判的に分析するために十分なものとは言えなかった。実際、ライシャワーは後に勉強が不足していたことを認めている。「この意味で、私は本質的に独学であった。新しい分野を研究するときは、リスクを受け入れる必要がある」。その結果、ライシャワーは日本の台頭、衰退、そして第二次世界大戦後の再生を説明する際、当時のアカデミアと政策のトレンドとして受け入れられていた近代化論の餌食となったのである。ライシャワーの当時の写真を見ると、フェアバンクとは異なる個性を示している。漆黒の髪、際立った黒い眉と目、厳粛な顔つきで、キリスト教徒の宣教師の子であるライシャワーの生真面目さが表れている。(23)

真珠湾攻撃の後、エドウィン・ライシャワーもまたフェアバンクのように愛国的な責務を果たそうと軍の任務に従事した。ライシャワーは陸軍の諜報機関である合衆国陸軍通信隊に加入した。ここはフェアバンクが働いていたOSSと同等の機関であった。ライシャワーはこの機関の任務のもと、一九四二年にヴァージニア州アーリントンに日本語の訓練学校を設立して運営した。陸軍が日本語のエキスパートを欲した理由は明白である。ライシャワーは少佐として入隊し、一九四三年には米国陸軍情報隊の暗号解読者になった。陸軍は終戦までにライシャワーを中佐に昇進させた。自身も認めているとおり、ライシャワーはこの任務において素晴らしい成功を収めたのである。

第二次世界大戦後、ライシャワーはハーヴァード大学での学者生活へと戻ったが、戦争はライシャワーを変えていた。ライシャワーは古代中国の奥義の書道よりも現代の出来事にはるかに興味を持つようになっていたのである。ライシャワーもまた東アジアについての情報に対する需要が高まっていたことに恩恵を受けた。フェアバンク同様、ライシャワーの『日本――過去と現在』は、フェアバンクの本より二年前の一九四六年に出版された。ライシャワーはフェアバンクと同じように、非常に効果的な方法で日本を分析した。つまり、歴史を活用して現代の議論を捉え、地域史に基づく説得的な歴史的視座を合衆国の読者に提示したのである。ライシャワーもまた、中国に関してフェアバンクが行ったように、彼自身の視点から日本を分析した。ノップから出版されたこの本は、一九四七年から一九五〇年の間に第三版まで刊行されたことからわかるように、商業的な成功を収めた。こうしてライシャワーは、日本が近代化へと向かう道のりに関して、代表的な解説者となったのである。『日本――過去と現在』では、章のタイトルがこうした事情を明確に指し示している。すなわち「封建体制背後の変化のきざし」、「近代国家の形成」、「自由民主主義的傾向の出現」、「国家主義と軍国主義の反動」、そして、「新しい時代の幕開け」〔日本語訳本では「戦後の日本」〕となっている。(24)

ライシャワーは戦前のいわゆる大正デモクラシーを弱く短命なものと捉え、その背景に危険な軍国主義が潜んでいるという状態を日本の実体だと考えていた。ライシャワーの解釈は、明らかに戦争および彼自身が愛国的に米軍に従軍した経験に影響を受けており、合衆国における戦前および戦時中に一般的に受け入れられている考え方であった。

ライシャワーによると、日本が近代化に向かった所以は国内のダイナミクスではなく、一九世紀半ばのヨーロッパ列強と合衆国からの外部的圧力によって起こされたものであった。したがって、ライシャワーは日本の近代性を表面的なものと見なしていた。一方、日本の軍国主義の勢力もまた非常に根が深く、国を戦争と混乱へと駆り立てていった。侍、武士道、御恩と奉公、そして不名誉を表現するための切腹という儀式的な自殺がその根底にあった。自由主義は失速し、軍国主義が日本を支配した。この本においてライシャワーは、軍国主義者を打ち負かそうとする愛国的な日本兵の視点を用いて戦後間もない日本を描いており、物語の中核に戦前の日本における軍国主義を設定している。興味深いことに、日本のマルクス主義の歴史家と経済学者もまた、日本の歴史に関して基本的にライシャワーと見解を共有していた。彼らもまた、自由民主主義の傾向は弱いもの、明治維新を不完全なブルジョア革命と見なし、軍国主義の台頭は日本の封建制の長い歴史に関連していると考察していたのである。(25)

軍国主義者が日本を支配してきたという見解は、ライシャワーの次の著書である『日本とアメリカ』〔一九五〇年〕において覆された。西洋化を支持する者たちの影響力は現在、猛烈に拡大しつつあり、軍国主義の台頭は日本が進む近代化への道を一時的に迂回させただけであった、とライシャワーは論じた。軍国主義に関する後者の議論は、「暗い谷」というテーゼとして知られるようになった。一九四六年から一九五〇年までの短い期間に、歴史的分析は変容したのである。今や日本のリベラリズムは戦前においても運転席にあったと考えられるようになり、軍国主義は日本がリベラルな近代という明るい日差しのもとに戻るために横断しなければならなかった暗い谷にすぎなかったと解釈された。しかし、一九四六年のライシャワーの分析は、すべて暗い谷に関するものであった(26)。

ライシャワーはまた、『日本――過去と現在』にて日本人自身を非難している、これは今日においてもアメリカ人に共通するもう一つの視点である。つまり、日本文化の権威主義的ルーツこそが軍国主義の元凶であるという視点である。「厳格な封建支配に慣れていた従順な人々は、リーダーシップを当然のこととして要求していた。独裁者は人々を支配することに何の困難も感じず、何か新しいことが起きるたびに、指導者であり続けた。」この見解によると、終戦時、日本政府は国民を降伏と平和に導くことに成功した。

日本人自身、長い伝統に運命づけられた人々であり、疑う余地なく命令に従うことを教えられた軍国主義的および国家主義的なプロパガンダの犠牲者である。日本人たちは焼夷弾によって家が焼かれ、友人や親族が殺される様相を、感情を出さずに受け入れたのである。彼らは差し迫った破滅に気づいていないか、そうでなければ諦めているように思われた。しかし、日本にとって幸いなことに、政府には状況を理解することができ、国家の滅亡に追いやるよりも敗北の恥を選んだ人々がいたのである(27)。

ライシャワーの著書に対する書評は、非常に好意的であった。イェール大学の日本人学者である柳永智俊は、これを「日本人とその文化の発展について書かれた最も優れた序章である」と評した(28)。『パシフィック・アフェアーズ』誌では、情緒的ではあるものの厳しくめったに褒めることのないE・H・ノーマンが、「失望しなかった」と微かな称賛を示し、ライシャワーの著書が幅広い読者に読まれること期待した。カナダの外交官であり日本研究者でもあるノーマンは、一九四〇年にＩＰＲによって出版され、影響力のある著作となった『近代国家としての日本の出現――明治時代の政治的および経済的問題』で最もよく知られていた。しかし、ＩＰＲへの赤狩りに巻き込まれることとなり、共産主義者であると非難され、一九五七年にカイロで自殺した。(29)

日本が第二次世界大戦の灰の中から不死鳥のように再生したことから、ライシャワーは日本の専門家として大きなチャンスを得ることとなった。ライシャワーの『日本とアメリカ』は、フェアバンクが一九四八年に出版した『アメリカと中国』と非常によく似ていた。ライシャワーは同著の中で問題を特定し、分析を通じてその問題の解答を示すという、フェアバンクと同じストーリー構造を使用した。『日本とアメリカ』の場合、ライシャワーが合衆国の読者のために特定した問題は、日本そのものであった。日本は戦前から方向づけられていた近代的で西洋化された民主主義を完全に受け入れられるだろうか。それとも共産主義に転向するのか。この本では日本の変容と近代化の触媒として、合衆国による日本の占領に焦点が当てられていた。占領が日本の近代化に与えた影響に対するライシャワーの期待は、一九四六年の軍国主義に焦点を当てて日本を解説することに表れている。第二版と第三版では、日本がその過去から未来へと変容していく様子が非常に好意的に捉えられている。部分的には、これは第二次世界大戦後の日本が驚異的に復興したことに起因している。しかし、ライシャワーは日本の近代化の原動力として合衆国の存在があったと理解しており、その理解を枠組みとして日米関係を考察していたのである。

『日本とアメリカ』ではライシャワーは「日本の改革とアメリカの影響」という序章を設け、合衆国の影響力の強さを主張している。占領期のはるか以前である一九世紀の日本の発展について、ライシャワーは「長期間に亘って日本はヨーロッパの国々よりも合衆国からより影響を受けてきたのではないだろうか」と議論し、合衆国がペリー提督の指導下で黒船を派遣し、それによって日本が開国したことを強調している。

ライシャワーは合衆国が日本に影響を与えることになった契機として、この遠征隊の存在を高く評価している。「日本の開国において圧倒的な役割を果たした合衆国は、当初から日本の西洋化における主導的な役割を果たしていた。」その本の別の部分では、ライシャワーは次のような記述を残している。

旧文明世界の最東端の国である日本が、現在、アジアの地の中で最も西洋化されていることと、旧文明世界の最西端の西側にあるアメリカが日本に西洋をもたらす過程を主導したことは、恐らく偶然の一致ではない。

つまり、ライシャワーは日本の近代化に対してアメリカのリーダーシップが発揮されたのは占領中だけでないと主張したのである。ライシャワーは一九世紀後半から二〇世紀初頭の日本の近代化の初期にまでさかのぼって、自身の議論を展開した[30]。

ライシャワーは教育に関する議論から着手した。福沢諭吉が一八六〇年代に合衆国を二度訪れたことに言及し、福沢を大のアメリカかぶれとして描写した。福沢は確かに日本の偉大な教育機関である慶應義塾大学を設立し、それを創設する際に西洋のモデルを使用したことは間違いない。だが、福沢は合衆国の教育システムや政策だけを日本に持ち帰ったわけではなかった。実際のところ、フランスの方が合衆国よりも明治時代の日本の教育モデルに大きな影響を与えていた。それにもかかわらず、ライシャワーは福沢の旅行について言及したにすぎず、福沢と合衆国との関係をより詳しく描写する必要を感じていなかったのである[31]。

またライシャワーは、合衆国が日本の教育をどのように形づくったのかという点に関して、ほとんど歴史的根拠を示していない。例えばライシャワーは、日本政府が明治初期にアメリカ人教師を日本に招いて最高の教育を日本人に施させた後、数年後に帰国するように命じたことについて言及していない。当時、日本に招聘された一部の教師は、日本に永住するものだと考えていた。南北戦争の退役軍人であるL・L・ジェーンズ大尉は、一八七一年に熊本に移り住み、熊本洋学校で武士の若い学生に科学、数学、歴史、地理を教えていた。ジェーンズは日本に留まるものだと考えており、熊本に南部のプランテーションの豪邸に相当するものを建設し、その建設に巨額を注ぎ込んでいた。しかし、一八七六年に県は学校を閉鎖し、ジェーンズは退去を余儀なくされた。ジェーンズが出発する前、彼は何人かの学生をキリスト教に改宗させ、そこにはキリスト教指導者となる海老名弾正もいた。ライシャワーはおそらく、こうしたところに合衆国の教育者の影響があったと考えていた。この議論の問題点は、成長した海老名が屈強なキリスト教ナショナリストになったことである。海老名は一九一〇年代にキリスト教の組織を日本人が支配する過程に貢献していたのである。日本はアメリカ人教師の知識を欲していたが、外国人による支配を懸念し、若い学生達が科学と数学の専門知識を身につけると、すぐに教師たちに荷物をまとめさせた。それは賢明な反帝国主義政策であった。そして、西洋の教育者の影響力を著しく制限したのである。

次にライシャワーは、日本でのキリスト教の布教におけるアメリカ人宣教師の中心的な役割について記述している。「合衆国はおそらくキリスト教とキリスト教の宣教師を通じて、日本において最も主要な影響力を発揮した」。ライシャワーと在日アメリカ人宣教師との親密なつながりを考えると――ライシャワーの父は長老派の宣教師であった――、こうした結論に達したことは自然の摂理である。ライシャワーは政府やその他の指導的地位における日本人キリスト教徒の影響力を強調したのである。[32]

しかし、ライシャワーがキリスト教にスポットライトを当てたことには、いくつかの問題点がある。第一にキリスト教に改宗した人々の数は、二〇世紀を通じて日本の人口の一％未満に止まっていたことである。このような少数が影響力を持つことは困難であり、ライシャワー自身も『日本とアメリカ』の執筆中にその事実を認識していた。第二にキリスト教がその改宗者の人数のわりに政治と思想に影響力があったことをライシャワーが強調したことは正しかったものの、日本が追求したタイプのキリスト教は、合衆国の影響を受けたというより日本化されたものであったことが今ではわかっている。日本のキリスト教徒は独立しており、キリスト教を伝統的な日本の倫理規範と同一視することによって、日本のキリスト教が土着化されるように努めていた。例えば武士道は、キリスト教との比較で好まれるようになった。新渡戸稲造の武士道はその最たる例である。日本の仏教と神道の衰退に伴い、日本のキリスト教徒は、キリスト教の忠誠心と美徳の倫理を通じて、キリスト教が日本の精神的中心とならなければならないと主張した。一九一〇年代以降、新渡戸、海老名弾正、YWCAのリーダーである河合美智などの日本のキリスト教徒は、キリスト教を日本化するために、日本の主要なキリスト教機関であるYMCA、YWCA、および同志社大学の理事会からアメリカ人宣教師を排除し、日本が独自にリーダーシップを取るべきであると主張したのである。

この著書の同じ節の別の場所において、ライシャワーは一九世紀後半から二〇世紀初頭にかけて「日本の西洋化においてアメリカの主導的な要素があった」ことを指摘した。野球、英語、合衆国への日本人移民等すべてが書き出されていた。しかし、後者は実際には逆で、日本が合衆国に与えた影響と捉えるべきであり、最初の二つの事例は日本の近代性にとってあまり重要ではなかった。ライシャワーは合衆国の近代性を日本の状況に適合させるために、もはや形ばかりとなった自身の議論を幅広く適用した。ライシャワーは合衆国の占領期に日本に広汎な変化が起きたことを重視していた(33)。

日本にとって、二〇世紀の四〇年代は、おそらくその長い歴史の中で最も重要な年になるだろう……このような短い年月の間に、古くから受け入れられていた多くのものが日本社会から捨て去られ、新しくてなじみのないものがたくさん注ぎ込まれたことはかつてなかった(34)。

占領期に関して、ライシャワーはより安易に自身の議論を展開することができた。なぜなら、合衆国は実際に日本の政治体制、経済、社会の多くの部分を七年間の占領で再構築したためである。しかし、ここでも合衆国の影響力は過大評価されていた。確かに最大の産業複合体である財閥は解体された。しかし、すぐに再編された。戦前の政党と権力者たちも、依然としてその地位にあった。また、占領当局は合衆国をモデルとして中央から権力を分散させて地方自治体レベルで学校制度を作り直したいと考えていたが、日本の教育制度は、今日でも保守的な官僚によって中央から支配されたままである。日本はより民主的になり、もちろん軍国主義者は多かれ少なかれ権力を奪われた。日本人は平和を愛する国民になった。しかし、合衆国の占領がなくても、単に軍国主義者と戦争への恐怖から日本人は平和を愛する国民になったかもしれない。

一方、評者はライシャワーの二冊目の本に熱狂した。『パシフィック・ヒストリカル・レビュー』誌で、ダグラス・ヘリングはこの本を「日本に関して今読むべき本」と評した(35)。コロンビア大学の日本研究の創始者であるヒュー・ボートンは、「戦後書かれた日本に関する最も重要な解釈」であると主張した(36)。ハーヴァード大学においてライシャワーの指導を受け、カリフォルニア大学の著名な学者となったロバート・スカラピーノもまた、この本を「素晴らしい」と評した。一九六五年にはトマス・R・H・ヘブンズが、第三版の書評において「外交政策の古典」であると説明した(37)。何十人もの評者のうち、日本の近代化に対する合衆国の圧倒的な影響を強調するライシャワーの主張に異議を唱えた者はおらず、スカラピーノはこれまでも、そしてこれからもそうであるように、当然のことのようにライシャワーの議論を讃えた(38)。

あるとき、ライシャワーに転機が訪れた。第二次世界大戦における堅実な従軍経験および専門知識を背景に、ライシャワーは国務省の非公式顧問をたびたび務めていた。ジョン・F・ケネディが一九六一年に大統領に就任した際、ライシャワーは政府が専門家を重要な地位に配置すべきだと考えていた。そして、ライシャワーは駐日米国大使を務める機会を提供されたのである。通常はその国についてほとんど知らない選挙資金提供者に与えられる政治的地位であった。

合衆国と日本の関係を強化するというライシャワーの目標は、急速に成長する日本の経済、合衆国との貿易の拡大、そして一九六〇年に米国と日本の間で署名された新しい安全保障条約という成果に後押しされた。新安保条約は米軍が日本の主権を侵害し、内政に干渉する可能性があり、暴動やその他の内乱が発生した場合に待機し続けることを示す条項があった従前の取り決めを緩和していた。日本国民はこの半植民地的地位に憤慨しており、日本では反米感情が高まっていたのである。しかし、日米関係は日本の完全な主権回復と相互理解に向けて正しい方向に進んでいるように見えた。新しい条約がそうした方向を決定づける一助となっていた。だが、一度国民に共有された反米感情をなくすことはできなかった。ライシャワーはこうした国民に対して、親米感情を持ってもらえるよう働きかける機会を得たものの、彼はあまりにも冷戦の影響を受けすぎてもいた。ライシャワーは日本の政治的左翼が大きな影響力を持ち、日本を合衆国から引き離し、ソ連に引き寄せる可能性があることを懸念していたのである。

新安保条約締結と同じ一九六〇年の夏、ライシャワーは、富士山に近いリゾート地である箱根で開催された学術会議のために日本を訪れていた。近代日本を専門とする学者であるジョン・W・ホールが主催したこの会議では、日本の近代化の過程が歴史的に検討された。ホールは近代社会が持つ九つの属性、すなわち都市化、識字率、高所得、広汎な移動性、工業化、マスコミュニケーション、大衆の社会、経済、政治への参加、合理主義、科学を指針として近代性を定義していた。しかし、この定義を用いても戦前の日本の民主主義や日本の軍国主義、そして、それが日本の近代化に与え続けている影響を十分に分析することはできず、ホールら近代化論を提唱する学者たちは会議において日本の参加者から非難されることとなった。日本の近代化に関する見解を一九五〇年代に公表していたライシャワーもまた非難された。日本の参加者は、ライシャワーが日本の近代化における合衆国の影響をあまりにも過大評価しすぎたと考えていた。ある日本の評者の言葉を借りれば、アメリカ人は「西洋の学者が西洋以外の社会を外側から『科学的に』調査するという古い構造に簡単に逆戻り」しているように見えた。西洋に傾倒した著名な政治学者である丸山眞男でさえ、実証的アプローチは思想、価値観、人間の意志、関係、社会における行動をその分析枠組から除外してしまったと述べている。丸山の見解では、このアプローチは人間の尽力を考察するにはあまりにも想像力に欠けるものであった[39]。

日本の学者たちは多くの点で意見が一致していなかったものの、合衆国が日本の保守派と密着しすぎており、日本の課題を処理する際にあまりにも覇権（ヘゲモニー）的であることには同意した。また、この会議は日本側からの情報提供なしに合衆国の学者によって企画されており、その事実が日本の学者の非難を強くしていた。

ライシャワーは会議におけるアメリカ人と日本人との対立の責任は、マルクス主義志向の日本人学者にあったと決めつけていた。ライシャワーは、合衆国の影響力がネオ・コロニアリズムとして再解釈される可能性に気づいていないようであった。しかし、それが一九六〇年代までにまさに起こっていたことであった。「近代化論争」として知られるようになったこの論争で、日本の学者たちは、アメリカ人が自分たちに理解可能な範囲でのみ議論していると感じ、近代化が会議で提示されたような経験的および科学的エビデンスによってしか明らかにされないという考え方を一笑に付した。日本の学者たちは、日本における合衆国の影響力が逆に日本を「半独立状態」にしていると主張したのである。

近代化に関する箱根会議とそこにおける議論は、日本人が自分たちの近代性を合衆国中心の近代性とは異なるものと見なしていたことを明確に示していた。きらびやかで新しい近代化論が日本の状況にほとんど当てはまらず、色褪せて見えたのである。

一方、ライシャワーは近代化の議論においてアメリカ人は明晰で客観的であると主張した。箱根会議後、朝日新聞に寄稿した記事においてライシャワーは、近代化論争へのアメリカ側の立場に対する批判を一蹴した。「欧米人側は、それほど身近な体験ではないので、この近代化をより客観的に観察する。過去一世紀前に起こった事をただ記述し分析しようとして、事の善悪の判断は保留する[40]」。第二次世界大戦での経験、アメリカの占領、および強い反共産主義によって、自身の視点が偏見に満ちていることにライシャワーが気づいていないことをこの記事は明らかにしている。

大使に任命される前、ライシャワーはある論説を『フォーリン・アフェアーズ』誌に掲載している。この論説は、ドワイト・D・アイゼンハワー大統領による安保改定〔新安保条約の発効〕に合わせた日本訪問旅行――それは悲惨なかたちで終わった――に対する一九六〇年五月の抗議についてのものであった。日本の国会での議論は論争を呼んでおり、岸信介首相は調印時に合衆国が力を示すことで、条約への反対を鎮めることができると考えていた。一方、日本の左翼たちはアメリカ側の譲歩があったとしても、合衆国のもとでの日本の半植民地的地位は新しい安全保障条約においても継続すると考えていた。確かに沖縄は依然として米軍によって管理されており、米軍基地は日本中に残存していた。アイゼンハワーが東京に飛ぶ準備をしているとき、一〇〇万人の抗議者が日本の国会議事堂の外で東京の通りを埋め尽くしていた。最終的に日本政府は、アイゼンハワーの来日は危険すぎると判断した。こうして大統領は、日本の首相に会わずに〔フィリピンから〕合衆国に帰ることになった。これは日米関係における深刻な後退であった。

「壊れた対話」と題された論説においてライシャワーは、合衆国の政治家は日本の政治に深い亀裂が走っていることに対し誤った認識を持っていると主張した。日本の左派は合衆国の政策形成者が日本の右派に操作されて日本の民主主義を制限し、日本を合衆国に媚びへつらわせていると考えていた。一方、日本の右派は危険なマルクス主義的イデオロギーを支持する左派を愚かであると見なしていた。そして、アメリカ人は日本の左派の意見を見当違いであるとし、単純に無視していた。この論説は状況を理事整然とまとめており、ライシャワーの分析は理に適っていた。この問題に対するライシャワーの解決策は、アメリカ政府と日本の政治的左派との間のより良いコミュニケーションを促進することであり、ライシャワーの学術的バックグラウンドに則したものであった。(41)

一九六〇年の会議の直後、ライシャワーは駐日大使に就任した。ライシャワーの日本に関する学術的知識、合衆国における第一級の日本専門家としての評判、そして、日本の状況に関する彼の強い意見は、ライシャワーを大使としてユニークなものにした。ライシャワーは大使の職という権威によって、自身の考えについて日本人を説得することができると判断し、熱狂的なペースで雑誌記事の執筆、公開講演、インタビュー、討論会を行った。第一に日本の政治制度は民主的ではなく、したがって、近代的ではないと主張した日本の知識人に対して反論を行った。ライシャワーは日本の政治には明らかな欠陥があるが、十分に民主的であると主張した。また、日本の急速な経済回復と成長は、その近代性を示しているとした。ライシャワーが資本主義下の日本の経済的健全性を強調したのは、社会主義左派に対する反共主義の恐怖から生じたものであった。左派が権力を掌握すれば、日本経済を乗っ取り、社会主義に変え、ソ連の同盟国にすることができると考えたのである。残念なことに、ライシャワーは大使の地位に就いて以降、合衆国は日本の左派や野党に手を差し伸べるべきだとした自身のかつての政策提言を無視することになった。ライシャワーの冷戦に対する懸念は強まる一方であった。大使としての地位がより強固になるにつれ、反共産主義的主張を積極的に展開したのである。大使としてのライシャワーの活動は、日本では「ライシャワー攻勢」として知られるようになっていた。

ライシャワーは海外で合衆国の文化外交プロジェクトを運営していた米国広報・文化交流局（ＵＡＩＳ）を通じて、近代化に関する二つの短い論考を発表した。『新しい世界地図』と『近代史の新見解』においてライシャワーは、自由主義陣営の西側諸国と日本の経済的成功とソ連の衛星国の経済的失敗を取り上げた。後者に関して、反民主主義の傾向とも関連づけた。日本の経済発展に焦点を当てた記事において、ライシャワーは明白な意図を持っていた。すなわち中国国営の失敗に終わった共産主義とは反対で、日本は資本主義的民主主義の発展モデルで共産主義勢力の防波堤であると日本人たちに認識して欲しいとライシャワーは願っていたのである[42]。

ライシャワーはペンと演説を通じてアジアの冷戦と戦っていた。しかし、ここにおいて問題があった。日本を資本主義的民主主義のモデルにするためには、第二次世界大戦中の日本の戦争とアジアに傷跡を残した残虐行為を無視しなければならなかった。驚くべきことに、ライシャワーはまさにそれを行い、日本は「軍国主義のような多くの困難な問題を経験したが、全体としてその近代化は大きな成功を収めた」と主張した。一五年前、彼は著書である『日本――過去と現在』において軍国主義を非難した。しかしこの時にまでに、それは日本の歴史のほんの一瞬に過ぎなかったと考えるようになった(43)。

ライシャワーは自身が精通している学問分野を、門外漢であった政治と組み合わせた。しかし、こうした大使としての活動を展開した結果、ライシャワーは左派には行き着くところがないと主張する日本の保守派に称賛されるようになったものの、左翼とリベラルからは忌み嫌われ、自らの首を絞めることとなった。当初、ライシャワーは父が教えていた明治学院など三つの大学から講義を行うように招かれたが、それらの大学は学生が抗議行動を起こすのではないかという懸念から、招待を取り下げた。最終的に、そして最も悲劇的なことに、ライシャワーへの攻撃は物理的になった。一九六四年三月二四日、大使館を出て昼食会に向かう途中、ライシャワーは襲撃され脚を刺された。犯人の男は後に精神疾患があると判断された。ライシャワーは虎ノ門病院の近くにおり、すぐに手術を受けることができた。しかし、脚は無事に治療されたものの、ライシャワーは入院中に肝炎にかかってしまった。その後、二六年間それなりに充実した生活を送ったが、一九九〇年に肝炎による合併症で亡くなったのである。

ライシャワーはフェアバンクのように優秀な学者であり、その時代を象徴する人物でもあった。どちらの学者も合衆国が積極的に東アジアの近代性を形づくっているという見解を打ち出した。フェアバンクは間接的に、ライシャワーは著書や大使としての仕事を通じて直接的にこうした見解を形成した。合衆国で最も権威のある学術機関であるハーヴァード大学で教えている、合衆国で最も著名な東アジアの学者として、フェアバンクとライシャワーの影響力は比類のないものであった。しかし、フェアバンクとライシャワーの描く歴史は非常に強いアメリカ中心主義的視点に基づいており、東アジアに近代性が形成されるなかで合衆国の影響力を過大に評価した

のである。(44)

丸山眞男と日本的近代性の「持続」

日本に滞在中、ライシャワーは優秀な理論家である丸山眞男と知り合っていた。両者は共に一九六〇年の箱根会議に出席していた。丸山は戦後日本を代表する思想家となり、特に日本の近代化への道筋と、戦前および戦時を近代からの逸脱と考える研究において最も著名な学者となった。こうして丸山は、日本が近代化へと向かう過程についての日本人の考え方に大きな影響を与えることとなった。

丸山は日本の自由主義者になるように生まれついていたと言っても過言ではない。丸山の父はジャーナリストになるために家出をしており、薩長派――徳川幕府への反対勢力のリーダーで一八六八年の明治維新の立役者――として知られる薩長藩と長州藩による日本政府の支配を激しく批判していた。丸山の父には長谷川如是閑ら有力なリベラル派の友人がおり、吉野作造の大正デモクラシー運動ともつながりがあった。

母方の家系では、熱烈な愛国心が丸山の父の自由主義偏重と上手く釣り合いを取っていた。母方の親戚の一人は、近代日本の父・伊藤博文が設立した政党・政友会を支持するジャーナリストであった。伊藤は日本の憲法を起草し、一九〇九年に韓国西部の駅で韓国人愛国者に暗殺されるまで、何度か首相に選出されていた。二〇一四年、韓国政府は伊藤が亡くなった駅にその若い暗殺者を真の愛国者として讃える博物館を開設した一方、日本政府は未だに伊藤の死を悼んでいる。政友会は天皇と帝国への支持だけでなく、組織化された政党による議会の権力にも基づいて設立されたため、一九三〇年代の右翼の政治運動よりも穏健であった。(45)

一九一四年生まれの丸山は、大正デモクラシー運動に参加するには若すぎたが、当時を振り返って見習うべき時代であるとの考えを持っていた。一九三〇年代初頭、高校生になった丸山はマルクス主義に手を出し、マルクス主義研究グループに参加したため、高校生がマルクス主義を学ぶことを禁止した一九二四年治安維持法の条項に違反した。秘密警察による厳しい取り調べを受けた後、丸山は一九四四年に陸軍に徴兵されるまで彼らに監視、嫌がらせを受け続けた。丸山によると、それはまるで「国家権力が精神の内面に土足で入り込んでくる」ようであった(46)。

丸山は東京帝国大学で学んだ。丸山は天才少年であり、学士号を取得しただけであったにもかかわらず、大学は特例として丸山を法学部で教鞭を取らせるよう一九三七年に雇用したのである。より高次の学位を持っていなかったが、丸山はすぐに東大で最も有名な学者となった。写真に映るこの頃の丸山は、鋭く角張った顔立ちと聡明な目をした真面目そうな小柄な青年で、黒くて分厚い髪を横に流している。眼鏡がいっそう学者らしい様相を加えている(47)。

丸山は第二次世界大戦中陸軍に従軍し、まず韓国に、次に一九四五年に広島に配置された。それはまさに、一九四五年八月六日にリトルボーイと名付けられた世界初の核爆弾が広島に投下され、悲惨な爆発を起こすタイミングと合致していた。丸山は六キロ、すなわち約二・五マイルの距離と高い石の壁に守られ、爆風を受けることなく、命を取り留めた。しかし、爆撃によって丸山の免疫システムは脆弱になり、結核にかかることとなった。手術によって再び一命をとりとめたものの、八一歳で亡くなるまで丸山は片肺だけで生き延びたのである。徐後、丸山は、広島の悲劇における個人的な経験を、戦後の世界平和を訴えるための道徳的な物語として利用しなかったことを後悔している。古典的な自由主義者である丸山は、この時期の日本の自由主義を形づくった一人である。丸山は戦前と戦時中の超国家主義を非難し、戦後の平和運動を受け入れ、日本人は民主主義を強化する必要があると主張し、西洋化を通じて日本は近代化すべきであるとした。一部の学者は、丸山は西洋かぶれではなく、普遍主義者であったと主張している。しかし、丸山は革命——日本では未だ達成されていないと丸山は考えていた――は西洋に触発されたものだと確信していた。彼は「ヨーロッパ的なるものの浸潤の程度こそ日本の近代化の全現象を測定するバロメーターである」と述べている。第二次世界大戦での日本の行動に恐怖を覚えた丸山は、戦前の日本のナショナリズムの臭いのするものはすべて、自分の考えの中から取り除こうとした。西洋化はわかりやすい解決策であった。丸山が積極的な共産主義者になることはなかったが、研究ではマルクス主義の方法論を使用することもあった(48)。

丸山は日本人と国家との関係に非常に興味を持っており、特に社会における一人ひとりの役割に問題があることこそが、日本の民主主義の欠陥であると考えていた。丸山は戦前の日本が軍国主義という悪循環に陥ったことは、日本の市民社会が成熟していなかったことに起因すると確信していた。換言すれば、日本人一人ひとりは、国家や主要な政治家にあまりにも簡単に取り込まれ、自らを国家から分離して日本の政治システムにおける独立した市民として考える自律性を持っておらず、徒党を組んで軍国主義に反対することができなかった。しかし、この議論を機能させるためには、丸山は大正デモクラシーにつながる多くの抗議と市民団体の活動に彩られた一九〇〇年代から一九一〇年代を無視しなければならなかった。

丸山は父の功績や友人を通じて大正デモクラシー運動を経験していたにもかかわらず、それが日本にとって真に民主的な時代を表しているとは考えていなかった。戦時中に異端とされた天皇機関説を主張したことで批難されていた東京帝国大学の美濃部達吉教授は、第二次世界大戦後、戦後日本の民主主義は大正デモクラシー運動の灰の中から生まれたとの考えを表明した。一方、丸山は美濃部の主張を否定し、戦前の日本の民主主義は安直でもろいものであったと見なした。丸山は日本の脆弱な市民社会にこそ、軍国主義と戦争の起源となる悪の根源があったと確信していた。これは確かになぜ戦前の民主主義が失敗し、軍国主義が成功したのか、その理由を説明していた。丸山の理解は戦後日本人の考えの基盤となり、ある程度アメリカ側の理解とも相容れるものであった。この相関関係は偶然ではなかった。丸山の最も有名な著作はどれも英語に翻訳され、西洋の日本研究者に広く読まれていたためである。

戦後すぐ丸山は軍国主義、戦争、残虐行為につながった過ちについて理路整然とした分析を行い、日本の知識人層に衝撃を与えた。一九四六年五月、丸山は著名な雑誌である『世界』に「超国家主義の論理と心理」と題した論説を発表した。そのなかで丸山は、日本人が軍国主義者の犠牲者であるという考えを打ち砕いた。日本人は政治的自我を国家と同一視してしまったことで、大衆として軍国主義者の呼びかけに抵抗することができなくなったと主張したのである。丸山によれば、帝国国家は「精神の内面に土足で入りこんでくる」[49]ものであった。一九四七年の別の論説で、丸山はその主張をさらに磨き上げ、日本の「中間層」、つまり知識階級と官僚階級を批判した。なぜなら、こうした階級の永続的な伝統的意識によって、彼らは日本の軍国主義の最も重要な支持者となったためである。日本の政治アクターを非難することは、第二次世界大戦後の日本の罪悪感に適合していたが、彼らだけに戦争責任を負わせるのは過大であった。

日本人は政治について自分の倫理観に基づいた判断を下し、その意思を貫徹する能力に欠けているという丸山の主な主張は、日本人の盲目的な忠誠心、子どものような義務感、不道徳性という理論を通じて世間に紹介された。今日、アメリカ人が第二次世界大戦中の日本人について議論する際、日本人は個人主義に欠け、やみくもに忠実で、行動の道徳性を考慮せずに義務を果たしたという、丸山と同じ思い込みを残念なことにしばしば抱いていることがある。これを戦時中の日本文化の問題と呼ぶ学者も今日にも存在するが、もちろん問題は日本文化ではなく、日本文化に対する我々の固定観念である。

表面的には丸山の考え方には多くの魅力がある。それは日本の封建制から戦前日本までの広範な期間の連続性を示唆しており、西洋人が一八九〇年代から第二次世界大戦までの間に築いた連続性との関連を見出すことができる。この考え方によると、日本はまったく近代的ではなく、単に近代的な産業に基づく経済とインフラ設備を整えていたに過ぎなかった。しかし、この議論にはいくつかの問題がある。丸山はまるで世界の他の場所で同様の例が起こらなかったかのように、例外主義的に日本を扱っている。だがもちろん、ドイツとイタリアをはじめとする多くの国で、一九二〇年代から一九三〇年代にかけて恐るべき魅力と毒性を持つ軍国主義と超国家主義が誕生していた。いくつかの転機があれば、民主主義の模範である合衆国でさえ、同じ時期にファシスト国家になる可能性すらあった。丸山の議論は戦前日本における封建制からの連続性を捉える枠組みの形成に寄与したものの、その議論は非常に洗練されていた。丸山は福沢によって提唱された近代性の構造を、より成熟したアプローチとして戦後日本に敷衍し、いっそう健全な市民社会の形成と推進、そして日本の政治における権威主義的な様式への強い批判と抵抗に取り組んだのである。

しかし、丸山の結論は洗練されているものの、日本が一九三〇年代までに近代国家となり、かつての封建制の片影が残されていなかったことは明白である。近代的な経済と近代的なインフラは日本の一部となっていた。その教育システムは世界最高レベルで、国民の識字率は九〇％を超えていた。数十の日刊紙〔東京だけで七紙〕があり、その日の話題を熱く議論していた。学者の美濃部達吉と吉野作造は、政治体制をより民主的にするための方法を提案し、一部は実際に受け入れられ、日本は近代民主主義国家に近づいていた。日本人は国際文化も受け入れていた。日本の大都市の多くの地域にジャズ・カフェが出現し、西洋のクラシック音楽は今も変わらず非常に人気がある。一九四〇年に大政奉還協会に統合されたものの、それまで多くの政党が存在しており、一九四〇年以降も非公式にこうした政党は政治活動を続けていたのである。

また、日本の近代政治体制が自由主義者と保守主義者の間の大論争に苦しんだことは疑いの余地がない。一九三〇年代に保守主義者がこの戦いに勝利し、政治体制を牛耳ることとなった。自由主義者と保守主義者の間の争いは、軍国主義者が勝利したドイツとイタリアでも起こっていた。また、一九三六年にローズヴェルトが地滑り的勝利をするまでの合衆国においてさえも、大恐慌に苦しんだ人々は近代性に対して疑念を持っており、一九三〇年代半ばまで自由主義者か保守主義者のどちらが勝利を収めるのかわからなかった。

軍国主義者たちは権力を手にすると、プロパガンダ、検閲、反対意見の抑圧を通じてその抑圧的な政権を支持するよう日本国民に強要したのである。この議論は一九三〇年代の歴史的背景を考慮しており、丸山の主張とは著しく異なるものである。それは軍国主義の失敗を認めながらも、手に負えなかったと切り捨てるのではなく、日本が近代化の道のりにおいて成し遂げた進歩の一過程として捉えている。思想警察、右翼組織と暗殺者が持つ権力は、日本の自由主義者に軍国主義者と歩調を合わせるようとてつもない政治的圧力を加えていた。丸山は日本の市民社会が盲目的に軍国主義に降伏したと主張したが、こうした権力が日本の自由主義者を強制的に軍国主義への支持へと追いやったのである。

しかし、丸山は単なる西洋かぶれではなかった。彼は西洋を称賛する一方、日本がその伝統と思想から独自の政治制度を発展させなければならないことも理解していた。丸山は日本の民主主義に必要なものを説明するための鍵となる事象を探そうと、福沢諭吉と明治初期に目を向けた。丸山は福沢が提唱したように、日本人は政治的判断においてより責任を持って独立した考えを持つべきだと確信していた。明治時代の福沢の主張に日本人が耳を傾けてこなかったと考えていたのである。丸山は一九四〇年代に福沢を集中的に研究し、一九八〇年代の晩年にふたたび福沢の主張を考察した。一九四二年、丸山は福沢に関する考察を残している。ここにおいて丸山は、福沢が儒教に見られる盲目的な忠誠と政治への静的なアプローチを批判したことを高く評価していた。一九八六年、丸山は福沢の有名な『文明論之概略』を精読して、人生最後となる分析を行った。この本はまさにその行為を示して『「文明論之概略」を読む』と題された(50)。

しかし、近代性を民主主義と同一視し、西洋と近代性をセットで考えるという狭い視野を持っていた丸山は、自らを西洋かぶれの枠組みに押し止めてしまった。丸山にとってのジレンマは、単に西洋に花を持たせるだけでは、日本が紡いできた独自の近代性から自身の議論を切り離してしまうことになり、竹内好らが攻撃していた単なる西洋かぶれになってしまうということであった。そうなれば、近代性と民主主義について日本人を教育するという丸山の目的は損なわれてしまう。そこで丸山は日本の歴史、特に明治初期と福沢に目を向け、民主主義と近代の萌芽を探求したのである。丸山は近代性のルーツを確認することができたが、同時に福沢の提案がその後、受け入れられてこなかったことを残念に思った。丸山は日本が未だに伝統的な意識にとらわれているという丸山自身が考える日本の像と、福沢の議論は一致していると考えていた。丸山は一九四三年に新聞に掲載された「福沢における秩序と人間」と題した論説において、初めて福沢の思想を紹介した。丸山は福沢の表現とよく似た言葉で懸念を表明している。

国民一人一人が国家をまさに己れのものとして身近かに感触し、国家の動向をば自己自身の運命として意識するごとき国家にあらずんば、いかにして苛烈なる国際場裡に確固たる独立性を保持しえようか。……もし日本が近代国家として正常な発展をすべきならば、これまで政治的秩序に対して単なる受動的服従以上のことを知らなかった国民大衆に対し、国家構成員としての主体的能動的地位を自覚せしめ……ねばならぬわけである。(51)

丸山の発言には戦時下の緊迫感が漂っている。丸山は日本国民がこの危機に対して団結しなければならないと考えていた。市民の政治活動が国家を支えるとの福沢の主張を分析するなかで、丸山は福沢の考えを守ることが彼の経験した危機の時代において重要であると確信していたのである。日本人は近代的な文脈において積極的な市民になる必要があった。

戦後、日本の近代化がなぜ失敗してしまったのか、その考察が具体化されていくなかで、丸山は福沢に関する決定的な論説となる「福沢諭吉の哲学」（一九四七年）を執筆した。丸山は福沢の思想において自身の考えの片鱗を垣間見た。その後、丸山は日本の雑誌『現代の理論』の編集者のインタビューに応じた際、丸山自身と福沢の類似点に関して質問に答えている。

むろん福沢と僕の思想が完全に同じだとうぬぼれるわけではないし、時代も違うから背負っている課題も当然違うけれども……はるかに的を射てますね。福沢の一種の相対主義というものと僕とを重ね合わせるのは……[52]

市民の思考に多元性があることを近代化成功の鍵の一つとした丸山にとって、福沢の主張する相対主義は非常に魅力的であった。歴史家ヴィクター・コシュマンはこの関連を強調し、「福沢諭吉の哲学」における複数の重要なテーマをうまく結びつけている。「丸山の見解では、福沢の方向性はジェイムズとデューイのプラグマティズムに通じるものがあった。つまり、福沢はあらゆる認識は実際的な目的によって決定されるべきだと主張したのである」[53]。丸山を惹きつけたのは、相対主義に由来するプラグマティストの判断という柔軟性であった。丸山は戦前の日本人の失敗は、一部には国家の方針を鵜呑みにせず状況を判断するための知的機敏さを身につけなかったことにあると見なしており、つまり、日本人が福沢の相対主義を理解していなかったことだと考えていた。市民の政治活動の重要性を認めた丸山は、市民が政府に対して批判なく服従している様子と対極の、国家権力に対峙する愛国的な政治活動を重視するようになった。

しかし、丸山は一八七〇年代から一八八〇年代にかけて、福沢が政治的絶対主義と結びつきすぎているとして自由民権運動に反対した際、福沢の青写真は揺らいだと考えていた。丸山は、いっそうの民主化への足がかりとして自由民権運動を福沢が支持すべきだったと信じていた。丸山の考えでは、こうした民主主義の失敗が日本人の自律的主観性の衰退をもたらし、一九三〇年代の軍国主義と超国家主義の台頭につながった[54]。しかし、福沢の自由民権運動への反対に対する丸山の批判には議論の余地がある。自由民権運動の指導者たちは、実際には幻滅した支配的エリート層の人々で構成されており、その意味で彼らは明治の指導者によって設定された権威主義制に近いものがあった。福沢が日本の民主主義を形作るために彼らをそれほど信用しなかったのは正しかったと言えるかもしれない(55)。

福沢のことを擁護すれば、彼は西洋諸国が日本の主権を脅かす非常に異なる時代に生きていた。したがって、日本人一人ひとりに責任を持って判断を下すよう求めた福沢の呼びかけは、主権国家である日本に期待する福沢自身の信念と密接に関連しており、人々が徳川時代に特定の忠誠心に従属したように西洋の乗っ取りとその必然的な従属を受け入れないよう警鐘を鳴らしたものであった。福沢の近代性に関する議論は才気に満ちており、影響力があったという点について丸山は正しかったが――これもまた日本の知識階級が伝統主義的思考にはめ込まれていたという丸山の議論に問題を生じさせてはいるが――丸山の分析の問題点は、民主主義を福沢が支持していたという見解に関して誤っていたことである。福沢は国力の増強を推奨していたものの、民主主義体制を支持したことはなかった。丸山は民主主義の発展を通じて日本の近代性を定義したが、福沢はそうではなかった。むしろ福沢は個人と国家の独立性によって近代性を定義した。倫理的で独立した判断を求める福沢の訴えと天皇制への批判には民主主義の可能性が存在していたが、これは常に西洋の挑戦に立ち向かうために国家の強化が重要であると主張していた福沢にとって二次的な関心事であった。丸山は西洋の帝国主義者と福沢のナショナリズムに対して日本が弱い立場にあることを認識していたが、福沢の考えにおけるそれぞれの影響力を過小評価していたのである(56)。

このように福沢の民主主義に対する考えと丸山の期待には齟齬があったものの、福沢の議論はやはり丸山に民主主義と近代性のルーツを提供していた。丸山は「福沢における秩序と人間」で次のように述べている。

福沢はわが国民は「独立自尊」の伝統には乏しいとはいえ、その倫理的なきびしさに堪える力を充分持っていると考えた。つまり彼は日本国民の近代国家形成能力に対してはかなり楽観的だったのである(57)。

日本人には強さと忍耐があるという福沢の主張をもとに、丸山は日本には民主主義と近代性を取り入れるための独自の素地があるとの考えに至った。すなわち日本人は、国家からの不当で誤った要求に抵抗するため、忍耐力を備える必要があると主張したのである。日本の大衆は政府に対してより批判的になり、同時に国内での政治活動を強化する必要があった。ウィリアム・ジェイムズやW・E・B・デュボイスの改善説（meliorism）を連想させる手段で、丸山は日本人の成長の可能性についての福沢の楽観主義を採用したのである。丸山のこうした希望は、丸山自身が一九五〇年代の政治活動の指導者となる原動力となった。それが成功したか失敗したかは別にして、丸山の行った政治活動の存在自体は、日本の民主化において重要な一歩であった。つまり、丸山は西洋化の限界を超えて、日本独自のアプローチによる民主化運動の構築に成功したのである。

丸山が非常に生産性の高いアカデミック・キャリアを形成する一方で、丸山の思想とその人柄は日本の民主主義の再生の象徴にもなった。一九四八年、ユネスコの設立と連合国最高司令官（SCAP）占領当局によるユネスコ憲章の発行に呼応する形で、丸山は世界平和を提唱するために平和問題談話会〔平談会〕と呼ばれる知識人グループを設立した。憲章には、「戦争は人の心の中で生まれるものであるから、人の心の中に平和のとりでを築かなければならない」と人々の心を揺さぶるような言葉が記されている。憲章はヒューマニズム、平等、および相互尊重を強調するものであった。丸山をはじめ、吉野源三郎や清水幾太郎などの知識人ら約五〇人が、ユネスコの使命を支持しようと署名した。丸山らは戦争によって荒廃し、依然として不安定と破滅の危機に瀕している世界と日本にとって、その使命が重要であることを理解していた。平和と平等へと向かった戦後の日本社会は、丸山と平談会の後押しを得たユネスコの理念に基づいて構築されたと言えるだろう。戦時中の日本の行動に反対するという責任を果たせなかった日本の知識人たちは、戦後の平和を形成する責任を負うことに積極的であった[58]。

連合国による占領が終了した直後である一九五〇年代後半、日本経済が成長するなかで、大規模な平和運動および反米運動が展開された。学生、主婦、労働者は、日米安保条約が日本の主権を不当に制限していると考え、街の至るところで日米安保条約に抗議したのである。こうした運動を担っていた人々は、安保条約を背景に設立された警察予備隊を改称した自衛隊の存在と、日本が攻撃的な軍事能力を保有することを禁じた憲法第九条の改正を試みていた保守派にも不満を持っていた。したがって社会党と共産党が主導する同運動の参加者は、数百万人に膨れ上がった。

結核によって体力を消耗していたにもかかわらず、丸山は安保反対運動の重要な年となる一九六〇年に集会で抗議演説を行い、首相に請願書を届ける行進に参加した。ここでの丸山の行動は、より良い、いっそう平和な世界を理想化したという点で、一九六〇年代に合衆国や世界のその他の地域で行われていた学生の抗議行動と同等と見なすことができる。丸山は後に、この時期に自身が行ったことの多くを、成功することなかった取り組みであったと考えていたが、歴史家のリッキー・カーステンは、その結果に関係なく、「民主主義の正当性の最も重要な基準を満たしていた。彼らは国家に対する積極的な抵抗に従事した」と指摘している[59]。活動に従事した人々は、包括的な平和を獲得することはなく、一九六〇年の安保条約をより強力に改定することにも成功しなかった。しかし、安保条約の改定が最終的に実施され、日本が完全な主権を獲得したことは注目に値する。今日の日本の政治は依然として保守派によって支配されており、沖縄はいまだに日本の周辺植民地として機能しているため、この変化は十分な成果ではなかった。丸山が失敗の痛みを感じたのはそのためかもしれない。日本の民主主義は、他の民主主義国家と同様に、当時も不完全であったし、現在も不完全のままである[60]。

日本人の忍耐力を強調する丸山の議論にもかかわらず、他の学者たちは依然として丸山を西洋化の枠組みに押しとどめたいと考えていた。西洋化を厳しく批判し、中国文明の奥深さと中国革命を称賛した竹内好は、丸山を西洋かぶれと嘲笑した。驚くべきことに、数十年に亘って丸山自身が独創的な言説を発表してきたにもかかわらず、丸山はその後も依然としてヨーロッパと西洋が現代の民主的価値観の普遍的な現象を生み出したという見解を維持していた。晩年、丸山は西洋への信念を再確認している。

お前はヨーロッパの過去を理念化してそれを普遍化している、といわれたら、私は、まったくそのとおりというほかない。他の文化に普遍性がないというんじゃもちろんないですよ。ただ私の思想のなかにヨーロッパ文化の抽象化があるということを承認します。私は、それは人類普遍の遺産だと思います。かたくそう信じています。もっともっと学びたい(61)。

西洋への憧れによって、丸山は日本独自の近代化の要素が存在したこと、そして丸山自身が日本の民主主義の強化に貢献したという事実に気づくことができなかった。丸山が西洋の思想を理想化する行為は、丸山の政治活動が失敗に終わったと結論づけた丸山自身の見解に影響を与えていたと言えるかもしれない。丸山は日本の近代性の問題に対する回答を手にしていた。丸山は単にそれを認識していなかったか、それを認めようとしなかったのである。

毛沢東と社会主義的近代性の台頭

丸山が日本の民主主義の構築を試みていた頃、中国の民主主義、あるいはその最後の姿は、戦後すぐに崩壊していた。国民党の団結の欠如、組織上の問題、横行する腐敗、反対意見に対する蔣介石の不寛容性といった幾多の問題が、国民党政権を失敗に導いた。蔣介石軍の先鋭が日本との戦争でひどく疲弊した一方、共産主義者たちは延安時代に軍隊を劇的に強化していた。戦時中の国民党の首都であった重慶は、荒廃し混沌としていた。栄養失調と飢餓は、農民だけでなく上流階級と知識人層にも広がっていた。蔣介石の秘密警察署長である戴笠は、重慶で（おそらく中国全土で）最も恐れられていた人物であった。戴によって、蔣介石に反対する者たちは消されていった。一九四六年七月の戦後、中国で最も著名な詩学教授の一人である聞一多博士は、共産主義者に対する新たな戦争に反対したとして、昆明で白昼堂々と戴笠の手下によって暗殺された(62)。こうした幾多の問題が示唆していたように、蔣介石の軍隊は一九四九年の共産主義者との内戦で予想どおり敗北することとなった。先鋭の兵士と指導者を失った蔣介石政権は、一九三七年に日本軍の侵攻に対応したように、再び首都を移転することを決断し、台北に移った。戦時中に比較的無傷のままでいることができた毛沢東率いる中国共産党は内戦で勝利を収め、社会主義の近代性を基軸として中国の未来を形作り始めたのである。

戦後、中国の知識人は人々を導くことができる状況にはなかった。第二次世界大戦前、知識人たちは蔣介石と国民党政権から完全に疎外されていた。胡適は一九三〇年代の中国国民党の腐敗と人権侵害に非常に批判的であり、一九三七年に日本が中国を侵略した時においてだけ国民党と和解した。内戦後、共産主義者に敗れたことで意気消沈した胡適は、残りの人生のある部分を台湾の外で過ごしたのである。一九三〇年代、魯迅は胡適よりもずっと蔣介石に幻滅していた。魯迅は、無能さと腐敗にまみれている党が中国の苦境に何らかの解決策を提供することはないと考えていた。魯迅は一九三八年に亡くなったため、戦後の中国を形成できる機会には恵まれなかった。他の知識人は、戦時中に国民党政府によって弾圧を受け、沈黙させられ、時には処刑されることもあり、一部は一九三〇年代に延安で共産主義者の活動に加わっていた。共産主義下の知識人たちは、無能で大衆への理解がないとして毛沢東に標的にされるようになり、最終的には反革命的であると非難された。毛沢東自身によってつくり出されたこの状況により、中国は戦後の指導者を自由に批判し、国の形成に貢献することができるはずであった熟練した知識人を失うこととなった。毛沢東はこの学術的空白に足を踏み入れ、ソ連のマルクス・レーニン主義指導者たちの伝統に則りマルクス主義理論家として勉強を重ね、自らを中国共産主義の知的指導者であると宣言したのである。「毛沢東の思想」は中国共産党が中国を近代的な未来へと導くための知識人の手引書となった。

毛沢東の功績は玉石混合である。毛は確かに戦後中国を社会主義に基づいて近代化させ、多様な人々を内包する巨大な国の混沌とした政治を統一した。毛は社会的および経済的システムに革命をもたらし、地主を打倒し、それを大規模な集団農業に置き換え、政治的指導者に田舎で再教育を受けさせるために農作業に従事させた。毛は農民という膨大な人口を自身の政治的切り札としたのである。その意味で毛沢東は、変革に反対し、中国の足を引っ張っていた社会の一部を容赦なく排除したと見なすことができる。

しかし、毛沢東は同時に、一九二〇年代から一九三〇年代における共産党と国民党との戦いにおける極めて有害な悪の根源でもあった。軍閥、共産党、国民党との戦いが犠牲を重ねていくにつれ、より良い中国をつくりたいという毛のビジョンは崩れ去っていった。国民党が共産党との同盟を裏切ったことで、毛は偏執的になり、親しい友人や配偶者を含めて誰も信用できなくなったのである。

毛沢東は理想を失った後に権力の座に就いた。そこにおいて毛は、自らの統治を確保するために手段を選ばなかった。延安で、毛は共産党のイデオロギーと彼自身の思想を同一とする個人崇拝を開始した。毛は政治的ライバルを再教育すると同時に、彼らへの嫌がらせと攻撃も行った。文化大革命のあるとき、毛は紅衛兵の学生を通じて劉少奇国家元首を標的とし、劉が鬱になるほど嫌がらせを行い、最終的に死に追いやられた。

また、毛沢東は極めて残酷であった。毛の大躍進政策により一九六〇年から一九六一年にかけて二〇〇〇万人から三〇〇〇万人に大規模な飢饉と餓死をもたらしたにもかかわらず、毛はその犠牲が革命の大義にふさわしいとしたのである。何が飢饉の原因となったのか独自の調査は行ったものの、毛の言動は誉められたものではなかった。最も権威のある地位に就いていた毛を従順に崇拝していた指導者たちは、毛沢東の気まぐれや思いつきを常に受け入れていた。優れた学習の伝統を持つ中国の知的階級は毛によってとくに軽蔑され、こうした知識人たちは再教育や処刑によって消滅させられた。中国の知識人に対して毛沢東が持つ根深い嫌悪を理解し、毛がどのような知的系統から学問を発展させたのか考察し、これらがどのように毛沢東が進めた社会主義に基づく近代性に影響を与えたのか考えるために、我々は二〇世紀初頭を掘り下げる必要がある。

毛沢東は一九一〇年代から一九三〇年代という中国に混乱が訪れる以前の、中国の歴史のなかでは比較的安定した時代に成長した。一八九三年に生まれた毛は、農民の家庭で育った。毛の父は余剰生産によって収穫された穀物を地元の市場で売却する商業市場経済に関わっている裕福な農民であった。毛沢東は正式な教育をほとんど受けておらず、父親から家族が運営する農場の会計を記録するように教えられていた。毛は幼少期に古典的な教育の基礎を学んでいたものの、一〇代になってようやく儒教の道徳観念と中国史の古典を読むようになり、ここにおいて中国をどのように統治すべきかビジョンを持つようになった。毛が小さな村の外の世界に初めて触れたのは、『盛世危言』という本との出会いであった。この本は西洋人との取引によって成功した商人である鄭観応によって書かれたものであった。鄭は近代化を強く主張し、近代化することがなければ西洋に追い抜かれてしまうと警告した。鄭は具体的に、鉄道、電報、産業、公共図書館、そして議会制の政府さえもが中国の救済の象徴となっていると指摘した。毛沢東は、この本によって近代化の概念を初めて知ることとなった。毛沢東はまた、一九世紀の西洋諸国による中国分割案について記された「中国が列強に分割される」[63]と題された小冊子に出くわした。その冊子の中で著者は、「ああ、中国は征服される運命にある」と嘆いている。

一九一〇年、毛は近隣の町の学校に入学した。そこでは西洋史、自然科学、日露戦争での日本の勝利について学び、しっかりとした国際的な教育を受けることができた。ヨーロッパのロシアの敗北はアジア人すべてにとっての功績として祝福され、毛は教師から戦勝歌も学んだ。また、同時期に毛は康有為や梁啓超の著作にも親しんだ。康と梁は一八九八年の戊戌の変法で中国を近代化する最初の試みに関与し、その失敗の代償を身をもって払っていた。康と梁は中国のあり方とその将来像に関して主要な著作を残していた。毛沢東は後に「私はこれらを暗記するまで何度も読み返した。私は康有為と梁啓超を崇拝していた」と回想している(64)。しかし、この時までに革命指導者であり、国民党の最終的な創設者である孫文こそが、毛沢東に最も重要な影響を与えるようになっていた。毛は一九一一年に学校の壁に貼るためのポスターを作成した際、孫文が中国の総統になり、康有為が総理、梁啓超が外相になることを提案している。つまり、知的形成の初期において、毛沢東は中国の偉大なモダニストや改革者と同じ方向に進んでいたのである。

一九一一年辛亥革命のさなか、毛沢東は長沙に移り住んだ。そこで毛は、革命の熱狂において、平民が主導して清王朝の指導者たちを打倒していく様相を見ることになった。清の支配への反乱の指導者であった焦達峰と陳作新の二人は、日本の鉄道学校で短期間勉強し、中国に戻ると、清を打倒するために秘密の「共進会」を設立した。まさに彼らの時代が到来していた。しかし、焦と陳はすぐに孤立し、地主、商人、学者などの地元のエリート層と対立するようになった。新政権において貧しい人々を救済するための過激なスローガンを発表した直後、趙と陳は遺体となって長沙の路地で発見された。焦と陳は、数か月前に清との戦いを共に導いた軍隊によって殺害されたのである。毛沢東はある日、焦と陳の遺体の側を通り過ぎることがあった。後にその当時を「彼らは悪人ではなかった……が、その思想はお粗末で、虐げられた人々のための主張だった。地主や商人は二人の考え方に不満を抱いていた」と回想している。毛沢東は既に、新中国革命の現実について教訓を得ていたのである。清王朝は簡単に滅びたが、真の変化には何十年もかかるであろうことを毛は学んだ。万が一、毛沢東が誰かを信頼する際に不注意になり、幅広い支持なしに急進的な立場をとることがあれば、毛自身が次の犠牲者となりえることは目に見えていた。

毛沢東は長沙師範学校の教師から儒教の古典、中国の王朝の歴史、およびドイツの哲学についてさらに教育を受けた。毛は長沙図書館でアダム・スミスの『国富論』とダーウィンの『種の起源』を読み、体育にも興味を持ち、特に水泳を好んだ。毛は教師の支援を受け、身体的な教育が各々の全体的な健康に効果的であるとの内容の論文を『新青年』に一九一七年四月に掲載した。毛にとって最初の学術論文であった。『新青年』は一九一五年に陳独秀によって創刊されたものであり、中国の若い改革者にとって最高峰とも言える雑誌であった。『新青年』の編集委員会には、中国において近代化を推奨する知識人のなかでも、胡適、李大釗、沈尹默、陳独秀、銭玄同、高一涵、魯迅などの有力者が集まっていた。『新青年』がマルクス主義に傾倒し、いっそう直接的な政治的主張を展開するようになっていたため胡適は一九二一年に『新青年』に関与しなくなったものの、上述した知識人は新世代のなかで最も優秀な人々であった。このような有名な雑誌に論文を出版したことは、毛の学術的バックグラウンドに彩りを与え、毛は学問と教育に興味を持つようになったのである。(65)

一九一七年、毛沢東はアカデミックなキャリアを追求するために北京に移り住んだ。当時の写真に写る若い毛沢東は、真っ黒な髪を真ん中で分け、柔和で無邪気な顔をしたハンサムな男性である。そこには、中国内戦における残虐行為と長征、延安時代の飢餓によって初期の理想主義を失い、目に活力はあるが氷のように冷たく、無表情で骨張ってしまった後の毛沢東の姿はない。これは晩年、毛が太り過ぎ、生え際が後退し、顔はまん丸に肥満し、陽気だがほとんど目が隠れてしまっている顔つきとなるずっと以前のことである。(66)

毛沢東は北京大学図書館の事務職員として就職し、革命を主導した若い知識人に会おうと試みた。しかし、それはうまくいかなかった。毛という存在は、新文化運動と五四運動を指導したリーダーたちにまったく相手にされなかったのである。「私の事務員としての立場は非常に低く、人々に冷たくあしらわれた」と毛沢東は後に振り返っている。あるとき、毛は胡適の講義に出席し、その後、質問に向かった。既に北京大学の有名な教授であった胡適は、毛が同大学の学生であるかと尋ねた。毛沢東が違うと答えると、胡適は質問に答えることを拒否したのである。毛沢東はエリート知識人層に受け入れられなかったものの、依然として知識人になりたいと考えていた。毛はこのとき、「教育こそが私の専門だ」と周囲に語っていたと言われている[67]。

毛沢東は一九一九年に長沙に戻ったが、北京での体験が悲惨な失敗に終わったことを素直に認めていた。長沙に戻った毛は、中国社会における不正に焦点を当て、そこにおける瀕死の状態にある中国の伝統と西洋の帝国主義に対する非難を展開した。毛は『湘江評論』を創刊し、編集者を務め、ほぼすべての記事を執筆した。これは地元の軍閥の弾圧を受けすぐに廃刊に追い込まれる短命の試みで、わずか四号しか刊行されなかった。しかし、その内容から毛沢東がどのような懸念を抱いていたのか読み取ることができる。毛沢東は「人類解放」運動について理想主義的なトーンで記している。他の近代主義者と同様に、毛沢東は中国を古いものから解放しようとしていたのである。古い偏見や恐れは打ち負かされなければならない。抑圧は「古い社会と古い考えから彼ら〔若い世代〕に受け継がれた感染症または遺伝病」であると毛沢東は述べた。毛は民主主義、自由、平等、貧しい人々のための食糧が必要であると考えていたが、「暴力による革命と血を流す革命」は間違ったアプローチだと信じていた。経済的なボイコットと学生・労働者のストライキこそが、革命を前進させるであろうと信じていた若い頃の毛沢東は、野心という点おいて、他のモダニストと驚くほど酷似していたのである[68]。

『湘江評論』が廃刊に追い込まれた後、毛沢東は長沙最大の新聞である『大公報』において記事を執筆するようになった。毛は記事のなかで、趙五貞というある若い女性が両親に望まない結婚を強要され、センセーショナルな結果に終わった話を紹介した。結婚式当日、その女性は衣服に鋭いかみそりを隠していた。そして婚礼の椅子駕籠に乗っている時に自分の喉を切り裂いた。可能なかぎり最も壮絶な方法で自分の命を奪い、血まみれになって息絶えた自身の姿を、駕籠のドアを開けた新郎に発見させたのである。毛沢東は両親が盲目的に慣例を遵守したことを非難した[69]。

毛沢東は中国は「表面的には力強く安定して見えるが、その下は空洞である。つまり表面上は高尚だが、その下は無意味で腐敗している」と主張した。このように形成されている社会システムから、効果的な政治組織は脱却しなければならないと毛は信じていた。しかし、中国では地方の小さな地域だけが、それぞれ統合された社会システムを持っていた。つまり、実際には中国の状況は毛沢東の分析とは逆であり、地方における下層の社会はそのシステムにおいて安定していたが、国家システムは腐敗し、混沌とし、不安定であった。毛沢東はすぐにその間違いに気づき考えを改めた。

進歩が見られたのは、地方のあり方とそこにおける中国人一人ひとりであった。「市民全体の土台を構成するのは個々の市民である」と考えを改めた毛は述べている。この発言からは、梁啓超と梁とつながりのあった福沢諭吉の影響を間接的に垣間見ることができる。毛沢東は五・四運動の高揚した政治が中国を変えていくであろうと理想主義的に考えていた。一方、毛にはプラグマティストな側面もあった。毛は長沙で書店を経営し、そこにおいて「文化書社」という読書会を設立していたが、参加料を請求していた。毛はまた、『大広報』や自身が書いた他の出版物に対しても、執筆料を請求した。こうしたプラグマティックな理想主義によって、毛沢東は非常に魅力的な運動の指導者となったのである。毛は孫文のリベラルなアプローチに傾倒していたが、それ以外の点では、社会に対する不満を形作るようなイデオロギーを持ち合わせていなかった。

一九二一年に李大釗、陳独秀、その他数人の知識人によって中国共産党（ＣＣＰ）が設立されたとき、毛沢東はそこに自身の学術的な拠り所を見出した。[70] 毛沢東は共通の友人を通じて李大釗と知り合い、李を通じてマルクス主義への関心を高めることとなった。そして毛沢東は、マルクス主義について書かれている書物を手に入れられるかぎり読み漁った。マルクス主義の欠点を見つけたのは毛沢東だけではなかった。一九二一年一月に開かれた文化書社の理事会において、マルクス主義と新ソ連から出現したボルシェビズムのイデオロギーについて議論が交わされた。毛沢東の提案で理事会は各々の意見について投票を行い、一五人のメンバーの内、毛沢東を含む一二人がボルシェビズムに賛成票を投じ、二人が議会制民主主義に投票し、一人がバートランド・ラッセルの提唱する民主的社会主義に投票した。その後、すぐに毛沢東は急進主義を展開するようになり、毛は湖南省で次々とストライキを組織するようになった。湖南省の労働運動は劇的に発展した。一九二三年までに、二三の労働者組織がつくられ、三万人の労働者が参加し、一〇回のストライキが行われた。これらの何点かを主導した毛沢東は、そのうちの九回を勝利または勝利に準ずるものとしてカウントした。また、毛沢東の兄弟は鉱山労働者の組織化に取り組んだ。さらに毛沢東の当時の妻（毛は最終的に三回結婚した）で、最初の妊娠をしていた楊開慧は、地元の農民と協力して女性の権利の向上とより良い教育を求めて活動を展開していた(71)。

毛沢東が農民が政治活動に対して、どれほど積極的であるのか調査を開始したのは重要なことであった。毛は故郷の湘潭で農民の家計を詳細に調査し、農民の政治意識の成長について熱心に報告を書き、一九二六年には農民訓練院で農民への教育を行った。毛の政治的才覚と効率の良さはいっそう洗練され、中国共産党員としての経歴も順調であった。一九二四年、毛は中国共産党のために働き始めた。そして、孫文の国民党と共産主義者の同盟締結の任務を任された。当初、毛はその任務を嫌がったものの責任を負うことを決めた（統一戦線は一九二四年にソビエト連邦のコミンテルンの要請で開始された）。毛は教授や教師になることはなく、また教えることと書くことへの関心自体も消えていった。毛は少なくとも当面の間は党の運営者であり、その才能に恵まれていた(72)。

中国共産党内での毛沢東の成功と、比較的安定した家庭生活（毛沢東と楊の間には今や三人の子どもがいた）は、一九二七年、国民党が共産主義を攻撃したことによって崩れ去った。一九二五年に孫文が癌で亡くなった後、毛沢東と陳独秀は国民党との同盟関係が維持できないのではないかと懸念していた。国民党の新しい指導者であった蔣介石も同様の考えを持っていた。蔣介石はそもそも共産主義を嫌っており、五万七〇〇〇人に上る党員を抱え、何百万人もの労働者と農民の支持を集めている中国共産党の成長に不安を感じていた。蔣は軍隊が強化されたのを好機と捉え、一九二六年に軍隊を率いて北進し、中国を再統一するための軍事行動を開始した。一九二七年初めまでに上海を制圧し、一九二七年四月一二日に何のためらいもなく共産主義者とその仲間たちの粛清を開始し、彼らを追い詰め、見つけ次第処刑した。毛沢東は江西省の丘陵地帯〔井岡山〕に逃げ、そこで農民を組織しようと試みた。家族から永久に引き離されることとなった毛沢東は、強盗によって生計を立て、中国の政治的混乱の現実に向き合うようになった。

国民党の裏切りから得た最初の教訓は、権力を強力な軍事的プレゼンスから切り離して考えることはできないということであった。毛沢東は蔣介石について、「銃を握ったからこそ蜂起した」と記述している。今こそ、共産党も同様の手段を取るべきであった。毛沢東は、一九二七年八月の中国共産党中央委員会の会合で、次のように締めくくった。「今後は軍事的事象に最大の注意を払うべきである。我々は政治的権力が戦争によって得られることに気がつかなければならない」[73]。毛沢東が得た二つ目の政治的教訓は、仲間の党幹部を含むすべての人を信用しないことであった。江西省の丘陵地帯にある毛沢東の拠点に撤退した党指導部は、すぐにそこにおいて発言力を強めるようになった。その結果、毛は会議のさなかに重要な委員会から追放され、権力を失った。毛沢東は党指導部から離れて田舎に引きこもったが、良い教訓を得たとも言える。この経験の後、毛は常に自分の権力基盤について偏執的になり、自身の権力を脅かすかもしれない脅威を認識した場合、最大限の冷酷さで対処した。毛沢東は以前の理想主義を完全に放棄し、党の覇権を妨げるものに対して無慈悲な党首としての人生を歩み始めたのである。毛沢東は特に長征の後、復讐心を持って新たな冷酷さを身につけ、延安の砂漠の洞窟にある中国共産党の拠点で自身の権力を確立した。延安では毛沢東は国民党の脅威から離れて権威を示すにつれ、これまでとは違う方法で自身の権力を誇示するようになった。洞窟の住居で取材を受けた際、毛は時々、ズボンを脱いで寝床に横になった。これはおそらく涼むためでもあったが、記者を威嚇することも意図されていた。また、毛は公の場で股間からシラミを摘み取ることもあった[74]。

一九三七年に日本の侵略が始まった後、毛の中国共産党は国民党との同盟を公言し、国民党との休戦を利用して、党の規律と赤軍の構築を開始したのである。毛沢東は知識人たちも攻撃した。毛は一九一七年に北京で知識人たちに冷たくあしらわれたことを根に持っていたのである。毛沢東は一九四二年二月の演説で、「非常に多くのいわゆる知識人は、実際には非常に無知であり」、「労働者や農民の知識は時に彼らの知識よりも優れている」ことを理解するようになる必要があると述べた。自己批判グループは「走資派〔社会主義を支持するふりをしながら資本主義を復活させようとする者〕」と見なされる知識人を激しく攻撃した。整風運動と呼ばれる最初の再教育キャンペーンが同じ年に行われ、知識人が標的にされた。自らの過ちを悔い改めなかった者は殴打され、時には処刑されることさえあった(75)。

国民党との内戦中にソ連にいた数人の中国人マルクス主義者が延安に到着したとき、毛沢東はマルクス主義の知識を増やし、レーニンとスターリンの流れに沿ったマルクス主義的理論家になる必要があると考えた。こうして毛は真実――毛沢東が認めたものだけが真実となる――の創造に着手することになった。毛沢東は、「党の一般路線が正しいことは事実であり、疑う余地はない」と書いているが、一般路線を作成したのは当然のことながら毛である。毛沢東は、ソ連で数年間過ごした中国人マルクス主義者の一人である陳伯達という若い知識人を雇い、毛沢東の思想の本質を定義づける作業を手伝わせた。

陳は毛沢東のプロパガンダを宣伝する主要な人物となり、個人崇拝を通じて毛のイメージを形成した。一九四二年五月、中国に帰国したソ連の知識人やその他の人々に対して陳は演説を行った。そこにおいて陳は、知識人たちが大衆を教え高めようとするのではなく、自らを大衆や労働者と同一視すべきだと説いた。毛沢東は、読書による学習はそれだけでは役に立たないと攻撃した。毛はこう説明する。

本は歩くことができず、あなたは簡単に本を開いたり閉じたりできる。これは世界で最も簡単にできることであり、料理人が食事を準備するよりも簡単であり、豚を屠殺することよりもはるかに易しいことである(76)。

その後、数年間、毛沢東の知識人に対する攻撃は容赦なく行われ、中国の知的文化を大々的に破壊した。このように、後に見られるような毛沢東の政治へのアプローチの諸要素は、延安時代に導入されている。毛の理想主義は崩れ去り、プラグマティズムでさえ、マルクス主義のイデオロギーと毛沢東の個人的イデオロギーまたは「毛沢東思想（Maoism）」に取って代わられたのである。

表面的には毛沢東思想はプラグマティズムの一形態と見なすことができる。毛はかつて「梨の形を変えたければ自分で食べていくしかない」と記している[77]。つまり、毛沢東は実際的な経験と行動主義を共産主義の一部と見なしていた。毛沢東は西洋のマルクス主義者の著作を読み、しばしば引用した。しかし、毛沢東は西洋のマルクス主義やプラグマティズムとはまったく異なるものを構築していた。歴史家ロス・テリルは「マルクスとレーニンを読めば読むほど、毛は畏敬の念を抱かなくなった。毛沢東はマルクスとレーニンとスターリンを引用して、ヨーロッパの要素と同じくらい中国色に染まった思想の構造を補強するか、飾り立てた」と主張している。毛沢東はマルクス主義を中国の状況に適応させることを「中国人をつくる」と称していた[78]。

毛沢東はヨーロッパの思想が中国には通用しないことに気がついていた。戦争の荒廃から立ち直るにつれ、毛沢東の社会主義に基づく近代化の道が明らかになっていった。しかし、この過程において、延安時代が毛沢東主義者（Maoist）の思想にとって決定的に重要であった。全五巻の毛沢東選集の約半分が延安において執筆されていた。毛はあらゆることについて言及しており、そのすべてに平民の視点を取り入れている。毛の言及は愛と結婚関係、社会的取り決め、土地改革、知識人と書籍、税金、芸術と文学、意見の性質、経験主義、そして教条または教義を凌駕している。これらのトピックに関して、毛は一貫してプラグマティズムに基づいていたが、個人が満足することよりも、党の強化に重点を置いていた。自由な性交は中国共産党がより強化されるまで許可されなかった。婚姻が重視され、延安において自由恋愛倶楽部を開始しようとした過激な学生は逮捕された。

一九三六年に延安で中国共産党に入党した著名な小説家の丁玲は、一九四二年に党新聞において中国共産党本部での女性の虐待と性差別について言及した。毛は丁に女性差別に関する発言を撤回するように強要し、丁は再教育を受けさせられることとなった。丁玲はその後、中国で最も有名な作家の一人になったものの、ジェンダー問題について再び筆を取ることはなかった。丁はまた、一九六〇年代の文化大革命の影響を逃れることもできなかった。丁は党から追放され、一二年間農場で働くことを余儀なくされた。最終的に丁は名誉を回復し、執筆活動に戻り、合衆国に行くこともできるようになった。

毛沢東は知識人は社会における物事の進捗を邪魔するような存在だと決めつけた。芸術と文学は党に奉仕するべきであり、研究に基づかない意見はほとんど評価されなかった。毛沢東と相容れない意見は無視され、教義は否定された（それが毛沢東の教義でないかぎり）。ジョン・デューイが一九一九年から一九二一年まで中国に滞在したとき、毛沢東はデューイのプラグマティズムをかじったものの、毛のプラグマティズムはデューイのものと似ても似つかなかった。毛沢東のプラグマティズムの構造は、思想統制、全体主義、恐怖政治に基づいていた。毛沢東思想は、近代のリベラルな国際主義思想の対極にあった。これは、中国を国民国家と近代国家にするための中国独自のアプローチであった。多くの点で独特であったものの、毛沢東の全体主義政権の台頭は、ヒトラーのドイツやスターリンのソ連などに類似点を見ることができる。そしてそれは明らかに伝統への拒絶であり、そこにおいては他の地における近代性と同様であった(79)。

一九四九年に中国共産党が国民党に勝利したことで、毛沢東思想が公式に国家的教義となった。共産党は満洲に軍隊を移動させることでソ連の支援から恩恵を受けた。また満洲には、近代的なインフラ設備と日本人が残した大量の武器が残されており、それは国民党との内戦における最も大きな戦利品となった。国民党は優れた軍隊を使って日本軍と戦ったものの、戦争によってひどく疲弊した。それは戦時中に共産主義者が強力な赤軍を構築したことと大きく異なっていた。国民党の腐敗はまた、中国人に不信感を募らせていた。国民党は二〇年間に亘って中国全土を支配したが、その結果は散々なものであった。蔣介石指導下の国民党政権は中国再統一に成功した後、経済を構築し、地方における軍閥による略奪を管理し、農民の惨めな状況に対処しようと奮闘したものの、富裕層の腐敗を食い止めることができなかった。多くの中国人が中国共産党を支持したのは、毛沢東思想やその他の中国共産党の教義に心を惹かれたからではなく、国民党が失敗を犯したためである。

毛沢東の社会主義に基づく近代性は、第二次世界大戦後の一世代、持ち堪えていた。中国が構築した近代性が本物であったことに疑いの余地はないが、それは毛沢東の思想と個人の考えにも基づいており、毛沢東の生涯を大きく超えて存続することはなかった。大躍進政策の失敗に加え、一九六〇年代後半から七〇年代前半にかけての文化大革命における毛沢東の混沌とした治世には、非常に多くの暴力と先祖返りの要素が多分にあり、一九七六年に毛沢東が遂に亡くなったとき、中国の人々は非常に安堵した。一九九〇年代までに中国は市場ベースの経済に移行し、名ばかりの社会主義国家となった。

結論

戦後、合衆国と東アジアの知的生活は一変した。この時期、合衆国の支配は避けられないものだと考えられた。合衆国による日本の占領は、戦後世界における合衆国のパワーの優位性を裏づけただけではない。合衆国の知識人エドウィン・ライシャワーは、東アジアにおける合衆国の影響力を一九世紀にさかのぼって議論した。ジョン・K・フェアバンクは、西洋化なしに中国は近代化できないと信じていた。しかし、合衆国の覇権は中国で国民党を権力の座に留めるほど強くはなく、日本人に望まない変化を強いるほど影響力のあるものではなかった。日本の知識人たちは戦時中の軍国主義に加担したことを恐怖心と共に振り返り、日本のどこが間違っていたのか考察するために過去を精査した。西洋に傾倒した日本の知識人である丸山は、戦後の日本の民主主義を構築するために、福沢が強調した忍耐力が重要であると考えるようになった。毛沢東のマルクス主義へのアプローチは、一九四九年以降、中国で権力を握った中国共産党のあり方を定義づけた。それは間違いなく近代的であったが、明らかに西洋的ではなかった。中国の知識人は迫害と暴力の標的になった。戦時中の国民党のもとで、蒋介石の秘密警察は知識人を飢餓にさらし、時には暗殺の標的にした。知識人は再教育や処刑に脅かされながらも、共産主義政権のもとではある程度、処世術を身につけるようになっていた。

結び

本書はいくつかの異なる観点から西洋化の限界を考察してきた。東アジアの思想家を検討した結果、アメリカ人が想定したよりも彼らは多様で、自らの伝統に関心があり、西洋を模倣することに関心が低かったことを示した。アメリカの近代主義者は、改革の取り組みが顕著になされた時代に現れた。時折、彼らは東アジアの人々に変化を押し付けようと試みたが、東アジアを変革するために自らが保持する力には限りがあると認識することの方が多かった。東アジアの魂のための闘争において、日本の成長と成功を目撃した中国の近代主義者は、合衆国で学び、東アジアに西洋化推進者として戻った近代主義者よりも優勢となった。国際的近代主義者は、ナショナリストでもあった。彼らは近代性の普遍性を解体し、国民や地域の中で独特の形態の近代性を展開できると信じた。

近代性の累積的な危機が近代のプロジェクトの実行可能性についての深刻な不安を東洋と西洋双方の知識人に残したため、大恐慌と第二次世界大戦は決定的な瞬間であることがわかった。西洋化は声高に攻撃され、一部の知識人は「近代性を完全に克服する」ことに賛成することさえ主張した。しかし、戦後期は新たに支配的になったアメリカ人が近代性を受け入れることを可能にした。アメリカ知識人は、一九世紀後半から二〇世紀初頭の過去に新たに発見された自らの影響力を投影することによって、彼ら自身の権威を誇張した。対照的に日本の知識人は、日本に触発された戦争による破壊の瓦礫の中で、近代性の前兆を求めて自分たちの過去を探策した。日本で最も有名な思想家である丸山眞男は、福澤諭吉の著作の中に戦後日本の民主主義の構成要素となった日本の強さと忍耐力の精神を発見した。

中国共産党が一九四九年に政権を握った後、中国の知識人には選択肢がほとんどなくなった。彼らは抵抗して再教育されたり、処刑されたりさえするか、降参して過ちを撤回することはできた。中国人が近代性に移行していることは明らかになったが、彼らの近代性が西洋のモデルに基づいていないことも同様に紛れもない事実であった。その代わり、毛沢東主義が中国の新しい支配的なイデオロギーになった。

一九五〇年代から一九六〇年代の合衆国における近代化論の出現は、東アジアの人々（および他の国々）に対するアメリカの支配の幻想を拡大させた。マサチューセッツ工科大学（ＭＩＴ）の経済学教授ウォルト・ロストウの知的リーダーシップのもとで、その理論は合衆国に遅れをとっている非西洋諸国についての完全な説明とそれらの国々が追いつくことができる方法の処方箋として開花した。それはマルクス主義の近代性に明確に反対して設定された。ロストウは、彼の最も有名な著作『経済成長の段階――非共産党宣言』にマルクス主義の解決策と区別するためのタイトルを付けた。(1)

短い間だが、近代化論は究極の理論になった。それはすべての問いに答え、すべての解決策を提供した。他の多くの学者は近代化論を受け入れた。Ｃ・Ｅ・ブラックとアレックス・インケルスは、科学への信念を近代国家と非近代国家を区別するものとして特定した。ウィルバート・ムーアは、近代化と工業化を同義語として扱った。デビッド・マクレランは、高い成果の必要性は近代的生活の本質的な部分だと主張した。ジョセフ・カールとデビッド・ラーナーは科学技術の影響を研究し、それが近代性の基本的な土台を造ったと主張した。クラーク・カーは、技術の普及が近代性の均一性を生み出したと主張した。

政治家も近代化論に興味を持ち、外交や国際経済開発政策の一環としてそれを利用した。ケネディ政権はロストウや他の多くの学者を指導的立場に就かせた。ロストウは最終的にリンドン・ジョンソン大統領の国家安全保障補佐官になり、ベトナム戦争の取り組みを主導した。ロストウは頑固な冷戦の戦士になり、近代化論はアメリカの助けを借りた迅速な近代化を約束することで、非同盟国をアメリカ側に招き入れる可能性があると信じていた。彼は冷戦を戦うために近代的思想を用いた。その結果、戦争の目的の説明および正当化が困難であるベトナム戦争が起こった。実際には、近代化論はそれが約束したように、諸国家をアメリカ式の近代性に迅速に変換することができなかった。一九七〇年代から一九八〇年代にかけての学者による近代化論の拒絶は、近代性に大きな打撃を与えた。深い懐疑論と悲観主義が、近代化論の普遍性についての一九六〇年代の素朴な楽観主義に取って代わった。その覇権（ヘゲモニー）的な願望に対する新たな不信は、学者と政策立案者双方にとってそれを非常に魅力のないものにした。そのコスモポリタニズム（世界市民主義）と覇権を失った近代性は、一九九〇年代に姿を消すべきであった。しかし、そうではなかった。近代性の解放主義的傾向は、学者や一般の人々の間で大きな魅力を維持し、「権利意識」はそれ以来、一〇年毎に合衆国および日本を含む世界の他の多くの地域で劇的に拡大した。

しかし、疑問は残る。近代の科学的合理主義は、政治家によっても学者によっても攻撃されてきた。近代の相対主義は反人種差別に恩恵をもたらしてきたが、今日の世界では人種差別と他者への憎悪が依然として蔓延している。二一世紀になると、公的意識と市民的責務は急激に低下した。覇権的な政治国家は依然として世界に点在しており、二〇世紀の近代主義者の努力への直接的挑戦として、今日、権威主義が台頭しているように思われる。おそらく最も恐ろしい近代性の批判において、近代の科学的方法を通じて人々は、私たちが迅速に行動しないかぎり、気候が人間の生息地に取り返しのつかないダメージを与えるように変化していることを理解している。しかし、政治家による気候変動への攻撃に深く影響を受けた世論は、科学に懐疑的な目を向けている。その中には、気候変動を完全に否定する者もいれば、その重要性を否認する者もいる。近代性は二〇世紀の約束を果たせなかった。しかし、この著作はより多様で一枚岩的ではない近代性の新しい理解を求めている。その普遍的な進歩の考えは、人類学者マーガレット・ミードの言う「謙虚さ」の向上意識と一体となった、不可能性の概念あるいはウィリアム・ジェイムズが改善論として叙述したものに置き換えることができる。人間は未だ解放と合理的な問題解決の能力があり、この事実を再び受け入れるならば、私たちは近代性を救うことができる。

監訳者あとがき

本書（原題 *The Limits of Westernization : American and East Asian Intellectuals Create Modernity, 1860–1960*）は二〇一九年にイギリスのラウトレッジ社より刊行され、ハワイ在住の歴史家が執筆した最も優れた研究書に三年毎に授与されるケネス・ボールドリッジ賞（Kenneth Baldridge Prize）を二〇二〇年に受賞している。私がその原著者ジョン・T・ダヴィダン（Jon Thares Davidann）氏のことを知ったのは、同氏が前著 *Cultural Diplomacy in U.S.-Japanese Relations, 1919–1941*（Palgrave Macmillan, 2007）において、双方、戦前の日米文化外交において重要な役割を果たした、当時のアメリカ合衆国を代表する知識人の一人、アメリカ史家・政治学者チャールズ・A・ビアードと文筆家・政治家の鶴見祐輔——戦後日本を代表する知識人姉弟、社会学者・鶴見和子、哲学者・鶴見俊輔の父——との関係について、一次史料に基づき検討しているのを目にしたのが最初であった。私自身、二〇〇〇年代後半からビアードと鶴見の関係等、日米文化関係について、実証的な研究を進めていただけに、太平洋の向こう側（といってもダヴィダン氏はハワイ在住だが）から同じような問題関心に基づき、似たような手法で考察を進めている研究者がいることにはいささか驚いた。その後、本書の謝辞にも記されているとおり、私が科学研究費補助金を獲得し、同氏を含む国内外の研究者と二〇世紀のアジア・太平洋地域における文化関係について研究プロジェクトを発足させ、それは拙編著 *International Society in the Early Twentieth Century : Imperial Rivalries, International Organizations, and Experts*（Routledge, 2021）に結実した。なお、本書第六章の一部は、改稿されて、この拙編著にも収められている。

そうしたなかで、ダヴィダン氏より原著の邦訳刊行の希望が私に伝えられ、右記の科研プロジェクトに参加した者を含め、大阪外国語大学（二〇〇七年一〇月に大阪大学と統合）、大阪大学において、私の授業に出席したり、論文指導を受けた新進気鋭の研究者たちの協力を得て、何とか刊行に漕ぎ着けることができた。本書の刊行に向けて、当初より献身的に相談に乗っていただいた大阪大学出版会の川上展代氏にも、この場を借りて、篤く御礼申し上げたい。なお、刊行に当たっては、ダヴィダン氏の尽力により、シドニー・スターン記念信託（Sidney Stern Memorial Trust）より助成金が得られた。

さて、西洋化の限界という本書の主題は、元来、博士論文に基づくダヴィダン氏の最初の著書 *A World of Crisis and Progress : The American YMCA in Japan, 1890–1930*（Lehigh University Press, 1998）から着想を得たもののように思われる。同書では日本におけるＹＭＣＡの運営をめぐって、日本人が主導権を握るようになった事実が、実証的に明らかにされている。本書はそうした「西洋化の限界」を、広く一九世紀後半から二〇世紀半ばにかけてのアメリカ＝東アジア文化関係に敷衍したものだと言えよう。それを可能にしているのは、元来、同氏がアメリカ研究で知られるミネソタ大学大学院において、著名なアメリカ研究者デイヴィッド・Ｗ・ノーブル（David W. Noble）の指導を受けたことにもよるであろう。事実、邦訳では省略しているが、本書の原著の冒頭にはそのノーブルへの献辞が記されている。因みにミネソタ大学にはアメリカ研究を志して、以前は日本からも多くの大学院生が留学しており、ノーブルに関して言えば、『アメリカ史像の探究』（有斐閣、一九八八年）、『アメリカ研究の方法』（山口書店、一九九三年）の二つの邦訳が存在する。ダヴィダン氏が私に語ったところによれば、ミネソタ大学がその一次史料を所蔵するＹＭＣＡを博士論文のテーマにすることを決めた後も、具体的にどの国を対象にするかはすぐには決められなかったが、最終的に当初よりＹＭＣＡが活動していたにもかかわらず、様々な問題を抱えていた日本を事例に選んだとのことである。そして、同氏は主に北米の日本研究者向けの日本語研修機関として知られるアメリカ・カナダ大学連合日本研究センター（Inter-University Center for Japanese Language Studies）（横浜市）において、文語を含む日本語を学び、アメリカ史と日本史の双方にまたがる博士論文を完成させた。その結果、同氏はエドウィン・O・ライシャワーやジョン・K・フェアバンクのような戦後の著名な東アジア研究者だけでなく、アメリカ人類学の祖・フランツ・ボアスやウィリアム・ジェイムズ、ジョン・デューイといったプラグマティズムの哲学者、社会改革家ジェーン・アダムズ、先のビアード、さらには文化的多元主義の唱道者ランドルフ・ボーン、アメリカを代表する国際主義者ジェイムズ・T・ショットウェル、アフリカ系の活動家W・E・B・デュボイスといった一九世紀末から二〇世紀前半にかけて活躍したアメリカ知識人について、該博な知識を持っている。また、福沢諭吉や大正デモクラシーを代表する論客・吉野作造は無論のこと、戦後日本を代表する知識人の政治学者・丸山眞男、中国文学者・竹内好、さらには恵泉女学園の創立者・河合道——近年、話題を呼んだ柚木麻子の小説『らんたん』（二〇二一年）の主人公——、鶴見、日本における行政学の祖・蠟山政道のような日本でも一般には馴染みの薄い知識人にも細やかな目配りがなされている。加えて中国については梁啓超、魯迅、胡適といった知識人、孫文、蔣介石や毛沢東、また、尹《いん》致《ち》昊《こう》（ユン・チホ）のような韓国の知識人も取り上げられ、深い考察がなされている。幕末維新期、さらには明治期後半から大正期にかけて再興した陽明学の影響を重視している点も本書の特徴の一つであろう。

科研プロジェクトにお誘いして以来、ダヴィダン氏はコロナ禍を挟んで、三度来日し、共に時間を過ごす機会を得た。邦訳については、訳者一同、オンライン・ミーティング重ね、訳語の統一等を図ってきたが、なお誤訳やこなれない部分が残っているやもしれない。読者諸賢の厳しいご批判を仰ぐ所以である。

他の執筆者がすべて日本人、日本出身、ないし日系の研究者である *Hawai'i at the Crossroads of the U.S. and Japan before the Pacific War*（University of Hawai'i Press, 2008）の編者でもあり、普段は日本滞在中もグルテンフリーの食事を好みながらも、カレーが有名な御茶ノ水界隈のとある店のカツカレーがいかに美味かを熱を込めて語る、トランスナショナルでハイブリッドな感性の持ち主である同氏の研究の魅力の一端が、本書の刊行を通じて読者に伝われば、監訳者として望外の喜びである。

二〇二四年八月二〇日

中嶋　啓雄

西洋化の限界
――アメリカと東アジアの知識人が近代性を創造する　1860-1960

2024年11月22日　初版第1刷発行

著　者　ジョン・T・ダヴィダン

監訳者　中嶋啓雄

翻訳者　中村信之・ミラー枝里香・伊藤孝治・竹澤由記子・周游

発行所　大阪大学出版会
代表者　三成賢次
〒565-0871　大阪府吹田市山田丘2－7
大阪大学ウエストフロント
電話（代表）06-6877-1614
FAX　06-6877-1617
URL　https://www.osaka-up.or.jp

印刷・製本　亜細亜印刷株式会社

ISBN978-4-87259-771-4 C3020　　Printed in Japan

著訳者プロフィール

著者

ジョン・T・ダヴィダン（Jon Thares Davidann）

ミネソタ大学大学院において、アメリカ史と日本史双方の分野で博士号（Ph. D.）を取得した後、ハワイ・パシフィック大学でアメリカ史、東アジア史、世界史を教えている。現在、同大学教授。本書でハワイ在住の歴史家が執筆した最も優れた研究書に与えられるケネス・ボールドリッジ賞（Kenneth Baldridge Prize）を受賞。

主著：*A World of Crisis and Progress: The American YMCA in Japan, 1890-1930*（Lehigh University Press, 1998）; *Cultural Diplomacy in U.S.-Japanese Relations, 1919-1941*（Palgrave Macmillan, 2007）等

監訳者

中嶋啓雄（はじめに、謝辞、序章、４章、結び）

一橋大学大学院法学研究科博士後期課程満期退学（博士（法学））

現在：大阪大学大学院国際公共政策研究科教授

主著：『モンロー・ドクトリンとアメリカ外交の基盤』（ミネルヴァ書房、2002年）*International Society in the Early Twentieth Century Asia-Pacific: Imperial Rivalries, International Organizations, and Experts*（Routledge, 2021）（編著）.

訳者（五十音順）

伊藤孝治（２章）

イリノイ大学アーバナ・シャンペーン校歴史学研究科博士課程修了（Ph. D. in History）

現在：大阪大学大学院人文学研究科専任講師

主著："Contesting Alaskan Salmon: Fishing Rights, Scientific Knowledge, and a U.S.-Japanese Fishery Dispute in Bristol Bay in the 1930s," *Japanese Journal of American Studies*, No. 31（2020）.

「生態学的地図作成の試み――戦間期の北太平洋における鮭鱒漁業の変容と水産海洋学的アプローチの台頭」太田出・川島真・森口（土屋）由香・奈

良岡聰智編『領海・漁業・外交――19～20世紀の海洋への新視点』（晃洋書房、2023年）所収

周游（1、3章）

大阪大学大学院国際公共政策研究科博士後期課程修了（博士（国際公共政策））

現在：孫文記念館研究員、大阪大学大学院国際公共政策研究科招へい研究員

主著：「山本条太郎与近代日本対华经济扩张活动」『南开日本研究』2024年第2辑
「山本条太郎の中国での拡張活動と近代日中関係についての一考察」（博士論文）

竹澤由記子（5章）

大阪大学大学院国際公共政策研究科博士後期課程修了（博士（国際公共政策））

現在：大阪女学院大学国際・英語学部特任講師

主著："Evolution of Japan's Non-US Centric Security Strategy and European Influence on Japan's Peace-Building Policy." Paul Midford and William Vosse, ed., *New Directions in Japan's Security : Non. U. S. Centric Evolution* (Routledge, 2020).
「北欧防衛協力（NORDEFCO）の進展の要因とその役割についての考察」中内政貴・田中慎吾編著『外交・安全保障から読む欧州統合』（大阪大学出版会、2023年）

中村信之（序章、4章）

大阪大学大学院国際公共政策研究科博士後期課程満期退学（博士（国際公共政策））

現在：神田外語大学外国語学部専任講師

主著：「『国民外交』における『中心』性と『周辺』性――戦前期日米学生会議と日比学生会議を題材に」『国際政治』191号（2018年）
"The cultural exchange programs in the prewar period as cultural borderlands : The Japan-America Student Conference and the Philippines-Japan Student Conference," in *International Society in the Early Twentieth Century Asia-Pacific : Imperial Rivalries, International Organizations, and Experts*, ed. Hiroo Nakajima (Routledge, 2021).

ミラー枝里香（6章）

キングズ・カレッジ・ロンドン政治経済学研究科博士課程修了（Ph. D. in Social

Science and Public Policy)
現在：新潟県立大学国際地域学部専任講師
主著："Japan's Middle East Policy, 1972-1974: Resources Diplomacy, Pro-American Policy, and New Left," *Diplomacy & Statecraft*, Vol. 28, No. 4 (2017).
Britain and Japan in the 1973 Middle East Oil Crisis: Washington's Silent Partners (Routledge, 2024).

索　引

註は斜体で表記した.

あ行

アインシュタイン、アルバート（Albert Einstein）　188, 224, 235, 259, 291
アダムズ、ジェーン（Jane Adams）　5, 7, 10, 76–78, 102–106, 109, 110, 116, 157–159, 162, 186, 196–201, 203, 209, 215, 361, *13*
アメリカ化　4, 8, 16, 26, 107, 109, 112, 117, 174, 299, 314, *14*
井上哲次郎　47, 49, 54, 58, 67, 276
入江昭（Akira Iriye）　25, *2*
ウィットフォーゲル、カール（Karl Wittfogel）　21, 311, 312
ウィルソン、ウッドロウ（Woodrow Wilson）　70, 113, 118, 129, 140, 155, 158, 159, 175, 181, 182, 204, 226, 242
ウィルソン主義　175, 182, 209, 226
内村鑑三　46, 47, 54
海老名弾正　48, 52, 53, 204, 206, 207, 210, 248, 274, 320, 321, *7*
エンクルマ、クワメ（Kwame Nkrumah）　259, 260
王陽明　7, 26, 29–33, 35, 36, 47–50, 54, 56, 58, 59, 63–65, 71, 126, 131–134, 286, 287, *4*
大塩中斎（平八郎）　32
岡倉覚三（天心）　51, 52, 144, 248, 274, 283

か行

カーネギー、アンドリュー（Andrew Carnegie）　226
河合道　165, 361
キリスト教　4, 6, 19, 20, 23, 37, 46–50, 52, 63, 66, 69, 70, 191, 199, 200, 202–204, 206–208, 210, 215, 248, 250, 276, 287–290, 293, 300, 301, 315, 320, 321, *9*
北一輝　15, 246, 248, 249, 254, 271
ギューリック、シドニー（Gulick, Sidney）　12, 13, 165
クローリー、ハーバート（Herbert Croly）　165
慶應義塾　28, 38, 319
慶應義塾大学　38, 319
恵泉女学園　204, 361
ケラー、フランシス（Frances Keller）　76, 78, 89, 106–109, 112, 116, 117, 140, *14*
ケロッグ＝ブリアン条約　160, 183, 184
康有為　55, 58, 59, 342, 343
国際知的協力委員会（ICIC）　188, 189, 193
国際連盟　49, 118, 140, 155, 159–161, 180, 182, 183, 188, 189, 192, 193, 196, 205, 246, 250, 255, 264, 266, 267, 269, 279, *27*
国民党　20, 21, 57, 58, 64, 65, 71, 125, 145, 146, 153, 154, 185, 191, 192, 284–288, 290, 292, 296, 299, 300, 304, 306, 307, 313, 339–341, 343, 347–349, 351–353
胡適　5, 10, 102, 119, 122–140, 143–146, 150, 151, 153, 155, 185, 187, 190, 213, 284, 289, 301, 340, 344, 361, *17*
近衛文麿　255, 262, 269, 270, 293
孤立主義　160, 187, 219, 223, 224, 227, 228, 233

さ行

ジェイムズ、ウィリアムズ（William James）　10, 76–78, 90–95, 97–101, 103–105, 112, 113, 116, 159, 220, 223, 224, 241, 335, 337, 358, 361, *10*, *13*, *16*, *17*
渋沢栄一　168, 184
自由主義（リベラリズム）　14, 18, 22, 38, 43, 49, 56, 101, 123, 124, 127, 138–140, 143, 146, 157, 160, 163, 164, 174–178, 184, 185, 190, 198, 200, 204, 205, 207, 210, 250, 251, 254, 264, 266, 274, 283, 284, 287, 301–303, 309, 316, 326, 328, 329, 332, 333, *2*, *8*
儒教　21, 29, 33, 37, 41–43, 45, 46, 48, 55, 56, 58–60, 63, 64, 66, 69, 77, 102, 103, 120, 126, 141, 143, 151–153, 208, 210, 215, 270, 285, 287–290, 293, 298, 303, 307, 333, 342, 343, *13*
シュペングラー、オズワルド（Ozwald Spengler）

193, 194
蔣介石　18, 57, 145, 146, 185, 191, 215, 218, 219, 256, 284–293, 296, 304, 306, 307, 339, 340, 347, 348, 351, 353, 361
ショットウェル、ジェイムズ（James Shotwell） 7, 10, 157, 180–189, 192–199, 201, 215, 217, 223, 226, 264, 283, 361
全米黒人地位向上協会（NAACP） 95, 233, 241, 258, 259
孫文　57, 62–65, 71, 285, 287, 289, 290, 300, 343, 346, 347, 361

た行

ダーウィン、チャールズ（Charles Darwin） 81, 344
大正デモクラシー　169, 170, 207, 316, 328, 330, 361
太平洋問題調査会（IPR） 183–185, 187, 205, 264
高木八尺　164, 165
竹内好　8, 10, 240, 269–284, 293, 295, 333, 338, 361, *28*, *29*
多文化主義　115, 116, 140, 178
ダワー、ジョン（John Dower） 9, 23, 25
鶴見祐輔　10, 163–166, 173–176, 179, 180, 359, 361
デューイ、ジョン（John Dewey） 2, 5, 7, 10, 76–78, 88, 90, 91, 99–104, 109, 111–114, 116–123, 125, 127, 129, 130, 134, 135, 137–144, 146–149, 151, 155, 157–159, 161–163, 178, 180, 185, 209, 220, 223, 235, 236, 252, 283, 284, 301, 302, 335, 351, 361, *10*, *15–17*
デュボイス、W・E・B（W. E. B. Du Bois） 5, 8, 10, 76–78, 88–90, 95–99, 110, 111, 116–118, 178, 215, 239–247, 249–261, 271, 278, 283, 293, 337, 361
同志社大学　20, 49, 191, 203, 301, 321
徳富蘇峰　50, 51, 54, 207, 248, 274

な行

新渡戸稲造　49, 160, 164, 188, 202, 204, 205, 207, 254, 279, 280, 321, *6*

は行

パーソンズ、タルコット（Talcott Parsons） 21, 310–312
箱根会議　22, 324, 328
バック、パール（Pearl Buck） 13, 14, 187
バトラー、ニコラス・マレー（Nicholas Murray Butler） 82, 162
汎アジア主義　15, 51, 60, 205, 214, 246, 248, 254, 261, 272, 274
ビアード、チャールズ（Charles Beard） 5, 7, 8, 10, 77, 157–173, 176–178, 180, 181, 184, 193, 199, 201, 209, 215, 219–229, 233, 235, 239–241, 243, 269, 278, 283, 292, 359, 361
ヒス、アルジャー（Alger Hiss） 305, 312, 313
フェアバンク、ジョン・K（John K. Fairbank） 8–10, 16–18, 20, 21, 23–25, 57, 293, 297–315, 318, 327, 352, 361
フェノロサ、アーネスト（Ernest Fenollosa） 51
フォレット、メアリー・パーカー（Mary Parker Follett） 76–78, 102, 104, 105, 111, 116, 197, *15*
福沢諭吉　4, 5, 7, 10, 22, 25, 27–29, 32–45, 49, 50, 54, 56, 59, 61, 66–68, 70, 71, 79, 126, 127, 139, 169, 209, 276, 277, 282, 286, 289, 319, 332–337, 346, 347, 352, 361, *4–6*, *32*
武士道　47, 49, 207, 254, 279, 316, 321
プラグマティズム　41, 59, 64, 76, 78, 79, 90, 91, 93, 97–100, 103, 112, 114, 115, 117, 124, 127, 128, 130–132, 134, 137–139, 142–144, 159, 193, 195, 197, 223, 225, 235, 241, 257, 258, 260, 261, 283, 335, 350, 351, 361, *10*, *13*, *16*, *17*
文明開化　35, 39, 41, 45, 277, 282
ヘーゲル（Georg Hegel） 77, 93, 100, 105, 180, 206, *24*
ベネディクト、ルース（Ruth Benedict） 5, 8, 10, 75, 229–238, 293, *25*
ボアズ、フランツ（Franz Boas） 5, 6, 10, 39, 71, 73–77, 79–92, 94, 99, 101, 104, 110, 115–117, 161, 162, 178, 229–234, 236, 244, 245
ホーンベック、スタンリー（Stanley Hornbeck） 305

ま行

前田多門　165, 166
マリノフスキー、ブロニスラフ（Bronislaw Malinowski） 195, 244
丸山眞男　10, 22, 43, 270, 282, 293, 323, 324,

328–339, 352, 356, 361, *5*, *6*, *32*
満洲事変　14, 176, 179, 228, 249, 250, 262, 265–267, 271, 279
ミード、マーガレット（Margaret Mead）　5, 8, 10, 229–231, 233–239, 293, 357, *26*
美濃部達吉　206, 208, 279, 330, 332
民本主義　5, 208, 210, 212, 264
メンケン、H・L（H. L. Mencken）　79
毛沢東　2, 14, 24, 135, 154, 187, 260, 284, 293, 306, 307, 339–352, 356, 361, *32*
森有礼　44, 45, 175

や行

ユネスコ　193, 337
陽明学　31, 32, 47, 58, 361
吉野作造　5, 8, 10, 160, 205–213, 215, 261–264, 268, 270, 276, 279, 328, 332, 361, *24*

ら行

ライシャワー、エドウィン・O（Edwin O. Reischauer）　8–10, 16–25, 42, 293, 297–299, 310, 313–328, 352, 361, *31*
ラッセル、バートランド（Bertrand Russell）　141, 142, 346
ラティモア、オーウェン（Owen Lattimore）　312, 313
ランドルフ、ボーン（Randolph Bourne）　76, 78, 88, 106, 111–117, 361, *15*
リップマン、ウォルター（Walter Lippman）　90, 100, 101, 111, 148, *10*
梁啓超　4, 5, 7, 10, 28, 39, 54–63, 66, 69, 71, 79, 126, 127, 129, 130, 137, 139, 187, 286, 287, 289, 342, 343, 346, 361, *7*, *8*
蠟山政道　8, 10, 261–270, 277, 293, 361, *27*
魯迅　10, 95, 119, 124, 136, 150–155, 270, 280–282, 285, 289, 293, 340, 344, 361
ロストウ、ウォルト（Walt Rostow）　308, 314, 356, 357, *33*
尹致昊（ユン・チホ）　65, 66, 68–71, 79, 213–215, 361, *9*

A–Z

ICIC　→国際知的協力委員会
IPR（Institute of Pacific Relations）　→太平洋問題調査会（IPR）
NAACP（National Association for the Advancement of Colored People）　→全米黒人地位向上協会（NAACP）
YMCA　6, 14, 19, 23, 48, 49, 69, 89, 166, 186, 187, 191, 202, 203, 206, 301, 321, 360, *3*, *6*

註

序章

（1） Martin W. Lewis and Karen Wigen, *The Myth of Continents : A Critique of Metageography*. Berkeley : University of California Press, 1997, 53. 世界におけるアメリカの力とグローバル大国としての中国の登場という問題の台頭と共に、アメリカや西洋の力の限界についての新たな意識が芽生えた。そして、これがまったく当然のことながら本書のタイトルにつながりうる。それは西洋化の影響について、いくつかの問いを提示するものである。

（2） Hsiang-Lin Lei, *Neither Donkey Nor Horse : Medicine in the Struggle Over China's Modernity*. Chicago : University of Chicago Press, 2014 参照。『西洋化の限界』は、近代化という概念は、1950年代から1960年代にかけて近代化論が登場するはるか以前に出現していたと主張する。この結論の避け難い帰結は、戦後だけでなく、長い20世紀に照らして近代化論を再考する必要があるということである。最近、日本の研究者である佐々木豊氏が、東京で私の学術的講演を聴いた後、私宛の電子メールでこのことを明確に述べている。「あなたがよくご存知のように、これ［近代化論］は歴史学者だけでなく、政治学者や国際関係の研究者たちによってもよく研究されているテーマです……あなたの講演を聞いて、私たちはこれらの概念［近代化論と西洋化］を、その厳しい批判者たちがこれまで進んで行ってきたよりも長い歴史的視座の中に置かなければならないと確信しました」。こうした再考は、新しい考え方やアプローチに対して開かれたものでなければならない。

近代化論に加え、非西欧の近代化について、もはや通用しない他の古い説明には、「防衛的近代化」や「救済イデオロギー」といった用語があり、それぞれ世界史や東アジア研究で広く使われている。非西洋的近代化を、単に西洋的近代化に対する防衛や救済と見なすことの問題点は、非西洋的知識人の創造性についての精査を止めてしまうことである。本書が示すように、彼らは単に西洋帝国主義の脅威に対応したのではなく、近代性が自国を解放し、さまざまなレベルで進歩をもたらすと信じていたのである。彼らはこうした目標を達成するために、東洋と西洋双方の思想を創造的に利用したのである。

（3） David C. Engerman, ed. *Staging Growth : Modernization, Development, and the Global Cold War, Culture, Politics, and the Cold War*. Amherst : University of Massachusetts Press, 2003. Michael E. Latham, *Modernization as Ideology : American Social Science and "Nation Building" in the Kennedy Era*, New Cold War History. Chapel Hill : University of North Carolina Press, 2000. Michael E. Latham, *The Right Kind of Revolution : Modernization, Development, and U.S. Foreign Policy from the Cold War*

to the Present, Cornell Paperbacks. Ithaca : Cornell University Press, 2011.

(4) 同じ時期の比較可能な大西洋を越えた言説については、Daniel T. Rodgers, *Atlantic Crossings Social Politics in a Progressive Age*. Cambridge : Belknap Press of Harvard University Press, 1998 参照。

(5) 私自身の世界史研究──（Mark Jason Gilbert との）共著 *Cross-Cultural Encounters in Modern World History*（Pearson Publishing, 2013）──や他の学者たちとの会話は、近代思想の多様性について広く考えることを私に促した。ハーヴァード大学のチャールズ・ウォレン名誉教授（アメリカ史）の入江昭氏は、アメリカや東アジアのトランスナショナルな研究にとどまらず、ハイブリッドな近代の分析でグローバルな視野に立つよう私に勧めた。しかし、それは別の本を待たなければならない。読者もおわかりのように、私の研究課題は合衆国と東アジアの関係の結びつきから生まれ、私はそこで答えを見つけた。しかし、合衆国と東アジアの関係を超えて西洋化の限界を探るなら、同じ基本的な衝動が、世界の他の地域の近代化論者の間にも見られる。これらの思想家は慎重に研究されなければならない。というのも、東アジアや合衆国とは文脈が大きく異なるからである。また、知識人たちは日本モデルへの熱狂のあまり、自国社会にとっての日本の近代化の妥当性を過大評価していたこともあった。とはいえ、その関心の広さと強さは特筆に値する。

オスマン帝国の知識人たちは、急速に拡大する日本の近代化プロジェクトに大きな関心を示した。オスマン人は日本を研究した最初のイスラム教徒であった。ナミク・ケマルのようなオスマン帝国の初期の改革者たちは、1860 年代から 1870 年代にかけて、オスマン帝国の以前の改革（タンズィマート）はオスマン帝国の衰退を食い止めることに失敗し、オスマン・トルコが再興するためには、ナショナリズム、自由主義、立憲主義といった西洋に起源を持つ考え方を取り入れる必要があると主張した。第二次憲法時代には、改革とナショナリズムの思想を軸とする青年トルコ党の政治運動が勃興し、何人かの重要な知識人を惹きつけた。オスマン・トルコの人々は、日本の急速な工業化と帝国の成長に魅了された。しかし、オスマン帝国は広大で、日本のように大洋に守られていなかったため、このモデルには限界があることを認識していた。

19 世紀末から 20 世紀初頭にかけての中央アジアでは、タタール人のシハベッディン・マルジャニ、アブドゥル・カイユーム・アン・ナシリ、イスマイル・ベイ・ガスピラリ、そして最も重要なアブドゥルレシド・イブラヒムなど、日本の近代化プロジェクトに強い関心を抱く知識人が何人かいた。これらの知識人の多くは、西洋からアイデアを借用したために、独創性がなく、派生的な思考をし、西洋の衝動に屈したと非難され、退けられてきた。しかし、こうした非難そのものを、西洋化の限界に照らして再考する必要がある。これらのテーマは、この研究の範囲外である。しかし、近代を構築する上でそれぞれが直面したユニークな状況を考慮しても、西洋化の限界と、東アジア以外の地域で近代を構築する上で

の土着思想の創造性と強さを示す例である。

（6） Henry Knox, *The Spirit of the Orient*. New York City : T. Y. Crowell, 1906, 289–90.

（7） Sidney Gulick, *The White Peril in the Far East : Interpreting the Significance of the Russo-Japanese War*. New York : Fleming H. Revell, 1905, 29, 88, 106.

（8） J. O. P. Bland and Edmund Backhouse, *China Under the Empress Dowager : The History of the Life and Times of Tzu Hsi*. Chicago : Earnshaw Books, 2011. Jung Chang, *Empress Dowager Cixi : The Concubine Who Launched Modern China*, First American edition. New York : Alfred A. Knopf, 2013.

（9） Pearl S. Buck, *The Good Earth*. New York : John Day, 1931. Edgar Snow and Inc. *Red Star Over China*. New York : Grove/Atlantic, Inc., 2007.

（10） Sherwood Eddy, *The Challenge of the East*. New York : Farrar and Rhinehart, 1931, 120–24. Quoted from a leader of the democracy movement in a Circular Letter, Sherwood Eddy to General Audience, September 20, 1922, Found in Sherwood Eddy Bio. File, Kautz Family YMCA Archives, St. Paul, Minnesota.

（11） Harold S. Quigley, "Feudalism Reappears in Japan." *Christian Science Monitor Magazine*（March 3, 1936）: 1–2. Winston Churchill, "The Mission of Japan." *Collier's*（February 20, 1937）: 12. "Book Reviews." *Contemporary Japan* 4（June 1935）: 104–05.

（12） Edwin Reischauer, *Japan : Past and Present*. New York City : Alfred A. Knopf, 1946, 142.

（13） Edwin Reischauer, *The United States and Japan*, Third edition. Cambridge : Harvard University Press, 1965, 11.

（14） Jun Xing, *Baptized in the Fire of Revolution : The American Social Gospel and the YMCA in China, 1919–1937*. Bethlehem : Lehigh University Press, 1996.

（15） John King Fairbank, *The United States and China*. Cambridge : Harvard University Press, 1965, 147.

（16） 1890年代における天皇中心のナショナリズムの台頭については、キャロル・グラックらによって深く研究されている。

（17） Jonathan D. Spence, *The Chan's Great Continent : China in Western Minds*. New York : W. W. Norton & Co, 1999. Akira Iriye, *Global and Transnational History : The Past, Present, and Future*, Palgrave Pivot. Basingstoke : Palgrave Macmillan, 2013. Akira Iriye, *Global Community : The Role of International Organizations in the Making of the Contemporary World*, First Paperback Printing. Berkeley ; Los Angeles ; London : University of California Press, 2004.

第一章

（1） *The Autobiography of Fukuzawa Yukichi*, trans. Eiichi Kiyooka. Lanham : Madison

Books, 1992, 173–77. すべての写真は、www.facebook.com/pg/LimitsofWesternization/photos/?tab=album&album_id=1495307350518240 において、記載されている順に見ることができる。各写真をクリックすると、人物の名前と説明が表示される。

(2) Ibid., 115, 134.

(3) 王陽明が日本思想に与えた影響について、アメリカの日本研究者は近年、ほとんど研究していない。1985年に出版されたキャロル・グラックの明治知識人に関する著書『日本近代の神話』が、最も顕著な業績の一つであると考えられる。研究されていない理由は二つある。王陽明思想は保守化する帝国の形成の片棒を担いだ日本知識人に利用され、それが戦争と残虐行為を引き起こした。この不愉快な事実が、歴史家たちのやる気を削いでいるためである。もう一つは、日本近現代史を西洋・アメリカ中心的に説明する傾向が強いためであり、拙著ではこのことを批判的に精査する。

(4) Larry Israel, "The Prince and the Sage: Concerning Wang Yangming's 'Effortless' Suppression of the Ning Princely Establishment Rebellion." *Late Imperial China* 29, no. 2 (December 2008): 68–128. Larry Israel, "To Accommodate or Subjugate: Wang Yangming's Settlement of Conflict in Gunagxi in Light of Ming Political and Strategic Culture." *Ming Studies* no. 60 (November 2009): 4–44.

(5) Hiroko Willcock, "A Japanese Acculturation Pattern: The Affinities of Values in the Conflux of the Old and New." In *Japan and Asian Modernities*, ed. Rein Raud. Routledge, 2012; Carol Gluck, *Japan's Modern Myths: Ideology in the Late Meiji Period*. Princeton: Princeton University Press, 1985; Kenneth B. Pyle, *The New Generation in Meiji Japan: Problems of Cultural Identity, 1885–1895*. Stanford University Press, 1969. ニコロ・マキャヴェリ(1464～1527年)と同世代の王陽明(1472～1529年)は、イタリアとは別世界の中国にいたが、公徳心を持った民衆の欠如という同様の国家権力の課題に直面し、マキャヴェリのように市民的徳性の養成が重要であると考えた。

(6) Wm. Theodore De Bary, Carol Gluck, and Donald Keene, *Sources of Japanese Tradition: Volume 2, 1600 to 2000*. New York: Columbia University Press, 2010.

(7) Fukuzawa, *The Autobiography of Fukuzawa Yukichi*, 6(福沢諭吉(富田正文校訂)『新訂　福翁自伝』岩波文庫、1937年、14頁).

(8) Fukuzawa, *The Autobiography of Fukuzawa Yukichi*, 91–92(福沢『福翁自伝』112～113頁).

(9) Yukichi Fukuzawa and David A. Dilworth, *An Encouragement of Learning*. New York: Columbia University Press, 2012, 4–5(福沢諭吉『学問のすゝめ』岩波文庫、1978年、12～13頁).

(10) Fukuzawa, *The Autobiography of Fukuzawa Yukichi*, 8–9.

(11) 「或云随筆」『福沢諭吉全集』岩波書店、1969–1971年、20巻、12～13頁。

(12) Fukuzawa, *The Autobiography of Fukuzawa Yukichi* 189(福沢『福翁自伝』220頁).

(13) Ibid., 141–44.

(14) Conrad Totman, *The Collapse of the Tokugawa Bakufu, 1862–1868*. Honolulu : University of Hawai'i Press, 1980.

(15) Wm. Theodore De Bary, et al. *Sources of Japanese Tradition*, 559.

(16) 『福沢諭吉全集』、第3巻、44頁。

(17) Fukuzawa and Dilworth, *An Encouragement of Learning*, 22–23（福沢『学問のすゝめ』30～32頁）.

(18) Albert M. Craig, *Civilization and Enlightenment : The Early Thought of Fukuzawa Yukichi*. Cambridge : Harvard University Press, 2009, 138に引用。

(19) Royama Masamichi, "The Problems of Contemporary Japan." *University of Hawaii Occasional Papers* no. 24. Honolulu : University of Hawaii, January 1935, 22.

(20) Fukuzawa and Dilworth, *An Encouragement of Learning*, 6（福沢『学問のすゝめ』16～18頁）.

(21) 福沢にとって私徳がどれほど重要であったかについては、学者たちの間で議論がある。Barbara Celerant, Review of *An Outline of a Theory of Civilization. American Journal of Sociology*, 119, no. 4（January 2014）: 1213–20を参照。

(22) 福沢、論説、『時事新報』（1885年3月16日）。『福沢諭吉全集』、第3巻、18頁。

(23) Barbara Celerant, Review of *An Outline of a Theory of Civilization*, 1216.

(24) Yukichi Fukuzawa, *An Outline of a Theory of Civilization*. New York : Columbia University Press, 2009, 34.

(25) Ibid., 88–94.

(26) Ibid., 56–57. Stefan Tanaka, *Japan's Orient : Rendering Pasts into History*. Berkeley : University of California Press, 1993は、日本が中国を異化していることに焦点を当てている。

(27) Fukuzawa, *An Outline of a Theory of Civilization*, 83.

(28) Ibid., 179.

(29) Stefan Tanaka, *Review of Albert Craig's Civilization and Enlightenment : The Early Thought of Fukuzawa Yukichi in the American Historical Review*（October 2011）: 1105–1106, 1106.

(30) Alan Macfarlane, *The Making of the Modern World : Visions from the West and East*. Houndmills, Basingstoke, Hampshire ; New York : Palgrave, 2002, 241–44. マクファーレンは、福沢の解釈を専ら中村敏子教授の研究に負っている。中村敏子の「福沢諭吉における文明と家族」『北大法学論集』3、4、6号（1993年）とChristian Uhl〔鄔可賢〕の宮崎滔天と比較した福沢研究は、福沢に関する近年の重要な研究である。Christian Uhl, "Fukuzawa Yukichi and Miyazaki Toten : A Double Portrait in Black and White of an Odd Couple in the Age of Globalizing Capitalism." Critical Historical Studies 1, no. 1（Spring 2014）: 47–84.

(31) 丸山真男「福沢に於ける「実学」の転回——福沢諭吉の哲学研究序説」1947年

3月『丸山真男集』17巻（岩波書店、2004年）、108–31頁。Rumi Sakamoto, "Dream of a Modern Subject : Maruyama Masao, Fukuzawa Yukichi, and 'Asia' as the Limit of Ideology Critique." *Japanese Studies* 21, no. 2（September 1, 2001）: 137–53.

（32） *Sources of Japanese Tradition*, ed. William Theodore De Bary, Tsunoda Ryusaku and Donald Keene, Vol. 1. New York : Columbia University Press, 1958, 151–54にて参照。

（33） David Huish, "Aims and Achievement of the Meirokusha-Fact and Fiction." *Monumenta Nipponica* 32, no. 4（1977）: 497–501. これはウィリアム・レイノルズ・ブレイステッド、足立康、菊池雄二訳による雑誌『明朗雑志——日本啓蒙雑誌』の翻訳の書評論文である。

（34） 福沢編集の『時事新報』（1885年3月16日）、『福沢諭吉全集』第3巻、18頁。

（35） E. J. Hobsbawm and T. O. Ranger, eds. *The Invention of Tradition*, Canto Classics. Cambridge : Cambridge University Press, 2012.

（36） Tanaka, *Japan's Orient*, 131–32. Takashi Fujitani, *The Splendid Monarchy : Power and Pageantry in Modern Japan*. Berkeley : University of California Press, 1998. Ivan Parker Hall, *Mori Arinori*. Harvard East Asian Series 68. Cambridge : Harvard University Press, 1973.

（37） Jon Davidann, *A World of Crisis and Progress : The American YMCA in Japan, 1890–1930*. Bethlehem, Cranbury : Lehigh University Press, Associated University Presses, 1998, 60–62.

（38） Joshua A. Fogel, ed. *The Role of Japan in Liang Qichao's Introduction of Modern Western Civilization to China*, China Research Monograph 57. Berkeley : Institute of East Asian Studies, University of California Berkeley, Center for Chinese Studies, 2004, 216–17.

（39） Ibid., 63.

（40） 小崎弘道・井深梶之助・上村正久「六合雑誌の趣意」『六合雑誌』創刊号（1880年10月11日）: 1～12頁。社説「新年の刊」『青年界月報』4号（1889年）: 1頁。

（41） Hideo Kishimoto, ed. *Japanese Religion in the Meiji Era*, trans. John F. Howes. Tokyo : Obunsha, 1956, 205–06.

（42） Akira Iriye, *Cultural Internationalism and World Order*. Baltimore : Johns Hopkins University Press, 1997, 44.

（43） 新渡戸稲造「報国の精神」『開拓者』11巻3号（1916年3月）: 6–10、13～15頁。

（44） 横井時雄「序文」第2回夏季学校発表、1890年。

（45） Davidann, *A World of Crisis and Progress*, 151–152.

（46） Andrew Gordon, *Labor and Imperial Democracy in Prewar Japan*. Berkeley : University of California Press, 1991.

（47） Tokutomi Soho, *The Future Japan*, translated by Vinh Sinh. Edmonton : University of Alberta Press, 1989, xiii, xxii–xxvii.

（48） Pankaj Mishra, *From the Ruins of Empire : The Intellectuals Who Remade Asia*. First

American edition. New York : Farrar, Straus and Giroux, 2012, 134 に引用。

(49) John D. Pierson, *Tokutomi Soho 1863–1957 : A Journalist for Modern Japan*. Princeton : Princeton University Press, 1980, 368–69. Kenneth Pyle, The New Generation in Meiji Japan : Problems of Cultural Identity, 1885–1895. Stanford University Press, 1969.

(50) Okakura Kakuzo, *The Awakening of Japan*. New York : The Century Co., 1905, 100–01.

(51) Masako N. Racel, "Okakura Kakuzo's Art History : Cross-Cultural Encounters, Hegelian Dialectics and Darwinian Evolution." *Asian Review of World Histories* 2, no. 1 (January 2014) : 17–23.

(52) Okamoto Yoshiko, "Okakura Kakuzo's Cultural Appeal in America." Trans-Pacific Relations : East Asia and The United States in the 19th and 20th Centuries, Princeton University, September 2006, 6–12.

(53) Tanaka, Japan's Orient, 53, 277. Christopher E. G. Benfey, *The Great Wave : Gilded Age Misfits, Japanese Eccentrics, and the Opening of Old Japan*. New York : Random House, 2004.

(54) 海老名弾正「覚醒し来れる新日本」『開拓者』9 巻 8 号（1914 年 8 月）: 53 頁。

(55) Prasenjit Duara, *Rescuing History from the Nation : Questioning Narratives of Modern China*. Chicago : University of Chicago Press, 1997.

(56) 林明德『清末民初日本政治対中国的影響』。

(57) Jung-Pang Lo, *Kang Yuwei : A Biography and a Symposium*. Tucson : The University Press of Arizona published for the Association of Asian Studies, 1967, 83–84.

(58) Jung-Pang Lo, *Kang Yuwei*, introduction ; Peter Gue Zarrow, *China in War and Revolution, 1895–1949*, *Asia's Transformations*. London ; New York : Routledge, 2005, 17–18, 61. Peter Gue Zarrow, *After Empire : The Conceptual Transformation of the Chinese State, 1885–1924*. Stanford : Stanford University Press, 2012, 24–50.

(59) Young-Tsu Wong, "Revisionism Reconsidered : Kang Youwei and the Reform Movement of 1898." *The Journal of Asian Studies* 51, no. 3 (August 1992) : 513–44.

(60) すべての写真は、www.facebook.com/pg/LimitsofWesternization/photos/?tab=album&amp ; album_id=1495307350518240 において、記載されている順に見ることができる。各写真をクリックすると、人物の名前と説明が表示される。

(61) Hongshan Li, *U.S.-China Educational Exchange : State, Society, and Intercultural Relations, 1905–1950*. New Brunswick : Rutgers University Press, 2008, 246.

(62) Ibid., 62–63. 梁は思想史家ジョゼフ・レヴェンソンによる *Liang Chichao and the Mind of Modern China*. Cambridge : Harvard University Press, 1953 と Phillip C. Huang, *Liang Ch'i-Ch'ao and Modern Chinese Liberalism*. Seattle : University of Washington Press, 1972 で研究されている。どちらも梁が中国を伝統から揺り起こし、中国に近代性をもたらそうとしていることを示している。レヴェンソンは、梁が西洋の帝国主義にとらわれずに中国を活性化させようとしたが、そのために西洋

の近代自由主義の価値観を利用しようとしたことを強調している。Huangは、梁は個人の自由主義と国家主義的傾向の間で葛藤していたと論じている。歴史学界が東アジアにおける西洋の影響の研究から、西洋と土着の複雑な影響が相互に影響し合うと見る相互作用論的アプローチに向かいつつある現在では、どちらの著作もやや古く、あまり役に立たない。

(63) Mishra, *From the Ruins of Empire*, 152.

(64) Naoki Hazama, "On Liang Qichao's Conceptions of Gong and Si : "Civic Virtue" and "Personal Virtue" in the Xinmin shuo," trans. Matthew Fraleigh, in Joshua A. Fogel, *The Role of Japan in Liang Qichao's Introduction of Modern Western Civilization to China*. Berkeley : University of California Press, 2004, 219 に引用。

(65) Ibid., 248–49.

(66) Huang, *Liang Ch'i-Ch'ao and Modern Chinese Liberalism*, 63 に引用。

(67) Hiroko Willcock, "Japanese Modernization and the Emergence of New Fiction in Early Twentieth Century China : A Study of Liang Qichao." *Modern Asian Studies* (1995) : 817–840, 819 に引用。

(68) Huang, *Liang Ch'i-Ch'ao and Modern Chinese Liberalism*, 62–63 に引用；梁は思想史家ジョゼフ・レヴェンソンによって研究されている。*Liang Chichao and the Mind of Modern China*. Cambridge : Harvard University Press, 1953 and Huang. *Liang Ch 'iCh'ao and Modern Chinese Liberalism.*

(69) Fogel, *The Role of Japan in Liang Qichao's Introduction of Modern Western Civilization to China*, 208.

(70) Hazama, "On Liang Qichao's Conceptions of Gong and Si', in Fogel, *The Role of Japan in Liang Qichao's Introduction of Modern Western Civilization to China*, 217 に引用。Huang. *Liang Ch'i-Ch'ao and Modern Chinese Liberalism*, 47.

(71) Huang Ko-wu, "Liang Qichao and Immanuel Kant." In Fogel, *The Role of Japan in Liang Qichao's Introduction of Modern Western Civilization to China*, 125–55.

(72) Qichao Liang, "Excerpts from Observations on a Trip to America" (Asia for Educators/ Columbia University), http : //afe.easia.columbia.edu/ps/china/liang_qichao_observations.pdf, (2016年10月1日にアクセス).

(73) Mishra, *From the Ruins of Empire*, 171–72 に引用。

(74) Liang, "Excerpts from Observations on a Trip to America".

(75) Zarrow, *China in War and Revolution*, 17–18.

(76) Ibid., introduction.

(77) Leonard H. D. Gordon, "Review of Sun Yatsen : His International Ideas and International Connections" by J. Y. Wong, in *The Journal of Asian Studies*, 47, no. 4 (November 1988) : 876.

(78) Prasenjit Duara, "Historicizing National Identity, or Who Imagines What and When." In *Becoming National : A Reader*, ed. Geoff Eley and Ronald G. Suny. Oxford Univer-

sity Press, 1996, 151–78, 152–55.

(79) A. James Gregor and Maria Hsia Chang, "Wang Yangming and the Ideology of Sun Yatsen." *Review of Politics* 42, no. 3 (July 1980) : 388–404, 399–401.

(80) Zarrow, *China in War and Revolution*, 1895–1949, 57.

(81) Panminjok munji yon'gu so, ed., *Chi'nil P'a 99 in* (*I*), (*99 members of the Pro-Japanese Group*), vol. 1. Seoul : Tosoch'ulgwan dolpyegae, 2002. First published in 1993.

(82) R. Charles Weller, "Central Asian and Korean Reform Movements in Comparative Perspective, 1850–1940." *Journal of American-East Asian Relations* 21, no. 4 (December 2014) : 343–72, 360–61.

(83) Nishikawa Shunsaku, "Introduction." In Fukuzawa and Dilworth, *An Encouragement of Learning*, xxviii–xxix.

(84) Mark Caprio, "Loyal Patriot? Traitorous Collaborator? The Yun Chi Ho Diaries and the Question of National Loyalty." *Journal of Colonialism and Colonial History* 7, no. 31 (2007) : 1–13, 2 に引用。

(85) Oleg Benesch, "National Consciousness and the Evolution of the Civil/Marital Binary in East Asia." *Taiwan Journal of East Asian Studies* 8, no. 1 (Issue 15) (June 2011) : 129–171, 158. 梁賢惠『尹致昊と金教臣　その親日と抗日の論理——近代朝鮮における民族的アイデンティティとキリスト教』(新教出版社、1996 年) 23～24 頁。

(86) Caprio, "Loyal Patriot?", 3 に引用。

(87) Ibid., 5.

第二章

(1) *Franz Boas among the Inuit of Baffin Island, 1883–1884 : Journals and Letters*. Ed. and intro. by Ludger Müller-Wille, trans. by William Barr. Toronto ; Buffalo : University of Toronto Press, 1998.

(2) Franz Boas to Marie Krackowizer, December 23, 1883. 引用元は、Douglas Cole, "'The Value of a Person Lies in His Herzensbildung' : Franz Boas' Baffin Island Letter-Diary, 1883–1884," in *Observers Observed : Essays on Ethnographic Fieldwork*, ed. George W. Stocking Jr. (Madison : University of Wisconsin Press, 1983), 33. Franz Boas, "A Journey in Cumberland Sound and on the West Shore of Davis Strait in 1883 and 1884." *Journal of the American Geographical Society* XVI (1884) : 258–61.

(3) Ruth Benedict, "Franz Boas as an Ethnologist." *Memoirs of the American Anthropological Association* no. 61 (1943) : 27.

(4) Ibid. Ruth Benedict, "Franz Boas." *The Nation* 156 (1943) : 15–16. すべての写真は、www.facebook.com/pg/LimitsofWesternization/photos/?tab=album&album_id=1495307350518240 において、記載されている順番に見ることができる。各写真をクリックすると、人物の名前と説明が表示される。

(5) その他のプラグマティストについては、本書では詳しく触れない。チャールズ・サンダース・パースはプラグマティズムの創始者の一人であり、ジョンズ・ホプキンス大学で短期間パースに師事したデューイも、ジェイムズも、彼らの思想についてピアースに十分な謝意を表している。パースを省く理由は以下のとおりである。パースは論理的アプローチによってプラグマティズムの経験的基礎を築き、一部の学者から高く評価されてきたが、ジェイムズとデューイは共に、プラグマティズムをそれ以上に、人間の経験と関与を真理の形式として利用することにまで発展させた。そしてこれは、パースのそぎ落とされた論理よりも、20 世紀のアメリカの近代性の性格をよく表している。パースは確かに 19 世紀と 20 世紀をつなぐ重要な架け橋であったが、彼の思想は他のプラグマティストに比べ、20 世紀の近代性を理解する上であまり役に立たない。少なくとも詳細には取り上げないもう一つの集団は、グリニッジ・ヴィレッジの左翼である。確かに、彼らの社会主義への関心は重要な近代的枠組みである。しかし、彼らがマルクス主義のイデオロギー的解決策を受け入れたことは、アメリカにおける近代性の発展の中でそれ自身を維持することができない理想主義的立場を露呈している。本書の中でウォルター・リップマンのような他の知識人の登場が少ないのは、彼らの仕事がプラグマティストたちに比べ、思想を形成する上でそれほど重要ではなかったからである。John P. Diggins, *The Promise of Pragmatism : Modernism and the Crisis of Knowledge and Authority*. Chicago : University of Chicago Press, 1994, 158–69 を参照のこと。ディギンズはパースを絶賛しているが、プラグマティスト全体に対してはかなり否定的である。ディギンズは彼らの業績について、より保守的で批判的な見方をしている。

(6) Paul C. Taylor, “What's the Use of Calling Du Bois a Pragmatist?” *Metaphilosophy* 35, no. 1/2 (January 2004) : 99–114.

(7) Ibid., 108.

(8) *The Compact Edition of the Oxford English Dictionary*. Oxford : Oxford University Press, 1971, 1828 (574). Matthew Lauzon, “Modernity.” In *Oxford Handbook of World History*, ed. Jerry Bentley. Oxford : Oxford University Press, 2011, 72–74. Crane Brinton, *Ideas and Men : The Story of Western Thought*, Second edition. Englewood Cliffs : Prentice Hall, 1955, 256.

(9) H. L. Mencken, *A Religious Orgy in Tennessee : A Reporter's Account of the Scopes Monkey Trial*. Hoboken : Melville House Publishing, 2006, 11–12. T. J. Jackson Lears, *No Place of Grace : Antimodernism and the Transformation of American Culture, 1880–1920*. Chicago : University of Chicago Press, 1994.

(10) John Wesley Powell, “From Barbarism to Civilization.” *American Anthropologist* I (1888) : 97–123, 109, 119.

(11) Franz Boas, “Human Faculty as Determined by Race.” *Proceedings*, American Association for the Advancement of Science XLIII (1894) : 306–08. Powell, “From Barba-

rism to Civilization."

(12) Franz Boas, Report on Instruction in East Asiatic Subjects, and Letter, Franz Boas to Nicholas Murray Butler, Acting President of Columbia University, October 31, 1901. 所蔵は Franz Boas Collection, MSS Division, Library of Congress, Microfilm.

(13) Jessup North Pacific Expedition, Exhibit Description, American Natural History Museum Website（www.images.library.amnh.org/digital/collections/show/14）（2015 年 7 月 30 日にアクセス）. Jacob H. Schiff Collection Chinese Expedition, Exhibit Description, American Natural History Museum Website（www.images.library.amnh.org/digital/collections/show/14）（2015 年 7 月 30 日にアクセス）.

(14) John Haddad, "'To Inculcate Respect for the Chinese.' Berthold Laufer, Franz Boas, and the Chinese Exhibits at the American Museum of Natural History, 1899–1912." *Anthropos* 101, no. 1（January 1, 2006）: 123–44.

(15) Ibid., 141–43.

(16) Henry Wiencek, *Master of the Mountain: Thomas Jefferson and His Slaves*. New York: Farrar, Straus and Giroux, 2012, 43–61.

(17) Robert Bean, "Some Racial Peculiarities of the Negro Brain." *American Journal of Anatomy* V（1906）: 379.

(18) David L. Lewis, *W. E. B. DuBois: Biography of a Race*, First edition. New York: H. Holt, 1993, 367–68, 372–73.

(19) Boas, "Human Faculty as Determined by Race", 307.

(20) Nell Irvin Painter, *The History of White People*. New York: W.W. Norton, 2010, 229.

(21) George Stocking, *Race Culture and Evolution: Essays in the History of Anthropology*. Chicago: University of Chicago Press, 1968, 128–30.

(22) Ann G. Simonds, and Richard L. Bland, "Physical Anthropological Studies by Franz Boas." *Journal of Northwest Anthropology* 39, no. 1（Spring 2005）: 87–137.

(23) Franz Boas and Helene Boas, "The Headforms of Italians as Influenced by Heredity and Environment." *American Anthropologist* XV（1913）: 163–88. Stocking. *Race Culture and Evolution*, 175–79.

(24) Randolph Bourne, "Trans-National America." *Atlantic Monthly* 118（July 1916）: 93. John Dewey, "The Principle of Nationality." *Menorah Journal* 3, no. 3（October 1917）: 206, 208.

(25) Michael Anthony Lawrence, *Radicals in Their Own Times: Four Hundred Years of Struggle for Liberty and Equal Justice in America*. Cambridge: Cambridge University Press, 2010, 208.

(26) Painter, *The History of White People*, 232（ネル・アーヴィン・ペインター（越智道雄訳）『白人の歴史』（東洋書林、2011 年）、277 頁）より引用。

(27) Franz Boas to George McAneny, President of the Board of Alderman, City Hall, New

York City, March 2, 1914, pp. 1–6. 所蔵は Franz Boas Papers, LOC, Reel 292. Stephen J. Whitfield. "Franz Boas : The Anthropologist as Public Intellectual." *Society* 47, no. 5（September 2010）: 430–38.

（28） Carlo Caldarola, *Christianity : The Japanese Way*. Monographs and Theoretical Studies in Sociology and Anthropology in Honour of Nels Anderson, publication 15. Leiden : Brill, 1979, footnote 38 より引用。

（29） すべての写真は、www.facebook.com/pg/LimitsofWesternization/photos/?tab=album&album_id=1495307350518240 において、記載されている順番で見ることができる。各写真をクリックすると、人物の名前と説明が表示される。

（30） Robert D. Richardson, *William James : In the Maelstrom of American Modernism*. Boston : Houghton Mifflin, 2006, 329–30. Emory University, "Biography, Chronology, and Photographs of William James", www.uky.edu/$eushe2/Pajares/jphotos.html（2013 年 2 月 28 日にアクセス）.

（31） William James, *The Will to Believe and Other Essays in Popular Philosophy and Human Mortality*. New York : Dover Publications, 1960.

（32） James T. Kloppenberg, "Pragmatism : An Old Name for Some New Ways of Thinking?" *The Journal of American History* 83, no. 1（June 1996）: 102–03.

（33） Jeremy R. Carrette, ed. *William James and the Varieties of Religious Experience : A Centenary Celebration*. London ; New York : Routledge, 2005, 114–23.

（34） Louis Menand, *The Metaphysical Club : A Story of Ideas in America*. New York : Farrar, Straus and Giroux, 2001, 378. Louis Menand, ed. *Pragmatism : A Reader*, First edition. New York : Vintage Books, 1997, 132.

（35） すべての写真は、www.facebook.com/pg/LimitsofWesternization/photos/?tab=album&album_id=1495307350518240 において、記載されている順番で見ることができる。各写真をクリックすると、人物の名前と説明が表示される。

（36） Taylor, "What's the Use of Calling Du Bois a Pragmatist?", 1–17.

（37） W. E. B. Du Bois, "The Color Line Belts the World." *Collier's Weekly* 28（October 20, 1906）: 20–30, 20.

（38） Jon Thares Davidann, *Cultural Diplomacy in U.S.-Japanese Relations, 1919–1941*, First edition. New York : Palgrave Macmillan, 2007, 167–72.

（39） W. E. B. Du Bois, Bill Mullen, and Cathryn Watson, *W. E. B. Du Bois on Asia : Crossing the World Color Line*, First edition. Jackson : University Press of Mississippi, 2005.

（40） Ibid., xvi.

（41） Taylor, "What's the Use of Calling Du Bois a Pragmatist?", 101.

（42） Ibid., 100.

（43） W. E. B. Du Bois and Nathan Irvin Huggins, *Writings*, The Library of America. New York : Literary Classics of the United States : Distributed to the trade in the U.S. and

Canada by Viking Press, 1986.

(44) Taylor, "What's the Use of Calling Du Bois a Pragmatist?", 107–08.

(45) Ibid., 665–66.

(46) すべての写真は、www.facebook.com/pg/LimitsofWesternization/photos/?tab=album&album_id=1495307350518240 において、記載されている順番に見ることができる。各写真をクリックすると、人物の名前と説明が表示される。William R. Caspary, *Dewey on Democracy*. Ithaca： Cornell University Press, 2000. ジェイムズ・クロッペンバーグは、論文「プラグマティズム」の 106 頁において、ジェイムズのプラグマティズムに影響を受けた著名人を挙げている。なかでも、最高裁判所判事のオリバー・ウェンデル・ホームズとルイス・ブランダイスが際立っている。

(47) John Dewey, *The Child and the Curriculum*. Chicago： University of Chicago Press, 1902, 22–26.

(48) John P. Diggins, *The Promise of Pragmatism： Modernism and the Crisis of Knowledge and Authority*. Chicago： University of Chicago Press, 1994, 299–305.

(49) Davidann, *Cultural Diplomacy in U.S.-Japanese Relations*, 1919–1941, 46–50.

(50) Danielle Lake, "Jane Addams and Wicked Problems： Putting the Pragmatic Method to Use." *Pluralist* 9, no. 3 (2014)： 77–94. Carol Hay, "Justice and Objectivity for Pragmatists： Cosmopolitanism in the Work of Martha Nussbaum and Jane Addams." *Pluralist* 7, no. 3 (2012)： 86–95.

(51) Matthew A. Foust, "Perplexities of Filiality： Confucius and Jane Addams on the Private/ Public Distinction." *Asian Philosophy* 18, no. 2 (July 2008)： 149–66. ファウストは、アダムズを孔子と比較することは厄介な分析だと認めているが、アダムズは 1902 年に刊行された著書『民主主義と社会倫理』の中で、親孝行と、若い女性が社会と家庭の中で果たす相反する役割について、一つの章を割いている。アダムズが儒教の類書を参照したかどうかは定かではない。

(52) Sean Epstein-Corbin, "Pragmatism, Feminism, and the Sentimental Subject." *Transactions of the Charles S. Peirce Society* 50, no. 2 (2014)： 220–45.

(53) Hay, "Justice and Objectivity for Pragmatists： Cosmopolitanism in the Work of Martha Nussbaum and Jane Addams." 89.

(54) すべての写真は、www.facebook.com/pg/LimitsofWesternization/photos/?tab=album&album_id=1495307350518240 において、記載されている順番で閲覧できる。各写真をクリックすると、人物の名前と説明が表示される。Jane Addams. *Philanthropy and Social Progress*. Thomas Y. Crowell & Co., 1893.

(55) Maureen A. Flanagan, "The City, Still the Hope of Democracy? From Jane Addams and Mary Parker Follett to the Arab Spring." *Journal of the Gilded Age and Progressive Era* 12, no. 1 (January 2013)： 5–29.

(56) Judy Whipps, "A Pragmatist Reading of Mary Parker Follett's Integrative Process." *Transactions of the Charles S. Peirce Society* 50, no. 3 (2014)： 408–09.

(57) Ibid., 408, 411.

(58) Jane Addams, *Second Twenty Years at Hull House*. New York : The MacMillan Company, 1930, 202.

(59) すべての写真は、www.facebook.com/pg/LimitsofWesternization/photos/?tab=album&album_id=1495307350518240 に掲載されている順に閲覧できる。各写真をクリックすると、人物の名前と説明が表示される。

(60) Frances Kellor, *Experimental Sociology, Descriptive and Analytical : Delinquents*. London : MacMillan and Company, 1901. Frances Kellor, *Out of Work : A Study of Employment Agencies*. New York : G. P. Putnam and Sons, 1904.

(61) Robert A. Carlson, "Americanization as an Early Twentieth-Century Adult Education Movement." *History of Education Quarterly* 10, no. 4 (Winter 1970) : 440–64.

(62) Frances Kellor, "Americanization by Industry." *The Immigrants in America Review* 2, no. 1 (April 1916) : 15–26, 15.

(63) John Higham, *Strangers in the Land : Patterns of American Nativism, 1860–1925*. New Brunswick : Rutgers University Press, 2002.

(64) 近年、学者たちはフランシス・ケラーの評判を回復させようと試みている。Allison Murdach, "Frances Kellor and the Americanization Movement." *Social Work* 53, no. 1 (January 2008) : 93–95 を参照。マーダックはケラーが不当に扱われてきたとし、アメリカ化に関する彼女の行動は彼女の初期の革新主義的信条と一致していたと主張する。私が主張するように、第一次世界大戦におけるケラーの行動は、彼女の初期の行動と切り離されたものと見なすべきではない。革新主義には強いナショナリズムの傾向があった。ケラーが第一次世界大戦において、排外主義やナショナリズムの勢力と連携したことは、彼女のキャリアに汚点を残すものである。

(65) Gary Gerstle, "Theodore Roosevelt and the Divided Character of American Nationalism." *Journal of American History* 86, no. 3 (December 1999) : 1280–1307. ガースルは、革新主義的改革と自民族中心主義や人種主義との間の緊張関係を、分裂した国民として特徴づけている。ローズヴェルトが経験していたのは、分断されたナショナリズムではなく、人種的優越性という一九世紀の概念と知的空間を奪い合う、人種関係に関する彼の思考における近代性の感覚の始まりであった可能性がある。

(66) Allen F. Davis, *American Heroine : The Life and Legend of Jane Addams*. Chicago : Ivan Dee, 2000, 212.

(67) Franz Boas, "Scientists as Spies." *The Nation* (December 20, 1919). Notable Names Database, "Franz Boas." www.nndb.com/people/861/000097570/ (2015 年 8 月 3 日にアクセス). David Price, "Anthropologist as Spies." *The Nation* (November 2, 2000), www.thenation.com/article/anthropologists-spies/ (2015 年 8 月 3 日にアクセス).

(68) Lewis, *W. E. B. Du Bois : Biography of a Race*, 529 より引用。

(69) Kevin Mattson, "Introduction : Reading Follett." In *The New State : Group Organization the Solution of Popular Government*, ed. Mary Parker Follett. University Park : The Pennsylvania State University Press, 1998. フォレットは、政府による、戦争に関する教育・プロパガンダのためのセツルメント・ハウスの国有化を支持した。Lewis, *W. E. B. Du Bois : Biography of a Race*, 528.

(70) すべての写真は、www.facebook.com/pg/LimitsofWesternization/photos/?tab=album&album_id=1495307350518240 において、記載されている順番で見ることができる。各写真をクリックすると、人物の名前と説明が表示される。Bruce Clayton, *Forgotten Prophet : The Life of Randolph Bourne*. Baton Rouge : Louisiana State University Press, 1984.

(71) Randolph Bourne, "Trans-National America." *Atlantic Monthly* 118 (July 1916) : 86–89. Ruben G. Rumbaut, "Assimilation and Its Discontents : Between Rhetoric and Reality." *International Migration Review* 31, no. 4, Special Issue : Immigrant Adaptation and Native-Born Responses in the Making of Americans (Winter 1997) : 953. Edward Abrahams, *The Lyrical Left : Randolph Bourne, Alfred Stieglitz and the Origins of Cultural Radicalism in America*. Charlottesville : University Press of Virginia, 1986.

(72) John Dewey, "Force and Coercion." *International Journal of Ethics* 26 (1916) : 359–67. John Dewey, "Force Violence and the Law." *The New Republic* 5 (1916) : 295–97.

(73) Alan Cywar, "John Dewey in World War I : Patriotism and International Progressivism." *American Quarterly* 21, no. 3 (Autumn 1969) : 578–94.

(74) 1918年のランドルフ・ボーンの未刊行原稿「国家」に収録されている "War is the Health of the State" を参照。引用元は David Milne. *Worldmaking : The Art and Science of American Diplomacy*, First edition. New York : Farrar, Straus and Giroux, 2015, 660.

(75) Randolph Bourne, "Twilight of Idols." *The Seven Arts* 11 (October 1917) : 688–702. ルイ・メナンドの優れた著書『メタフィジカル・クラブ』は、ボーンが第一次世界大戦に反対していたこと、そしてボーンとデューイとの間にかなり険悪な対立があったことに言及するが、その言及は短く、説得力に欠ける。メナンドの評価に欠けているのは、ボーンの鋭い批判である。この重要な戦争糾弾によって、ボーンはその反国家主義と、戦時下の愛国心の心理、いわゆる戦争「熱」に対する深い洞察力を際立たせている。

(76) Ian Tyrrell, "American Exceptionalism in an Age of International History." *The American Historical Review* 96, no. 4 (October 1991) : 1052–53.

(77) Prasenjit Duara, *Rescuing History From the Nation : Questioning Narratives of Modern China*. Chicago : University of Chicago Press, 1995, introduction.

(78) Richard Rorty, *Consequences of Pragmatism : Essays, 1972–1980*. Minneapolis : University of Minnesota Press, 1982. Richard Rorty, *Achieving Our Country : Leftist Thought in Twentieth-Century America*, The William E. Massey, Sr. Lectures in the His-

tory of American Civilization 1997. Cambridge : Harvard University Press, 1998. ローティは、特にその著書『アメリカ未完のプロジェクト』で、フーコーやデリダなどの新しい脱構築主義やポスト構造主義の思想に反対し、元来のプラグマティストであるジェイムズやデューイを受け入れている。Morris Dickstein, ed. *The Revival of Pragmatism : New Essays on Social Thought, Law, and Culture*. Durham : Duke University Press, 1998. ルイ・メナンドの著書 *The Metaphysical Club and Pragmatism : A Reader* は、プラグマティズムの思想を活性化させることに貢献してきた。

(79) Painter, *The History of White People*, 228–44.

(80) 解放が権力と闘うという物語は、自由と権力に関するアメリカ史の多くの考え方において、非常に一般的な枠組みである。しかし今回は解放と権力が一緒になっている。Anthony Giddens, *Modernity and Self-Identity : Self and Society in the Late Modern Age*, first publ. in the U.S.A. Stanford : Stanford University Press, 1997 を参照。ユルゲン・ハーバーマスは、現代の政治活動と解放政治について、非常によく似た分析を行っている。Jürgen Habermas and Thomas MacCarthy, *Reason and the Rationalization of Society*, Nachdr., The Theory of Communicative Action, Jürgen Habermas. Trans. by Thomas MacCarthy ; Volume 1. Boston : Beacon, 2007 を参照。

第三章

(1) John Dewey and Alice Chapman Dewey, *Letters from China and Japan*, Ed. Evelyn Dewey. New York : E. P. Dutton and Company, 1920, 31.

(2) Jay Martin, *The Education of John Dewey : A Biography*. New York : Columbia University Press, 2002, 318–19.

(3) John Dewey and Alice Chapman Dewey, *Letters from China and Japan*, 156–57.

(4) John Dewey, *Letters from China and Japan*. Honolulu : University of Hawaii Press, 1920, 246–47.

(5) John Dewey to children, June 10, 1919, 1–2, John Dewey Papers, Southern Illinois University Special Collections Research Center, Carbondale, Illinois.

(6) John Dewey and Alice Chapman Dewey, *Letters from China and Japan*, 308.

(7) Quoted in Martin, The Education of John Dewey, 322.

(8) Jessica Ching-Sze Wang, John Dewey in China : To Teach and to Learn, SUNY Series in Chinese Philosophy and Culture. Albany : State University of New York Press, 2007, 62.

(9) Ibid., 36.

(10) Sor-Hoon Tan, "China's Pragmatist Experiment in Democracy : Hu Shih's Pragmatism and Dewey's Influence in China." *Metaphilosophy* 35, no. 1/2 (January 2004) : 44–64.

(11) Jerome Grieder, *Hu Shih and the Chinese Renaissance : Liberalism in the Chinese*

Revolution, 1917–1937. Cambridge : Harvard University Press, 1970, 31.

(12) Ibid., 28.

(13) すべての写真は、www.facebook.com/pg/LimitsofWesternization/photos/?tab=album&album_id=1495307350518240 において、記載されている順に見ることができる。各写真をクリックすると、人物の名前と説明が表示される。

(14) Wang, *John Dewey in China*, 34–36. Wang は、胡適がデューイとウィリアム・ジェイムズからプラグマティズムを丸ごと借用した表面的な西洋主義者であると主張し、胡独自の思想はほとんど持っていなかったと示唆している。

(15) Grieder, *Hu Shih and the Chinese Renaissance*. Wang, *John Dewey in China*, 34–36, 胡適を中国の伝統的な儒学者のエリートとして描いている。

(16) Maurice Meisner, *Li Ta-Chao and the Origins of Chinese Marxism*. Cambridge : Harvard University Press, 1967.

(17) Sor-Hoon Tan, “The Pragmatic Confucian Approach to Tradition in Modernizing China.” *History & Theory* 51, no. 4 (December 2012) : 23–44.

(18) Bartolomeus Zielinski, The Outbreak of World War One in the Pacific and the ‘New’ Pacific Carve-Up, given at the Global Wars in the Twentieth Century Conference, Hawai’i Pacific University, Honolulu, HI, January 16, 2015.

(19) James Reed, *The Missionary Mind and American East Asia Policy, 1911–1915*, Harvard East Asian Monographs 104. Cambridge : Council on East Asian Studies, Harvard University : Distributed by Harvard University Press, 1983.

(20) Grieder, *Hu Shih and the Chinese Renaissance*, 57.

(21) Ibid., 56.

(22) Ibid., 59 に引用されている。

(23) Hu Shih, “Is There a Substitute for Force in International Relations?” Hu Shih Papers, Department of Manuscripts and University Archives, Cornell University, Microfilm Reel 1 に収められている。

(24) Hu Shih, “A Plea for Patriotic Sanity : An Open Letter to All Chinese Students.” *The Chinese Students’ Monthly* 10, no. 7 (April 1915) : 425–26.

(25) Hu Shih, “Letter to the Editor.” *The New Republic* (February 1915).

(26) Hu Shih, *The Development of the Logical Method in Ancient China*. Shanghai : Oriental Book Company, 1922, 6–7, www.archive.org/stream/methodinchina00huuoft#page/n5/mode/2up (2017 年 8 月 3 日にアクセス).

(27) Ibid., 1–4.

(28) Ibid., 3.

(29) Ibid., 8.

(30) Ibid., 65.

(31) Yu-lan Fung, *A History of Chinese Philosophy, Volume II, The Period of Philosophers*. Princeton : Princeton University Press, 1952, 2, 5.

(32) Maurice Meisner, *Li Ta-Chao and the Origins of Chinese Marxism*. Cambridge : Harvard University Press, 1967, 178.

(33) Gloria Davies, *Lu Xun's Revolution : Writing in a Time of Violence*. Cambridge : Harvard University Press, 2013, 127.

(34) Grieder, *Hu Shih and the Chinese Renaissance*, 185–86.

(35) Ibid., 185–86.

(36) John Dewey, *Lectures in China, 1919–1920*. Honolulu : University Press of Hawaii, 1973.

(37) Wang, *John Dewey in China*, 40.

(38) Martin, *The Education of John Dewey*, 322.

(39) Dewey, *Lectures in China*, 1919–1920, 56.

(40) Ibid., 57–58, 62–63.

(41) Ibid., 93–94, 98.

(42) Ibid., 158.

(43) Ibid., 159.

(44) John Dewey, "Racial Prejudice and Friction." *Chinese Social and Political Science Review* 6 (1922) : 2–7.

(45) Ibid., 160–62. John Dewey, "The Discrediting of Idealism." *The New Republic* (October 8, 1919) : 285.

(46) Dewey, *Letters from China and Japan*, 237.

(47) Joseph Grange, *John Dewey, Confucius, and Global Philosophy*, SUNY Series in Chinese Philosophy and Culture. Albany : State University of New York Press, 2004. Roger T. Ames, "Confucianism and Deweyan Pragmatism : A Dialogue." *Journal of Chinese Philosophy* 30, no. 3–4 (2003) : 403–17.

(48) Wang, *John Dewey in China*, 43–44.

(49) Meisner, *Li Ta-Chao and the Origins of Chinese Marxism*. Barry C. Keenan, *The Dewey Experiment in China : Educational Reform and Political Power in the Early Republic*, Harvard East Asian Monographs 81. Cambridge : Council on East Asian Studies, Harvard University : Distributed by Harvard University Press, 1977. Benjamin Isadore Schwartz, *Chinese Communism and the Rise of Mao*, 8. print. Russian Research Center Studies 4. Cambridge : Harvard University Press, 1979.

(50) Wang, *John Dewey in China*, 45–46.

(51) Bertrand Russell, *Uncertain Paths to Freedom : Russia and China, 1919–22*, ed. Richard A. Rempel, 2000. The Collected Papers of Bertrand Russell 15 (London : Routledge), lxviii.

(52) Ibid., 323–25.

(53) Jessica China-Sze Wang, "John Dewey as a Learner in China." *Education and Culture* 21, no. 1 (2005) : 59–73, 69–70. C. F. Remer, "John Dewey's Responsibility for

American Opinion." *Millard's Review* 13（July 10, 1920）: 321–22.
（54） Wang, *John Dewey in China*, 42.
（55） John Dewey to Albert C. Barnes, September 12, 1920 in Dewey's Correspondence.
（56） Letter, Hu Shih to John Dewey, October 11, 1926, 1–2, found in John Dewey Papers, Special Collections Research Center, Southern Illinois University, Carbondale, Illinois.
（57） Ibid., 2–6.
（58） Ernest O. Hauser, "China's Greatest Living Scholar Fights a Winning Battle of Wits against Japan," *Life*（December 15, 1941）: 129.
（59） Ibid., 129–30.
（60） John Dewey, *The Philosopher of the Common Man : Essays in Honor of John Dewey to Celebrate his 80th Birthday.*（Reprint Westwood : Greenwood Press, 1968）（1940）. Letter Hu Shih to John Dewey, March 2, 1940, 1–4. Letter, John Dewey to Hu Shih, March 6, 1940, 2–3. どちらも John Dewey Papers, Special Collections Research Center, Morris Library, Southern Illinois University, Carbondale, Illinois. にて参照。
（61） Martin, *The Education of John Dewey*, 326.
（62） Quoted in Wang, *John Dewey in China*, 31.
（63） John P. Diggins, *The Promise of Pragmatism : Modernism and the Crisis of Knowledge and Authority*. Chicago : University of Chicago Press, 1994, 300.
（64） Wang, *John Dewey in China*, 94, 94–112.
（65） Dewey, *Lectures in China, 1919–1920*, 27.
（66） Ibid., 26.
（67） Ibid., 28.
（68） すべての写真は、www.facebook.com/pg/LimitsofWesternization/photos/?tab=album&album_id=1495307350518240 において、記載されている順に見ることができる。各写真をクリックすると、人物の名前と説明が表示される。
（69） Pankaj Mishra, *From the Ruins of Empire : The Intellectuals Who Remade Asia*, First American edition. New York : Farrar, Straus and Giroux, 2012, 167–68.
（70） Quoted in Paul B. Foster, *Ah Q Archaeology : Lu Xun, Ah Q, Ah Q Progeny and the National Character Discourse in Twentieth Century China*. Lanham : Lexington Books, 2006, 79.
（71） Xun Lu and Julia Lovell, *The Real Story of Ah-Q and Other Tales of China : The Complete Fiction of Lu Xun*, Penguin Classics. London : Penguin, 2009, xvi.
（72） Prasenjit Duara, *Sovereignty and Authenticity : Manchukuo and the East Asian Modern*. Lanham : Rowman & Littlefield Publishers, 2003, 137–39, 220.
（73） Foster, *Ah Q Archaeology*, 80–83.
（74） Davies, *Lu Xun's Revolution*, 126.
（75） Ibid., 126–27. E. J. Hobsbawm and T. O. Ranger, eds. *The Invention of Tradition*, Canto Classics. Cambridge : Cambridge University Press, 2012.

(76) Davies, *Lu Xun's Revolution*, 38.

(77) Ibid., 5, 6.

(78) Kenny Kwok-kwan Ng, *The Lost Geopoetic Horizon of Li Jieren : The Crisis of Writing Chengdu in Revolutionary China*, Sinica Leidensia, Volume 120. Leiden ; Boston : Brill, 2015. Prasenjit Duara, "Local Worlds : The Poetics and Politics of the Native Place in Modern China." *The South Atlantic Quarterly* 99, no. 1 (Winter 2000) : 17. Lu and Lovell, *The Real Story of Ah-Q and Other Tales of China*, xxi–xxiii.

第四章

(1) Peter Novick, *That Noble Dream : The "Objectivity Question" and the American Historical Profession*. New York : Cambridge University Press, 1988, 240.

(2) Ibid., 96.

(3) Emily S. Rosenberg, ed. *A World Connecting, 1870–1945.* A History of the World. Cambridge : Belknap Press of Harvard University Press, 2012, 825.

(4) David Milne, *Worldmaking : The Art and Science of American Diplomacy*, First edition. New York : Farrar Strauss, and Giroux, 2015, 773.

(5) David S. Brown, *Beyond the Frontier : The Midwestern Voice in American Historical Writing*. Chicago ; London : The University of Chicago Press, 2009, 59–60.

(6) Milne, *Worldmaking*, 659.

(7) すべての写真は本書に記述されている順で、以下に見つけることができる。www.facebook.com/pg/LimitsofWesternization/photos/?tab=album&album_id=1495307350518240. 人物の名前と説明については、それぞれの写真をクリックのこと。

(8) André Sorensen, *The Making of Urban Japan : Cities and Planning from Edo to the Twenty-First Century*, Transferred to Digital Printing, The Nissan Institute/Routledge Japanese Studies Series. London : Routledge, 2003, 149.

(9) Hiroo Nakajima, "Beyond War : The Relationship between Charles and Mary Beard." *Japanese Journal of American Studies* no. 24 (2013) : 125–44.

(10) Narrative Accompanying the 16 mm movie, "A Glimpse at the Visit of Charles A. and Beard to Japan in 1922–They are Entertained by the Sasakis." DC 1686, Folder 7, Charles and Mary Beard Papers, Archives of DePauw University and Indiana United Methodism, Greencastle, Indiana, 1–2.

(11) Charles Beard, *The Administration and Politics of Tokyo : A Survey and Opinions*. New York : The MacMillan Company, 1923, 1 (チャールズ・A・ビーアド (東京市政調査会訳)『東京の行政と政治——東京市政論』東京市政調査会、1964 年、16 頁).

(12) Ibid., 5–6 (同上、20 頁).

(13) Ibid., 8–9 (同上、23 頁).

(14) Ibid., 148.

(15) Ibid., 11. Sorensen. *The Making of Urban Japan*, 149–50.

(16) Beard, *The Administration and Politics of Tokyo*, 145（ビーアド『東京の行政と政治』、153 頁）.

(17) Ibid., 146–47（同上、154～155 頁）.

(18) Letter Takenaka Shige to Mary Beard, Tokyo Asahi Shimbun Letterhead, DC 1686, Folder 7, Charles and Mary Beard Papers, Archives of DePauw University, 1.

(19) Otis Manchester Poole, *The Death of Old Yokohama*. London : George Allen and Unwin, Ltd, 1968, 9.

(20) "Aged Survivor Jolts Collective Memory of Tokyo's Fatal Day." *Asahi News Service*, Tokyo（September 24, 1999）: 13.

(21) "Testimony by Survivor of Great Kanto Earthquake." *The People's Korea*（December 1, 1999）: 1–2.

(22) Charles Beard, Letter to the Editor, "Japan's Problem : To Be Met by Her Own Experts and Dealt with in Her Own Way." *New York Times*（September 17, 1923）: 14.

(23) Beard, Letter to the Editor, *New York Times*, 14. Thomas C. Kennedy, *Charles A. Beard and American Foreign Policy*. Gainesville : University Presses of Florida, 1975, 50.

(24) Kennedy, *Charles A. Beard and American Foreign Policy*, 50.

(25) すべての写真は本書に記述されている順で、以下に見つけることができる。www.facebook.com/pg/LimitsofWesternization/photos/?tab=album&album_id=1495307350518240. 人物の名前と説明については、それぞれの写真をクリックのこと。

(26) Tsurumi Yusuke, *Contemporary Japan*. Tokyo : The Japan Times, 1927, 10.

(27) Ibid., 16–19.

(28) Tsurumi Yusuke, "Japan and America." *The Saturday Evening Post*（February 7, 1925）: 137–40.

(29) Kennedy, *Charles A. Beard*, 49–51.

(30) Editorial, "Japan—Enemy or Friend?" *The Nation* 120（March 25, 1925）: 309.

(31) Ibid., 309.

(32) Charles and Mary Beard, "The Issues of Pacific Policy." *Survey* 56, no. 189（May 1, 1926）: 189.

(33) Miriam Beard, "Our War Advertising Campaign." *The Nation* 120（March 25, 1925）: 322.

(34) Letters, Tsurumi Yusuke to SCAP, February 1949 classification 037, box 8619 GHQ/SCAP National Archives and Records Service, National Diet Library Tokyo. Letters, Tsurumi Dec 1945–June 1951 GHQ/SCAP records box 2275R National Archives, classification 340. SCAP File on Takagi Yasaka. NDL IPS Records（RG331）microfilm roll 41, Entry 327, doc 0927–0931. February 7, 1947.

(35) Harold Josephson, *James T. Shotwell and the Rise of Internationalism in America*. Rutherford : Fairleigh Dickinson University Press, 1974, 56–57.

(36) James Shotwell, *The Autobiography of James T. Shotwell*. New York : The Bobbs-Merrill Company, Inc, 1961, 90–95.

(37) すべての写真は本書に記述されている順で、以下に見つけることができる。www.facebook.com/pg/LimitsofWesternization/photos/?tab=album&album_id=1495307350518240. 人物の名前と説明については、それぞれの写真をクリックのこと。

(38) Josephson, *James T. Shotwell and the Rise of Internationalism in America*, 159–78.

(39) Ibid., 185.

(40) Shotwell, *The Autobiography of James T. Shotwell*, 250.

(41) Ibid., 242.

(42) Josephson, *James T. Shotwell and the Rise of Internationalism in America*, 182.

(43) Shotwell, *The Autobiography of James T. Shotwell*, 244–45.

(44) American National Committee on Intellectual Cooperation, Minutes of Meeting, December 5, 1931, James T. Shotwell Papers (JTSP), Columbia University Rare Book and Manuscript Library (RBML), Boxes 140, 141, p. 7. James T. Shotwell, Report the Committee on Intellectual Cooperation of the League of Nations, May 31, 1932, JTSP RBML, boxes 140, 141, p. 1–5.

(45) American Committee on Intellectual Cooperation Minutes of Meeting, December 10, 1932, RBML, boxes 140, 141, p. 5. Josephson, *James T. Shotwell and the Rise of Internationalism in America*, 191–93.

(46) Earle B. Babcock, Report, The Fourteenth Session of International Committee of Intellectual Cooperation, July 12–23, 1932, JTSP, RBML, boxes 140, 141, p. 14.

(47) Letter, James Yen to League of Nations Educational Mission c/o R. H. Tawney, January 5, 1933, JTSP, RBML, boxes 153, 154, p. 3.

(48) Ibid., 9.

(49) "Regaining Education Rights," China Christian Educational Association to Members, Rockefeller Foundation Records, Rockefeller Archive Center, China Medical Board Records, RG 4, Box No. 38, folder 841, 1.

(50) Ibid., 2–4.

(51) Statement, Some of Opinions of W. K. Chung, Rockefeller Foundation Records, Rockefeller Archive Center, China Medical Board Records, RG 4, Box No. 38, folder 841.

(52) James Shotwell, Foreword, *Essays in Intellectual History : Dedicated to James Harvey Robinson by his Former Students*. New York : Harper and Row, 1968, 65–67. First published in 1929.

(53) Ruth Nanda Anshen, ed. *Science and Man*. New York City : Harcourt, Brace and Company, 1942, 154.

(54) Josephson, *James T. Shotwell and the Rise of Internationalism in America*, 15–16.

(55) Jane Addams, *Second Twenty Years at Hull House*. The MacMillan Company, 1930, 7.

(56) Alan Dawley, *Changing the World : American Progressives in War and Revolution*, Politics and Society in Twentieth-Century America. Princeton : Princeton University Press, 2003, 298–301.

(57) Allen Freeman Davis, *American Heroine : The Life and Legend of Jane Addams*. Chicago : Ivan Dee, 2000, 254–56.

(58) Addams, *Second Twenty Years at Hull House*, 180–81.

(59) Ibid., 184.

(60) Davis, *American Heroine*, 271.

(61) Ibid., 203–04.

(62) Ibid., 172.

(63) Allen F. Davis, *Jane Addams on Peace, War, and International Understanding, 1899–1932*. New York City : Garland Publishing, Inc., 1976, 203–04.

(64) すべての写真は本書に記述されている順で、以下に見つけることができる。www.facebook.com/pg/LimitsofWesternization/photos/?tab=album&album_id=1495307350518240. 人物の名前と説明については、それぞれの写真をクリックのこと。

(65) Michi Kawai, *My Lantern*. Tokyo : Kyo Bun Kwan, 1939, 43.

(66) Ibid., 134. Amanda L. Izzo, "'By Love, Serve One Another' : Foreign Mission and the Challenge of World Fellowship in the YWCAs of Japan and Turkey." *Journal of American-East Asian Relations* (December 2017), 357.

(67) Ibid., 358.

(68) Ibid., 359.

(69) Nitobe Inazō, Opening Address, in Tomoko Akami, *Internationalizing the Pacific : The United States, Japan and the Institute of Pacific Relations in War and Peace*. London : Routledge Press, 2002, 146 に引用。

(70) Ibid., 16–19.

(71) すべての写真は本書に記述されている順で、以下に見つけることができる。www.facebook.com/pg/LimitsofWesternization/photos/?tab=album&album_id=1495307350518240. 人物の名前と説明については、それぞれの写真をクリックのこと。

(72) Jung-Sun N. Han, *An Imperial Path to Modernity : Yoshino Sakuzō and a New Liberal Order in East Asia, 1905–1937*, Harvard East Asian Monographs 346. Cambridge : Harvard University Asia Center, 2012, 36–40.

(73) Emily Anderson, *Christianity and Imperialism in Modern Japan : Empire for God*, SOAS Studies in Modern and Contemporary Japan. London ; New York : Bloomsbury Academic, an imprint of Bloomsbury Publishing, Plc, 2014, 46–48, 95–100.

(74) Yoshino, Hegeru no horitsu tetsugaku no kiso, found in Han, *An Imperial Path to*

Modernity, 55 に引用 (「ヘーゲルの法律哲学の基礎」『吉野作造選集』第 1 巻、岩波書店、1995 年、72〜73 頁)。

(75) Brett McCormick, "When the Medium is the Message : The Ideological Role of Yoshino Sakuzō's Minponshugi in Mobilizing the Japanese Public." *European Journal of East Asian Studies* 6, no. 2 (2007) : 194 (吉野作造『民主主義論』新紀元社、1948 年、38 頁).

(76) Ibid., 186, 190–91.

(77) Ronald P. Loftus, "Yoshino Sakuzō." www.willamette.edu/~rloftus/democratic.html, accessed on October 4, 2015.

(78) Han, *An Imperial Path to Modernity*, 27, 40 (「青年時代の実際運動〔抄〕」『吉野作造選集』第 12 巻、65 頁、「国際競争場裡に於ける最後の勝利」同、第 5 巻、91 頁).

(79) Sharon Minichiello, ed. *Japan's Competing Modernities : Issues in Culture and Democracy, 1900–1930*. Honolulu : University of Hawai'i Press, 1998, 9.

(80) Rosenberg, *A World Connecting, 1870–1945*, 819.

(81) Han, *An Imperial Path to Modernity*, 14–19.

(82) Mark Caprio, "Loyal Patriot? Traitorous Collaborator? The Yun Chi Ho Diaries and the Question of National Loyalty." *Journal of Colonialism and Colonial History* 7, no. 31 (2007) : 1–13, 5 に引用。

(83) Caprio, "Loyal Patriot?", 8 に引用。

第五章

(1) Ramon H. Myers, "The World Depression and Chinese Economy, 1930–1936." In *The Economies of Africa and Asia in the Inter-War Depression*, Ed. Ian Brown. London ; New York : Routledge, 1989.

(2) Charles Beard, *An Economic Interpretation of the Constitution of the United States*. New York : The Macmillan Company, 1913.

(3) David W. Marcell, *Progress and Pragmatism : James, Dewey, Beard, and the American Idea of Progress*. Contributions in American Studies, no. 9. Westport : Greenwood Press, 1974, 276 頁より引用。

(4) Ibid., 261 より引用。

(5) Ibid., 269 より引用。

(6) Ibid.,, 303 より引用。

(7) Ibid., 284 より引用。

(8) Charles A. Beard and George H. E. Smith, *The Open Door at Home ; A Trial Philosophy of National Interest*. Westport : Greenwood Press, 1972, 19–20.

(9) Charles A. Beard, "International Encyclopedia of the Social Sciences." 1968. *Encyclo-*

pedia.com. www.encyclopedia.com/doc/1G2-3045000094.html 2016年4月15日アクセス。

（10） David S. Brown, *Beyond the Frontier : The Midwestern Voice in American Historical Writing*. Chicago ; London : The University of Chicago Press, 2009, 63頁より引用。

（11） Marcell, *Progress and Pragmatism*, 297–98.

（12） Ibid., 316–17より引用。

（13） Thomas C. Kennedy, Charles *A. Beard and American Foreign Policy*. Gainesville : University Presses of Florida, 1975, 39頁より引用。

（14） Charles Beard, *Cross Currents in Europe Today*. Boston : Marshall Jones, 1922, 2, 6.

（15） Charles Beard, "Prospects for Peace." Harper's Magazine（February 1929）: 327–28.

（16） Brown, *Beyond the Frontier*, 60.

（17） David W. Noble, *The End of American History : Democracy, Capitalism, and the Metaphor of Two Worlds in Anglo-American Historical Writing*, 1880–1980. Minneapolis : University of Minnesota Press, 1985, 44–48. David Milne. *Worldmaking : The Art and Science of American Diplomacy*, First edition. New York : Farrar, Straus and Giroux, 2015, 862.

（18） Milne, *Worldmaking : The Art and Science of American Diplomacy*, 863頁より引用。

（19） Ibid., 894–98.

（20） Ibid., 909–14.

（21） Ibid., 1015–16.

（22） Report of the Columbia University Council for Research in the Social Sciences, found in Anthropology Department Papers, RBML, Columbia University, 1–2.

（23） すべての写真は、本書で説明されている順に、www.facebook.com/pg/LimitsofWesternization/photos/?tab=album&album_id=1495307350518240で閲覧可能。各写真をクリックすると、人物の名前と説明が表示される。

（24） Letter, Franz Boas to Margaret Mead, Found in Columbia University Department of Anthropology Papers, RBML, Columbia University, July 14, 1925, 2.

（25） Letter, Gordon W. Allport to Margaret Mead, Found in Margaret Mead Papers, Library of Congress, September 14, 1940.

（26） Margaret Mead, "Easy Life on Bali Cited as Injurious to Democracy.". *New York Journal-American*（August 20, 1939）, March of Events Section, 1.

（27） Ruth Benedict, *Patterns of Culture*. New York : Houghton Mifflin, 1934, 46〔ルース・ベネディクト（尾高京子訳）『文化の諸様式』中央公論社、1951年、56頁〕.

（28） American Committee for Democracy and Intellectual Freedom, New York Chapter "Science Condemns Racism," found in Franz Boas Papers, General Correspondence, Box C2, Library of Congress, 1, 6.

（29） Letter, Margaret Mead to Mrs. Franklin Roosevelt, found in Margaret Mead Papers, Library of Congress, August 25, 1939, 1–2.

(30) Morale Committee-Japan, found in Margaret Mead Papers, Library of Congress, November 8, 1941, 1–2. この文書には文責が示されていないが、他の文書に書かれた二人の筆跡と同じであることから、そのメモ書きは明らかにミードとベイトソンの筆跡である。

(31) John Dewey, *Freedom and Culture*, Prometheus edition. New York : Prometheus, 1989, 97.

(32) George W. Stocking, ed., *Malinowski*, R*ivers, Benedict, and Others : Essays on Culture and Personality*, History of Anthropology, Volume 4. Madison : University of Wisconsin Press, 1986, 209–10.

(33) Margaret Mead, *And Keep Your Powder Dry : An Anthropologist Looks at America*. New York : W. Morrow and Co., 1942.

(34) Jon Thares Davidann, *Cultural Diplomacy in U.S.-Japanese Relations, 1919–1941*, First edition. New York : Palgrave Macmillan, 2007, 222–23.

(35) Peter Mandler, *Return from the Natives : How Margaret Mead Won the Second World War and Lost the Cold War*. New Haven : Yale University Press, 2013. Stocking. Malinowski, Rivers, Benedict, and Others, 212–14.

(36) Stocking, *Malinowski, Rivers, Benedict, and Others*, 214.

(37) すべての写真は、本書で説明されている順に、www.facebook.com/pg/LimitsofWesternization/photos/?tab=album&album_id=1495307350518240 で閲覧可。各写真をクリックすると、その人物の名前と説明が表示される。

(38) David L. Lewis, *W. E. B. Du Bois : The Fight for Equality and the American Century*, First edition. New York : H. Holt, 2000, 497 より引用。

(39) Lewis, *W. E. B. Du Bois : The Fight for Equality and the American Century*, 353.

(40) 映画『国民の誕生』のスチール。https : //commons.wikimedia.org/wiki/File : Wilson-quote-in-birth-of-a-nation.jpg, 2017 年 8 月 12 日アクセス。

(41) Lewis, *W. E. B. Du Bois : The Fight for Equality and the American Century*, 352–57. Glenda Elizabeth Gilmore, *Gender and Jim Crow : Women and the Politics of White Supremacy in North Carolina, 1896–1920*. Gender & American Culture. Chapel Hill : University of North Carolina Press, 1996.

(42) Lewis, *W. E. B. Du Bois : The Fight for Equality and the American Century*, 376–77.

(43) Ibid., 396.

(44) Ibid., 400.

(45) Ibid., 390–93, 406–07.

(46) Ibid., 392.

(47) Ibid., 409.

(48) Emily Anderson, *Christianity and Imperialism in Modern Japan : Empire for God*, SOAS Studies in Modern and Contemporary Japan. London ; New York : Bloomsbury Academic, an imprint of Bloomsbury Publishing, Plc, 2014, 221–37.

(49) George M. Wilson, *Radical Nationalists in Japan : Kita Ikki 1883–1937*. Cambridge, MA : Harvard University Press, 1969.

(50) Lewis, *W. E. B. Du Bois : The Fight for Equality and the American Century*, 410.

(51) Arthur Schlesinger, "Japan's Destiny in the Orient," *American Mercury, Vol 32, No. 127* (July 1934), p. 293.

(52) Lewis, *W. E. B. Du Bois : The Fight for Equality and the American Century*, 411.

(53) Ibid., 411.

(54) W. E. B. Du Bois, Bill Mullen and Cathryn Watson, *W. E. B. Du Bois on Asia : Crossing the World Color Line*, First edition. Jackson : University Press of Mississippi, 2005, 84.

(55) Lewis, *W. E. B. Du Bois : The Fight for Equality and the American Century*, 413.

(56) Ibid., 413–14.

(57) Ibid., 415.

(58) Lewis, *W. E. B. Du Bois : The Fight for Equality and the American Century* ; Bill Mullen and Cathryn Watson, *W. E. B. Du Bois on Asia*, 97.

(59) Lewis, *W. E. B. Du Bois, The Fight for Equality and the American Century*, 416.

(60) Du Bois, Mullen, and Watson, *W. E. B. Du Bois on Asia*, 98.

(61) Lewis, *W. E. B. Du Bois : The Fight for Equality and the American Century*, 419–20. Du Bois, Mullen, and Watson, *W. E. B. Du Bois on Asia*, 90.

(62) Lewis, *W. E. B. Du Bois : The Fight for Equality and the American Century*, 544–45.

(63) Ibid., 547–49.

(64) Du Bois, Mullen, and Watson, *W. E. B. Du Bois on Asia*, 190–201.

(65) Lewis, *W. E. B. Du Bois : The Fight for Equality and the American Century*, 565–66.

(66) Ibid., 568–69.

(67) Jung-Sun Han, "Rationalizing the Orient : The 'East Asia Cooperative Community' in Prewar Japan." Monumenta Nipponica 60, no. 4 (Winter 2005), note 12, 484.

(68) Jung-Sun Han, *An Imperial Path to Modernity : Yoshino Sakuzō and a New Liberal Order in East Asia, 1905–1937*, Harvard East Asian Monographs, 346. Cambridge : Harvard University Asia Center, 2012, 168.

(69) Han, "Rationalizing the Orient," 495–96.

(70) Han, *An Imperial Path to Modernity*, 171.

(71) Ibid., 184〔蠟山政道「東亜協同体の理論」『改造』1938年11月、23頁〕.

(72) Han, "Rationalizing the Orient,"、502頁に引用されている〔蠟山政道「国際連盟の改造に就いて」『外交時報』698号、1934年9月、114頁〕。

(73) Rōyama Masamichi, "The Problems of Contemporary Japan." University of Hawaii Occasional Papers Volume 24. Honolulu : University of Hawaii (January 1935) : 42–43.

(74) Louise Young, *Japan's Total Empire : Manchuria and the Culture of Wartime Impe-*

rialism. First pbk. print. Berkeley ; London : University of California Press, 1999, 224〔L・ヤング（加藤陽子・川島真・高光佳絵・千葉功・古市大輔訳）『総動員帝国――満州と戦時帝国主義の文化』岩波書店、2001 年、126 頁〕.

（75） Han, *An Imperial Path to Modernity*, 168.

（76） Han, "Rationalizing the Orient," 505–06.

（77） Elise K. Tipton, ed. *Society and the State in Interwar Japan*, The Nissan Institute/Routledge Japanese Studies Series. London ; New York : Routledge, 1997, 109 頁より引用〔香浦初美「農村の兄姉へ」『神科時報　縮刷版』神科村史刊行会、1978 年、1932 年 5 月、1 頁〕。

（78） すべての写真は、本書で説明されている順に、www.facebook.com/pg/LimitsofWesternization/photos/?tab=album&album_id=1495307350518240 で閲覧可能。各写真をクリックすると、その人物の名前と説明が表示される。

（79） Yoshimi Takeuchi, *What Is Modernity? Writings of Takeuchi Yoshimi*, trans and ed. by Richard Calichman. Weatherhead Books on Asia. New York : Columbia University Press, 2005, 150〔竹内好「方法としてのアジア」同『近代の超克』筑摩書房、1983 年所収、116 頁〕.

（80） Young, *Japan's Total Empire*, chapter 6.

（81） "Japan's Periodicals-Extracts." *Contemporary Japan* 6（December 1937）、白鳥敏夫『改造』495–96 頁より引用。

（82） Mikasa Shobo, "Book Reviews." *Contemporary Japan* 7（September 1938）: 333.

（83） Commader Kawakami. "After a Battle in Kiangwan." *Asia* 38, no. 4（April 1938）: 224.

（84） Takeuchi, *What is Modernity?*, 151〔竹内「方法としてのアジア」、117 頁〕.

（85） Ibid., 123–26〔竹内好「近代の超克」『近代の超克』所収、80 頁〕.

（86） Barak Kushner, *The Thought War : Japanese Imperial Propaganda*. Honolulu : University of Hawai'i Press, 2006. しかし、共産主義者が投獄されなければ、日本帝国と戦争に反対して戦い続けたという保証はどこにもなかった。世界各国の共産主義運動の諸活動を統制しようとするソ連のコミンテルンは、スターリンから命令を受けた。もし、スターリンが 1930 年代後半に日本を同盟国にすると決めたら、共産主義者は党の方針に従って、中国に対して日本帝国を支持するように求められただろう。合衆国で行われたように、おそらく彼らは支持しただろう。

（87） Takeuchi, *What is Modernity?*, 119〔「近代の超克」74 頁〕.

（88） Ibid., 104–05, 120–21〔「近代の超克」67、75～76 頁〕.

（89） Richard Calichman, ed. *Overcoming Modernity : Cultural Identity in Wartime Japan*, Weatherhead Books on Asia. New York : Columbia University Press, 2008, 113–14.

（90） Takeuchi, *What is Modernity?*, 116〔「近代の超克」71 頁〕.

（91） Calichman, ed. *Overcoming Modernity*、183–87〔河上徹太郎ほか『近代の超克』冨山房百科文庫、1979 年、231 頁〕.

（92） Takeuchi, *What is Modernity?*, 105〔「近代の超克」69 頁〕.

（93） Harry D. Harootunian, *Overcome by Modernity : History, Culture, and Community in Interwar Japan*. Princeton : Princeton University Press, 2000, 94.

（94） Takeuchi, *What is Modernity?*, 103〔「近代の超克」66 頁〕.

（95） Ibid., 70〔竹内好「近代とは何か」『近代の超克』所収、28 頁〕.

（96） Ibid., 48〔竹内好「文化移入の方法」『竹内好全集』第 4 巻、筑摩書房、1980 年、122 頁〕.

（97） Ibid., 47〔竹内「文化移入の方法」120 頁〕.

（98） Ibid., 103–04.

（99） すべての写真は、本書で説明されている順に、www.facebook.com/pg/LimitsofWesternization/photos/?tab=album&album_id=1495307350518240 で閲覧可能。各写真をクリックすると、その人物の名前と説明が表示される。

（100） Peter Gue Zarrow, *China in War and Revolution, 1895–1949, Asia's Transformations*. London ; New York : Routledge, 2005, 256.

（101） Ibid., 265.

（102） Frederic Wakeman, Jr., "A Revisionist View of the Nanjing Decade : Confucian Fascism." *The China Quarterly* 150（1997）: 395–432.

（103） John King Fairbank, and Denis Crispin Twitchett, eds. *Republican China, 1912–1949* ; Part 2, Reprinted, The Cambridge History of China, general eds. : Denis Twitchett, and John K. Fairbank. Volume 13. Cambridge : Cambridge University Press, 2002, 143.

（104） Peter Gue Zarrow, *China in War and Revolution, 1895–1949*, Asia's Transformations. London ; New York : Routledge, 2005, 257. Fairbank, and Twitchett, eds. Republican China, 1912–1949 ; Part 2, 144.

（105） Arif Dirlik, "The Ideological Foundations of the New Life Movement : A Study in Counterrevolution," Journal of Asian Studies 34, no. 4（1975）: 945–80.

（106） Richard J. Jensen, Jon Thares Davidann and Yoneyuki Sugita, eds. *Trans-Pacific Relations : America, Europe, and Asia in the Twentieth Century. Perspectives on the Twentieth Century*. Westport : Praeger, 2003, 64–65.

（107） Rotem Kowner and Walter Demel, eds. *Race and Racism in Modern East Asia : Interactions, Nationalism, Gender and Lineage*, Brill's Series on Modern East Asia in a Global Historical Perspective 4. Boston : Brill, 2015, 431.

（108） Maria Hsia Chang, *The Chinese Blue Shirt Society : Fascism and Developmental Nationalism*, China Research Monograph 30. Berkeley : Institute of East Asian Studies, University of California-Berkeley, Center for Chinese Studies, 1985, 22–23.

（109） Elena Barabantseva, *Overseas Chinese, Ethnic Minorities, and Nationalism : Decentering China*. New York : Routledge, 2010. Grant Hermans Cornwell, and Eve Walsh Stoddard, eds. *Global Multiculturalism : Comparative Perspectives on Ethnicity, Race, and Nation*. Lanham : Rowman & Littlefield Publishers, 2000, 299–300.

第六章

（1） Rana Mitter. *Forgotten Ally : China's World War II, 1937–1945*, First U.S. edition. Boston : Houghton Miffling Harcourt, 2013.
（2） Genereal Joseph W. Stilwell, Stilwell diaries at the Hoober Institution Archives, Stanford University, Transcribed Diary for 1945, http : //media.hoover.org/sites/default/files/documents/1945Stilwell. pdf. 2017年9月10日アクセス。
（3） すべての写真は以下のリンクよりアクセス可能。www.facebook.com/pg/LimitsofWesternization/photos/?tab=album&album_9d=1495307350518240
（4） John King Fairbank, *Chinabound : A Fifty-Year Memoir*, First edition. New York : Harper & Row, 1982, 62.
（5） Ibid., 47.
（6） Ibid., 88–90.
（7） Quoted in ibid., 89.
（8） Quoted in ibid., 90.
（9） Ibid., 185–202.
（10） Ibid., 196.
（11） Ibid., 195.
（12） Ibid., 199.
（13） Ibid., 326.
（14） Nathaniel Peffer. "Review of *The United States and China*." *Far Eastern Survey*, 17, no. 15（August 11, 1948）: 183.
（15） Michael E. Latham. *Modernization as Ideology : American Social Science and "National Building" in the Kennedy Era*, New Cold War History. Chapel Hill : University of North Carolina Press, 2000.
（16） John King Fairbank. *The United States and China*. Cambridge : Harvard University Press, 1948, 5.
（17） Ibid., Acknowledgements.
（18） William J. Buxton, and Lawrence T. Nichols, "Talcott Parsons and the 'Far East' at Harvard, 1941–48 : Comparative Institutions and National Policy". *American Sociologist*（summer 2000）, 5–17.
（19） Fairbank, *Chinabound*, 324, 326.
（20） Ibid., 338–39.
（21） Ibid., 340.
（22） Ibid., 340.
（23） George R. Packard, *Edwin O. Reischauer and the American Discovery of Japan*. New York : Colombia University Press, 2019. 39. すべての写真はFacebookにて閲覧可能。www.facebook.com/pg/LimitsofWesternization/photos/?tab=album&album_9d=149530735

0518240

（24） Edwin Reischauer, *Japan : Past and Present*. New York City : Alfred A. Knopf, 1946.

（25） Sebastian Conrad, "'The Colonial Ties Are Liquidated' : Modernization Theory, Post-war Japan, and the Global Cold War." *Past and Present*, no. 216（August 2012）: 181–214, 188.

（26） Ibid., 142, 162–63.

（27） Ibid., 108, 142, 184.

（28） Chitoshi Yanaga, "Review of *Japan : Past and Present." Harvard Journal of Asiatic Studies*, 10, no. 2（September 1947）: 243.

（29） E. H. Norman, "Review of *Japan : Past and Present." Pacific Affairs*, 20, no. 3（September 1947）: 358–59.

（30） Edwin Reischauer, *The United States and Japan*, Third edition. Cambridge : Harvard University Press, 1965, xvi, 4, 11.

（31） Ibid., 12.

（32） Ibid., 13.

（33） Ibid., 15.

（34） Ibid., 205.

（35） Douglas Haring, "Review of *The United States and Japan." Pacific Historical Review*, 19, no. 4（November 1950）: 450.

（36） Hugh Borton, "Review of *The United States and Japan." Political Science Quarterly*, 66, no. 1（March 1951）: 131.

（37） Thomas R. H. Havens, "Review of *The United States and Japan." International Journal*, 21, no. 1（Winter 1965/1966）: 152.

（38） Robert Scalapino, "Review of *The United States and Japan." Far Eastern SurveyI, 19, no. 19*（November 8, 1950）: 152.

（39） Victor Koschmann, "Modernization and Dmocratic Values : The 'Japanese Model' in the 1960s." In *Staging Growth : Modernization, Development and the Global Cold War*. Culture, Politics, and the Cold War, ed. David C. Engerman. Amherst : University of Massachusetts Press, 2003, 231–36.

（40） Quoted in Conrad, "The Colonial Ties and Liquidated," 192（エドウィン・ライシャワー「東西「考え方」の交換――"ハコネ会議"に参加して」『朝日新聞』1960年9月11日）.

（41） Edwin Reischauer, *My Life between Japan and America*, First edition. New York : Harper & Row, 1986, 154–55.

（42） Ibid., 256.

（43） Koschmann, "Modernization and Democratic Values : The 'Japanese Model' in the 1960s," 240.

(44) Reischauer, *My Life between Japan and America*, 240, 262–75.

(45) Andrew E. Barshay, *The Social Sciences in Modern Japan: The Marxian and Modernist Traditions*, Twentieth-Century Japan. Berkeley: University of California Press, 2004, 208.

(46) Rikki Kersten, *Democracy in Postwar Japan: Maruyama Masao and the Search for Autonomy*, The Nissan Institute/ Routledge Japanese Studies Series. London; New York: Routledge. 1996. 8–9（丸山眞男「日本思想史における『古層』の問題」『丸山眞男集』第 11 巻、岩波書店、1996 年、150 頁）.

(47) すべての写真は以下のリンクよりアクセス可能。www.facebook.com/pg/LimitsofWesternization/photos/?tab=album&album_9d=1495307350518240

(48) Barshay, *The Social Sciences in Modern Japan*, 213.

(49) Ibid., 217（アンドリュー・E・バーシェイ（山田鋭夫訳）『近代日本の社会科学——丸山眞男と宇野弘蔵の射程』NTT 出版、2007 年、261 頁）.

(50) 丸山眞男『「文明論之概略」を読む（下）』岩波新書、1986 年。

(51) Quoted in Kersten, *Democracy in Postwar Japan*, 128（丸山眞男「福沢における秩序と人間」日高六郎編『近代主義』筑摩書房、1964 年所収、56 頁）.

(52) Masao Miyoshi and Harry D. Harootunian, *Postmodernism and Japan*. Durham: Duke University Press, 1989, 126（「梅本克己の思い出」梅本克己・佐藤昇・丸山眞男『戦後日本の革新思想』現代の理論者、1983 年、397 頁）.

(53) Ibid., 127.

(54) Kersten, *Democracy in Postwar Japan*, 72.

(55) Ibid., 128–29.

(56) Ibid., 71–73.

(57) Quoted in ibid., 129（丸山「福沢における秩序と人間」57 頁）.

(58) Ibid., 176–86.

(59) Ibid., 176.

(60) Ibid., 181–86.

(61) Barshay, *The Social Sciences in Modern Japan*, 214（バーシェイ『近代日本の社会科学』257 頁）.

(62) Fairbank, *Chinabound*, 315–16.

(63) Jonathan D. Spence, *Mao Zedong*. A Penguin Life. New York: Viking, 1999（ジョナサン・スペンス（小泉朝子訳））『毛沢東』岩波書店、2002 年), 6.

(64) Ibid., 9.

(65) Ibid., 26.

(66) すべての写真は以下のリンクよりアクセス可能。www.facebook.com/pg/LimitsofWesternization/photos/?tab=album&album_9d=1495307350518240

(67) Spence, *Mao Zedong*, 48.

(68) Ibid., 35–37.

（69） Ibid., 38.
（70） Ibid., 40–41.
（71） Ibid., 69.
（72） Ibid., 55–61.
（73） Quoted in ibid., 75.
（74） Ibid., 98.
（75） Ibid., 98.
（76） Ibid., 99.
（77） Ross Terrill, *Mao : A Biography*. Stanford : Stanford University Press, 1999, 65.
（78） Ibid., 200.
（79） Ibid., 189–99.

結び

（1） Walt W. Rostow, *The Stages of Economic Growth : A Non-Communist Manifesto*, Third edition. New York : Cambridge University Press, 1990（W・W・ロストウ（木村健康訳）『経済成長の諸段階――一つの非共産党宣言』増補版、ダイヤモンド社、1974 年）.